国 土 空 间 规 划 丛 书
战 略 性 新 兴 领 域 "十 四 五" 高 等 教 育 教 材
教育部战略性新兴领域"十四五"高等教育教材体系建设团队编写

丛书主编　吴志强

国土空间治理学
GOVERNANCE OF SPATIAL PLANNING

（上册）
BOOK 1

严金明　主编
张正峰　张　磊　夏方舟　副主编

·上海·

图书在版编目（CIP）数据

国土空间治理学．上册 / 严金明主编；张正峰，张磊，夏方舟副主编． -- 上海：同济大学出版社，2024. 8. -- （国土空间规划丛书 / 吴志强主编）（战略性新兴领域"十四五"高等教育教材）． -- ISBN 978-7-5765-1318-9

Ⅰ．F321.1

中国国家版本馆CIP数据核字第2024T7V092号

战略性新兴领域"十四五"高等教育教材
国土空间规划丛书

丛书主编　吴志强

国土空间治理学（上册）

严金明　主编

张正锋　张　磊　夏方舟　副主编

| 策划编辑：吕　炜 | 责任编辑：吕　炜　孙　彬 | 责任校对：徐逢乔 | 封面设计：完　颖 |

出版发行　同济大学出版社 www.tongjipress.com.cn
　　　　　（地址：上海市四平路1239号 邮编：200092 电话：021-65985622）
经　　销　全国各地新华书店、建筑书店、网络书店
印　　刷　上海安枫印务有限公司
开　　本：787mm×1092mm　1/16
印　　张：22
字　　数：410 000
版　　次：2024年8月第1版
印　　次：2024年8月第1次印刷
书　　号：ISBN 978-7-5765-1318-9
定　　价：98.00元

本品若有印装质量问题，请向本社发行部调换　　版权所有　　侵权必究

总 序

"智人"（Homo sapiens）之所以在动物界中脱颖而出超越动物本能，是因为其具有谋划共同愿景、在共同目标下创造复杂工具技术、展开语言沟通交流及大规模集体协同行动的能力。其中包含三种关键能力：

（1）具有想象愿景的能力。可通过协商想象，制定出一个共同认同的、尚未现实存在的愿景目标（visioning）。

（2）具有为实现目标设置路径的能力。对大规模个体进行系统分工，分头分段推进计划（approaching）。

（3）具有语言沟通、协同调整的能力。在实施愿景的过程中，对于没有发生的场景进行过程沟通，不断优化目标、优化途径、优化分工，直到实现愿景，甚至实现超出原本愿景的目标（coordinating）。

这三种能力是人类区别于其他动物的本质能力，也是规划的三大核心要素：目标愿景、实施路径、沟通协调。因此，只要理解人类与动物能力的本质区别，就可以理解人类为什么一定会进行规划。

土地是人类生存的根本基础，也是动植物的生存基础。人类在现代文明之前，几乎所有的生存、生活和生产活动都在土地上发生。因此，人类在进入现代文明之前，各种族之间的竞争几乎都可以理解为对生存土地及土地之上的生产、生活资料的竞争。马克思主义诞生以前，西方对于财富的认识一般为：土地是财富之母，劳动是财富之父。马克思主义诞生以后，资本主义产生财富的依托要素被扩展至除土地、劳动之外的资本等其他要素。

空间比土地的含义更多，也更复杂。空间之所以比土地复杂，可以从以下三个方面来认识：

（1）从空间维度上，空间有地下、地面、地上、空中的深度和高度。

（2）从生产维度上，除了包含第一产业之外，更重要的是第二产业和第三产业，以及更高维度的生产组织和生产关系。

（3）从构成要素维度上，除了自然物质空间和人造物质空间外，还有社会空间，以及正在诞生的数字智能空间的多要素空间复合。

因此，我们现在一般称空间是复合的，空间进入了三度空间：物质空间、社会空间和数字空间。而三度空间在某个时段中又是一体化运行推进的，这也说明人类文明正进入更高的维度，空间的规划也变得更加多维、更加系统、更加复合，要求更高的文明来规划和治理。

空间规划是文明的产物，不同的文明阶段也对应了不同的空间规划。进入工业文明后，随着城市空间的立体化和城市财富要素的高速流动，大城市的规划成为一种职业，也是现代空间规划的起源。现代空间规划从大城市区域的空间规划，逐步发展到中小城市的规划，并延续到农业地区的规划，使得空间规划包含了城市和乡村地区人类居住空间的整体规划。

当前，我们这套"国土空间规划丛书"第 1 期共有 22 个分册，包括《国土空间规划原理》《数字国土空间》《国土空间规划概论》《国土空间规划理论与方法》《国土空间治理学（上册）》《国土空间治理学（下册）》《国土空间规划实施与治理》《国土空间使用与管理（上册）》《国土空间使用与管理（下册）》《国土空间总体规划编制》《国土空间详细规划编制》《乡镇域国土空间规划》《村域国土空间规划》《国土空间专项规划编制》《国土空间健康规划》《国土空间遗产保护与复兴规划》《国土空间产业规划》《国土空间生态规划》《国土空间规划与空间形态设计》《国土空间规划相关知识：自然卷》《国土空间规划相关知识：人文卷》《国土空间规划相关知识：陆海统筹》，基本涵盖了空间规划的维度和层级。

这套丛书汇聚了清华大学、北京大学、东南大学、天津大学、同济大学、华中科技大学、中国人民大学等众多高水平教学团队的智慧和经验，除完成系统整理和传播国土空间规划领域的知识、厘清学科脉络这一书籍的历史使命之外，我们还期望这套丛书在指导实际规划工作中的决策和操作、推介最新技术和方法、了解和适应国土空间规划行业变化、扩展跨学科和国际视野方面能提供实际的帮助。

"国土空间规划丛书"作为开放体系，随着科技进步和城市规划理论的发展而不断更新和完善，可能会增加更多探讨新兴技术和方法的分册、更新前沿的实际案例研究。我们也希望这套丛书能够成为国土空间规划领域的一个开放平台，吸引更多的学者和实践者参与进来，激发更多关于构建更加智能、可持续和公平的城市的讨论和探索，共同推动国土空间规划学科的发展。

"国土空间规划丛书"总主编
中国工程院院士
教育部建筑类专业教学指导委员会副主任、城乡规划学分指导委员会主任

前　言

作为经济社会发展的核心要素、能量源泉和空间载体，国土空间在中国式现代化建设中具有全局性、战略性、基础性和不可替代性的地位。国土空间治理是以国土空间高效、公平和可持续利用为目标，以国土空间资源优化配置为核心，在国土空间开发、利用和保护上充分实现政府、市场和社会协同治理的过程。国土空间治理学是研究国土空间治理行为的一门学科，是关于国土空间治理问题的理论和实践知识体系，也是国土空间学科体系中的重要组成部分。国土空间治理学的发展，不仅为理解和应对复杂的国土空间利用和管理问题提供了理论基础，还为优化资源配置、实现生态保护与经济社会协调发展提供了科学路径，对推进国家治理体系和治理能力现代化具有深远意义。

国土空间治理学旨在回答中国之问、世界之问、人民之问和时代之问。党的十八届三中全会提出了全面深化改革的总目标，即完善和发展中国特色社会主义制度，推进国家治理体系和治理能力现代化。党的二十大报告和二十届三中全会公报中提出，到2035年要基本实现国家治理体系和治理能力现代化的目标。国土空间治理是国家治理体系重要的组成部分。第十三个五年规划首次提出，建立由空间规划、用途管制、差异化绩效考核等构成的国土空间治理体系，国土空间的顶层设计由管理向治理转型。2018年自然资源部成立，国土空间治理的行政体系得到重构。2019年发布的《中共中央　国务院关于建立国土空间规划体系并监督实施的若干意见》，标志着国土空间规划体制改革进入了新时期，也标志着中国国土空间治理进入了新阶段。

经过数十年的理论与实践探索，中国国土空间治理取得了显著成效。国土空间规划"四梁八柱"体系框架基本确立，"三区三线"制度在全球率先提出并实施，以国家公园为主体的自然保护地体系得以建立。陆域生态保护红线占陆域国土面积30%以上，全国实施了52个山水林田湖草沙一体化保护和修复工程，完成修复治理面积超过1亿亩。然而，在迈向中国式现代化新征程中，国土空间治理依然面临诸多挑战。当前国土空间治理体系尚不成熟，国土空间治理仍以国土空间要素和结构治理为重点，国土空间功能和价值治理依然薄弱。因此，亟须加快推进国土空间治理学的学科建设，系统梳理国土空间治理的历史脉络与发展趋势，归纳规划、管制、市场和社会等多元治理体系，探索适应城镇、乡村、生态、流域、海洋等多情景的治理路径，完善法律、行政、技术与监督等多维保障机制，全面提升国土空间治理能力，实现可持续高质量发展。

本书遵循"国土空间基底—国土空间治理方式—多维国土空间治理—国土空间治理保障"的逻辑主线。首先，详细介绍了国土空间治理学的内涵、属性、内容和研究方式，梳理了国土空间治理的历史、现状和发展方向，总结了国土空间治理的基础理论、资源禀赋和产权产籍。其次，系统分析了国土空间的多元治理模式，探讨了规划治理、用途管制、市场治理、社会治理和综合整治的理论与实践，包括编制与审批、实施与监督机制的运行路径，并针对当前治理中的现实问题，提出了改革优化的具体方向。再次，探讨了城镇、农村、生态、流域和海洋等多类型国土空间的治理实践，分析了不同类型空间的规划与管制机制，通过典型模式与案例研究，总结了各类型国土空间的治理路径与实施效果。最后，概述了国土空间治理的综合保障体系，涵盖法律、行政、技术、监督管理等多重手段，介绍了法律治理的演进与机制、技术治理的改革路径，并通过完善监督管理机制，探讨了如何实现国土空间治理的公平性、有效性和可持续性。

全书包含上、下两册，共分为4篇20章。上册包含第1篇、第2篇，下册包含第3篇、第4篇。第1篇为国土空间基底，包括导论，国土空间治理的历史、现状和发展方向，国土空间治理基础理论，国土空间资源禀赋和国土空间产权产籍5个章节。第2篇为国土空间治理方式，包括国土空间多元治理、国土空间规划治理、国土空间用途管制、国土空间市场治理、国土空间社会治理和国土空间综合整治6个章节。第3篇为多维国土空间治理，涵盖城镇、农村、生态、流域、海洋等多类型国土空间的治理实践，共计5章。第4篇为国土空间治理保障，包含国土空间法律治理、国土空间行政治理、国土空间技术治理和国土空间监督管理4个章节。

全书的编写分工如下：第1篇由严金明、张正峰、张书海、韩文静、张松培、李宇萌、郭咏欣、胡其玉、王兴邦、孔维龙、周家和和刘娅完成，第2篇由严金明、夏方舟、张磊、廖露、蔡大伟、黄宇金、蒲金芳、冯思远、李真真、卢璟慧、刘天阳和吴凝完成，第3篇由张磊、李强、张正峰、张蚌蚌、刘大海、邢文秀、王翊萱、李怡、王景哲、刘振昊、李贤、吕军骁、沈问苍、于超月、洪靖涵、陈烁存和郑成瑞完成，第4篇由严金明、夏方舟、张译文、鲁平贞、潘瑜鑫、陶向前、温天怿和杨思琪完成。全书最终由严金明、夏方舟和冯思远统稿整理完成。

本书基于对国土空间治理理论与实践的系统分析，构建了适应多样化空间需求的治理框架，涵盖了城镇、农村、生态、流域及海洋等多类型国土空间的规划与治理路径。通过对国内外典型案例的深入探讨，书中总结了国土空间治理中的多元模式，梳理了法律、行政、技术、监督等多维保障机制，提出了适应未来发展的综合改革方向。本书助力国家现代化建设与区域可持续发展，不仅为国土空间治理学科的理论研究提供了创新视角，也为政策制定者在规划实施、制度改革及资源配置优化等领域提供了科学依据；不仅可作为大学本科生和研究生的教学教材，还可作为科研人员的学术参考、行业从业人员的职业培训教材，帮助政策制定者、实践者和公众在国土空间治理领域更好地应对复杂的现实问题，提升相关技能和知识水平。

尽管本书对国土空间治理的理论与实践进行了全面梳理，并提出了一系列适应性强的治理路径和政策建议，但面对国土空间治理的复杂性、多样性以及不断变化的全球环境与国内需求，仍然有诸多问题亟待进一步探讨。国土空间治理不仅涉及多维度的要素协调与资源优化，还面临着治理机制的动态演进与技术创新的不断挑战。如何在未来持续深化国土空间治理体系，构建更具弹性和前瞻性的理论框架，以应对社会、经济和生态层面的复杂性，是一个长期的研究课题。本书作为团队近年来研究的阶段性成果，尚未能够完全涵盖国土空间治理学科中所有关键问题，特别是在治理手段的创新、跨领域协同治理模式以及全球视角下的经验借鉴等方面，还有较大的拓展空间。因此，我们期待未来能够在不断完善国土空间治理体系的过程中，推动相关理论和实践的深度融合，形成更系统、更具适应性的研究成果。希望本书能够为同行学者提供有益参考，并激发更多关于国土空间治理学科发展的深层次思考与讨论。

目 录

上册

总 序　　Ⅲ
前 言　　Ⅴ

第 1 篇　国土空间基底

第 1 章　导论　003
 1.1　国土空间治理学的内涵　004
 1.2　国土空间治理学的特征　009
 1.3　国土空间治理学的内容　013
 1.4　国土空间治理学的研究范式　015

第 2 章　国土空间治理的历史、现状和发展方向　021
 2.1　国土空间治理的历史演变　022
 2.2　国土空间治理现状与问题　027
 2.3　国际比较与经验借鉴　046
 2.4　国土空间治理发展趋向　059

第 3 章　国土空间治理基础理论　074
 3.1　治理理论　075
 3.2　空间规划理论　079
 3.3　空间用途管制理论　084
 3.4　要素统筹理论　089
 3.5　区域发展理论　094

第 4 章　国土空间资源禀赋　　101

4.1　国土空间现状与特征　　102

4.2　国土空间类型　　106

4.3　国土空间格局　　115

4.4　国土空间评价　　121

第 5 章　国土空间产权产籍　　132

5.1　国土空间权籍内涵　　133

5.2　国土空间权籍调查　　138

5.3　国土空间权籍登记　　141

5.4　国土空间信息管理　　155

第 2 篇　国土空间治理方式

第 6 章　国土空间多元治理　　163

6.1　国土空间多元治理的理论分析　　164

6.2　国土空间多元治理体系　　166

6.3　国土空间多元治理能力　　176

第 7 章　国土空间规划治理　　185

7.1　国土空间规划治理的概念内涵　　186

7.2　国土空间规划治理的发展历程　　189

7.3　国土空间规划治理的运行机制　　196

7.4　国土空间规划治理的改革路径　　205

第 8 章　国土空间用途管制　　215

8.1　国土空间用途管制的概念内涵　　216

8.2　国土空间用途管制的发展历程　　222

8.3　国土空间用途管制的运行机制　　225

8.4　国土空间用途管制的改革路径　　232

第 9 章　国土空间市场治理　　245
9.1　国土空间市场治理的概念内涵　　246
9.2　国土空间市场治理的发展历程　　250
9.3　国土空间市场治理的运行机制　　258
9.4　国土空间市场治理的改革路径　　262

第 10 章　国土空间社会治理　　267
10.1　国土空间社会治理的概念内涵　　268
10.2　国土空间社会治理的发展历程　　270
10.3　国土空间社会治理的运行机制　　277
10.4　国土空间社会治理的改革路径　　289

第 11 章　国土空间综合整治　　294
11.1　国土空间综合整治的概念内涵　　295
11.2　国土空间综合整治的发展历程　　303
11.3　国土空间综合整治的运行机制　　310
11.4　国土空间综合整治的改革路径　　327

参考文献　　333

下册

总　序
前　言

第 3 篇　多维国土空间治理

第 12 章　城镇国土空间治理
12.1　城镇国土空间治理内涵与类型

12.2 城镇国土空间规划与管制
12.3 城镇国土空间治理机制与路径
12.4 城镇国土空间治理模式与案例

第 13 章 农村国土空间治理
13.1 农村国土空间类型与治理
13.2 农村国土空间规划与管制
13.3 农村国土空间治理机制与路径
13.4 农村国土空间治理模式与案例

第 14 章 生态国土空间治理
14.1 生态国土空间内涵与分类
14.2 生态国土空间规划与管制
14.3 生态国土空间治理机制与路径
14.4 生态国土空间治理模式与案例

第 15 章 流域国土空间治理
15.1 流域国土空间治理内涵与类型
15.2 流域国土空间规划与管制
15.3 流域国土空间治理机制与路径
15.4 流域国土空间治理模式与案例

第 16 章 海洋国土空间治理
16.1 海洋国土空间治理内涵与类型
16.2 海洋国土空间治理机制
16.3 海洋国土空间治理模式与案例

第 4 篇　国土空间治理保障

第 17 章　国土空间法律治理

17.1　国土空间法律治理的概念内涵
17.2　国土空间法律治理的发展历程
17.3　国土空间法律治理的运行机制
17.4　国土空间法律治理的改革路径

第 18 章　国土空间行政治理

18.1　国土空间行政治理的概念内涵
18.2　国土空间行政治理的发展历程
18.3　国土空间行政治理的运行机制
18.4　国土空间行政治理的改革路径

第 19 章　国土空间技术治理

19.1　国土空间技术治理的概念内涵
19.2　国土空间技术治理的发展历程
19.3　国土空间技术治理的运行机制
19.4　国土空间技术治理的改革路径

第 20 章　国土空间监督管理

20.1　国土空间监督管理的概念内涵
20.2　国土空间监督管理的发展历程
20.3　国土空间监督管理的运行机制
20.4　国土空间监督管理的改革路径

参考文献
后　记

第1篇
国土空间基底

第1章　导论

第2章　国土空间治理的历史、现状和发展方向

第3章　国土空间治理基础理论

第4章　国土空间资源禀赋

第5章　国土空间产权产籍

第 1 章 导 论

■ **教学要求**

1. 本章知识点

（1）国土空间治理学的内涵

理解国土空间的丰富内涵与多重属性，掌握国土空间治理学与国土空间治理行为的内涵，从人类的历史发展、国土空间治理行为本身的基本理论、国土空间治理的治理方式以及国土空间治理效用四个角度认知国土空间治理学。

（2）国土空间治理学的特征

了解国土空间治理学学科基础的多元性、治理目标的多维性、治理系统的整合性以及学科发展的动态创新性四个关键属性，并结合国土空间治理工作实际与发展趋势对其加以理解。

（3）国土空间治理学的内容

掌握国土空间治理学的四大基本内容，包括国土空间基底、国土空间治理方式、多维国土空间治理以及国土空间治理保障。

（4）国土空间治理学的研究范式

理解研究范式在学科发展中的重要性，包括其定义、构成要素以及在国土空间治理学中的作用。

2. 本章重点及难点

（1）国土空间治理学相关概念的全面了解

深入理解国土空间与国土空间治理行为在狭义和广义上的概念内涵，熟练掌握国土空间治理学的多视角认知。

（2）国土空间治理学的理论特性与实践的结合

掌握国土空间治理学的四大特性，并理解在实际工作中是如何通过治理理念、方法、技术手段和模式等的转变和创新来应对新的机遇与挑战。

（3）国土空间治理学内容的系统认知

深入理解国土空间基底、国土空间治理方式、多维国土空间治理以及国土空间治理保障对于开展国土空间治理的重要作用，初步形成对国土空间治理学全书内容的系统认识。

(4) 国土空间治理学研究范式的深入理解

深入理解国土空间治理学研究范式的三个构成要素，即本体论、认识论和方法论，并能够将这些要素与国土空间治理学的实际问题相结合。掌握国土空间治理学中跨学科研究方法的应用，理解如何在国土空间治理的具体问题中应用研究范式。

国土空间不仅是人类生产生活的基础载体，更是国家可持续发展的关键支撑。面对人口激增、资源紧张、环境退化等全球性挑战，国土空间的合理规划与高效治理显得尤为迫切。在此时代背景下，作为一门新兴的交叉学科，国土空间治理学的研究价值与日俱增。本章主要从国土空间治理学的内涵、特征、内容和研究范式四个方面进行详细阐述，旨在为国土空间的科学治理提供坚实的理论基础与方向性的指引。

1.1 国土空间治理学的内涵

国土空间是由自然环境以及社会经济活动等多重因素紧密交织而成的具有内在结构和功能的综合体系，具有物质功能属性、多样价值属性以及权属责任属性三大属性。国土空间治理学是研究国土空间治理行为的一门学科，通过不同角度、不同层次对国土空间治理行为的研究，形成科学完善的国土空间治理学知识体系。

1.1.1 国土空间的内涵与属性

1. 国土空间的内涵

作为经济社会发展的核心要素、能量源泉和空间载体，国土空间在中国式现代化建设中具有全局的、战略的、基础的和不可替代的地位，为中国式现代化宏伟蓝图的实现提供必要的空间支撑和资源保障[1]。国土空间是万物生长的根基，它孕育并滋养了人类社会，国土空间直接参与了农产品的生长过程，是农业生产中不可或缺的主要生产资料。此外，国土空间也为人类的居住、交通、休息、娱乐、第二和第三产业的发展提供了必要的空间和场所，是一切生产和生活活动的基础载体。由于人类世世代代生活在国土空间中，对人类来讲，国土空间并不陌生，但人类对国土空间，尤其对其内涵和外延的认识，却经历了一个长期过程。

对于什么是国土空间，我国古代文献有许多论述。在《周礼·天官冢宰·小宰》一书中提到"以官府之八成经邦治……三曰听闾里以版图"，其中"版图"二字，已隐含了国家控制下的人口及其活动空间之意。此后，随着世界国家间交流的日益频繁，我国古代王朝的疆域观念也逐渐向现代化转变，"版图"一词开始与"领土""疆土"等词汇紧密联系，不仅承载了地理空间的意义，更融入了领土主权的明确概念内涵，表明我国对于"国土空间"的认识已初步形成，并在历史进程中不断深化和发展。

关于国土空间的概念，地理学、地质学、天文学、生态学等自然科学，法学、政治学、经济学、社会学、历史学、人类学等社会科学，都从各自特定的角度赋予其内涵和外延。实际上，国土空间概念存在各种各样的认识，整体而言，对国土空间概念的认识归纳起来可分为狭义和广义两个方面。狭义的国土空间与"国土"这一国际法概念相近，通常指国家主权与主权权利管辖范围内的地域空间，包括一个国家的领土、领海和领空，为一个国家的人民提供了生存与发展的基础。广义的国土空间不仅具有政治含义，还是由各类森林、湿地、荒漠、草原、农田等陆地生态系统类型以及海洋生态系统类型构成的包含人类劳动在内的自然综合体[2]，更是由自然环境以及社会经济活动等多重因素紧密交织而成的一个具有内在结构和功能的综合体系[3]。

国家治理视域下的国土空间，是国家主权与主权权利要素分异状况在空间投射的结果[4]，本质是一种公共性与多层级性相交融的复杂系统。国土空间的公共性特征表现为：主权的不可分割性、管辖的全覆盖性、治理的系统性、协调的整体性、影响的广泛性、规划的统一性；国土空间的多层级性特征表现为：从国家、省、市、县到乡镇、村的行政层级空间，以及生产、生活、生态的功能性空间，各种空间既独立又相互嵌套，人类（治理主体）在国土空间利用活动中也表现出"经济人（生产空间）"与"社会人（生活空间）"及"生态人（生态空间）"相交融的特征。公共性与多层级性的相互交融使得国土空间治理呈现出"统一治理+分层协调"的特有属性。

另外，土地、土壤、国土资源和不动产是与国土空间相关的几个概念。土地是由土壤、气候、地貌、岩石、生物和水文等因素构成的包括人类劳动在内的自然综合体；国土资源是国家管理上的概念，是土地资源、水资源、矿产资源、海洋资源、气候资源、生物资源等的总称；土壤是农学上概念，是地球表面能够生长植物的疏松表层；不动产是民法上财产分类的概念，是指土地以及土地上的附属物。

2. 国土空间的属性

国土空间作为人类生产和生活资料，存在固有属性，而这些属性正是国土空间治理学研究的出发点。

1）国土空间的物质功能属性

在国土空间中，山水林田湖草沙等要素实体是基础和载体。在一定时间尺度和空间尺度范围内，不同的国土要素通过不同的比例与差异化的组合关系形成了一定的国土空间要素结构，要素结构内各要素与外部环境相互作用的非线性竞合关系进而为人类社会提供了系统差异、功能复合、时空异质的物质和环境效能服务。同时，人类需求的变化与社会经济活动的干扰引导了国土空间功能在时间维度与空间尺度上不断演化和涌现[5]。

2）国土空间的多样价值属性

国土空间及其要素是人类社会系统中的重要资源，因其满足了人类的多样化需求，因而也具有多样化的价值。一方面，根据国土空间满足人类需求的类型，国土空间的价值可以划分为经济、社会、文化和生态价值。其中，经济价值是国土空间提供物质生产资料以及生产空间的价值，社会价值是国土空间承载社会交往与文化交流的价值，文化价值是国土空间蕴含的历史文化遗产和民族特色的价值，生态价值是国土空间维护生态平衡与保障生物多样性的价值。另一方面，根据生物生产以及人类生产参与的程度，国土空间的价值又可以进一步划分为直接价值和间接价值。直接价值是由生物生产与人类生产共同作用而产生的产品功能的价值，包括物质原料、旅游价值等，而间接价值则指国土空间系统通过生物生产提供的产品功能的价值，这些价值虽然不直接以物质产品的形式出现，但对于人类社会的可持续发展具有重要的支撑作用，包括清新空气、干净水源以及气候变化调节等的价值[6]。

3）国土空间的权属责任属性

国土空间的权属责任属性体现了国土空间的所有权、使用权、发展权等权利以及与之相关的责任。一方面，不同类型国土空间具有相应的产权体系、产权归属以及权能边界，公平的国土空间权属关系有效地匹配了不同国土空间发展主体的权利、责任和利益，引导了合理有序的空间开发、利用和保护，为优化提升国土空间的功能福利，有效彰显国土空间的多样价值提供了基础。另一方面，不同类型国土空间的权属关系具有动态变化、适应调整的特征，国土空间的产权利益因而也存在再分配过程，需要在公共利益最大化的基础上实现国土空间效率最优的有效配置，同时从公平正义的视角强调相关发展权益的合理分配机制。

关于国土空间的属性，政治学（国际法）注重国家主权属性，地学注重土空间的自然属性，经济学注重国土空间的价值、效益和产出，社会学注重国土空间权利变化和国土空间开发利用与社会政治文化之间的联系，而国土空间治理学注重的是国土空间公共性和多层级性的交融。由于国土空间治理学是交叉学科，因此除注重自身国土空间公共性和多层级性的交融外，相关学科的特性也直接或间接成为国土空间治理学研究的理论支撑。

1.1.2 国土空间治理学的内涵

1. 国土空间治理学的一般内涵

治理学（Governance）是研究治理、治理的现象以及治理相关问题的专门学问，是关于治理问题的知识和理论体系。"治理学"一词，在中国古代被称为"治道"，其定义是通过政事治理，社会实现由乱到治的学说原理与根本道理，与"治术"的范畴互为体用[7]。在西方，治理学一词源于拉丁文和古希腊语，原意是研究控制、引导和操纵的学说，并长期与统治学（Government）一词交叉使用[8]。当代的治理学，是指研究治理的科学。

国土空间治理学是研究国土空间治理行为的一门学科，是关于国土空间治理问题的知识和理论体系。国土空间治理学，在新兴的国土空间科学体系中是重要的分支学科，且同时在治理学科学体系中也应该发展作为独立的学科。国土空间治理学建立在对国土空间治理行为的研究基础上，因此，国土空间治理学的研究对象就是国土空间治理行为本身。

国土空间治理行为有狭义和广义两种理解。狭义的理解是以政府治理为主，即政府依据现行的国土空间管理法律规范对国土空间及其相关行为进行管理；广义的理解则是指政府、市场和社会等多元主体充分实现对国土空间上空间要素和人类活动相互作用而形成的各种空间关系，包括自然关系和利益关系的协同治理。两种理解究竟以何者为主？从理论上说，应从后者，不是前者。因为国土空间治理行为以国土空间功能提升和价值实现为目标，以调整国土空间上各种关系为立足点，它既要反映国土空间的行政管理，又要反映国土空间要素产权的保护，既要反映国土空间自然生态规律，又要反映国土空间的社会经济规律。在社会主义市场经济发展的今天，面对当前我国人地关系十分尖锐的矛盾，国土空间的治理必然要通过多元主体的协同有效参与来实现。

目前，我国国土空间治理学的研究对象，除了国土空间的开发、利用、保护、整治和科学管理等方面的各种国土空间关系外，还有切实维护全民所有和集体所有的自然资源资产所有权制度和适应社会经济发展所需要的、灵活的自然资源资产使用权制度。综上所述，国土空间治理行为可以归纳为两大类：一类是治理基于国家对国土空间的保护管理而产生的联系，具体表现为国家直接对国土空间进行保护而产生的管理关系，以及国家通过对国土空间资源产权流转的管理间接实现对国土空间的保护而产生的管理关系；另一类是治理基于国土空间的经济利益而产生的联系，具体表现为国土空间所有关系以及由国土空间所有关系派生的国土空间使用关系。

2. 国土空间治理学的多视角认知

不同的历史阶段，不同社会政治目标及不同学派的学者之间在认识方面的客观差别导致了对国土空间治理学研究对象的不同角度的研究。关于对国土空间治理学研究对象的不同角度的探讨，主要可归结为以下几方面。

1）从人类的历史发展角度研究

这种研究主要以人类不同历史阶段和不同国家的国土空间治理行为作为对象。其研究结果，在国土空间治理学中主要表现为关于国土空间治理行为产生的哲学基础，国土空间治理行为的基本功能，国土空间治理实践历史演变、比较经验与发展趋向等方面的知识。

2）从国土空间治理行为本身的基本理论角度研究

这种研究通常以特定国家现实的国土空间治理行为作为主要研究对象。通过对各种不同的国土空间治理行为的研究，形成科学的国土空间治理行为规范。其研究成果在国土空间治理学中主要表现为国土空间治理行为的调整对象、国土空间治理行为的基础理论、国土空间产权产籍、国土空间治理行为的基本规则、国土空间治理行为的基本内容等方面的知识。

3）从国土空间治理的治理方式角度研究

这种研究主要以具体的国土空间治理行为作为对象，具体分析国土空间治理行为的内部结构以及不同国土空间治理行为相互之间的逻辑结构。其研究结果，在国土空间治理学中主要表现为国土空间治理方式的系统体系、国土空间治理方式的概念内涵、国土空间治理方式的运行机制等方面的理论知识。

4）从国土空间治理效用角度研究

这种研究将国土空间治理行为置于实施过程之中，侧重于国土空间治理根本目的、国土空间治理基本任务和国土空间治理行为实际效果之间的比较研究。其研究结果，在国土空间治理学中主要表现为国土空间治理方式在特定条件和环境的适用性、国土空间治理方式科学性评价、国土空间治理方式存在的问题与改革路径、国土空间治理行为的多重保障等方面的理论知识。

因此，国土空间治理学以国土空间治理行为作为研究对象，通过不同角度、不同层次对国土空间治理行为的研究，形成科学和完善的国土空间治理学知识体系。

1.2 国土空间治理学的特征

国土空间治理学以多元学科理论为基础，追求经济、社会、环境和文化多维目标的协调发展，强调在自然资源统一整合的背景下，通过系统整合和创新性治理，实现国土空间的科学规划、高效管理和可持续发展，具有学科基础多元性、治理目标多维性、治理系统整合性以及动态创新性四个关键特征。

1.2.1 学科基础多元性

国土空间治理学是一门综合性学科，其学科基础的多元性是其核心特征之一，使其能够从多学科的视角综合运用不同领域的理论和方法，系统分析和解决国土空间开发、利用、保护和修复过程中遇到的复杂问题。自然科学为其提供了坚实的基础：地理学通过地理信息系统、遥感技术和空间分析方法，为国土空间的规划、管理和优化提供技术支持；地质学研究地球的结构、成分和演化过程，对土地资源评估、地质灾害防治、矿产资源开发具有重要指导作用；生态学关注生物与环境之间的关系，为生态保护和环境管理提供理论基础。社会科学为其提供了丰富的理论支持：经济学研究资源配置和经济增长模式，帮助优化资源配置，促进区域经济协调发展；社会学研究社会结构和关系，帮助理解空间规划对社会公平和社区发展的影响；管理学研究组织和决策过程，提高治理效率和效果；应用科学为其提供了实践依据；法学研究法律制度，为国土空间治理的法治保障提供依据，通过法律规范土地利用行为，保护公共利益；城乡规划学关注空间规划与设计，为合理布局和功能分区提供技术支持。

此外，国土空间治理学通过多学科交叉融合，形成综合性的理论和方法体系。例如：结合地理学的空间分析方法和经济学的资源配置理论优化土地利用效率；利用生态学的环境评估技术和社会学的社会影响研究制订兼顾生态保护和社会发展的空间规划方案；通过管理学的组织协调方法和法学的法规制度保障构建高效的治理体系；等等。这种多学科的融合为国土空间治理提供了全方位的知识支持[9]，使其能够系统分析和解决复杂问题，满足全区域、全要素与全过程的治理需求，从而更好地应对新时代的挑战，实现国土空间的科学治理和可持续发展。

1.2.2 治理目标多维性

现代化进程中的国土空间治理已然超越了技术工具的单一角色，成了一种彰显多元价值、统筹多元目的的复杂治理活动[10]。因此，国土空间治理学的治理目标往往是多维的，涵盖了经济、社会、环境和文化等多方面的考量，这要求在制定和实施治理策略时，需要综合考虑经济、社会、环境和文化等多方面的因素，以实现国土空间的整体优化和协调发展。

1. 经济维度

经济维度是国土空间治理中的重要考量因素。在这一维度下，治理目标旨在通过优化土地资源配置，提高土地使用效率，促进经济结构的合理化和产业的升级转型。治理策略需要关注如何通过国土空间规划，引导资本流向关键领域和薄弱环节，激发市场活力，增强经济发展的内生动力。此外，经济维度还涉及如何通过提高国土空间的产出率和劳动生产率，实现经济效益的最大化，同时还需要考虑到区域发展的均衡性，避免资源的过度集中或浪费。

2. 社会维度

社会维度需要关注的是国土空间治理如何满足人民日益增长的美好生活需要，包括提供充足的住房供应、便利的交通网络、优质的教育资源和医疗服务，以及丰富的文娱设施。同时，社会维度的治理目标还涉及如何通过优化国土空间布局，优化资源配置、提高基础设施和公共服务水平、推动城乡要素流动和交流，进而促进农村经济转型升级和农民收入增加，弥合不同区域与城乡之间的发展鸿沟[11]，提高人民群众的生活质量和幸福感。此外，"韧性"作为国土空间治理学中的一项关键概念，旨在建立具有适应性和抗压力的城市和国土空间系统[12]，强调通过多元化城市功能、提升基础设施抗灾能力、加强城市生态保护和修复等措施，提高城市系统对自然灾害、气候变化和经济压力的应对能力，从而实现城市的可持续发展和生态安全保障。

3. 生态维度

生态维度是国土空间治理学的治理目标中不可或缺的部分，其核心在于实现人与自然的和谐共生，旨在保护和修复生态系统，包括保护生物多样性、维护水土资源、防治污染、应对气候变化等。以往对规划布局的忽视以及治理技术的局限，导致我国国土空间开发与保护长期陷于无序开发、过度开发、分散开发的困境之中[13]。基于生态文明建设的根本大计，新时代的国土空间治理学致力于构建具有健康生态系统的国土空间格局，通过优化土地利用结构、保护生态环境、推动绿色发展等策略，实现生态系统的可持续利用和保护，以应对日益严峻的生态环境挑战，推动生态文明建设和可持续发展目标的实现。

1.2.3 治理系统整合性

在部委改制后自然资源事权统一整合的战略背景下[14]，管理体制层面的系统性、整体性、重构性变革，实现了对多方资源的有效整合和科学利用，为国土空间治理现代化提供了体制机制保障。因此，国土空间治理学的研究对象从某单一区域或资源拓展至山水林田湖生命共同体，这一变化加强了治理体系的科学性和协同性。通过推进国土空间"全域、全要素、全流程、全生命周期"的统一管控，强化国土空间要素之间的内在集成，国土空间治理学正朝着一个更为全面且综合的方向发展，结合多元学科基础，构建了统一调查为前提、"多规合一"为基础、用途管制为规则、审批监管为手段、法律法规为保障的国土空间治理多学科协同的学科体系。这一体系的建立，为国土空间治理学提供了丰富的理论支持和翔实的实践指导，也推动并促进了国土空间治理的现代化和可持续发展。

1.2.4 动态创新性

1. 动态性

社会经济环境的新变化： 国土空间格局是自然地理演化过程和经济社会发展过程相互耦合的复杂地域系统和历史综合体，二者是相互作用的：一方面，经济社会发展必然带来国土空间格局的变迁；另一方面，国土空间格局的变迁也必然影响经济社会发展。诸如城市化进程的加速、工业化的转型升级、科技的迅猛进步以及人口流动的加剧等因素，都对国土空间的利用与管理提出了新的要求。因此，国土空间治理学必须持续调整并更新其理论框架与实践方法，以有效应对新时代国土空间治理问题的复杂性和多样性。

全球化和区域化的新影响： 全球化进程加深了各国之间的联系，同时也带来了跨国界的环境问题，如气候变化、跨境污染等。这要求国土空间治理学不仅关注国内的治理问题，还需要融入国际视野，学习和借鉴其他国家的成功经验和先进技术，以提升自身的治理能力和水平。例如，国土空间是承载碳源排放和碳汇要素的物理空间，"双碳"目标将直接对国土空间治理学的研究方向产生影响，亟须从减碳与集约发展、提升碳汇能力两方面作出相应制度安排，建立一套包含治理、实施、监督的全环节指导性制度规范，协调不同国土空间资源开发利用中的碳源、碳汇效应。

政策和法律环境的新要求： 政策法规共同决定了国土空间治理的目标和优先事项。具体来看，如若将党的二十大报告提出的以中国式现代化全面推进中华民族伟大复兴的要求落位在国土空间治理上，就体现为需要立足于高质量发展的战略需求和国土空间的现实基础，构建安全、高效、协调、绿色、可持续的国土空间格局，增强国土空间的综合竞争力和可持续发展能力，为推进中国式现代化提供空间载体和物质保障[15]。随着政策法规的不断调整和完善，国土空间治理学需要及时跟进、灵活调整，关注新政策对国土空间利用和管理的影响，并分析提出相应的对策和建议。

2. 创新性

治理理念的创新： 随着社会发展和认识深化，国内外国土空间治理的理念不断创新，为国土空间治理学的发展方向提供了坚实指引。例如，结合生态文明建设理念的国土空间治理"双碳"转型、利用先进信息技术的国土空间治理数字化转型以及为增强城市危机应对能力的国土空间韧性规划和智慧治理等，空间治理理念的创新推动着国土空间治理学的发展，使之能够更好地适应新时代的新要求。

治理方法的创新：国土空间治理方法的创新主要体现在治理手段和工具的多样化和科学化。例如，以"统一底图、统一标准、统一规划、统一平台"为引领，建立"规划蓝图共绘制、底线约束共遵守、项目落地共保障"的信息化新机制，将国土空间规划"一张图"作为政策执行的关键抓手，指导国土空间的开发和利用；在建设用地指标配置制度的设计过程中协调政府机制与市场机制，让多元市场主体参与建设用地指标配置过程，进一步拓宽国土空间治理主体范围，也实现了治理体系的进一步丰富和深化。

技术手段的创新：随着数字生态文明时代来临，传统的规划理念、技术、方法已很难满足当下日新月异的国土空间治理需求，国土空间治理学的数字化与智能化转型是适应时代发展的必然选择。近年来，高精度遥感技术、大数据与人工智能、数字孪生技术、多场景国土空间变化模拟仿真技术等一系列新技术在国土空间治理中的应用越来越广泛和深入，在实现治理质量与效率双维度提升的同时，也推动了国土空间规划的"数智化"技术转型与"数治化"治理转型[16]。

治理模式的创新：随着国土空间治理需求的变化和治理手段、治理技术的发展进步，国土空间治理模式也在不断创新。例如，从传统的中央政府高度集中治理模式转向地方分权治理和区域协同治理，从政府单一主体的空间治理转向政府、市场和社会多主体共同治理[17]，从对自然资源资产的被动治理转向主动治理和预防性治理。模式上的变革优化有效提升了国土空间治理在理论层面的科学性和在实践层面的有效性。

1.3 国土空间治理学的内容

国土空间治理学包含国土空间基底、国土空间治理方式、多维国土空间治理以及国土空间治理保障四个方面的内容。其中，国土空间基底是开展国土空间治理的根本基础，国土空间治理方式是开展国土空间治理的重要手段，多维国土空间是国土空间治理的应用场景，而国土空间治理保障则是国土空间治理活动有序有效开展的必要前提和基础。

1.3.1 国土空间基底

国土空间基底是开展国土空间治理的根本基础。其中，国土空间治理历史、现状和发展方向为国土空间治理实践开展提供了现实经验与发展导向，国土空间治理基础理论为国土空间治理实践开展提供了知识基础与科学指导，国土空间资源禀赋为国土空间治理实践开展提供了物质实体和客观对象，而国土空间产权产籍则为国土空间治理实践开展提供了有力抓手和秩序保障。

在本书"第1篇 国土空间基底"中，第2章系统梳理了我国国土空间治理的历史演变特征，全面分析和总结了我国国土空间治理的现状以及多重挑战，并在此基础上比较梳理了国际上成功的国土空间治理实践，同时探索了我国未来国土空间治理的可能发展趋向；第3章梳理了治理理论、空间规划理论、空间用途管制理论、要素统筹理论以及区域发展理论的国土空间治理理论内涵、基本原理；第4章从国土空间资源的现状与特征、国土空间的类型划分、国土空间格局的演化特征和优化目标以及国土空间的评价四个方面全面分析了我国国土空间的资源禀赋；第5章在介绍我国国土空间产权制度以及权籍管理体系的基础上，阐述了我国国土空间权籍调查的制度体系和主要内容，讨论了我国国土空间权籍登记相关的关键概念、理论基础、主要类型以及具体案例等内容，同时分析了包括土地统计制度以及地籍档案管理与信息系统等在内的国土空间信息管理工作。

1.3.2 国土空间治理方式

国土空间治理方式是开展国土空间治理的重要手段，以"有为政府、有效市场"为指导原则，不同的国土空间治理方式强调发挥政府和市场在国土空间资源配置中的差异化、互补化角色。因此，国土空间治理目标的有效实现，需要充分发挥不同治理方式的相互协作和支持作用，共同推动国土空间的可持续利用与发展。

本书"第2篇 国土空间治理方式"主要系统阐述国土空间治理的方式，具体包括了多元治理、规划治理、用途管制、市场治理、社会治理以及国土空间综合整治六种方式。该部分写作风格遵循每种治理方式均从概念内涵、发展历程、运行机制以及改革路径四个方面展开。具体包括国土空间多元治理（第6章）、国土空间规划治理（第7章）、国土空间用途管制（第8章）、国土空间市场治理（第9章）、国土空间社会治理（第10章）和国土空间综合整治（第11章）。

1.3.3 多维国土空间治理

多维国土空间是国土空间治理的应用场景。国土空间治理需要涵盖不同类型、不同维度的国土空间区域，而由于不同国土空间具有独特的资源要素结构与社会经济发展情况，因而需要针对性的方法和措施以实现对相应区域的有效治理。

本书下册中的"第3篇　多维国土空间治理"主要系统阐述不同类型国土空间的具体治理情景，包含城镇、农村、生态、流域以及海洋共五维、全覆盖的国土空间。该部分每个维度国土空间的治理均从内涵与类型、规划与管制、机制与路径以及模式与案例四个方面展开。具体包括城镇国土空间治理（第12章）、农村国土空间治理（第13章）、生态国土空间治理（第14章）、流域国土空间治理（第15章）和海洋国土空间治理（第16章）。

1.3.4 国土空间治理保障

国土空间治理保障是国土空间治理活动有序有效开展的必要前提和基础。其中，国土空间法律治理确保了国土空间治理行为的合法性和规范性，国土空间行政治理保证了国土空间治理决策的有效执行，国土空间技术治理提高了国土空间治理的科学性和效率，而国土空间监督管理则保障了国土空间治理目标的实现。

本书下册中的"第4篇　国土空间治理保障"主要系统阐述不同类型的国土空间治理保障，包含法律、行政、技术和监督管理四类保障。每种治理保障均从概念内涵、发展历程、运行机制以及改革路径四个方面展开。具体包括国土空间法律治理（第17章）、国土空间行政治理（第18章）、国土空间技术治理（第19章）与国土空间监督管理（第20章）。

1.4　国土空间治理学的研究范式

1.4.1 国土空间治理学研究范式的认知分析

研究范式指具有一定共识的学科研究规范，是科学家共同体所共同接受的一组假说、理论、准则和方法的总和，其构成科学家共同体的理想和信念，是一门学科成熟的标志，其既具有通用性也具有指导性。"范式"是科学发展基础的概念，一般认为范式由三个要素系统构成，帮助科学家们识别、构建和解决问题：①本体论：指一定时期内科学共同体"看问题的方式"的集合，即一套根据特有的价值观念和标准所形成的关于既定外部世界的形而上的信念，包括共有的世界观和价值标准。②认识论：指在本体论基础上衍生出来的，被科学家们一致接受的专业学科的基本概念、定律、定理规则、认识方法等，包括可以进行逻辑和数学演算的符号概括系统。③方法论：关于人们认识世界和改造世界的方法的理论体系，包括各种具体方法的选择、运用以及研究设计与实施等原则和策略，以实现特定的研究目的和解决各类问题。由此可见，科学范式是以科学共同体为主体，以本体论为核心、以认识论为框架、以方法论为工具联结外部自然的有机整体[18]。

开展范式研究的目的在于不断推动隐藏于研究各个方面的范式具体化、明确化，促进已有知识体系的集成和完善。"十三五"规划提出构建空间治理体系后，中国国土空间治理研究在长期的研究积累和理论与实践创新中，呈现出自身的独特性，并形成了相应的研究范式。但国土空间治理领域对范式的理解并未上升到科学哲学层面，而是多将范式理解为方法或是范例，多从学科从业者角度而非学科研究者角度展开思考、分析、研究、升华学科范式的理论与实践。因此，有必要搭建国土空间治理学范式框架，指导学术研究和实践。依照国际上对范式三个要素系统的普遍认知，结合国土空间治理学的学科对象、学科特性和学科内涵，可以认为国土空间治理学学科范式是学术群体所认可和接受的关于国土空间治理学的基本认知、研究思维和研究方法的体系，是国土空间治理学本体论、认识论和方法论的集成，是学者开展国土空间治理学研究时认可和接受的共同"学术语言"。其基本框架应是：以国土空间资源、国土空间管理、国土空间工程为本体论，以着眼于国土空间利用系统功能辨识的发展观、系统观和时空观为认识论，以质性与量化研究法、时空分析法、模型分析法、工程技术法等为方法论。

1.4.2 本体论视角

国土空间是社会经济发展的物质基础，是人类的生产资料和劳动对象，是社会经济的发展保障，与人类的生存和发展息息相关。随着人口的迅猛增长和社会经济的飞速发展，如何协调国土空间的供给和需求，缓解人口、资源、环境与经济社会可持续发展之间的矛盾，成为国土空间治理学永恒的研究命题。特别是进入21世纪以来，人口膨胀、资源短缺、能源危机、粮食不足和环境污染已成为全球面临的五大危机，人地矛盾日趋尖锐，协调国土空间供求关系，有效合理利用国土空间成为保障社会和经济可持续发展的关键，加强国土空间治理学科自身建设的重要性日益凸显。构建科学有效的学科体系，完善国土空间治理学科的理论及技术，是适应新形势下经济发展的转变，实现国土空间、经济、社会、文化等各个方面的最佳整体功能和最大综合效益，解决不断尖锐的国土空间矛盾，助推新型城镇化、工业化、信息化、农业现代化同步迈进的有效途径。

在上述国土空间治理学产生基本世界观和价值观的基础上，基于本体论的视角，可以认为现代国土空间治理学是在现代科学综合基础上形成的，是自然科学、人文与社会科学、工程与技术科学有机结合的产物，是不同性质的多门学科交叉形成的具有综合性和应用性的交叉科学。依照国土空间利用系统的学科研究对象界定，以国土空间利用作为学科的逻辑起点，国土空间权籍管理作为学科的发展基础，国土空间价值评估作为核心支撑，国土空间资源、国土空间管理和国土空间工程作为学科的主要内涵，国土空间治理学学科范式本体论的具体内容可以界定为：在通过调查评价摸清国土空间的产生及演变、国土空间属性和现状等国土空间资源本身固有特性认知的基础上，通过国土空间管理与规划作为桥梁充分协调国土空间利用涉及的各种关系，应用国土空间工程技术手段实现国土空间的科学合理利用的交叉边缘科学。实际上，本书仅对国土空间治理学学科范式的本体论进行了初步界定，如何更为深入地认识，使国土空间治理学学科范式更具有其独立性、时代性和先进性，还需要进一步的广泛讨论和深入研究。

1.4.3　认识论立场

国土空间治理学学科范式的认识论包含了螺旋演进的发展观。中国关于土地即狭义上的国土空间的研究起源于劳动人民对土地的深刻认识，距今约2500年前的《周礼》把土地划分为山林、川泽、丘陵、坟衍、原野五类。随后，《管子·地员》与《尚书·禹贡》等著作都反映出中国古代劳动人民关于土地的精辟思想和先进见解，描述性经验主义范式得到了广泛的应用。然而，随着人们对国土空间利用认识的进一步发展以及现代社会需求的不断强化，要求深入了解土空间利用的内在本质以及相互之间的内在联系，需要认识人地关系的普遍规律从而预测发展趋势，而描述性经验主义研究范式无法满足这一研究需要。与此同时，随着对国土空间系统研究的发展以及分支领域的增加，国土空间治理学与自然科学、人文与社会科学、工程与技术科学等相关学科联系逐渐紧密，在此背景下，实证主义的研究范式逐渐建立。目前，国土空间治理学的研究体系随着部分交叉学科的出现，逐渐融入了远离平衡态、非线性和混沌等一系列复杂性科学观念，进一步促进了国土空间治理学的发展。

国土空间治理学学科范式的认识论更是复杂性的系统观。从哲学层次来说，复杂性科学主要表现为对还原论的超越，转向整体的、关联的复杂性的思维方式。国土空间治理学面对社会生产和需求，主要是能阐明人类需求与国土空间开发利用之间的相互作用过程、可持续性轨迹、演变规律和动力机制，并通过国土空间建设不断满足人类新的功能需求。因此，国土空间治理学的研究思维应当是一种着眼于国土空间利用系统功能辨识的复杂性研究思维，以通过国土空间利用结构的优化达到国土空间利用系统功能最大化的目标。在主客体关系上，复杂性系统观坚持主客体统一原则、对象环境一体化原则和兼容目的论原则。对待客体，复杂性系统观主张统一性与多样性共存原则、非决定论原则、非线性因果原则、时间不可逆原则和生成性原则。在逻辑方法上，复杂性系统观遵循涌现性原则、优先形式化和多重性逻辑原则。在世界观上，复杂性系统观认为我们对世界的理解应由客观的、完全可预言的、决定论的、装配式的世界向涌现的、非决定论的、自主性的世界转变。对世界的应对也应从局限于层次内的、自上而下的几种控制式的指令拓展到层次间的自下而上的、非中心—多中心的自组织；针对千丝万缕、千头万绪的国土空间治理学，科学逻辑应由"不是—就是"的单极性思考向能包容矛盾的多极性、非线性的复杂性系统思维转变。

此外，国土空间治理学学科范式的认识论还突出表现在其具象交错的时空观上。时间和空间是国土空间资源的鲜明属性，如何进行国土空间利用的时间安排和空间配置是国土空间治理学研究的重要问题。只有同时把时间及空间这两大维度纳入具体统一的思维之中，联结不同时段开展空间关系的动态分析，才能真正认识国土空间治理学的基础规律。因此，在国土空间利用系统中应整体考虑时空，在国土空间资源、国土空间管理与国土空间工程的各个方面体现不断交融的时空视角，分析阐明国土空间的时空资源配置和时空秩序动态，据此推导演绎出人类对国土空间资源的开发利用的时空规律和影响。然而，当前国土空间治理学运用的研究思维多数不是在既定的、公认的哲学思辨基础上形成的，所以针对问题的总结观点各异，尚未形成能被学术界广泛认同的发展逻辑和理论源流，也没有形成一个完整的认识论框架。本书所提出的发展观、系统观和时空观也只是一种可能，还需要在明确国土空间治理学本体论的基础上做大量工作，从而搭建起国土空间治理学认识论的子框架。

1.4.4 方法论框架

传统的国土空间治理学方法论以经验归纳为基础，其基本途径为各地实地访谈、调查、收集、归纳整理和表述等，这一时期可被称为经验描述性科学。而作为一门交叉科学，现代国土空间治理学既要应用人文社会科学的质性与量化研究方法，揭示人类与国土空间利用系统的相互作用过程，又要应用自然科学的时空分析方法，采用实用主义的取向，阐释国土空间资源现状和发展演变规律，还要应用经济学的模型分析方法，对国土空间问题构建假说、进行描述和解释因果性说明，更要应用工程科学的技术与方法，解决国土空间利用、开发、整治和保护的问题与矛盾。国土空间治理学在思维和途径上，要突破传统的封闭和单项思维，提倡开放的全方位思维，增加学科之间的渗透性和包容性。具体而言：如国土空间利用调查与监测研究利用3S技术、光谱信息和空间信息分析、多尺度分割影像信息提取技术、GR-Ⅲ高频探地雷达系统、变化向量分析技术等；国土空间利用评价研究利用层次分析法、德尔菲法、多因素综合评价法、聚类分析法、主成分分析法（PCA）、熵值法、包络分析法、Logistic回归模型、地理加权逻辑回归（GWLR）模型、神经网络模型、"压力-状态-响应"（PSR）模型等；国土空间利用变化及管理研究利用成本效益分析、地缘政治学、国土空间利用变化及效应模型、区位熵模型、区域国土空间利用竞争模拟模型、元胞自动机（CA）模型、基于主体（Agent-based）的模型、系统动力学（SD）模型、经验统计模型等；国土空间市场研究利用Hedonic模型、重复交易模型、数据包络分析法（DEA）、区域经济增长三部门模型、HP滤波法、自回归条件异方差（ARCH）模型等；国土空间整治工程研究利用农用地分等法、光谱-阶梯模型、影子工程法、生态景观设计、3S技术应用等方法。综合来看，可以认为虽然当前国土空间治理学运用的研究方法众多，但尚未形成能被学术界广泛认同的方法论体系，我们还需要对国土空间治理学方法论进行更为全面和系统的工具积累。

关键术语

国土空间、国土空间治理学、国土空间治理行为、国土空间治理学特征、基础多元、目标多维、系统整合、动态创新、国土空间基底、国土空间治理方式、多维国土空间治理、国土空间治理保障、国土空间治理学研究范式

思考题

1. 简述国土空间治理学与国土空间治理行为的概念内涵。

2. 现代化进程中的国土空间治理是一种彰显多元价值、统筹多元目的的复杂治理活动，请对国土空间治理的目标进行分类阐述。

3. 概述国土空间治理学的基本内容。

4. 请结合国土空间治理学研究范式的本体论、认识论和方法论，探讨如何将这些理论应用于解决一个具体的国土空间治理问题，并给出一个具体的案例分析。

第 2 章

国土空间治理的历史、现状和发展方向

■ 教学要求

1. 本章知识点

(1) 国土空间治理的历史演变

了解我国国土空间治理的悠久历史和演化过程。通过掌握国土空间治理对象、治理目标、治理重心、治理理念、治理手段等方面的演化特征，深刻理解国土空间治理与社会经济系统的互动关系，明晰国土空间治理在国家治理体系中的基础性地位。

(2) 国土空间治理现状与问题

掌握我国国土空间规划的"五级三类四系"体系，即五级行政管理体系、三类国土空间规划，以及国土空间规划运行方面的四个关键子体系。同时，熟悉我国不动产统一登记制度、自然资源产权确权机制、自然资源产权管理与交易制度，了解国土空间数字化治理进程是必不可少的，这有助于把握我国国土空间治理的前沿动态。

(3) 国际比较与经验借鉴

我国国土空间治理体系和治理能力是在充分吸纳了古今中外国土空间治理经验和教训基础上构建而成的。了解掌握国际上成功的国土空间治理经验，借鉴其治理理念、技术手段和实践经验。

2. 本章重点及难点

(1) 国土空间治理的历史变革、关键目标、内涵和路径

在了解我国国土空间治理的悠久历史和演化过程的基础上，掌握我国国土空间治理的数字化进程以及国土空间规划与管理的前沿动态、发展趋势，以深刻理解国土空间治理的历史变革、关键目标、内涵和路径。

(2) 国土空间治理的问题

在我国国土空间治理的过程中，需要关注央地之间的利益冲突、部门间及社会各主体之间的博弈等治理主体间的矛盾问题。同时，要认识到我国规划类型繁多而

缺乏整体性规划理念，以及规划管理部门职能冲突、协调不足等规划体系不完善的问题。此外，还需掌握国土空间管制保护中存在的部门利益冲突、管制保护范围覆盖不全、政府管制失灵、配套机制和技术平台支撑不足等挑战。

2.1 国土空间治理的历史演变

我国国土空间治理的历史十分悠久，几乎贯穿着社会经济发展的每一阶段。"治国理政"一词本身即蕴藏着"治国土、理地政"的内涵。同时，由于时代的演变以及生产力水平等因素的差异，国土空间治理对象、治理目标、治理重心、治理理念、治理手段等都处在动态演变之中。

2.1.1　中华人民共和国成立前的国土空间治理（1949年以前）

中华民族的国土空间治理传统和治理思想源远流长[19]。《襄王不许请隧》中即有"昔我先王之有天下也，规方千里，以为甸服"之说，表明远在周朝，统治者就有意识地对统治区域进行规划和治理。在西周施行的井田制下，土地一律不准买卖，只能由同姓依照嫡庶的宗法关系去继承。井田既作为诸侯百官的俸禄等级单位，又作为控制庶民的计算单位。进入封建时期，我国土地制度和国土空间治理继续发展。春秋战国时期的初税亩制为处理由土地国有制母腹中生长出来的土地私有制提供了选择。隋唐时期的均田制缓和了尖锐的土地矛盾，同时也促进了农业经济的发展。宋朝时期的租佃制得到了充分发展，佃农作为一个独立的阶层不断扩大。地主拥有大量的土地，普遍采取传统租佃制的经营方式，将所占的土地租给佃户。由于生产力发展水平以及佃户经济条件的差异，各地形成了合种制、出租制、官田租佃制等多种租佃形式。租佃制在与时代共同发展的过程中成长为以租佃为本质的多种形态。例如，明清两代出现的永佃权，即是佃户所具有的对于土地的永久租权。永久的租地权利就直接导致了土地的拥有和使用处于完全分离的、可以独立存在的两个状态。土地的使用在于佃农，他们是属于以租地为生活之计的无产阶级，生活特点和民国后期的工人生活状态十分相似。无产佃农慢慢衍化为后期的工人，这就为后来的资本主义经济的发展提供了劳动力基础。

以上史料表明，我国古代就具有了国土空间治理的基本形态，但治理对象主要聚焦于耕地，治理内容和治理工具也较为单一，主要是通过各种土地制度的形式对土地的占有、使用、处分等活动做出界定。真正具有现代意味的国土空间治理，是在1949年中华人民共和国成立以后萌芽的。

2.1.2 社会主义革命和建设时期的国土空间治理（1949—1977年）

中华人民共和国成立初期到20世纪70年代末，是我国社会主义初级建设阶段，国土空间治理处于初创探索期，治理理论和方法也"一边倒"地学习苏联模式。我国实行的是高度集中的计划经济体制，国家战略主轴是尽快建设现代意义上的工业强国。从国家治理体系上看，"大政府、小社会"的模式下政府几乎完全承担了各项资源和生产要素的配置任务。国土空间治理以自上而下的指令性计划传导为主要途径，体现为以基本建设为核心的模式，土地作为朴素的资源要素统一服从于社会化大生产的调配。

具体来看，1949年后，我国借鉴苏联的经验开始编制国民经济计划、城市规划和土地利用规划。这些计划和规划设定的目的在于安排经济发展目标、工农业生产任务、开展城市建设和土地开发利用，并依靠政府行政命令开展国土空间调整和空间生产。1952年9月，中央财政经济委员会、建筑工程部召开全国第一次城市建设座谈会，提出城市建设要根据国家的长期计划，针对不同城市有计划有步骤地进行新建或改建。该会议决定：从中央到地方建立健全城市建设管理机构，各个城市都要开展城市规划，划定城市建设空间范围。1954年6月，建筑工程部召开全国第一次城市建设会议，明确城市建设要与工业建设相适应。为配合工业项目建设，全国超过150个城市编制了城市建设总体规划，为工业生产配套各项市政公用设施、住宅和生活服务设施，对促进空间开发无序到有序起到了积极的作用。1958—1977年，中国的国土空间治理几乎处于停滞阶段。1960年11月，第九次全国计划工作会议宣布"三年不搞城市规划"，城市建设和国土空间开发保护由此失去了基本的依据。之后，尽管国家于1974年下发了《关于城市规划编制和审批意见》和《城市规划居住区用地控制指标（试行）》，但尚未形成国土空间治理的基本制度框架[20]。

总结来说，这一时期的国土空间治理主要是计划经济体制下的单一目标治理，主要以各类空间规划作为主要治理工具。然而，这些空间规划实际上是以五年计划为中心的诸项"分解动作"，尚未形成通常意义上的国土空间治理概念。在城镇、工业的空间地域方面，国土空间治理以工业布局规划、区域规划、城市规划等为主要内容进行。在农村、农业的空间地域方面，在全国逐步开展以农业资源普查与合理开发利用为中心的农业区划以及国有农场、人民公社等重点区域建设。在流域治理方面，主要开展以江河流域的水利建设和水患治理为代表的治理行动，但现代意义上的流域空间治理概念尚未形成。

2.1.3 改革开放时期的国土空间治理（1978—1999年）

自改革开放到20世纪末，以十一届三中全会为标志，我国进入建立社会主义市场经济体制时期，国土空间治理也进入转型调整期，治理理论和方法在借鉴国外经验的基础上开始自我发展。在国家以及国土空间治理体系上，政府职能从原来的国家建设型政府转变为经济建设型政府，政府行为模式从直接控制主导型转向综合调控主导型，而国土空间治理的任务框架则从"开发建设单线"扩展为"开发与保护双线"。在这一时期，"十分珍惜、合理利用土地和切实保护耕地"和"环境保护"的基本国策纷纷确立，基本农田保护、耕地占补平衡、土地整理和土地储备等制度工具不断丰富。

具体来看，1978年后，我国城市规划工作迅速恢复，全国324个设市城市的第二轮总体规划于1985年完成，《中华人民共和国城市规划法》于1990年实施。在1991年我国进入社会主义市场经济阶段后，以公有制为主体的多种经济成分共同发展的格局使得市场资本流动更加活跃。这一时期地方政府的经济发展自主性增强，1994年的分税制改革促使地方政府形成以"土地财政"为代表的"城市经营"模式，使得城市规划等代表性开发类规划进一步演变为"目标导向"和"增长拉动"的"发展蓝图"，这决定了以开发建设为基础的国土空间治理导向[21]。一方面，为规范国土空间开发秩序，1986年6月全国人大审议通过《中华人民共和国土地管理法》，确立了土地利用总体规划的法律地位，并建立了"统一分级限额"的土地计划管理方式，标志着中国以土地利用总体规划为依据的国土空间治理开始步入法治化轨道，为国土空间治理提供了基本依据。之后，《全国土地利用总体规划纲要（1987—2000年）》经国务院批准实施。这是全国第一部国家级土地利用总体规划。到1996年年底，大部分省市县的土地利用总体规划基本完成。为加强耕地保护，1994年，国家出台《基本农田保护条例》（中华人民共和国国务院令第162号），通过法律惩罚、冻结清查等方式强化耕地保护理念。此时的国土空间治理主要集中在建设用地和耕地等要素，其重心则在于保障地方开发建设需要。另一方面，国土空间生态治理也逐步得到重视，环境保护规划开始以纳入五年计划的方式发挥治理作用，《"九五"期间全国主要污染物排放总量控制计划》（环控〔1997〕383号）、《中国跨世纪绿色工程规划》等相继问世。

2.1.4　进入21世纪的国土空间治理（2000—2011年）

进入21世纪，我国的国家发展战略与全球化深度融合，市场经济体制不断发展，国土空间治理作为加强宏观调控的重要抓手得到进一步重视，国土空间治理体系进一步完善，结构优化和功能提升开始强化。从国家治理导向上看，我国进入了深度而综合的调整阶段，政府职能从经济建设型向社会经济调节型转变，要素配置更加市场化，国土空间治理更强调监管和调控。从治理体系上看，国土空间治理法治化进程开始加速，突出体现在资源环境立法、修法的密集开展上。

具体来看，我国于1998年成立国土资源部并修订《中华人民共和国土地管理法》，正式确立了以土地用途管制为核心的国土空间治理方式，并强调对耕地的保护和用地指标控制。随着国家将"环境保护"作为基本国策，土地用途管制逐渐扩展至林地、草地、水域等生态用地要素。随后制定的城乡建设用地增减挂钩、耕地数量质量占补平衡、永久基本农田等制度，旨在优化城乡用地布局和保护耕地数量质量。2004年开始，为加强宏观经济调控，国家提出土地参与宏观调控，把"地根"和"银根"共同作为两大调控手段，着手开展新一轮土地利用总体规划试点。2008年8月，《全国土地利用总体规划纲要（2006—2020年）》经国务院审议通过。同时，以2008年《中华人民共和国城乡规划法》的正式出台为标志，国土空间开发利用从以往的建设增量扩张转变为寻求国土空间结构优化，注重城乡统筹发展和资源优化配置。2010年《全国主体功能区规划》出台，从地域功能角度明确了各区域开发利用方向，为构建高效、协调、可持续的国土空间开发格局提供指引。

这段时期以开发建设和耕地保护并重为国土空间治理目标，国土空间结构和功能管理得到重视。同时，随着土地用途管制制度的建立，国土空间治理模式转变为条线型"技术管理"模式[22]。然而，由于缺乏对"规划"的规划，进入21世纪以来，全国各类规划大量涌现。据不完全统计，各类规划计有80余种，使得国土空间治理进入"多规并行"且"多规冲突"阶段。各类规划衔接不畅，规划层级日益增多,规划事权错配,部门利益膨胀,地方过度分权。这种"九龙治水"的管理方式忽视了国土空间的整体性和系统性,国土空间治理的统一性和有效性被削弱。

2.1.5 进入新时代的国土空间治理(2012年至今)

进入新时代,国土空间治理更加重视国土空间功能协调,同时,国土空间生态价值治理受到关注。党的十八大以来我国社会经济进入新常态,党的十九大报告提出了我国发展新的历史方位——中国特色社会主义进入了新时代,并指出我国社会主要矛盾已经转化为人民日益增长的美好生活需要和不平衡不充分的发展之间的矛盾,这对国土空间治理体系和治理能力提出新的挑战。因此,国土空间治理体系进入顶层设计阶段,治理导向逐步向社会经济生态调控模式转化。《中共中央关于全面深化改革若干重大问题的决定》明确其核心原则是"市场在资源配置中起决定性作用和更好发挥政府作用"。通过事权体系改革强化政府在空间治理方面的关键作用,也让市场机制有了更为充分的作用空间。部委机构改革将规划编制、用途管制、生态修复、环境治理及资源所有权代理职责集中整合入自然资源部和生态环境部两大主体,给国土空间治理"政出多门"问题带来解决出路[23]。

具体来看,2012年,党的十八大报告提出大力推进生态文明建设,优化国土空间开发格局。2013年,党的十八届三中全会公报指出:要推进国家治理体系和治理能力现代化。同年中央城镇化工作会议提出:要建立空间规划体系,推进规划体制改革。2014年,中央全面深化改革工作部署中,明确要求各市县开展经济社会发展规划、土地利用规划、城乡规划、生态环境保护规划等"多规合一"试点。同年,国家发改委、国土资源部、环境保护部、住房城乡建设部联合下发通知,确定28个市县开展"多规合一"试点。2015年,《生态文明体制改革总体方案》提出划定生产、生活和生态功能空间,为国土空间功能发展指明了方向。同时,我国"十三五"规划首次提出建立由空间规划、用途管制、差异化绩效考核等构成的国土空间治理体系,国土空间的顶层设计由管理向治理转型[24]。

2018年2月,《中共中央关于深化党和国家机构改革的决定》决定成立自然资源部,统一行使全民所有自然资源资产所有者职责,统一行使国土空间用途管制和生态保护修复职责,重构了国土空间治理行政体系。2019年5月,《中共中央 国务院关于建立国土空间规划体系并监督实施的若干意见》正式发布,标志着国土空间规划体系构建工作正式全面展开。建立国土空间规划体系并监督实施，将主体功能区规划、土地利用规划、城乡规划等空间规划融合为统一的国土空间规划，实现"多规合一"，强化国土空间规划对各专项规划的指导约束作用。这是中央作出的重大决策部署，标志着中国空间发展和空间治理进入了新时代，也标志着规划体制改革进入了建立空间规划体系的新时期，国土空间规划体系建立和国土空间治理进入了落地实施的新阶段。2021年，中共中央办公厅、国务院办公厅出台《关于建立健全生态产品价值实现机制的意见》，强调了挖掘生态空间市场价值，进一步凸显国土空间生态治理的重要性和迫切性。

进入中国特色社会主义新时代，国土空间治理的重心正逐渐从生产空间开发建设主导转向"三生"空间协调发展；治理手段从过去的"多规并行"到全域、全要素、全过程统一与"多规合一"的国土空间规划；治理内容从以往的单一要素管理，到关注结构优化和功能提升，再到重视功能协调和空间综合价值的实现[25]。然而，当前国土空间治理体系尚处于探索阶段，国土空间治理仍以国土空间要素和结构治理为重点，国土空间功能和价值治理依然薄弱。因此，亟须吸收以往国土空间要素和结构治理经验，创新和完善功能与价值治理的制度方法，构建由要素整合、结构优化、功能提升和价值实现构成的多维治理路径体系，以共同提升国土空间治理能力。

2.2 国土空间治理现状与问题

国土空间治理的现状着重强调了我国的国土空间治理是以社会主义公有制的土地制度为坚实基石，紧密围绕国土空间规划有序开展的。我国已构建起一套较完善的规划治理结构与治理体系，并配套建立了自然资源产权体系和国土空间开发保护制度，同时积极推进国土空间治理的数字化，形成了多维度、综合性的治理框架。然而，在治理实践过程中，也逐渐暴露出一系列复杂且紧迫的问题，具体包括国土空间治理主体间的矛盾冲突、规划体系的不完善及规划法律碎片化的问题，管制保护措施的乏力与不足、自然资源产权体系的复杂纠葛与争议，以及治理数字化转型过程中所面临的诸多挑战。这些问题相互交织，共同构成了当前国土空间治理领域亟待深入剖析与破解的关键议题。

2.2.1 国土空间治理现状

1. 以坚持社会主义公有制为基本原则

根据《中华人民共和国宪法》和《中华人民共和国土地管理法》的规定，中国当前的土地所有制实行的是社会主义土地公有制，这一制度细分为社会主义全民所有制与社会主义劳动群众集体所有制两种形式。在社会主义全民所有制下，土地所有权的实现方式是社会主义国家所有制，即由国家代表全体劳动人民拥有并管理全民所有的土地，并行使对土地的占有、使用、收益及处分等权利。至于社会主义劳动群众集体所有制，其实现形式为社会主义集体经济组织所有制，意味着各集体经济组织代表其全体成员拥有并管理属于该集体的土地，同样行使占有、使用、收益和处分等权利。《中华人民共和国宪法》规定："城市的土地属于国家所有。农村和城市郊区的土地，除由法律规定属于国家所有的以外，属于集体所有；宅基地和自留地、自留山，也属于集体所有。"《中华人民共和国宪法》同时规定："矿藏、水流、森林、山岭、草原、荒地、滩涂等自然资源，都属于国家所有，即全民所有；由法律规定属于集体所有的森林和山岭、草原、荒地、滩涂除外。"根据《中华人民共和国宪法》《中华人民共和国土地管理法》等法律文件规定：城市土地实行所有权与使用权相分离的制度；农村承包土地实行"所有权、承包权和经营权"的"三权分置"制度。

2. 以国土空间规划为核心

国土空间规划是国土空间治理的"龙头"，是国家空间发展的指导方针和可持续发展的空间布局蓝图，为各类开发、保护与建设活动提供了基本依据。中共中央、国务院作出了重要决策，即建立并完善国土空间规划体系，同时加强对其执行的监督。这一决策的核心是将主体功能区规划、土地利用规划、城乡规划等多种空间规划整合为统一的国土空间规划，实现"多规合一"，并进一步突出国土空间规划对各专项规划的指导与约束作用。

3. 国土空间规划治理结构

2019年，《中华人民共和国土地管理法》修订后，明确提出"科学有序统筹安排生态、农业、城镇等功能空间，优化国土空间结构与布局，提升国土空间开发、保护的质量和效率"。与此同时，《中共中央 国务院关于建立国土空间规划体系并监督实施的若干意见》等一系列文件的出台，明确了我国建立五级三类国土空间规划体系的目标。该体系以资源环境承载力和国土空间开发适宜性评价为基础，不仅为国土空间发展提供蓝图，还为国家发展提供空间保障，推动国土空间开发保护方式的转变和效率提升，实现公平和可持续发展。

目前，我国的国土空间规划治理结构涵盖国家、省级和市县级三个层面，具体构建了"五级三类"的规划管理体系。其中，"五级"指的是设立国家级、省级和市县级的国土空间总体规划，并结合各地区的实际情况进一步编制乡镇级的国土空间规划，以确保规划的全面性和适应性。而"三类"则包括总体规划、详细规划和专项规划，这三类规划相互衔接、相互支撑，共同构成了国土空间规划治理体系的完整框架。

在国土空间用途管制与治理过程中，国家和省级的规划主要发挥宏观指导作用，为下级规划提供方向性引领。市县级及以下的规划则作为基础依据，直接指导具体的土地使用和空间布局工作。

我国当前的国土空间规划，遵循"五级三类"的规划管理框架，采用多部门并行的"自上而下"治理结构。在这一结构中，各级各类规划的编制、实施与管理工作主要由自然资源主管部门及各级政府负责，从而形成了各层级部门与规划实施主体之间相互协调的体系。

4. 国土空间规划治理体系

党的二十大明确提出，到二〇三五年要"基本实现国家治理体系和治理能力现代化"，这表明国家治理体系和治理能力的现代化建设已经成为国家发展的关键战略。国土空间治理体系和治理能力是这一现代化建设的重要组成部分。实现国土空间规划治理体系现代化，需要建立符合现代化要求的编制审批体系、实施监督体系、法规政策体系和技术标准体系。其中，明确的法规政策体系和统一的技术标准体系是编制审批体系的基础，而编制审批体系则是实施监督体系的前提。

1）编制审批体系

规划编制审批体系涵盖了国土空间现状调查、国土空间"双评价"以及国土空间规划编制审批等内容。国土空间现状调查是进行规划编制的前提，政府相关部门针对山水林田湖草沙等国土空间要素进行综合调查，落实基础数据，为制定可持续的国土空间规划打下坚实基础。

国土空间"双评价"是连接现状调查与规划编制的关键环节。通过资源环境承载能力评价和国土空间开发适宜性评价，能够评估不同区域的资源环境负荷，确定国土空间对于各种用途的适宜性及其程度，从而因地制宜地采取针对性保护和利用措施。

各级政府在此基础上开展相应的国土空间规划编制，明确空间发展目标和战略，优化开发保护格局，强化底线约束，保护和利用资源要素，完善基础支撑体系，推进生态修复和国土整治修复，促进区域协调与规划传导，并建立规划实施保障机制。这些内容共同构成了国土空间规划编制的成果。

各级规划编制完成后，须报由相应主管部门审批。全国国土空间规划是对全国国土空间进行的全面布局与统筹安排，它构成了国土空间保护、开发、利用和修复的总体政策框架与纲领性指导，特别注重战略性规划。该规划由自然资源部协同相关部门共同组织编制，并经过中共中央、国务院的严格审定后正式发布。省级国土空间规划则是对全国国土空间规划的具体落实与细化，旨在指导市县级的国土空间规划编制工作，更加注重规划的协调性和衔接性。这一层级的规划由省级政府组织专业团队进行编制，并需经过同级人大常委会的认真审议后，上报国务院进行审批。市县和乡镇的国土空间规划则是对上级规划要求的进一步细化与实施，它们针对本行政区域内的国土空间开发与保护作出具体安排，更加注重规划的实施性和可操作性。需要报国务院审批的城市国土空间总体规划，由市政府组织专业团队进行编制，并经过同级人大常委会的严格审议后，由省级政府上报国务院进行审批。至于其他市县及乡镇的国土空间规划，则由省级政府根据当地的实际情况和具体需求，明确规划的编制内容、审批程序及要求。各地可以结合自身的实际情况和专业判断，灵活选择将市县与乡镇的国土空间规划进行合并编制，或者以几个乡镇为单位共同编制乡镇级的国土空间规划，以确保规划的针对性和有效性。

海岸带、自然保护地等特定区域的专项规划，以及涉及跨行政区域或流域的国土空间规划，应由所在区域或上一级的自然资源主管部门负责牵头组织编制，并报请同级政府进行审批。而涉及空间利用的某一具体领域的专项规划，例如交通、能源、水利、农业、信息、市政等基础设施，公共服务设施，军事设施，以及生态环境保护、文物保护、林业草原等领域的专项规划，则应由各相关主管部门负责组织编制工作。这些专项规划可以在国家、省、市县等不同层级进行编制，各层级和地区可以根据实际情况选择适合的类型和精度进行编制。

详细规划是对具体地块的用途和开发建设强度等作出的实施性安排，是开展国土空间开发保护活动、实施国土空间用途管制、核发城乡建设项目规划许可、进行各项建设活动等的法定依据。在城镇开发边界内的详细规划，应由市县自然资源主管部门负责组织编制，并报请同级政府进行审批。而在城镇开发边界外的乡村地区，可以以一个或几个行政村为单元，由乡镇政府组织编制"多规合一"的实用性村庄规划，作为详细规划使用，并报请上一级政府进行审批[26]。

2）实施监督体系

实施监督体系指的是对国土空间规划实施过程中各项活动进行监督、评估和管理的一系列组织、制度、方法和技术的总和。主要内容包括国土空间规划动态实施、空间管制、许可管理和行为指引，旨在确保规划的有效执行，防止和纠正规划实施中可能出现的偏差和问题，从而保障规划目标的顺利实现。

其中，国土空间规划动态实施是指政府相关部门采用近期调控、远期统筹的方式，管理各类用地指标的使用情况。通过年度实施计划，统筹安排耕地保护、生态修复、综合整治、海洋保护利用、城乡建设等工作，落实和分解国土空间保护与建设目标，确保规划顺利落地。

空间管制涉及对国土空间内不同用地类型和用途进行规划和管理的活动，包括主体功能区管控、国土空间用途管制制度、指标管控、耕地和永久基本农田管控、生态保护红线管控、城镇开发边界管控、其他重要控制线管控、规划用途分区管控、地下空间管制、围填海管控以及空间布局优化等。

许可管理是对国土空间规划确定的各种开发和利用活动进行行政许可的管理过程，通常包括用地审批、规划豁免、用海用岛审批、空间准入许可、规划条件设定、规划条件变更等。

行为指引则是对在国土空间内进行开发、保护和利用行为的一系列指导和规范，包括城乡建设用地增减挂钩、土地综合整治、低效用地再开发、生态修复等。通过这些措施，确保国土空间的合理开发和有效保护。

3）法规保障体系

法规保障体系是确保国土空间规划有效制定和实施的关键要素，主要包括规划法律法规和规划地方法规规章两大方面。规划法律法规明确了规划的法律依据、基本原则、编制程序和法律责任，确保规划实施的合法性。目前，我国形成了以宪法为基石、以《中华人民共和国土地管理法》和《中华人民共和国城乡规划法》等行政法律为主体，包括相关行政法规在内的国土空间规划法律法规框架。政府相关部门也在积极推动《国土空间规划法》的立法，旨在巩固国土空间治理的法律基础，形成"衔接流畅、权责分明、结构严谨、功能全面、体系完整"的法规保障体系。

规划地方法规规章则是对规划法律法规的进一步细化，通常包括具体的实施细则和流程，旨在解决地方性国土空间规划相关问题。这些地方法规规章细化了国家层面的法律要求，确保地方规划问题得到有效解决，并保障规划在地方层面的顺利实施。

4）技术标准体系

技术标准体系包括基础通用标准、编制审批标准、实施监督标准和信息技术标准。基础通用标准涵盖基本术语、用地用海、主体功能区、陆海统筹等方面，为国土空间规划的编制、审批、实施和监督提供统一的术语、方法和制图等指导。编制审批标准用于指导和规范国土空间规划的编制和审批环节，包括规划编制的技术规程、内容要求，以及规划审批的原则和流程，确保编制和审批过程的科学性和规范性。实施监督标准用于指导和规范国土空间规划实施过程中的监督、评估和管理，包含规划实施过程中的监督检查和规划许可等标准，确保规划在执行中的有效监督和评估。信息技术标准涉及数据采集、汇交、应用和数据库建设等方面，为国土空间规划的信息化建设和数字化管理提供统一的技术框架和规范，促进空间数据的获取、处理、分析、共享和应用，实现规划管理的信息化和智能化。

5. 自然资源产权体系

不动产统一登记制度已全面建立。自 2013 年国务院第 31 次常务会议决定由国土资源部承担全国土地、房屋、草原、林地、海域等不动产统一登记职责以来，我国不动产登记体系逐步实现了从分散登记向统一登记的转型。在法律制度层面，《不动产登记暂行条例》及其配套的《不动产登记暂行条例实施细则》相继出台，为不动产统一登记工作提供了坚实的法律基础和明确的操作指南。在机构设置方面，截至 2017 年年底，全国所有市县均已完成不动产登记局的设立，标志着不动产统一登记机构职能的整合工作已全面完成。在登记程序上，我国统一了不动产登记簿证的样式，并出台了一系列配套制度，同时积极推行"一窗办理、集成服务"模式，极大地提升了民众办理不动产登记的便利性。在信息平台建设方面，我国已实现了存量数据的全面整合与入库，并确保了市县级信息平台与国家级信息平台的顺畅对接，为不动产登记信息的实时共享奠定了坚实的基础。

自然资源资产产权交易制度建设也在深入推进。在土地产权领域，我国已建立以国有土地使用权为核心的土地市场体系，并实施了一系列土地使用权交易制度，涵盖出让、转让、出租、抵押、作价出资（入股）等多种方式。为促进农业用地的有效流转，相关政策允许土地承包经营权在不改变农业用途的前提下，通过转包、出租、互换、转让等多种方式进行流转。

在林权方面，我国推出了林权抵押贷款政策，为林业发展提供了新的融资途径，有效盘活了森林资产，为林业经济的持续发展注入了新活力。

在矿业权方面，我国积极推动招标、拍卖、挂牌等竞争性出让方式，并严格限制协议出让方式的使用，从而逐步扩大矿产资源的有偿出让范围，使出让方式更加多元化和优化。

在水权方面，我国确立了水资源国家所有权制度，并建立了全国统一的水权交易制度、交易系统和风险控制系统。这些措施的实施促进了跨流域、跨区域、跨行业以及不同用水户之间的水权交易，提高了水资源的配置和使用效率。

在海域海岛使用权方面，我国明确了海域使用权可以通过行政审批和市场化出让两种方式取得，并实施了无居民海岛的有偿使用制度，为海域海岛资源的合理开发和可持续利用提供了有力保障。

近年来，自然资源资产产权保护制度日益完善。随着产权的逐步明确和落实，社会对资源节约和保护的意识不断增强，自然资源产权的法律框架和纠纷解决机制基本形成。当权利人的自然资源产权受到侵害时，他们可以通过和解、调解、仲裁、复议、诉讼等多种途径寻求法律救济，并依法获得赔偿。对非法侵害他人自然资源产权的行为，相关责任人将承担民事、行政和刑事责任，并受到法律的严格制裁。

同时，自然资源资产产权管理体制逐步完善。从横向来看，我国的自然资源管理经历了从单一行业管理向综合管理与行业管理相结合的转型。2013年，中国海警局成立，拓展了自然资源管理的范围，实现了从陆地到海域、从地表到地下的全面管护。2018年，自然资源部的组建，明确了全民所有自然资源资产的代表，标志着集中统一的管理体制基本确立。从纵向来看，中央和地方根据自然资源的重要性，对国有自然资源产权的行使职责进行了合理分工，形成了"单一代表、多级行使"的所有权管理模式[27]。

6. 国土空间开发保护制度体系

习近平总书记在党的十九大报告中提出："构建国土空间开发保护制度，完善主体功能区配套政策，建立以国家公园为主体的自然保护地体系。"构建国土空间开发保护制度包括完善主体功能区制度，统筹国家和省级主体功能区规划，健全基于主体功能区的区域政策；健全国土空间用途管制制度，将开发强度指标分解到各县级行政区，作为约束性指标，控制建设用地总量，将用途管制扩大到所有自然生态空间，划定并严守生态红线，严禁任意改变用途，防止不合理开发建设活动对生态红线的破坏；建立国家公园体制，加强对重要生态系统的保护和永续利用，构建保护珍稀野生动植物的长效机制；完善自然资源监管体制，将分散在各部门的有关用途管制职责，逐步统一到一个部门，统一行使所有国土空间的用途管制职责。

1）主体功能区

主体功能区是中国在工业文明时期探索出的一条符合生态文明要求的空间治理道路。这种治理方式基于深入的理论创新和系统的科学研究，适应中国国情。自2010年国务院发布主体功能区规划以来，主体功能区建设逐步上升为国家战略，并被纳入国家生态文明总体方案，成为基础性制度。

主体功能区战略根据城市化、生态安全、粮食安全和遗产保护等主体功能定位，依据优化开发、重点开发、限制开发和禁止开发的开发方式，实施分类管理和空间治理。该战略为优化国土空间开发和保护格局、创新国土空间发展模式奠定了基础。在中央全面深化改革领导小组（在党的十九届三中全会后，中央全面深化改革领导小组改为中央全面深化改革委员会）第三十八次会议上，习近平总书记明确将建设主体功能区作为中国经济发展和生态环境保护的大战略。《中共中央关于制定国民经济和社会发展第十四个五年规划和二〇三五年远景目标的建议》进一步指明了发展方向，强调需立足资源环境承载能力，发挥各地比较优势，逐步形成城市化地区、农产品主产区和生态功能区三大空间格局，旨在塑造主体功能明显、优势互补、高质量发展的国土空间开发保护新格局[28]。

全国主体功能区规划是一项综合性的地域区划方案，它全面审视了资源环境的现状与潜力、地域功能的适宜性特征与趋势，以及国土空间开发与保护之间的复杂关系。该规划方案深度融合了自然地理条件、发展战略格局和主体功能定位，由国家级和省区级两个空间层级共同构成。国家级方案主要依据全国性的城市化、生态安全、粮食安全和遗产保护等地域功能进行类型区划分，但在空间上并未实现全覆盖。而省区级方案则进一步根据本省区内具有局部意义的地域功能进行细分，不仅承接并细化了国家级方案的内容，还填补了国家级方案未涉及的所有地域空白。最终，通过这两级的集成与协同，主体功能区规划实现了全国地域空间的全覆盖，为国土空间规划提供了坚实而科学的基础框架和明确的规划准则。各级国土空间规划则是在这一总体框架下进行的具体布局与实践，使得全国主体功能区规划既具备了规划的宏观战略属性，又能有效指导并支撑各级具体规划的实施与落地[29]。

2）国土空间用途管制

国土空间用途管制是一种全面监管机制，它基于国土空间规划所确定的空间用途及开发利用的限制条件，贯穿于国土空间开发利用的许可、用途变更的审批以及开发利用的监管等多个环节。这一机制针对耕地、林地、草原、河流、湖泊、湿地、海域、无居民海岛等所有国土空间的用途或功能进行严格的监管。具体而言，国土空间用途管制包括以下几个方面：首先是国土空间开发许可，这要求对国土空间的开发利用活动进行事先的严格审查，对于不符合用途管制要求的活动将不予批准，以确保国土空间的开发利用活动严格控制在国家规定的范围内；其次是国土空间用途变更审批，这通过明确具体的条件、程序和要求，对国土空间用途的变更实行严格的管控，以保证国土空间用途变更的严肃性和科学性，从而切实改变国土空间开发利用中优质耕地或生态空间被挤占的情况；最后是国土空间开发利用监管，这主要关注开发利用活动的合法合规性以及对生态环境的影响，旨在通过加大监管力度和违法处罚力度，减少开发建设、矿产开采、农业开垦等活动对生态环境的损害，确保国土空间的可持续利用。

2019年11月，中共中央办公厅、国务院办公厅印发《关于在国土空间规划中统筹划定落实三条控制线的指导意见》，明确了"三区三线"在国土空间规划分区和用途管制中的核心地位。在新国土空间规划体系中，以"三区三线"为核心的规划分区与用途管制模式已经成为整合各类分区的基本共识、是实施统一国土空间用途管制的重要抓手。

"三区三线"是实施空间刚性管控与弹性引导的关键策略。其中，"三条控制线"——生态保护红线、永久基本农田保护线和城镇开发边界，聚焦于城镇建设、农业开发和生态保护的高标准与高质量区域，是实行严格管控的重点区域。而"三区"则指的是城镇空间、农业空间和生态空间这三类基本功能区，它们除了涵盖各自对应的"控制线"范围外，还包括一般性的功能空间。对于这部分空间，管控要求相对灵活，强调弹性管理，旨在实现空间的高效利用。具体而言，这既允许某类型空间转变为其他类型空间，又积极倡导和激励空间的复合利用。此外，"区"内部的等级划分可为"线"的有序调控提供基础。以农业空间为例，除了划定永久基本农田保护线外，还需识别和划定耕作条件和地理位置良好的耕地作为永久基本农田的储备区。当重大基础设施等建设活动不得不占用永久基本农田时，可优先从储备区补划，通过弹性手段实现永久基本农田的刚性保护。这种方式不仅增强了空间利用的灵活性，也确保了关键领域内的严格保护，有效协调了发展与保护之间的矛盾[30]。

3）自然保护地体系

中共中央、国务院高度重视国家公园等自然保护地建设和野生动植物保护工作。特别是党的十八大以来，习近平总书记多次对建立以国家公园为主体的自然保护地体系、保护野生动植物作出重要指示批示。截至 2020 年，我国拥有自然保护区、风景名胜区、森林公园、湿地公园、地质公园、海洋公园、沙漠（石漠）公园等自然保护地 9 190 处，总面积 18 535 万公顷（扣除重叠面积），其中国家级自然保护地 2 996 处，总面积 13 286 万公顷。拥有世界自然遗产 14 项、世界自然与文化双遗产 4 项、世界地质公园 41 个，数量均居世界第一。同时，我国拥有丰富的野生动植物资源，有脊椎动物 7 300 余种，其中 400 余种为我国特有种；高等植物 36 000 余种，其中近 50% 为我国特有种[31]。

国家公园建设加快推进，顶层设计逐步完善，形成了"四梁八柱"的制度框架。2017 年，中共中央办公厅和国务院办公厅印发了《建立国家公园体制总体方案》，明确了国家公园的总体制度设计。2019 年，中共中央办公厅和国务院办公厅再次联合印发了《关于建立以国家公园为主体的自然保护地体系的指导意见》，为国家公园建设提供了进一步的指导。2020 年，中央机构编制委员会印发了《关于统一规范国家公园管理机构设置的指导意见》，对国家公园的管理机构设置进行了统一规范。

这些文件构建了我国国家公园制度体系的基本框架，涵盖了理论创新、体制改革等方面的内容，实现了国家公园顶层设计的系统化、规范化。《国家公园法》列入了十三届全国人大常委会立法规划的第二类项目，标志着国家公园的法制化建设迈出了重要一步。此外，三江源、海南热带雨林、武夷山等国家公园条例先后颁布，为国家公园的保护管理提供了法律保障。

在技术标准方面，截至 2021 年国家发布了《国家公园设立规范》等 5 项国家标准，为国家公园的设立、规划、勘界、监测和监管考核提供了具体的技术遵循。这些标准的发布，确保了国家公园建设的科学性和规范性。

自然保护地建设成效显著，经过 60 多年的努力，已建立了数量众多、类型丰富、功能多样的各级各类自然保护地。在"十二五"和"十三五"期间，全国 182 处国家级自然保护区的基础设施建设大幅提升，建成了 30 余万平方米的管理用房、6 000 多公里的巡护连接道路，以及 10 余万平方米的科研宣教用房，保护管理工作效率和公众关注度显著提高。监管服务能力不断提高，开发建成了自然保护区监督管理平台，开展了"绿盾""绿剑"等专项监督检查行动，有效遏制了破坏自然资源的行为，推进了勘界立标和"一区一法"工作，夯实了精细化管理和监督执法基础。自然保护地有效保护了 90% 的陆地生态系统类型和 74% 的国家重点保护物种，为生态文明建设和经济社会可持续发展提供了有力的生态支撑。

7. 国土空间治理数字化

2012年以后，生态文明建设与新型城镇化战略对国土空间治理提出了新的时代需求。国土空间治理导向转为统筹经济发展、生态保护、社会公平等多个维度，治理理念引入底线思维、系统与整体思维，治理复杂度呈指数增长趋势。

与此同时，新一代信息技术（如智慧地球、云计算、大数据）成为引领经济社会发展的先导力量，推动国土空间治理由业务驱动模式向数据驱动模式变革。随着卫星通信、传感器、5G基站等信息技术基础设施日趋完善，时空大数据涌现，市场与社会成为数据建设的主导力量，形成了政府、市场、社会的共建共享格局。利用人工智能和机器学习等手段认知国土空间格局演变规律、人地相互作用关系、要素流动机制，探索具有中国特色的国土空间治理理论。社会经济数据、调查评价数据、规划数据等多类型数据的融合应用成为趋势，强调在调查、监测、规划、评价等环节汇聚人类活动信息，推动国土空间治理向以人为本的规则转变。国土空间治理迈向"数智化"，通过人本数据的应用提高治理决策的科学性，以期满足高质量国土空间布局和精细化城市治理需求。

2018年，国家机构改革方案出台，整合分散在多个部门的国土空间治理职责，组建自然资源部，全面履行"两统一"职责，国土空间治理走上"数治"新征程。制度建设方面，先后出台《自然资源部信息化建设总体方案》《国土空间规划"一张图"实施监督信息系统技术规范》《国土空间规划城市时空大数据应用基本规定》等文件，指导建立自然资源"一张网"、自然资源"一张图"，构建统一的国土空间基础信息平台。在数字化实践中，各地探索建设"可感知、能学习、善治理、自适应"的智慧国土空间规划，通过数字化场景开发强度管控、人口密度等系列工具，定量分析项目招引可行性，以数据驱动与智能模拟综合赋能规划编制、审批、实施全流程。围绕国土空间用途管制，探索设立计划库、项目库、审批库等用途管制专题数据库，开展资源要素配置与重大项目保障一体化运营服务、协同审批与监管决策。针对耕地保护、"两违"监管、矿山开发、生态红线设置等问题，自然资源部门实施全景巡查与智能识别预警。治理方式上，进一步强化"政府组织、专家主导、部门协作、群众参与"的工作方式。通过运用"空间码"技术，关联建设用地审批管理、地质灾害防治与耕地保护等信息，推动多元主体参与和协作创新。数字化技术已深入应用于国土空间治理具体业务，全面提升了自然资源的态势感知能力与决策监管能力，为实现高质量的国土空间布局和精细化城市治理提供了坚实的技术支撑[32]。

2.2.2 国土空间治理问题

1. 国土空间治理主体间矛盾
1）中央与地方政府利益冲突及协调

1994年，中国推行了中央与地方财政的分税制改革，这一重大政策变革首次赋予了地方政府剩余权，并清晰界定了中央与地方政府间以及地方政府间的财务权责边界。在此背景下，中央与地方政府逐渐发展出各自独特的价值取向和利益诉求。

中央政府倾向于在空间开发利用中优先考虑社会整体利益和长远利益，为此，它制定了一系列法律法规，旨在保护生态环境、维护耕地资源的可持续利用，并严格控制建设用地的扩张规模。然而，地方政府受限于任期时长，往往更倾向于在有限的任期内促进经济发展。它们虽无需担忧中央政府会进行财政资源的"平调"，但也无法回避经济发展失败所带来的责任。

在实际操作中，尤其是在短期视角下，经济、社会和生态等多方面的利益取向往往存在冲突和难以调和的情况。在政府间竞争日益加剧的环境下，政府与企业的界限变得模糊，行政辖区内的公共产品与企业内部的公共产品仅在公共程度上存在差异。一旦政府涉足竞争性市场，传统意义上的"公共产品"便可能丧失其公益性质，转而成为市场竞争的一部分。在开发商"用脚投票"的行为以及不同层级政府目标考核责任制的共同作用下，地方政府间的竞争愈发激烈，地方政府的"经理人"特质也愈发显著，这进一步加剧了政府间在经济发展方面的竞争态势，也对中央与地方政府的财政关系和空间治理提出了新的挑战。

以保护耕地这一目标为例，中央政府倾向于关注长远利益和公共利益，特别强调保护耕地资源的重要性，而地方政府更注重在有限的任期内实现投入产出的最大化，因此往往将低成本的耕地优先用于建设开发。不可否认，中国改革开放以来的巨大成就与地方政府作为农用地非农化开发的主要推动者密不可分。在众多地方政府中，土地收益占据了地方财政收入的半壁江山，甚至更多。土地不仅与财政紧密相连，还成为撬动银行资金、促进金融活动的重要工具。通过利用土地收益，地方政府有力推动了城市建设和居住环境的改善，加速了城市化和工业化的进程，同时也对空间治理结构进行了积极优化。

因此，中央政府与地方政府的利益经常不一致，甚至发生冲突。在推进空间治理现代化的过程中，如何协调中央与地方政府的利益博弈，如何清晰界定中央与地方政府的责权利关系，以及如何在中央与地方关系视角下构建和完善空间治理体系，是一个需要长期努力的命题[33]。

2）部门间和主体间的博弈复杂，开发与保护的决策边界模糊

部门间存在权责不清和目标偏差，协作机制不畅。国土空间治理是由调查监测、确权登记、空间规划、用途管制、开发利用、保护修复等构成的全链条体系，主要由自然资源部门负责，同时涉及发改、生态、农业、住建、财政、水利等部门。理论上，各部门共同决策才能实现最佳的国土空间治理效果。然而，由于国土空间范围广泛且复杂多样，数据收集本身便是一个巨大任务。不同部门对土地用途的认知或侧重点不尽相同，使得单部门决策可能会受到其他部门信息缺失的影响。例如，经济部门可能主张开发更多土地以获得财政支撑，资源部门可能强调耕地保护与粮食安全，而生态部门更重视保护或修复国土空间。此外，不同部门可能拥有相似职责甚至职责重叠，但目标未必完全一致，这导致决策执行效率低、协调难度大。不同类型的自然保护区分别由相应的行政主管部门负责管理（《中华人民共和国自然保护区条例（2017年修订）》），这一分工模式可能会引发保护区空间划定的重叠与冲突，进而在实施过程中产生交叉管理和操作上的碰撞，影响了保护工作的效率与成效。

主体间存在信息壁垒与利益冲突，协调机制缺位。多主体参与是一种现代化、开放化、民主化的国土空间治理模式，能够更好地反映不同主体的利益选择与价值取向，应由政府、企业、社会和个人等主体充分合理介入，并通过法规条例和公德文化予以约束或保障。然而，由于我国长期习惯以行政干预或市场机制为主要手段，在规划编制、政策制定、监督评估等方面，社会力量处于薄弱环节，行政执政与公众参与的良性互动有待提高，致使国土空间治理多停留于战略引导层面，治理手段缺乏实用性与可操作性。一方面，各方主体对国土空间信息的认知和理解程度不同，可能造成某些信息误解或遗漏，加之各主体利益目标差异或相互竞争，容易导致治理决策分歧和冲突。另一方面，虽然多主体参与能够引入更多的资源和视角，但议事规则和决策程序并不清晰，缺乏公正有效的协调机制，可能导致治理过程混乱、治理效果不佳。

由此可见，不同部门和主体间的利益博弈与信息壁垒长期存在，难以形成清晰的开发保护决策边界。其一，由于不同部门间的利益诉求差异，加之信息传递迟缓，会导致在微观层面土地指标分配和使用上存在偏差，影响决策效率和治理效果。其二，在谋求经济发展过程中，不同主体出于理性考虑，往往都希望成为"先富起来"的那部分，并围绕各自利益开发土地资源，容易导致土地过度开发或退化污染，形成"公地悲剧"。因此，部门间和主体间的博弈已成为阻碍国土空间治理取得实效的根本问题[34]。

2. 国土空间规划体系问题

1）规划管理体系不完善

各部门的规划体系普遍遵循行政层级架构进行设置，自上而下形成多级体系，负责规划的编制与实施工作。尽管这些规划之间存在着紧密的内在联系，但也不可避免地遭遇了部门分割和事权分散的困境，这些问题共同引发了规划格局的无序现象[35]。

在横向维度上，中国的综合规划职能在行政主管部门体系中呈现出分散化的特点。不同类别的规划以及同一规划系列内的不同类型规划（例如总体规划与专项规划）分别由不同的主管部门承担，这导致了规划职能与内容的交叉与重叠，影响了规划的整体性和协调性。

在纵向维度上，国民经济和社会发展规划系列与城乡规划系列都面临着上级规划对下级规划指导性不足、约束性较弱的问题。这导致下级规划在制定和实施过程中缺乏明确的指导和约束，容易出现偏离和失序的情况。而土地利用总体规划虽然通过上级规划对下级规划的指标分解实现了较强的约束性，但这一过程中也付出了较大的社会、经济及生态成本，需要在规划制定和实施中加以权衡和考虑[36]。

2）规划类型多样，缺乏整体性规划理念

当前，我国通过法律正式确立的规划种类超过80种，涵盖了经济社会发展规划序列，如国民经济和社会发展规划，以及国土空间规划序列，其中包括主体功能区规划、城乡规划、土地利用规划、环境保护规划等。从规划的编制实践观察，中国的空间规划体系显现出明显的部门化特征。具体而言，现有的空间规划主要由不同部门依据其职能分工、行业特性和专业优势，从不同层面和角度进行组织和制定[37]。

在编制理念上，我国的空间规划存在显著的片面化倾向。由于缺乏一个具备整体性和统一性的空间规划协调机制，不同规划之间的协调性和衔接性显得相对不足。这一问题直接制约了规划的实施效果，使得规划难以对国土资源的空间开发与布局提供长期且有效的指导[38]。

3）国土空间规划法律碎片化

我国国土空间规划的立法呈现出明显的碎片化特征，这主要体现在以下两个方面：其一，缺乏一个统一的立法框架。目前，我国涉及空间规划的法律包括《中华人民共和国土地管理法》《中华人民共和国城乡规划法》《中华人民共和国环境保护法》等多部法律法规。然而，由于立法主体和调整对象的不同，这些法律之间的衔

接并不紧密,导致内容上存在重叠甚至相互冲突的情况。其二,法律效力层级普遍较低。除了土地利用总体规划等个别规划具有明确的法律依据外,许多规划仍然以政策文件的形式发布,例如全国主体功能区规划和全国国土规划等。尽管政策文件具有较高的灵活性和适应性,但其法律约束力相对较弱,这不利于国土空间规划的整合与协调。因此,为了解决这一问题,有必要出台一部国家层面的国土空间规划法,以统一和规范国土空间规划的立法与实施。

3. 国土空间管制保护问题

1)空间管制主体:中央与地方目标利益的不一致

在用途管制的管理目标上,中央与地方之间存在着"委托—代理"关系中的利益冲突。中央政府优先关注的是耕地保护、建设用地的节约集约利用以及生态文明建设等目标,而地方政府则因依赖"土地财政"而更倾向于追求经济利益最大化,这种倾向往往导致消极管制甚至主动违法行为的发生。此外,中央政府在信息获取上依赖地方政府,这使得地方可能通过机会主义手段隐瞒信息,从而影响中央目标的实现[39]。

2)空间管制对象:全域、全类型、全过程国土空间覆盖不全

当前,我国的国土空间用途管制尚未构建一个统一的规划与管制体系。具体表现在以下几个方面:首先,尚未实现全域国土空间的用途管制。根据主体功能的不同,国土空间大致可以划分为城镇空间、农业空间和生态空间三类。然而,传统的"重生产、轻生态"建设思路仍未得到根本性的转变,导致生态空间的用途管制制度存在明显不足。其次,尚未形成全类型的国土空间用途管制。目前,我国对耕地和林地的用途管制相对较为严格,但对于山岭、荒地、滩涂、冰川等生态空间的用途管制则相对较弱,且尚未扩展到湿地、水域、岸线等所有类型的生态空间。最后,尚未实现全过程的国土空间用途管制。全过程的用途管制应涵盖转用许可、用地审批、产业准入、建设许可、分类纠错、分类退出等多个环节,但目前尚未建立起针对空间错配的纠错机制。

3)空间管制手段:政府管制与市场作用的协调不足

依据政府管制与市场机制相互作用的强弱程度,管制可以被大致划分为"市场灵敏区""政府失灵区""市场失灵区"以及"政府灵敏区"四种情形。当前实施的国土空间用途管制制度主要以政府管制为主导,资源配置则主要依赖于计划配置。然而,这种制度存在信息获取不充分、缺乏灵活性等问题。单一的政府管制方式难以充分发挥其效用,因此需要通过市场机制来弥补政府失灵的情况。例如,自然生态空间确权登记工作的滞后直接影响了生态补偿制度的制定与完善。为了解决这些问题，需要引入市场手段，通过激励和奖惩措施来提升管制效率，并推动资源配置更多地依靠市场规则、市场价格以及市场竞争，以实现效益的最大化和效率的最优化[40]。

4）空间管制保障：配套机制和技术平台支撑不足

我国国土空间用途管制的效益呈现出明显的地区差异性，并且由于相应的经济补偿和利益协调机制的缺失或不完善，利益相关主体对自然资源环境保护的积极性被极大地削弱，进而导致了用途管制效益的损失。此外，国土空间用途管制作为一项复杂的系统工程，其有效实施需要完备的技术体系作为支撑。然而，当前面临着技术手段落后、标准不统一、信息平台共用互通性差以及地方主体对政策理解存在差异等一系列问题，这些问题导致了各类空间规划在基础资料、统计口径、期限、指标以及用地分类标准等方面存在显著的差异和不衔接现象。尽管国土空间用途管制司已经拟订了相关的制度规范和技术标准，但由于其仍处于实施初期阶段，技术规范和标准仍需进一步完善，同时大数据、云计算等先进技术的应用水平也相对有限[41]。

5）自然保护地：缺乏统一协调体系，管理能力不足

我国自然保护地体系亟待完善，受原有自然资源管理体系影响，缺乏统一协调的顶层设计，各部门根据自身职能自行设立自然保护地，导致分类体系不科学、不系统，功能定位不明确、不协调。全国49.8%的自然保护地间存在空间交叉重叠，导致保护定位模糊、管理效能下降、实际保护面积缩减等问题。受行政区划和管理权限切割的影响，自然保护地破碎化、生境孤岛化现象明显，生态系统和物种栖息地连通性降低，部分重要的自然生态系统、珍稀濒危野生动植物原生地、自然遗迹分布区未能纳入自然保护地，保护成效受限。

历史原因导致我国自然保护地内人地矛盾、保护与开发冲突问题突出。各类自然保护地内有大量的城市和建制乡镇建成区，生态空间和生产生活空间相互挤压。同时，保护地内存在大量矿业权，矿产资源开发与自然保护地的基本定位存在矛盾冲突。此外，保护地内航道航运等水域活动与水生生物分布区域交叉重叠，增加了管理难度。

自然保护地保护管理能力亟待提升。我国的自然保护地和濒危物种多分布于边远落后地区，建设投入有限，保护管理能力明显不足。管理手段落后，监督管理难以及时到位，道路交通、通信、水电供应、公众教育、管护巡护设备等硬件设施不能满足现代化保护管理工作的需求。灾害应急处置、监管执法、疫源疫病和有害生物防控等能力不足，保护地规章制度不完善、管理不规范的问题依然存在。保护管理机构不健全，管理队伍能力不强，专业技术人员缺乏，科研监测力量明显不足。

4. 自然资源产权体系问题

1）自然资源资产底数不清，产权归属不清晰

机构改革前，自然资源分部门管理，资源定义和界定标准各异，导致数据统计口径不一致，交叉统计问题突出，资源家底模糊。例如，草地、林地和耕地资源调查数据争议较大，据统计，河北、内蒙古等16个省（区、市）存在1.05亿亩草原既发放了草原使用证又发放了林权证的情况，"一地两证"现象严重。

当前，我国自然资源管理领域的矛盾主要源于产权归属不明。模糊的产权归属导致行为主体缺失、资源浪费、开发利用过度、生态环境恶化、监管成本上升等问题。

中国实行"统一所有，分级管理"的自然资源管理模式，这对于应对自然资源分布广泛、种类繁多的情况是有效的选择。然而，由于中央政府与地方政府在所有权和管理权上的界定不清，导致地方政府的职能权限在无形中扩大。这种模糊性使得部分自然资源资产在地方政府滥用职权时被占用，同时也未能有效落实地方政府应承担保护和修复责任的机制[42]。

在集体所有自然资源方面，法律未明确农村集体土地所有者主体。尽管2017年《中华人民共和国民法总则》赋予农村集体经济组织和村民委员会特别法人地位，但农村集体土地所有权主体仍不清晰，易引发价值低估、代表行使主体存疑和收益分配不合理等问题[43]。

2）自然资源资产产权体系不完善，权能不完整

相关法律不健全导致部分自然资源权利体系不完善、权能不完整，开发利用和保护过程中问题频出。部分自然资源使用权交叉重叠或未建立使用权体系，如水域滩涂养殖的权利与海域使用权、土地承包经营权，取水权与地下水、地热水、矿泉水采矿权等；部分使用权权能不完整，如探矿权和采矿权转让受限、海域使用权缺乏抵押、出租等权能规定。各类自然资源实行分门别类管理，法制背景和理念差异导致使用权制度缺乏系统性和协调性，边界不清、权责交叉矛盾突出。

3）自然资源资产市场机制不完善

自然资源资产的有偿使用制度改革在一定程度上促进了资源保护和合理利用，但在经营性资产市场化配置方面仍存在一系列挑战。首先，定价机制不完善，导致资源利用权的定价缺乏科学依据,使得资源的市场化配置程度不高。例如,国有农用地、森林、草原、海域等资源的定价机制尚待进一步完善。其次,市场交易机制不健全,限制了资源转让权的实现和资源的优化配置。在国有建设用地二级市场和集体建设用地市场中,市场准入依然受到限制,矿业权转让的信息公开和市场监管也亟待加强。再次,增值收益分配机制存在不合理之处,导致利益主体之间的分配不公平。农民集体在土地征收或矿业权经营中的收益分配比例较低,城镇存量建设用地二次开发中因地方政府垄断而导致的收益分配失衡也是一个问题。最后,弱势主体的权益保护机制不足,部分权益主体无法公平参与市场竞争。例如,自然保护地中的原住民、村集体或其他经济组织的所有权或用益物权受到限制,而偏远地区的农民集体也无法充分享受市场化红利。这些问题不仅影响国有资源的利用和管理,也涉及集体资源的合理开发和保护[44]。

5. 国土空间治理数字化转型挑战

1)数据整合与共享不足导致数字孪生国土空间建构难度大

构建数字孪生国土空间需要获取多源地理时空大数据、传感器数据、实验观测数据、社交媒体数据、网页数据等多源异构数据,并在此基础上建立高标准、精细化的孪生数据库。通过人工智能算法与边缘计算等模型技术,实现自然实体空间要素与过程的定量表达。调查监测各类自然资源的数量、分布与权属本底信息,实现多源异构数据的清洗与打通,是数字孪生国土空间建构的基础。然而,目前我国自然资源数据治理体系尚不完善。一方面,天空地时空监测大数据体量庞大、来源复杂、类型多样,数据坐标与分类语义等方面不统一,阻碍了海量数据的汇集,多源异构地理大数据的融合仍存在精度不高、时间衔接性差等问题。尽管自然资源部发布了《国土空间规划城市时空大数据应用基本规定》,提出了大数据采集、处理与质量控制的基本要求,但该规定仅适用于城市层级国土空间规划,对其他层级国土空间规划的监测、评估、预警等实践工作规范不足。自然资源部门建立的"一张图"平台仍以土地利用与规划信息数据为主导,难以无缝衔接公安部门的人口数据、经信部门的经济普查数据、住建部门的城市管线数据等地理国情信息。

从城乡角度来看,当前城乡共享的数字资源体系尚未打通。城镇地区的5G、互联网和人工智能等基础设施较为完善,而乡村数字基础设施在建设、维护与更新上无法相提并论。自然资源管理中存在自然资源资产所有权人不到位、产权归属不清等问题,导致数据无法清晰界定权属,限制了数据资源作为治理要素的价值。数字孪生国土空间作为物理国土空间的镜像映射，存在物理国土空间多要素、多尺度特性。小尺度包括孪生社区，大尺度涉及孪生城市，类型上涉及矿山生态环境数字孪生、流域数字孪生等。目前，数字孪生空间建构尚处于初始阶段，如何统筹贯通不同尺度与类型的数字孪生空间之间的关系，面向山水林田湖草沙等自然生态要素，建构起全域统筹的数字孪生国土空间，仍是亟待解决的问题。

2）空间功能需求高度复合与分散式场景建构存在矛盾

国土空间治理的核心是落实国家发展战略要求，统筹多元空间要素并发挥多类空间功能，需求具有多元分异与高度复合的双重特征。一方面，治理核心需紧密围绕时代发展中的"变与不变"，如"新冠危机"凸显了社区治理混乱问题，产生了社区生活圈规划的新需求。另一方面，人类对空间功能需求更为复合多元。在国土空间管控中，既要求农业空间具备保障人类生存的粮食生产功能，同时要求其发挥水文调节、土壤污染物循环过滤与生物多样性维持等生态功能。

空间数字场景面向国土空间治理业务，如城乡空间规划编制、交通管制、地灾避险等，其内在逻辑高度强调"需求牵引"。现有研究已建构出矿山生态环境治理、用地审批、不动产发证等多类场景，有效提高了自然资源部门核心业务处置与审批效率。然而，在空间场景建设过程中，由于统一建设规范的缺位，同一层级不同部门之间仅从各自事权出发进行建构，已导致多场景重复归集、基础工具重复开发现象。以智慧城市建设为例，当前，该领域的推进多呈现为分割式的格局，政府各职能部门往往基于自身的管辖范围，独立地进行规划与实施工作。建设了诸如"智慧医疗""智慧交通""智慧城管"以及"智慧安居"等多种应用场景，彼此之间处于相互独立的状态。这不仅导致了重复建设与资源的浪费，还将形成各业务部门间难以互联互通的"信息孤岛"。针对单一业务进行分散式场景谋划也可能引致割裂空间系统性需求的潜在风险。例如，若耕保部门认为耕地生态功能属于生态修复部门，而只针对保障耕地数量不减少的目标设置耕地智保场景，监控耕地"非农化""非粮化"，则显然割裂了耕地空间的其他复合型功能，可能导致生态功能与生产功能的失衡，无法克服治理碎片化的痼疾[45]。

3）"技术理性—多元情感"难以统筹兼顾

尽管国土空间治理数字化转型依赖技术创新，但其核心仍是一种"治理"行动，受治理结构影响显著。党和国家机构改革后，新组建的自然资源部被赋予统一行使全民所有自然资源资产所有者职责与统一行使所有国土空间用途管制和生态保护修复职责。但纵向上，协同治理仍然面临"上下不对齐"的治理结构问题。例如，上海市规划和自然资源局的国土用途实施处对应了自然资源部的多个职能司；

横向上，部分政府与公共部门争当数字化转型的"试验田"，国土空间规划部门、生态修复部门"各司其职"，跨省市、跨部门系统信息来源彼此独立，信息平台处于碎片化、低关联状态，制约着全域数字化转型。

数字化转型的基调是理性化，重点在于采用信息技术手段寻求定量化、简便化决策。然而，人工智能、区块链等可量化的技术对治理主体提出了更高要求。路径依赖理论认为，过去的决策模式会为当前决策提供无形刺激。乡镇、村级等基层政府管理者在传统治理中大多基于线性思维，采用定性分析、主观推断和原则性表达等决策方式，而国土空间治理数字化转型要求依据二维和三维图像与数据波动分析空间现状、研判空间险情。治理参与主体数字素养不强等因素将导致数字化转型效率降低，削弱数字技术为治理带来的优势。

此外，当前数字孪生建设还处于"对标性"阶段，仅依赖物理实体的实际数据预测未来可能的变化，无法评估未来复杂环境下多场景的变化，在国土空间优化决策建模仿真过程中未形成类脑思考。技术过度应用易在某种程度上导致对治理本身的社会属性的忽视，指标化与标准化算法技术在提高治理效率的同时，也会潜移默化地将人工智能产生的结果推广至社会层面，使公众多元情感与价值需求让位于一些非人性化的参数和算法。

2.3 国际比较与经验借鉴

国土空间具有基础性作用，海内外国土空间治理的实践和理论经验为我国国土空间治理效率的提升提供了有效借鉴。尤其是已然迈入城镇化高级阶段的德国、荷兰、日本等发达国家和地区，在其构建现代空间治理体系和治理能力的进程中取得了丰富的经验。围绕治理目标的转变，与之匹配的政策体系也在相应调整，形成了各具特色的国土空间治理路径和开发保护模式，可供借鉴参考。

2.3.1 治理目标的转变

1. 综合竞争力目标

德国空间治理在充分考虑和尊重各地区的发展条件和发展需求的基础上，以提高发展潜力和综合竞争力为总目标。注重挖掘和利用各地区的潜力，通过城市再生和农村振兴，不断提升区域的发展潜力和竞争力。德国颁布施行的"空间发展的理念与战略"方案，提出三大理念——增长与创新、保障公共服务以及保护资源、塑造文化景观，为德国的城市和地区发展提供了新的战略参考。增长和创新作为实现国土开发战略目标的基础性指导理念，是在充分遵循可持续发展原则的情况下，针对各地区不同的发展条件和发展需求提出的差异性发展理念。增长和创新以都市圈的发展为核心，逐步向外扩展至都市圈外围地区以及乡村和老工业区。伴随社会和文化转型以及景观和生物系统的变化，地缘政治区位和经济组织的主要迁移，使得德国充分意识到要提高区位质量，改善地区自我组织（区域治理），强化在欧洲乃至全球经济竞争中的水平和能力。

荷兰制定的第五次国家空间规划草案的重要主题是提高空间质量与土地利用效率，规划提出了三个战略：第一，紧凑利用建成区土地；第二，提倡复合利用空间，少占用乡村地区土地；第三，转变乡村地区土地利用和城区建筑的形式与功能，使其更好地满足现代生活的需要。这些主题与战略都遵循"哪里需要就集中，哪里可能就分散"的弹性原则。同时，由于国土面积较小，全国一盘棋式的整体空间发展规划设计是荷兰空间规划的重要特点。高质量的人居环境一直是规划最明确的目标。为了实现这一目标，荷兰的国土规划采用以"绿心"为基础，以城市区域和国家城市网络为核心的国土空间开发模式。荷兰空间规划的核心目标就是更好地利用有限的土地资源，在保证良好生态环境和农业空间的基础上满足城镇发展需求，在世界范围内保持高水平的国家竞争力。

日本则致力于实现土地的复合利用，即在有限的土地资源上实现多种功能的协调发展。通过土地的多功能利用，如城市建设与农业共生、工业园区与自然保护区的合理布局等，有效提高土地利用效率，促进城乡资源的协调发展，尤其注重活力乡村的建设。日本政府通过推动乡村振兴政策，促进农村地区的产业多元化和社区发展，重视保护乡村自然景观和文化遗产，努力提升乡村的生活品质和发展活力，实现城乡共同发展。此后，日本国土空间治理目标从最初的缩小地区差距转变为保证生活质量和提高国土质量，对于一个人多地少的国家而言，国土空间的集约发展和高效利用十分重要。针对人口减少和老龄化问题，日本提出了"紧凑型+互联网"的创新空间模式，旨在整合现有的社会资源，维持高效高质的社会公共服务水平，在人口减少的情况下发挥社会公共服务的最大价值，保障资源和空间的集约利用。日本也十分重视地下空间的充分开发与利用，将地下空间的开发纳入土地利用规划中进行统筹考虑，打造立体城市，在不拓宽城市用地边界的情况下，实现各种居民生活的必要功能在城市中心区的立体式整合，提升城市空间的容量。可见日本的土地集约利用是以社会福利为核心,通过集约高效地利用土地,提高人们的生活品质。

2. 可持续发展目标

荷兰国土空间治理趋于"韧性规划,宜居宜业,生态导向",采取规划策略和工程建设相结合的方式提升"抵抗力、恢复力和适应能力";致力于宜居宜业的城市发展模式,通过协调城市规划、人居环境和企业创新平台建设,提高人们的生活品质和幸福感。因对以生态为核心的自然生态系统保护和恢复的重视,以城镇之间的生态绿化带为主体,城镇群体围绕以大面积农田为主的绿色核心发展,荷兰出台了一系列相应的政策文件和开发计划以阻止城市蔓延,通过设立绿色缓冲带来隔离和连接中心城镇及周围较小规模的城市。荷兰国土空间规划属于综合协调型,涉及多层级和多部门,从经济、社会、环境、交通等方面引导城乡规划建设,注重全面和可持续的发展。

德国国土空间治理强调保护和恢复自然生态环境。在城市化和工业化的同时,德国政府采取了积极的生态保护措施,推动绿色发展和生态建设,注重生态系统的保护和生物多样性的维护,以实现经济发展与生态环境的协调共生。在进一步全球化和气候变化等多重背景变革下,德国的国土空间布局开始出现各种矛盾与挑战,德国旨在实现空间开发与竞争力营造、空间规划与可持续发展、政策引导与乡村地区发展、土地利用与自然生态基础强化。为应对日益增长的土地利用冲突,从满足城市居民需要的角度出发,鼓励采用对空地和自然地带的新型管理方式,如进一步推动生态功能地区向生态型和生活型空间转变,注重资源保护、文化景观的发展、减少土地占用、扩大可再生能源和网络的使用,以及使空间功能和土地利用适应气候变化。强调"土地利用调控和可持续发展",同时突出气候变化的应对与能源革命的塑造。

日本国土空间治理着重强调提高区域抗灾能力,面对未来可能来临的自然灾害,珍惜森林、耕地、海洋和水资源的利用,发展成为经济可持续增长的充满活力的国家。主要通过土地区划、土地利用规划、法律法规和政策等措施对城市地区、农业地区、森林地区、自然公园区和自然保护区等不同国土空间用途进行引导和控制,分地域对开发建设活动进行不同程度的限制和保护,从而促进经济、社会和环境的协调持续发展。为建设可持续发展的优美国土,日本明确将可持续发展作为国土空间规划的主题,通过对国土资源进行多层次立体空间开发,鼓励地区间多元化主体的联合与协作,以实现"美丽国土的管理与继承"这一目标。为确保人与自然的和谐共生，要求各地以原生态地区为核心，形成绿色生态系统，把森林、耕地、绿地、水域、河湖、海洋等有机结合起来，实现自然资源的保护与再生利用，构建广域绿色生态网络。

3. 社会公平目标

德国宪法，即《联邦基本法》中规定国家必须保持各地区人民生活条件的一致性。从立法层面就强调城乡均等发展。促进落后地区的发展，缩小地区差距，在国家政策目标中占有重要的位置。在城市方面，国土空间治理主要目标是提升城市竞争力；在乡村发展层面，主要目的是促进城乡均等发展。在城市与乡村发展的过程中，注重着眼于城乡之间的平衡和协调，通过合理规划和公共服务的均等分配，努力缩小城乡发展差距，实现城乡均等的社会发展目标，尤其注重空间协调，既包括实体性物质设施和环境空间的适宜性安排，又包括不同利益主体之间冲突和关系的协调，表现为缩小不同区域之间的经济社会差距、代际之间的协调和国家核心竞争力的构建。通过土地开发与利用，权衡用地需求，实现多样化国土空间功能的塑造。

荷兰国土空间治理的公共政策属性较为明显，注重所有利益相关者的参与及社会公平，突出公平性，例如：为解决空间发展与规划政策之间的矛盾，最大限度保障居民权益，提出空间开发的多种方案，并组织各级政府、企业、居民等利益相关者进行座谈，共同推进空间规划的实施。不仅如此，荷兰国土空间治理注重协作性，不仅包括国家与地方政府之间的多层次协作，还包括政府、专家、环境保护主义者与当地居民等利益相关者之间的协作，形成上下联动的规划实施管理和响应机制。国土空间发展的主题与战略都遵循"哪里需要就集中，哪里可能就分散"的弹性原则，推行国家城市网络的建设，试图加强与欧盟一体化空间政策的衔接。

日本国土空间治理同样将"均衡发展"作为基本的发展理念。日本从"一全综"开始就提出国土均衡发展的目标，但人口、产业还是不断向大都市集中，难以改变东京一极集中的现象。日本国土空间治理开始通过培育多核心城市群，建设交通网络、信息网络、通信网络，增加地域之间的交流来促进国土的均衡发展，但东京的繁荣需要各种资源、要素的高度集中，导致促进资源从首都圈分散到地方的国土结构无法实现。此后，转变思路而提出了"广域地方圈自立协作发展"的国土结构，转向关注如何最大化利用东京一极带动周边大区域整体的发展，同时这个广域地区中的各个小区还能独立发展，充分放权于所划定的十个广域地方圈，地方自主挖掘优势和特色，寻求独立发展的同时增强合作交流，以此实现国土的均衡发展。

2.3.2 政策工具调整

1. 国土空间规划

德国的空间规划呈现"金字塔"形的特征，其规划理论及方法极具代表性，形成了严谨、可扩展和可修正的规划体系。这一体系的科学性与有效性有机结合，保证了德国长期以来的可持续发展，在优化空间结构、促进区域均衡发展等方面，对推动世界各国的国土空间规划进程具有重大的启示和贡献。总的来看，德国空间规划层次合理清晰，各种规划相互衔接，法律体系完善，注重区域规划，制定区域政策，强调跨区合作。空间规划是空间政策目标、空间规划划定原则以及具体实施措施的集合，与法律目标和原则相辅相成，是联邦和州空间规划共同行动的准则。在每一个层级都有综合性规划作为该层级的指导框架来承接上一级规划的内容，细化其目标，并成为下一级规划的指导方针。除了综合性空间规划，同级还有专项规划，如交通、垃圾、水以及环境和生态保护规划在整个规划体系中贯穿始终。不同层面的空间总体规划和专业部门规划在不同层次的协调和配合共同构成了完整的空间规划体系（表2-1）。

表2-1 德国的空间规划体系

政府架构	规划层级	法律依据	规划名称	规划内容	规划制定
联邦	联邦空间秩序规划	空间规划法（ROG）	空间规划整治导向框架、空间规划整治行动框架	国土规划基本准则	联邦和州政府
州	州规划、区域规划	空间规划法（ROG）、州规划法	州发展规划、区域规划	空间规划的目标和基本准则	州政府、区域规划会议
乡镇区	建设指导规划	建筑法典（BauGB）	土地利用规划、建设规划	阐述土地利用类型、确定城市建设秩序	乡镇区（联盟政府）、乡镇区（村或社区管理机构）

资料来源：自绘

荷兰的国家级空间规划历经多次更新，培育出了若干国际知名的重大空间概念。这些概念在各国空间规划中得到了广泛的应用。不仅关注经济发展，更重要的是空间协调和资源合理利用，往往涉及多层级和多部门，从经济、社会、环境、交通等方面引导城乡建设，注重全面和可持续的发展。《荷兰空间规划法》根据行政管理等级，将空间规划体系分为三个层级——国家、省和市，不同层级政府在空间规划管理过程中承担不同的职能，相互协调，层层推进。作为公共政策的典型，要求所有空间利益相关者参与规划过程，并设立了严格的事前和事后规划评估及反馈机制。2015 年，各级空间规划开始尝试"环境愿景／规划"，分别替代原来的结构愿景和土地利用规划。关于国土规划的实体法律，明确规定了国土规划的法律地位、作用，以及全国、省、市（镇）三级规划的功能及相关关系（国家空间规划纲要→省区域规划→市域结构规划）。

日本在 20 世纪 30 年代末、40 年代初引入了德国的"国土计划"理论，开启了新时期的国土空间规划改革。此后，日本经历多次规划编制和实施，逐渐形成了比较完善的国土空间规划体系，表现为"网络型"。随着时间的推移和国内外环境的不断变化，国土空间治理导向从"开发"转向"利用"，提出了存量提质的发展理念。随后，日本先后编制并发布了两次《国土形成计划（全国计划）》，致力于构建均衡、紧凑和网络型的国土空间。这一转变体现了日本对国土资源的可持续利用和环境保护的更高追求，从最初的缩小地区差距到保证生活质量和提高国土质量的转变。日本的国土空间开发具有一套十分完备的法律、政策配套体系，其国土空间开发分为以下几个层次：全国综合开发规划→三大都市圈建设规划→七大地区开发规划→特殊地区振兴和开发规划→都道府县综合规划→市町村综合规划。通过设立国土交通省，将空间规划所涉及的所有规划运行机构都归入统一的机构，以求得各类规划的统一，更加强调土地的协调利用和保护，全面考虑土地的自然条件，综合经济、社会、文化等相关政策，促进社会经济的发展。

2. 相关政策机制

德国作为传统的联邦制国家，各级地方政府（州、管理区、市县）具有很强的发展自主性，区域发展充分遵循了中心地理论。德国国土空间治理发展与欧洲大多数国家一样，是在城市治理的基础上发展起来的，其核心就是土地资源的利用与空间配置。欧洲议会要求要以环境和生态目标来指导未来土地利用原则以使城市可持续发展，例如，缩短居住地和工作地的距离，建立统一的城市交通物流管理系统，以减少城市系统中能源、水和原材料的消耗，以及发展废物重新利用新技术。其中，德国的生态占补平衡政策尤为成功，可以简单概括为"规避""平衡"和"补偿"。在规划开始前，根据景观规划提供的数据，对项目区的生态景观进行等级评估，并根据地块的景观价值等级和地块面积，测算每一地块的原始生态景观价值。根据规划内容，如某些地块的用途发生转变，使其生态景观形态也发生了转变，导致其生态景观价值也发生了转变，对于所造成的生态景观价值差一定要进行弥补。当这些影响不可避免时，先要设法减轻影响；当无法减轻影响时就要对此进行一定的补偿，最终实现与原来同样的生态效益，保持生态功能的持续和稳定，如在公路两旁修建行道林。具体包括就地直接补偿、异地间接补偿、土地储备、现金补偿。此外，德国的农业生态补偿方式以政府购买为主，根据土地的用途情况，每公顷土地可获得相应补贴，而对于违反法律规定的行为都有相应的惩罚措施。同样地，德国的环保手段和措施也包括传统的处罚和制裁措施，以及前瞻性控制措施，后者往往更具意义。

荷兰随着国家空间规划的颁布逐渐建立区域性联合机构，包括非政府性质的联合机构，如兰斯塔德空间规划咨询机构、兰斯塔德北翼五城市咨询机构、兰斯塔德地区代表团、绿心筹划指导委员会等，其作用是协调该地区的发展与管理，以更好地保证兰斯塔德在全国乃至国际经济中的地位。其中，绿心平台（Green Heart Platform）是首个由国家相关职能部门、政府、环绕"绿心"的4个主要城市及其市政部门与相关团体共同组成的绿心管理职能部门，其目的是加强"绿心"的保护及国家政策的执行与监督工作，绿心平台不允许在"绿心"中进行任何大规模的城市开发。同时，还出台了系列相应的政策文件和开发计划以阻止城市蔓延，保护与维持"绿心"特有的开放性，进一步提高"绿心"特殊的自然景观价值和文化景观价值。为加强与欧盟一体化空间政策的衔接，也增强了保护政策的弹性，例如，与西北欧另外两个主要多中心城市区，即德国的莱茵河－鲁尔区和比利时的佛兰德区的联系与合作。为了保护农场草地鸟类和植物物种，建立了一种与环境产出相关的补偿支付机制，充分调动了农场周围农民参与农业环境管理规划的积极性，参与农民如果未完成合同规定的环境管理目标，其补偿支付将会减少。因此，农民非常注重对环境管理结果的实时监控。

日本将国土空间分为城市区、农业区、森林区、自然公园区、自然保护区，结合与每个区域相对应的相关法律，如《城市规划法》《农业法》《森林法》《自然公园法》《自然环境保护法》等，共同对国土空间进行合理使用和管理。主要通过土地区划、土地利用规划、法律法规和政策等措施对城市区、农业区、森林区、自然公园区和自然保护区等不同国土空间用途进行引导和控制，分地域对开发建设活动进行不同程度的限制和保护，从而促进了经济、社会和环境的协调持续发展。城市空间用途管制强调合理利用城市土地，旨在防止城市无序扩张、为城市未来预留发展空间，其主要通过区划和开发许可制度两种手段对城市地区的空间用途进行管制。在农业地区采取严格的土地使用管理制度，划定农业振兴地域，严格限制农用地权利移动和用途转用，通过购买或者转让土地开发权等方式保护农地。森林地区的用途管制则以森林可持续经营为目标，以《森林法》和《森林·林业基本法》作为支撑，形成了体系完善的森林计划制度基本框架。还将自然公园划分为国立公园、国定公园和都道府县立自然公园三个层级，亦将自然保护区分为原生自然环境保护区、自然环境保护区和都道府县自然环境保护区三个层级，形成了分工明确、互相协调的自然公园和自然保护区用途管制体系（图2-1）。

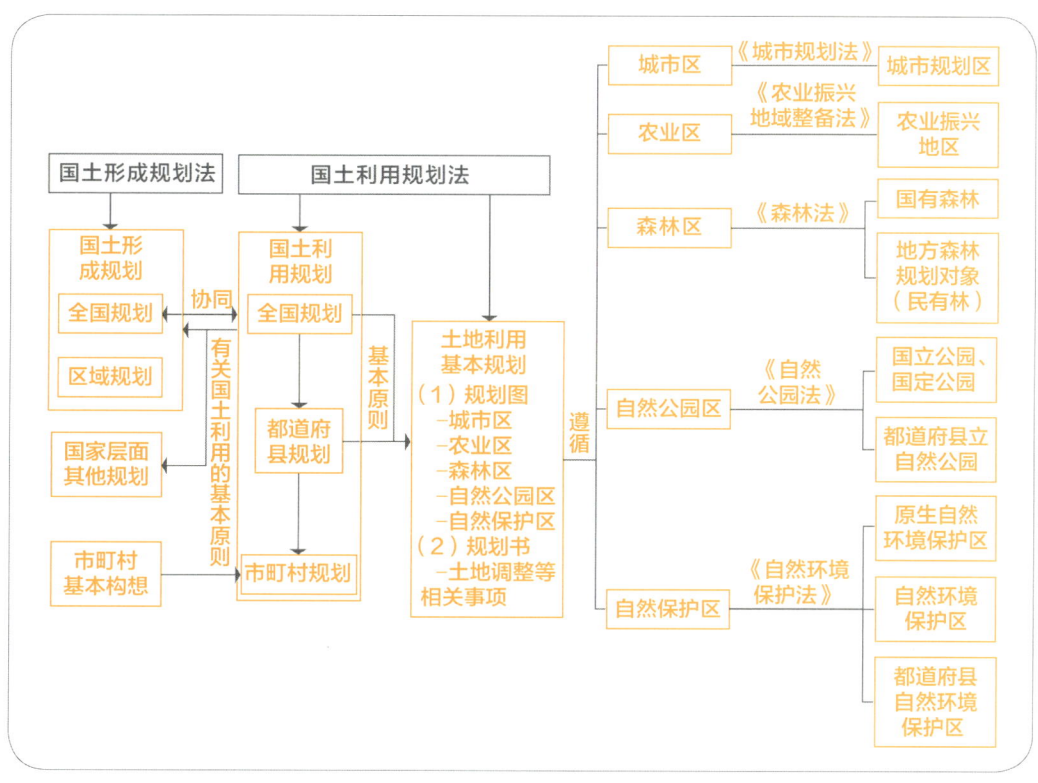

图2-1　日本国土利用规划经验
资料来源：作者改绘，基于 https://www.thepaper.cn/newsDetail_forward_15886581

2.3.3　特色开发模式

德国国土空间特色开发模式主要包括通过支持当地的活动者来制定区域发展战略和竞争战略，强化智慧经济（例如信息和通信技术）以及通过大尺度的网络化和合作发掘额外的潜力，进而对不同区域实行差别化发展政策。一方面，持续推进柏林—勃兰登堡首都区和大都会区汉堡、慕尼黑、法兰克福/莱茵—美茵、莱茵—鲁尔、斯图加特、哈雷/莱比锡—萨克森三角、汉诺威—不伦瑞克—格廷根、纽伦堡、莱茵—内卡以及不来梅—奥尔登堡等11个具有欧洲意义的大都会区发展；另一方面，针对性发掘大都市区之外的有活力的增长区，促进地区的整体发展和形象构筑。此外，针对结构薄弱的地区、农村地区、沿海地区和海域、边境地区，通过围绕该类型地区的人口产业密集区，构建发展核和地区枢纽，以整体提升区域发展的竞争能力与竞争水平。强调所确立的 11 个多中心的城市区域为"欧洲大都市圈"，这些大都市圈覆盖了德国几乎一半的领土，突出它们在欧洲城市体系中的重要性。在均衡理念的影响下，逐渐形成了大中小城市遍布全国的发展形态。各都市圈内城市的等级分明，大城市承担了地区发展引擎的角色，吸引投资和跨国企业，带动区域经济的发展；中小城镇作为区域内经济、社会、文化的中心，提供产品与服务，稳固及促进发展，同时疏解核心城市内住房、工业、物流等多种职能，保障居住在各等级城镇的居民可享受到同等的设施与服务。

荷兰"点—线—面"绿色开放空间系统的营建也是别具特色。点，即是绿心与自然保护区。绿色核心以开阔的农业景观为主，结合由森林、河流、湖泊构成的自然保护区，形成大面积的绿色生态开放空间，城镇群体围绕绿色核心发展，在建设区与绿色核心之间的过渡区域设立绿色缓冲带，用来隔离和连接中心城镇及周围较小规模的城市，城市周边的生态农业在提供丰富蔬菜、奶制品、牛肉等必需品的同时，也起到维持区域生态平衡的重要作用，最大程度地实现城市和自然生态环境的融合。此外，大城市的多种职能分散在周边几个规模相对较小的城市中，有利于通过中小城市分担大城市的负担，避免居住地点与工作地点相距过远、中心区土地利用高度集约等大城市病。线，即是连接体系与生态廊道，主要由道路和水系构成，结合自然保护区之间的生态廊道，作为联系绿色核心和城市之间的重要环节。生态廊道主要由绿篱、河川水路、防护绿化带，以及道路两侧的护坡绿带等构成，用来连接主要的自然保护区，必须建立在对物种分布细致调查的基础上，通过复合生态通道形成城乡开放空间连接体系。面，即是网络化的城市开放空间，在此系统中与生活联系最为密切的是由城市内部的街道、广场、公园、水路所形成的开敞空间体系中的子系统。街道、广场、园林结合水系，均匀分布在城市的居住区、中心区等各个角落，形成面状、线状的开放空间，利用开放空间创造"呼吸空间"，从而将自然要素与人造环境贯穿起来成为体系，降低城市中心的热岛效应，保证主导风和气流在城市中的流通，提高空气质量。

日本国土空间开发则以"点—轴—面"综合模式为主。总体上采用"大都市圈规划为核心、发展轴构建为引导、广域地方合作圈建设为重点"的国土空间开发模式，构建由多样化广域板块构成的多轴、多核型的国土格局。将三大都市圈，特别是东京都市圈的开发规划作为重点和核心内容，以产业扩张为基本动力，实现人口向城市尤其是大城市的快速集中，并对大都市区进行改造和重新开发，促进大都市空间修复和再利用。结合地域联系轴设想的实现，推动了新观光线路的整备，通过轨道交通引导了城市空间结构的演变，为地域产业发展提供了新的机遇，并加快了各地信息化的进程。为适应全球化以及日本经济步入国际化发展阶段的新形势，在强化东京世界城市功能的同时，树立以广域板块为单位的独立圈，形成由自立的、多种多样的 8 个广域板块构成的国土。将各广域板块与东亚各地区的合作与竞争纳入新视野范围，并同时有效利用各地区资源的独特区域战略，形成不过分依赖东京的独立的圈域。与此同时，在乡村地区推行农村振兴运动，强调发挥农村地区自有资源的活力，从多个角度施行政策来促进城市和农村的交流与共同发展，实现农业强劲的成长，创造具有活力的美丽乡村，扶助弱势农民并提高整体收入，消除城乡差别。

2.3.4　经验总结与借鉴

国际上成功的国土空间治理经验为我国高质量国土空间发展提供了宝贵的经验与启示，可以借鉴其治理理念、技术手段和实践经验，加强我国国土空间治理的科学性、系统性和可持续性，推动经济社会的全面发展。

1. 明确国土空间治理的目标，重视平衡的城乡、区域国土空间发展格局

纵观世界各国国土空间治理的经验，可以发现各国均非常重视人口和经济国土空间总体上的均衡以及区域协调发展，国土空间规划具有较强的前瞻性、超越地方和跨区域的特征，能够兼顾国内各个区域城乡利益、协调各级城乡之间的矛盾与冲突，尤其是在跨行政区域利益共享的维护和协调方面，发挥了积极作用。例如，德国在《联邦基本法》和《区域规划法》等有关法律中对区域协调发展的要求都有明确的规定，并通过制定区域规划来协调州域内各市镇规划之间矛盾。法国作为高度城市化国家，将城市和乡村的发展纳入统一的国土空间开发政策和空间规划体系，建立了综合型开发建设政策框架，可归纳为综合政策、地区政策和专项政策三大类型，以实现对不同地区空间治理政策和部门空间治理政策进行整合。我国国土空间治理也应基于区域整体的视角，强调通过整合性的政策和工具实现战略性的发展任务，综合考虑人口分布、经济布局、国土利用和生态保护等多目标，科学布局生产、生活和生态空间，做到不同层级国土空间治理体系的衔接协调，实现宏观战略引领、中观协调传导、微观落地实施。国土空间治理实践过程中，可借鉴国际城乡、区域发展的平衡性经验，全面统筹产业发展、基础设施建设、生态环境保护和社会管理，促进城乡要素自由流动和公共资源的均衡配置。国土空间治理的目标，既要考虑城市群发展引领国际竞争，又要进一步消除区域的绝对差距，努力创造城乡均等的基本条件。宏观层面，结合区域发展战略和重大生产力布局，加强重大交通设施布局、引导人口集聚以及引导就业促进各类城镇协调发展；微观层面，借鉴北美、欧洲和东亚等发达国家，以及中国香港和中国台湾地区存量空间利用的实践，包括：土地重划、市区重建、城市更新、棕地开发和土地发展权转移等。通过国土空间治理体系的建立健全保护自然资源与景观、优化土地资源配置、发挥地方优势以及促进区域协调与可持续发展。

2. 健全综合发展的国土空间规划框架，赋予规划立法权威性，保障规划贯彻落实

从20世纪80年代初开始，西方发达国家引入新的后凯恩斯主义空间政策以提升国内区域的全球竞争力，这也促成了国家领域均等化和社会空间再分配项目被全新的中央、区域和地方政府战略所取代，而将主要城市经济体最优化地置于全球和超国家的资本循环之内。从国家空间治理的角度理解，就是空间重组的国家体制在所有地理尺度上作为政治和经济结构调整的主要"动画师"和"调节员"发挥着持续的重要作用[46]。国土空间规划作为国家空间治理的主导形式与其他空间政策形成联动，其可预见性和目标应是长远的。例如，荷兰空间规划鼓励采取中长期方法，立足于对气候变化、自然环境和城市空间系统的充分了解，面向不确定性的长期规划框架一定程度增强了韧性，能够显著提升城市系统受到冲击后恢复的能力。首先，要在国土空间规划前期阶段，利用前瞻性、自学习能力和自组织能力等进行综合监测。其次，结合自然环境、社会经济发展、城市空间布局及基础设施现状等数据进行综合评估。再次，根据区域发展目标和治理基础构建多模式、多样化的国土空间发展格局。例如：由传统的单中心布局转变为强调多中心、平衡的区域或城乡发展；留出未来城市发展空白用地，为灾害留出缓冲空间，有效限制灾害进一步蔓延并减轻灾害对其他空间的危害；注重城乡结构的整体性、系统性和网络化，将开放空间生态系统有机地融于空间规划中。最后，要推动国土空间规划各层级、各部门和各利益相关者间的高效协作性。此外，国际上国土空间规划均有强有力的法律支持，各级政府依据规划法律规定的职责按照法定程序编制和实施规划。而我国的国土空间规划尚缺乏成熟的法治化建设，缺乏专门的法律支持，国土空间规划的权威性亟待强化。各层级规划的编制、审批、实施与监督程序需要进一步细化，需要在相关法律法规中予以进一步明确，加强规划的法治化建设。严格依照法律规定编制和实施规划，规划一旦批复，任何部门和个人不得随意修改、违规变更，不得违反规划进行各类开发建设。规划修改严格按照法定程序进行。对规划编制和实施过程中存在的违规、违纪和违法行为，要严肃追究主体责任。

3. 结合地区实际创新多种政策工具，建立完整和系统的国土空间用途管制制度

我国国土空间治理的主要问题，不论横向还是纵向，都是源于各自为政。为提高我国国土空间治理的效力，必须加强国土空间治理横向和纵向的协同，构建纵向层级之间相互衔接、横向部门之间相互协调、社会公众广泛参与的国土空间治理体系。需要重点关注的是健全国土空间用途管制和监管体系，其一是健全工作组织机制，明确各层级国土空间用途管制的内容、主管部门、工作程序等内容，形成以自然资源部门牵头，不同部门、不同机构之间协作配合的长效机制。其二是鼓励居民与地方公共团体参与国土空间用途管制工作，将国土空间用途管制信息向社会公开并及时征求相关利益方意见，提高用途管制的公众参与意识，形成多层级协作的空间规划实施管理机制，提高国土空间用途管制的实施效力。其三是有些相关度很高的规划可以同时编制同时审批，减少不同规划之间的矛盾。其四是确立常态化、制度化的国土空间用途管制监管体系，构建国土空间用途管制实施情况的考核评价制；不断创新评估路径与技术方法，采用常规统计数据与现代大数据相结合的技术手段，增强国土空间用途管制的客观性、科学性和有效性；全面开展国土空间的体检工作；相关信息脱密后尽可能向社会公开，形成全社会参与监管体系。

构建刚柔结合的国土空间用途管制格局。目前中国采用"三区三线"作为资源环境的底线管控工具，要求"三线"之间互不交叉重叠，刚性的底线管控思维在保护生态空间和永久保护基本农田时具有积极的意义，十分重要。但中国自然地形、地貌十分复杂，往往生态空间、农业空间、城镇空间三者空间上相互交错，功能上相互叠加，划得过细过碎，不利于国土空间的系统性和整体性，也难以适应国土空间发展中的各种不确定性。中国可以适当借鉴日本经验，在"三区"划定时综合考虑资源禀赋、发展需求、社会环境等因素，该单一的单一，该复合的复合，确定差异化的用途管制目标、方法、手段与具体措施，优化自然资源配置。同时，结合国土空间开发许可制度与用途变更制度，设置不同分区的开发建设准入条件，重点强化建设用地、农业用地及其他用地的管控，构建刚性管控与战略引导相结合的国土开发利用保护格局。

提升国土空间用途管制体系的完整性和系统性。中国新的国土空间规划体系以及管理体制的建立，既是社会发展规律使然，又是国家治理体系现代化的迫切要求，主要目的就是要改善或解决主体功能区规划、城市总体规划、土地利用规划等不同规划之间在空间上的种种冲突和矛盾问题。但也不能指望它是万能的，有了它并不能够一劳永逸，因为与综合交通运输体系规划、生态环境保护规划、综合防灾减灾救灾规划等专项规划与都市圈规划、城市群规划、大江大河的综合开发治理规划等区域规划仍然存在需要协调的问题，与详细规划也有深化、落实的问题。借鉴日本经验，今后中国可在时空上、要素上、层级上加强国土空间管制体系的完整性和系统性，建成全要素、全周期、全空间、准入条件与负面清单相结合的实时管控体系。

4. 结合政策实施、技术应用和人才支撑，提高国土空间治理效率和效果

创造国土空间治理的有利环境对于健全治理体系和强化治理能力尤为基础且必要。例如，创造城乡要素畅通流动的有利环境的重要方向就是建立城乡共享和统一开放的要素市场，包括城乡土地统一市场，促进包容性城乡发展的投资，打破城乡行动者之间的不平等和权利不平衡关系。与此同时，政策的具体实施受到技术和人才的影响，尤其重要的是要通过健全法制提高对城乡空间联系的规模、效益和动态的认识，创造更多的城乡知识交流机会，促进能力建设和发展。软件的应用效果需要硬件支撑，例如城乡二元分割结构的重要根源在于城乡基本公共服务尤其是公共设施的不均等化配置，因此，需要推动国土空间设施的一体化配套建设，建立可持续和有弹性的城乡基础设施、技术和通信系统，促进各类基础设施和公共设施在城乡空间配置的均等化，包括道路交通设施、供电工程设施、电信工程设施、环境卫生设施、新能源利用设施、景观风貌维护设施、文教医疗设施、商业服务设施、产业配套设施等。开展综合的城乡基础设施、人员流动、产品分配和服务系统分析，利用技术创新创造平等机会，视城乡为地域综合体纳入统一的监测系统，确保城乡国土空间治理的信息能够得到及时的准确的反馈。此外，值得注意的是德国政府机构中从事规划编制、协调和实施监督的工作人员所占比例较大，以大斯图加特行政区为例，其规划办公室有常设人员占行政区政府工作人员的50%。中国亟需加强国土空间规划与治理的人才队伍建设。一方面，新时期国土空间治理是一项全新的工作任务，并非以往任务的简单叠加，面临着治理理念、体制机制、技术标准、法规规范和实施监管等方面的调整，要适应新时代国土空间治理的方法、手段和管控方式等方面的转变，需要学习和充实多方面的技术和治理知识，掌握更多的数字技术方法等。另一方面，以往国土空间治理中"重规划编制、轻实施""重技术手段、轻管理"的现象普遍存在，导致评估和监督机制缺失。因此，需进一步强化国土空间治理后期评估、评价和监督实施等工作。

5. 建立多维度的公众参与制度，确保国土空间治理的科学性和民主性

德国空间规划在宏观规划层面上存在着"自上而下"和"自下而上"的两个信息流，并且规划从制定到实施始终贯彻公众参与的观念。而我国规划在编制过程中，主要采取的是自上而下的编制方法，参与者主要是政府和专业人员而并非所有利益相关者，公众参与程度低，可能导致规划的制定与实际情况不符，从而阻碍规划的实施。美国威斯康星州沃尔沃斯县的综合规划的制定和实施过程值得学习，首先，制订一份包括问题和机会在内的多管辖区综合计划，涉及住房、交通运输、公用事业及社区设施、农业、自然和文化资源等；其次，该计划由一个技术咨询委员会制订并管理，该委员会包括来自每个参与城镇的一名民选代表和五名县董事会代表，技术咨询委员会、县理事会和参与城镇一开始就设计了公众参与方案。这一过程得以成功完成的关键在于整个规划过程中获得高水平的公众投入。随着各项工作进程的不断加深，我国公众参与制度也在不断完善，包括邀请公众全程参与监督、设立专门负责人、组织公众听证会及建立规划公示制度等。在此基础上，建议强化公众参与制度的程序化、法制化建设，建立和完善相关制度，规范公众参与的工作程序、工作内容和相关要求等，建立公众参与工作备案制度；拓展国土空间规划的公示渠道，充分利用传统媒体（如网络、电视、广播）及新媒体；丰富公众参与手段，采用公众采访、问卷调查和召开听证会等多种形式，提高公众的知情度和参与程度，激发公众的参与热情，提升国土空间规划工作的透明度，最大限度地保障公共利益。

2.4 国土空间治理发展趋向

进入 21 世纪以来，国土空间发展正面临着比以往任何时候都更加全方位、多维度和更具系统性、复杂性的挑战。国土空间治理进程也更充满不确定性和多变性，面对安全与发展的矛盾，应对气候变化、人口变动、全球化和地缘政治；适应现代产业和科技革命、数字化和人工智能化的挑战；保障粮食安全、生态安全和国防安全，实现绿色转型、"双碳"承诺，推进国土空间高质量发展；既要化解国土空间发展不充分、不平衡的人地矛盾,又要激发国土空间持续的创新活力,支撑城乡融合、共同繁荣和公平正义,构建守正创新的国土空间治理能力和治理体系。国家治理体系与治理能力现代化是我国全面深化改革的总目标之一,2019年10月31日,中国共产党第十九届中央委员会第四次全体会议通过的《中共中央关于坚持和完善中国特色社会主义制度 推进国家治理体系和治理能力现代化若干重大问题的决定》对此作出重要部署,指出要"加快建立健全国土空间规划和用途统筹协调管控制度"。依据《中共中央 国务院关于建立国土空间规划体系并监督实施的若干意见》要求,到2025年"形成以国土空间规划为基础,以统一用途管制为手段的国土空间开发保护制度"。"到2035年,全面提升国土空间治理体系和治理能力现代化水平,基本形成生产空间集约高效、生活空间宜居适度、生态空间山清水秀,安全和谐、富有竞争力和可持续发展的国土空间格局。"为实现国土空间治理的长远目标,以及应对治理进程中的复杂性、困难性和新挑战,需要超越传统治理的局限,创新治理主体协同和治理手段,从原点开始重新审视国土空间治理的演进和发展趋势,从而准确把握国土空间治理的核心准则和关键概念。

2.4.1 发展与平衡:国土空间治理的经济导向

作为一个幅员辽阔的发展中大国,中国不同的地区在自然地理条件、区位和制度等方面存在着天然的差异,在现代经济发展过程中国土空间发展在不同地区集聚和分散,则进一步深化了城乡间和地区间的差异。尤其是经济和人口的这种空间差异影响了资源配置效率,进而影响整个国家的全要素生产率(TFP)和国际竞争力。人口增长和消费行为的空间分布可以理解为特定生产方式造成的必然的不均匀增长[47]。经济和人口的空间集聚似乎永远和平衡相矛盾,然而发展与平衡却是不可偏废的重要目标,为此我们通过"空间均衡"简化的等式来说明二者间关系[48](式2-1)。

$$\frac{\text{收入}(\text{资源约束})}{P-U} = \frac{\text{收入}(\text{资本、技术})}{U} - C'(U)(\text{制度、管理和技术成本}) \quad \text{式}(2-1)$$

式中,将国家或地区划分为两个部分,等号左边代表农村、小城镇等经济发展劣势地区,而右边代表城市、大城市等经济发展优势地区;P表示总人口,U表示等号右边地区的人口数量,$P-U$则为等号左边地区的人口数量;等号右边表示以制造业和服务业为支撑的现代经济增长，主要取决于技术和资本因素，而等号左边则以农业或生态资源为比较优势。在人口自由流动的前提下，等号两边相等的条件为两个地区人均收入相等，即为"平衡"，而一般等号右边经济增长快于左边，即为"集聚"，当左边人口不断减少则有利于"在集聚中迈向平衡"；发达地区优质的条件促使人口向右边集聚，降低了企业生产和劳动成本，这同时也可能增加城市管理的成本，包括高房价、生育和教育成本等，引发社会矛盾；如若加强对人口流动的限制则会加剧相对发达地区的劳动力短缺而降低竞争力；此外，右边地区承担着给予左边的财政转移支付，以缩小城乡、区域间发展差距。

总而言之，真正平衡发展实现的关键在于人均 GDP 或人均收入的趋同，这需要立足于人口流动和区域分工，而违背当地比较优势、盲目追求短期经济增长的发展模式依然造成了空间资源的错配[49]。全国范围兴起的工业园区、新城建设很大一部分造成建设用地扩张浪费，增加了地方政府债务风险，而这些地方的人口仍然处于持续流出的状况；与此同时，发达地区人口增长、土地供应有限的情况下，也助推了高房价、高成本，甚至对实体经济的高技术产业投资增长产生了挤出效应，全要素生产率增长受到阻滞。空间资源错配引发的典型弊端即是房价和债务问题，房价/收入比、债务/GDP 比不断攀升，也就造成了"在集聚过程中不平衡"的状况。高度集聚带来了高收益，也带来了高成本。而我们应追寻集聚进程中的平衡发展，因此，极有必要借以健全国土空间治理体系来调整和优化经济和人口的空间布局，促使国土空间发展在集聚中迈向平衡，构成国土空间治理的经济导向。意图达到此目标则应推动落后地区吸纳发达地区的国土空间效率溢出效应同时提升自身效率，而非干预或约束发达地区的国土空间效率提升过程，具体可包括以下几个方面的内容。

构建优势互补的区域经济发展格局。 即为推动区域资源要素与人口、经济社会活动空间分布的有效匹配，明确各个区域经济发展中的主要职责和功能划分，促进资源配置的优化和重点区域综合承载力的提高，土地、投资等要素资源的流向与区域内人口的流向保持一致，注重区域内公共产品供给和公共服务、基础设施建设的均等化，即通过因地制宜地推进国土空间局部地区集聚结构的优化治理实现对国家整体空间效率的提升。

化解人口流动的空间限制与瓶颈。 人作为生产和消费的主体应当与经济空间布局相适应，但由于我国存在户籍制度的限制，劳动力和人口在国土空间上的不能自由流动，导致劳动力和人口与经济社会活动的空间集聚协同程度不高[50]。2017 年，以长三角、珠三角和京津冀为代表的十大城市群经济总量接近全国 70% 的水平，但其集聚的人口数量仅占全国的54%，按照户籍人口统计则会更低。因此，应当放松限制人口在空间上自由流动的"软约束"，使经济社会活动与人口的空间集聚趋同匹配，缩小不同区域的空间效率差距。

构建区域间的帮扶与利益共享机制。试图在区域经济集聚引领空间发展中走向均衡，这是立足于区域人才和劳动力集聚而共同形成的优势，其为区域经济发展贡献力量的同时理应享受在该区域安家乐业的权利。因此，应加强区内就业人口应当享受的教育、医疗、社会保障等方面的平等权利并加快他们的落户进程，实现基本公共服务普惠化和均衡化，推动入城居民的"市民化"进程，而非基于财政转移促使其回归原籍。

统筹城乡发展并促进城乡融合。城乡之间的联系将依托都市圈、城市群逐渐扩展演化为更为复杂的社会经济联系，也使城乡空间成为一个高度关联的社会经济体。区内城镇村和城乡间形成地域上交叉和渗透，经济社会上功能互补协同，由此带来城乡互促、产业协调发展，产生良性的互动关系。维护好广大乡村地区生物多样性和生态系统服务功能，借助城市集聚经济的规模优势，在此之上城乡空间进一步演化，将发展成为经济、社会、生态、景观、生活、文化等各方面高度一体化的城乡连续体，实现城乡国土空间一体化和治理一体化。

2.4.2　品质与正义：国土空间治理的社会导向

从发达国家和地区的经验看，以利润率最大化为导向的治理导致精英阶层在发展过程中占据绝对的优势地位，而弱势群体的空间权益得不到保障，资本从核心到边缘的空间扩张带来了空间剥夺、空间排斥、空间异化等系列社会问题，例如，旧城区改造中导致部分贫困阶层失去城市中心地区的生存空间而被动"郊区化"。中国作为一个后发现代化国家，正经历着急剧的城镇化过程和前所未有的社会转型，社会阶层的分化、住宅市场化、财产权的确立都加速了国土空间的重构和分异，由此可能诱发系列社会问题和空间治理困境[51]。正是由于空间治理危机的显现，才使得社会科学研究逐步形成空间转向，从空间的角度对社会的发展进行诠释和阐述，目的在于通过空间生产方式的调整、空间重构以实现国土空间全面协调发展。《共产党宣言》《1857—1858年经济学手稿》《资本论》等马克思经典文献阐述了空间理论的起源。亨利·列斐伏尔提出的"空间生产"理论，大卫·哈维提出的"资本空间"理论、詹姆逊提出的"后现代空间"理论等空间正义理论的发展为国土空间治理视域分析提供了社会价值判断。所谓空间正义，即指存在于空间生产和空间资源配置中公民空间权益实现的社会公平和公正，包括对空间资源和产品的生产、占有、利用、交换、消费的正义[52]，旨在规范人与自然、人与人、人与社会公平正义的价值准则，重点关注国土空间结构和组织形式的安排来缩小地区间、群体间发展差距，改变城乡之间的空间割裂趋向、减少城乡空间摩擦与预防社会不稳定的空间失衡危机等。

2000年，《联合国千年宣言》提出消除贫困的发展目标。2020年，我国全面迈入小康社会，全社会由"生存性需求"向"发展性需求"转型，不仅仅是追求生产力和经济发展，当然这是前提和基础，同时还有更高生活品质的需求，人民日益增长的美好生活需要亟须满足。高品质的国土空间和城乡面貌已成为满足人民美好生活需要必备的人居环境条件，也提出了更高质量的国土空间治理要求。既要保障区域发展过程中公共物品及利益分配在空间上的公正，例如，公共交通、医疗资源、教育资源等的分配要符合公正的原则，又要注重区域环境景观、公共空间塑造、便捷出行、人文氛围、住房和服务保障、社区营建等高品质的国土空间表达。具体而言，食物保障不仅是数量保障，还要求质量和安全保障，住房保障不仅限于有房可住，还要求住房和生态环境质量，生产空间也不仅限于工作空间，还要满足休闲、娱乐和旅游需求，对高品质生活的追求是经济社会发展和价值观变迁的反映，需要高品质国土空间和高质量国土空间治理才能满足，更加需要兼顾公共产品供给符合公平正义的原则，以使全体居民均享有平等获得空间资源的机会、平等参与有关空间生产和分配的机会、平等参与和享受高品质国土空间治理的机会。因此，兼顾公平正义的高品质国土空间治理应当包含以下内容。

注重满足人的需要和高质量发展。 全球空间治理从重视物质转向以人为中心已是趋势。生活福利、生活环境、自然保护、文化传承和社会生态等非生产性领域问题引起了广泛关注，《美国大城市的死与生》中明确阐述了人行道的人际交往功能、安全功能以及对儿童成长的帮助功能，而营建以"规划为本"的社区对居民而言并无实际意义[53]。具有参考价值的是，日本以构建国民与国土的新型关系作为基本理念，加强中小型社区建设和联系；欧洲国家则通过将居民户外活动需求与国土空间规划和品质开发相结合，营建高品质生活圈。应探索国土空间治理与需求导向的有机结合，在此过程中满足人的需求和实现高质量、全面发展，并以此为高品质国土空间治理的基本准则。

统筹推动城乡国土空间治理融合。 空间正义和城乡平衡是国土空间治理的核心和关键问题，也引导着治理目标回归公益性和公共性。所有人都应拥有平等的空间权益，无论是城市还是农村，是城市居民还是农村居民，是精英阶层还是弱势群体，其在空间权益方面应当平等。"国土空间无差别的统一—城乡对立—城乡融合"过程建立在生产力的发展和生产关系的系统变革基础之上，实现人的全面发展更需要高度发达的生产力和生产关系。关键在于把城乡当作一个有机整体，消除城乡二元对立，打破城乡壁垒，促进区域合理分工，协调城乡景观，促进城乡交通系统、基础设施和公共服务均等化。最突出的目标就是城乡收入差距的缩小，而这不仅表征着区域城乡一体化水平的提升，也对国家经济产出和增长产生显著的正面影响[54]。

注重优质文化和环境营建与共享。 空间品质是国土空间自然物质环境品质与社会人文环境品质协调发展的一种复合系统状态，包括绿色低碳、韧性安全、流动便利、景观美丽、文化繁荣、经济发展、活力持续等方面，重要的是内含了空间公平正义的价值观念。具体而言，所有阶层人口平等享有健康环境和住房，尤其需要考虑老人、儿童等弱势群体的行为习惯和需求；公共绿地的可达性和布局同样要体现公平正义的社会价值，如美国对白人社区和其他种族聚居区之间公园绿化分布不公的关注和均衡倡议。此外，对历史文化和建成环境的保护和重建同样值得重视，这有利于当地的文化认同构建和生活质量的提高，有利于稳定当地的社会关系，也是保证地区可持续发展和价值实现的空间条件[55]，能够实现功能转化和价值显化。重视建筑品质和质量，将历史建筑、传统街区风格与自然环境融为一体来打造高品质街区，从而推动国土空间治理对自然与社会美学统一的品质追求。

2.4.3　全域全要素全过程的国土空间系统治理

国土空间是由不同子系统和多种要素共同构成的复杂系统，针对国土空间与人的国土空间治理也是一个复杂的系统。国土空间治理复杂性来源主要有三个：一是非线性，不同类型的国土空间治理的效果和贡献并非呈线性关系，如同样是改善欠发达地区物质环境，但在城乡之间、区域之间付出的成本和收获的效果均有所不同。二是耦合性，国土空间治理中经济、社会和生态子系统之间相互联系、相互依赖，在时空变化中存在耦合作用，加之利益相关主体的偏向性选择，相互关系更趋复杂化。三是不确定性，国土空间治理不仅仅针对过去和现在面对的问题，还要防范未来可能的风险挑战，而未来充满着突然性和不确定性。国土空间是无序与有序的综合，而国土空间治理就是要在无序之中找到有序性，使得人们可以认识、理解和利用国土空间的演变规律，预见可能的发展方向，遵循相对可循的规律而展开行动。因此，对国土空间的治理并非仅仅作为一项公共政策，既要有宏观、抽象的整体认知，又要有立足空间场所的具体规律，涉及经济社会发展的宏观叙事脉络和抽象认知，以及气候、土壤、景观、文化和工程等构成的微观治理体系。将其有效融为一体，才能称得上国土空间"善治"（good governance）。难点在于将生态、社会、经济空间的多目标进行融合，化解其中的目标冲突的关键在于理解人与空间最基本的关系，包括人与人、人与空间、空间与空间之间的关系。具体实践中，例如在认识资源约束、自然规律等空间客观性的基础上，鼓励不同群体参与国土空间治理过程，通过民主化讨论选择更恰当的方案。

人类根据自身需要利用空间进行生产生活，但一味追求经济社会的扩张将破坏自然环境，反过来也会影响人类社会的健康发展。因此，在生态文明建设框架下国土空间治理必须关注人与自然的关系，从山水林田湖生命共同体角度认识国土空间和开展治理，谋求人与自然的和谐共生。我国国土空间治理服务于经济和社会发展、生态建设的综合目标，既要实现人均GDP增长与均衡，又要追求"双碳"目标，距此目标尚远，更需因地制宜推动人、社会、空间的和谐共生，时间、空间与社会的协调统一。要实现人与人之间、区域之间、人与自然之间的公平和可持续发展，全域全要素全过程的国土空间系统治理不可或缺，可从以下几个方面展开。

统筹安全与发展协同的国土空间治理。国土空间资源作为人类生存的基础不可替代，而其供给又有限，国土空间系统结构的破坏可能导致整体安全问题。所谓国土空间安全，指一个国家或地区可以持续地获取空间资源，并能保障人类社会和生态系统健康发展及高效能生产和高质量生活的状态或能力。因此，应当尊重客观的自然规律，树立底线思维，优先考虑国家安全、生态安全、环境安全、粮食安全，因地制宜安排国土空间开发保护布局，如根据资源承载力合理确定城市规模和人口密度，构建相应的大中小城市和乡村空间格局。强化发展的基础作用，以国土空间全面发展打破人地矛盾的约束和限制。通过主体功能区互补机制，形成不同类型优势地区互动和均衡发展，提升国土空间安全保障能力。

推行国土空间精细化治理。精细化治理依托"精明增长"理论的发展，主张居民生活品质与资源保护双重提升[56, 57]，构建一种国土空间治理长期改善的模式。在本土化进程中，《中共中央 国务院关于建立国土空间规划体系并监督实施的若干意见》不仅构建了我国国土空间规划的总体框架，也在持续推进全域国土空间用途管制的细化和完善，从国土空间全局全域出发，统筹协调城乡发展和生态保护的不同需求，优化城镇、农业、生态三类空间格局，协调生态保护红线、永久基本农田保护线、城镇开发边界等控制线，细化和梳理区域、要素间关系，实现国土空间管控的全域覆盖。不止于此，进一步需要针对各类空间制订分级分类管控措施，研究各级政府机构的空间权责边界和确定管控要素，建立基于事权的多层级规划管控体系。

加强国土空间多目标权衡管理。国土空间可视为人类所需产品的供给者，根据产品生产方式不同可分为水、粮食、生物多样性资源等直接产品，以及由城乡空间生产的人工制品等间接产品，诸如住宅、学校、商场、医院、写字楼、交通道路等设施建设均需占用空间。在此过程中产生了不同类型国土空间之间的冲突和矛盾，如更多的人涌入城市需要扩张城市建设占用其他空间，同时为维护粮食安全和生态安全，不得占用农业和生态空间；与此同时，随着"存量空间时代"的到来，建设用地总量得以控制，而不同功能城镇空间的转换也会产生冲突。因此，国土空间使用的权衡实则是区域未来社会福祉、发展权利与要素保障的配置，而非单一系统、单一维度的问题和职责，需要放置在国土空间各类组成要素紧密结合、人类活动和需求不断变化、社会和国家未来目标与战略以及国土安全、生态安全、人类社会可持续发展的整体框架中进行综合权衡、综合治理。

迈向陆海统筹的国土空间治理。21世纪是海洋的世纪，海洋在国民经济发展和地缘政治中的地位显著提升，海洋空间有序开发已成为全球普遍关注的热点话题。从系统论的角度出发，陆域空间与海洋空间并不是独立存在，二者之间存在着广泛的物质、能量交换，具有交互性、整体性和生态统一性，例如陆地系统的环境污染会直接影响海洋的自然生态基础，海洋环境变化也会影响人类生活甚至食物供应。因此，有必要推进陆海空间统筹治理，深化陆海主体功能有机衔接，统筹陆域和海域产业布局，建立韧性陆海一体的交通和防灾支撑体系，开展陆海协同的生态环境保护与修复治理，统筹陆域和海域管理体制与海上丝绸之路建设，这对于国家的可持续发展具有重大的战略和实践意义。

2.4.4　多元国土空间治理主体共同参与

国土空间治理体系和治理能力现代化建设需要依靠政府，同时注重市场机制和社会组织的调节，促使政府规制、市场配置和社会组织三方力量共同发力。在政府、市场和社会三元主体的视角下，国土空间治理体系现代化体现为：政府以国土空间规划为核心抓手，制定利用规则、实现空间管制；市场通过各类市场机制调节供求关系，发挥资源配置作用；社会组织和人民群众参与治理，同时监督政府和市场行为。国土空间治理能力现代化需要政府、市场和社会三元治理主体充分发挥国土空间治理体系的最大化效能。政府在决策和执行中具备充分的规则制定能力、宏观调控能力和数字治理能力，强调政府治理主体的"有为"；市场主体则重点凸显"有效"，需要具备高效实现资源优化配置、充分彰显国土空间要素价值的治理能力，主要体现为资源配置能力、价值实现能力和风险防范能力；社会则通过参与和监督确保国土空间治理的公平与合理，强调推动治理"有序"，主要表现为参与决策能力、合作协商能力和监督反馈能力。推进政府—市场—社会三位一体的体制机制改革是深化国土空间治理体系和治理能力现代化的必要途径。

1. 有效发挥政府主体的规划规制作用

国土空间治理包含两层含义：一是针对各类空间构成要素的治理，二是基于空间地域的综合治理。这源自体制中常年存在的所谓"条""块"矛盾。但就现代治理而言，基于地域空间的综合治理才是现代治理的基础，但计划经济时期形成的我国社会管理体系及其结构仍然保留浓重的部门管理色彩，以至于"条块"矛盾不断。央地关系更多地体现在上级政府部门与下级政府部门之间的关系，而空间问题的协调管理并不全是上级政府与下级政府之间的关系，这也正是高铁难以与城市的空间布局很好地结合等现象产生的原因。因此，国土空间治理体系尤其是治理能力现代化的重点也应是调整"条块"关系。在实际的治理过程中，各"条"的政策、项目、活动的开展都在具体空间，但因为管控内容、逻辑和方式方法的差异，导致各类活动落在具体空间上时就会发生关系，也就需要在"块"层面进行问题协调，产生综合效应。制定规划并通过规划管理保证政策和项目实施，是基于空间地域进行综合治理的关键所在。

要打破条块分割和"部门纠缠"，就应当建立整体政府机制，将所有多层次治理、多部门和多行动者机制纳入国家整体框架，实现综合区域关键资源的整体开发和管理，促进地方间有效竞争和合作。以保证空间政策一致性的实现，来扭转部门主义对国土空间系统各类要素的分割。视具体情况根据需要可以成立综合机构或协会，通过正式和非正式的渠道，以实现共同目标和政府对特定空间问题的综合治理。要通过监测和评估流程来强化问责制，以确保城市和农村社区的空间融合，实现国家、区域和地方规范与空间治理决策间的一致性和协调性。依托国土空间规划发挥政府主体的宏观把控和调控职能作用，确保国土空间治理的总体规范和整体效率。其一是要将地方政府行为与国家的整体、长期利益结合，打破传统的官员考核体系，引入更加综合的指标或人均水平考核指标，将政府从生产型政府转化为服务型政府。其二要借助规划力量介入并重塑区域经济协调发展格局，避免资源要素空间配置的错配和低效，有效化解经济增长与资源环境之间的矛盾，提升人民福祉和公平性。其三要发挥政府在立法规范、行政监督和执行落实方面的作用，将社会信息收集和反馈纳入治理结构中，及时响应民众诉求和提供均等化服务。

2. 充分发挥市场主体的资源配置作用

当前我国面临较为严重的要素市场扭曲和空间错配问题[58]，解决的突破口就在于市场结构和体制改革。十八届三中全会以来，中央高层始终强调市场在资源配置中起决定性作用和更好发挥政府作用。重点是在生产要素市场上发挥市场力量配置资源的决定性作用，减少政府违背经济规律对生产要素配置的干预，使得资本、土地、劳动力和技术等生产要素能够进入市场并在市场内实现自由流动[59]。土地市场已经明确建设用地指标的增量要与人口流动方向一致，而在人口政策上，则强调要顺应城市发展的客观规律，在 500 万人口以下的城市全面放开和放宽户籍制度，特大、超大城市的积分落户制度也要加快改革。从地方政府角度看，发展经济的支出可能存在投资过度、回报低下的问题，同时地方融资平台通过举债或土地融资来进行投资，盲目做大短期 GDP，导致负债率上升。越是得到中央财政转移支付的地方，发行的城投债数额越多[60]。这就需要通过法律和市场两个机制，对地方政府行为形成约束。违反法律的政府行为可以被追究责任，违反市场规律的政府项目如果出现亏损，可以通过市场机制破产清算。随着人口流动机制逐步完善，民众用脚投票的行为也将形成对于地方政府违背市场规律的投资行为的约束机制。

2019 年 8 月，中央财经委员会第五次会议所提出的要按照客观经济规律，调整完善区域政策体系，发挥各地区比较优势，促进各类要素合理流动和高效集聚，实现"在发展中营造平衡"的目标。此后进一步提出要形成全国统一开放、竞争有序的商品和要素市场，使市场在资源配置中起决定性作用，健全市场一体化发展机制，在全国范围内实现制度统一和区域间的互助共济，要完善财政转移支付制度，对重点生态功能区、农产品主产区、困难地区提供有效转移支付，促进国内区域间的市场整合。但地方政府追求的目标仍然可能偏离长期、全局、多目标三个维度的社会最优模式，尽管基于满意度等综合指标可以减少基于单一目标的地方间竞争造成的扭曲，但全社会的长期和全局目标仍然难以同时实现，有待继续探索。此外，政府直接掌控大量资源并在部分资源配置中占据主导地位的情况仍然常见[61]，财政补贴、金融抑制、行政性进入壁垒等有碍要素合理流动和企业进出的规则广泛存在，因此需要持续推进要素配置市场化改革并完善市场机制构建，这是实现国土空间高效治理的基础性制度保障。

3. 积极推进社会主体的组织润滑作用

社会主体重在发挥自发性的自组织能力，以促进国土空间治理效率的发挥。国土空间治理实践过程中，需要集合各类组织、机构、部门和社会成员的未来意愿，把宏大的战略目标与社会成员们的生活质量、权利和责任等整合在一起，并充分协调好各方面政策、主张和愿望，达成基本的共识，预先对资源的配置、规制的方式及其边界、行动的方略和准则等进行充分的协调，形成社会各方都能接受的社会契约。由此可见，国土空间治理过程应当是建立在不断协同和协商的过程基础上的；要从当前需要和长远发展乃至代际公平角度，进行全域全要素全使用方式的全面协同；要在公共理性的框架下实现全社会参与的公共协商。从社会网络理论出发，将社会网络系统作为一个整体，构成网络的主要要素包括行动者、关系、群体等。社区则是社会的基本单元，作为人类自政府和市场后的第三种秩序，社区最具有狭义上的空间特性，亦如邻里原则对规模、边界、开放空间、服务用地、地方商业、内部道路系统的确定。人际关系融入社区表达了社区空间的开放性，让社区之间具有空间联系，构成一个整体。社区治理也成为基层治理最核心的工作，也是国土空间治理的基本单元。具体而言，农村的村集体经济组织要在促进农民集中居住，引导资本下乡、基本公共服务的弥补性提供和信息共享方面发挥自己的力量。城市的社会群体、社会自组织在文化、创意等新型业态中，在人才集聚、信息传递与共享、就业匹配等方面发挥着重要的作用。总而言之，社会主体在空间效率治理中充当着催化剂、润滑剂和补充剂的作用。

社区治理的目标旨在满足城乡居民生存发展和交往需要，而这也就形成了社区生活圈。社区生活圈指在适宜的日常步行范围内，能够满足城乡居民全生命周期工作与生活等各类需要的一个基本单元，它是精细化治理空间的表现形式。社区空间治理是对不同要素构成网络所形成的"有机生命体"进行治理，综合协调物质空间、居民需求和时空行为，进而采取空间治理策略。一是构建平衡伙伴机制，确保空间治理中的当地居民、地方机构和社区组织的实质性参与，使治理信息公开、透明、互动和全民共享。二是建立全生命周期治理机制，社区空间资源的规划、建设、管理和运营的全过程信息纳入统一的社区平台监测运行。三是建立全社会共治共建机制，社区空间治理实践过程中要强化宣传发动，使社区干部群众统一思想认识，赢得干部群众尤其是社区居民的广泛认同和支持，调动社会各界参与社区空间建设和治理。四是建立分区分类型治理机制，根据社区分布的区位、本底、产业、历史人文等差异，提出分区治理模式。

2.4.5 多样国土空间治理手段综合利用

1. 国土空间治理的规划制度和用途管制

国土空间规划是国土空间治理的主要依据，作为公共政策工具反映了政治体制的意志和国家空间制度创新的安排。在健全国土空间治理体系和提升治理能力的框架内应当按照治理的需要，深入完善规划制度：深化"五级三类"国土空间规划的传导和管控；完善自然资源利用计划管理制度，包括土地利用年度计划和海洋资源利用计划管理；以城镇开发边界为基本依据，持续健全建设用地审批制度；完善国土空间规划许可制度，实施以规划许可为前提的开发许可制；完善特殊的耕地保护制度，形成与现代空间治理相匹配的耕地占补平衡科技创新支撑体系；完善自然保护地和重要生态功能区保护与准入制度，进一步强化自然保护地特殊管护，采用"约束指标＋分区准入"的管制方式。

2018年国家空间治理体系改革以后，我国开始实行国土空间用途管制制度，涉及规划、实施、监督3项核心职责，基本内涵是按照可持续发展的要求和不同层级公共管理目标，划分不同尺度的空间区域，制定各空间区域的用途管制规则或正负面清单，通过用途变更许可或正负面清单等配套政策，使国土空间开发利用者严格按照国家规定的用途开发利用国土空间。与传统土地用途管制相比，更具有整体性和全域性，具有更强的空间管控功能，具有更强的空间治理功能，包括国土空间区域划分、分区内容确定、管制条款或正负面清单制定、管制实施等四方面内容。"国土空间规划—国土空间用途管制—资源总量管控"的联动，有助于建构底线约束与激励引导相结合的新机制，切实推进国土空间开发利用更有序、更有效和更高品质。

2. 国土空间治理的法律制度和政策体系

现代空间治理的最初形态——土地用途区划（Zoning），就是以法规的形式出现的。通过立法赋予国土空间治理充分的权力或者以立法方式制定治理规则，是世界各国国土空间治理的基本做法。从各国的经验看，国土空间治理与相应法律缺一不可，唯有推进国土空间治理法治化，国土空间治理才能顺利推进并取得成功。国土空间治理所涉及的主体是行政机构的行为及行政对市场和社会的管制，本质是为了彻底解决问题而综合运用各种法律手段、法律机制和法律思想的运行体系。最终目的是规定政府权力的边界以服务于公民的基本权利和空间开发利用的有序性和效率，因此，应当坚守以下法律准则：法律优位原则，国土空间治理权力的行使应受到法律的约束，不得违反法律，更不能触动"生产资料的社会主义公有制"的底线；最小侵害原则，为达到国土空间治理目的需要选择多种手段时，应选对公民侵害最小、对环境损害最小的方案；平等对待原则，在政府机关行使国土空间治理权时，对所有空间权利人应同等对待；程序正义原则，国土空间治理权力运作应当设置正当的法定程序，同时也需坚持空间正义，使国土空间资源配置占有、分配代内和代际更加均衡；效率价值原则，国土空间治理作为一种资源配置的制度设计，必然以效率为重要原则和导向；协调冲突原则，当国土空间治理面对权力冲突时，需要进行多元协调而非"一刀切"。

在中国特色国土空间治理实践中，数目繁多的中央和地方配套政策发挥了关键和核心的作用。我国国土空间治理的政策大致可以划分为3类：①土地、水、能源、矿产、生物、海洋等要素类政策；②财政、货币、投资、产业等配套类政策；③西部大开发、东北振兴、中部崛起等区域类政策。上述政策通过科层制、承包制、市场制和官僚制的结合构成国土空间治理政策运行机制，同时围绕一定的国土空间治理目标运用政策组合机制调动各方力量。由于地理条件的差异，不同区域的国土空间治理需要不同的政策选择，如巴西在20世纪60年代为促进中西部及亚马逊地区开发，把首都从里约热内卢迁至巴西利亚。为促使政策运行能够保障国土空间治理目标的实现，应当加强国土空间政策制定的基础理论和方法研究，重视政策的可操作性，有效使用财政、税收、信贷、补助、补贴等多种政策组合。

3. 国土空间治理的监督检查和考核审计

国土空间治理的国家督察制度是国家空间治理体系的有效范式，有利于防止治理过程中的公权力滥用，促进国土空间的可持续利用。但督察制度还需要在以下几个方面改进完善：建构更独立和更规则的督察体系，绘制出督察运作的全部规则清单；发挥更专业和更有效的督察能力，使督察更快地从当下的初级阶段跃升到培育优质高效空间治理的更高阶段；采取更综合和更稳健的督察方式，需要建构督察集体行动的框架；设计更协调和更开放的督察机制，加强信息公开和发布，建构一个整体开放，交互回应，信息公开、发布和传递的平台。

国土空间治理的监测预警制度是指组织实施全国性自然资源基础调查、变更调查、动态监测和分析评价，开展水、森林、草原、湿地资源和地理国情等专项调查监测评价，并对未来国土空间开发利用进行预测，预报可能产生的风险及危害，对已有问题提出解决方案，对将出现的问题给出预报和调控措施。我国还需进一步完善国土空间治理监测网络，掌握国土空间变化及人类活动引起的变化情况，开展综合分析和系统评价，为科学决策和国土空间治理提供依据。

将卫片检查与国土变更调查协同推进、与自然资源例行督察相结合的国土空间治理的执法监察制度，是中国特色空间治理的重要工具之一。但还需加强执法监察行为的规范，结合自然资源部门的职能和国土空间治理的需要，完善执法监察的各项规定；健全行政处罚裁量权基准制度，做到过罚相当；建立执法全过程记录制度；推行行政执法公示制度，防止执法权滥用；探索建立重大行政处罚决定法制审核制度，确保行政执法行为规范合法。

国土空间治理的绩效考核制度是衡量政府实现国土空间治理业绩、效果、效率和能力的一项基本制度。虽然我国目前还没有专门就国土空间治理绩效进行单独考核，但相关内容已经列入地方党政领导班子和领导干部的考核内容，对促进国土空间有序治理起到了积极的推动作用。在实施过程中仍需要把握以下关键要点：明确绩效考核的实施主体；设计科学的绩效考核指标，目前还没有一套成熟的国土空间治理绩效考核指标可供参考；科学采集考核的真实数据，需要长期积累可开展外部与内部、横向与纵向比较的大量基础数据和历史数据；重视绩效考核的结果运用；建立健全考核的制度体系。

国土空间治理的离任审计主要审计领导干部贯彻执行中央生态文明建设方针政策和决策部署情况，遵守自然资源资产管理和生态环境保护法律法规情况，自然资源资产管理和生态环境保护重大决策情况，完成自然资源资产管理和生态环境保护目标情况，履行自然资源资产管理和生态环境保护监督责任情况，组织自然资源资产和生态环境保护相关资金征管用和项目建设运行情况，以及履行其他相关责任情况。这项制度颇具中国特色，对国土空间治理过程中防止政府滥用权力和短期利益偏好具有一定的约束作用。但当前自然资源资产离任审计法律制度仍需要加快相关法律法规制度的构建，建立健全自然资源资产信息共享平台以外，关键是完善自然资源资产审计评价指标体系，以及完善责任认定和追究机制。

4. 国土空间治理的技术支持和平台建设

现代国土空间治理面临的矛盾冲突是典型的复杂学问题，需要借助现代科学技术支撑才能建立起适用和有效的治理结构。从信息论的角度看，国土空间治理是一个决策信息的收取、集合、处理、加工、储存、输送和控制的过程。国土空间治理决策的质量和治理系统的整体效能等都直接取决于信息是否准确、足量和及时。形成、交流、传达信息这些行动的本身也是国土空间治理的部分。面对大量、高速、多样、低价值密度、真实的信息，需要在现代技术支撑下创新处理模式。进入21世纪，以大数据和人工智能等为代表的新一轮科技革命，进一步推动国土空间治理技术支撑体系的建立，结合工程技术体系、信息平台建设，逐步形成庞大的国土空间治理技术系统。

5. 国土空间治理的社会监督机制

国土空间治理监督理论上可分为行政监督体系和社会监督体系，但单一的行政监督体系难以避免"政府失灵"现象的出现。因而，设计行之有效的社会综合监督制度已成为国土空间治理监督的关键之一。世界上发达国家和地区大都相继建立了旨在推动国土空间治理的相关社会参与和社会监督的制度，即政府提供资源与机会，鼓励民众参与地区空间治理公共事务，分阶段、持续开展国土空间治理监督事务。目前我国国土空间治理的社会监督制度还处于被动式、隔离态和单向性的初级阶段，限于学术机构和研究机构的所谓"专家领衔"，尚不能脱离"精英式"参与，未来应该全面探索社会监督创新，防止在科层制背景下易出现的"政府失灵"。可以从以下方面探索完善社会监督制度：建立健全终身制国土空间治理专家委员会和专家参事制度，在赋予相关权利和工作任务的同时规定其所应承担的职责和义务，形成专家内部自我约束机制；完善空间治理社会听证制度建设，细化为可操作的规范，使社会公众有主动意愿参与国土空间治理的实践；建立健全基于媒体互动、电子政务工程和第三方组织等参与的多样化社会监督制度，接受社会公众的广泛监督和反馈。

关键术语

土地利用规划、国土空间规划、不动产统一登记、自然资源产权、央地关系、"三生"空间、多规合一、国土空间用途管制

思考题

1. 进入中国特色社会主义新时代，我国国土空间治理出现怎样的演化趋势？
2. 国土空间治理过程中，央地矛盾为何产生？有什么解决办法？
3. 国土空间数字化建设还有哪些方面可以得到改进？
4. 国外国土空间治理体系中法律保障是如何发挥作用的，又是怎样构成协同机制的？
5. 国土空间治理目标从集聚转变向均衡的内涵是什么以及为什么转变？

第 3 章

国土空间治理基础理论

■ **教学要求**

1. 本章知识点

（1）治理理论

掌握治理理论的基本概念及其在国土空间治理中的应用，理解多元主体之间的协同合作和权力依赖机制。

（2）空间规划理论

理解空间规划理论的核心内容，如本位理论、过程理论，掌握这些理论在国土空间资源配置中的应用。

（3）空间用途管制理论

了解空间用途管制的基础理论，如市场失灵和政府规制理论，掌握其在资源管理和生态保护中的应用。理解生态文明理论的内涵，掌握生态文明理论在国土空间治理中可持续发展的重要性和实际应用。

（4）要素统筹理论

理解资源配置理论、系统理论在要素统筹中的作用，学习不同国家在国土空间规划与治理中的要素统筹思想。

（5）区域发展理论

掌握区域发展理论的基本概念，尤其是功能经济区等概念，理解其在区域经济增长和协调发展中的作用。

2. 本章重点及难点

（1）理解国土空间治理基础理论框架

学习理解多元主体的互动与合作在治理中的关键作用，以及在空间规划中全局性系统性考虑生态、经济、社会等多重因素的重要性。

（2）运用理论解决国土空间治理的具体问题

学习探讨如何运用区域发展理论应对区域发展不平衡问题，掌握在国土空间规划中有效实施用途管制以实现生态文明的策略。

3.1 治理理论

3.1.1 治理理论概述

治理的英文翻译为"governance",一词源于拉丁文"*gubenare*",意为引导、控制和操纵,常被用来指称有关指导(guiding)的活动,组织引导(steer)自身的过程。在汉语中,governance 被译成"治理",最早运用在市政学领域,用于研究如何有效地解决城市和地方上的诸多问题。自 20 世纪 90 年代以来,这一概念被广泛地应用于经济社会领域。治理是相对于传统的"统治"而言的,与统治(government)、管理(management)等政府活动联系在一起,主要用于与国家公共事务相关的管理活动和政治活动。

从现实角度而言,自 20 世纪 70 年代以来,西方国家资本主义市场发展出现通货膨胀、失业率骤增、生产停滞等问题,标志着以凯恩斯为代表的国家干预政策的失败。国家计划或市场方式无法解决"政府失灵"和"市场失灵"的问题,有些相互依存形式也不适于以市场机制或自上而下发号施令的方式进行协调。人们在寻找政府和市场以外的"第三条路"过程中,介于市场与国家之间的机构制度受到关注,由此引起学术界对治理理论(Governance Theory)的探讨。从理论角度而言,治理理论兴起于 20 世纪七八十年代社会科学研究危机出现之际,许多学科领域原有范式难以描述现实世界中的除了政府之外的复杂组织问题。

在公共行政学中,学者们的关注点不仅超越了传统上公私部门界限分明的观念和限制,还逐渐扩展到涵盖复杂的等级组织、平行的权力网络,以及其他涉及不同政府层次和功能领域的复杂且相互依赖的协调形式。传统公共管理理论关注如何依靠"看不见的手"来进行操纵的市场机制。公共治理理论拥有多元化的公共管理主体,关注主体相互间的权力依赖和合作伙伴关系以及其中的协商谈判和交易机制。美国学者奥斯特罗姆夫妇在 1973 年《美国公共行政的思想危机》中,批判了单中心、集权化的官僚行政管理,并以复合共和制为基础,倡导民主制行政理论,论证了多中心治理的新模式。以詹姆斯·N. 罗西瑙(James N. Rosenau)为代表的学者认为,治理研究关注的是从国家职能向私人领域的巨大转变。政府的工作日益受制于公共与私人伙伴关系的状况,以及国家与非国家机构之间的正式和非正式网络。

20 世纪 90 年代以来,越来越多的学者认识到"公共问题已跳出公共机构边界",甚至呈现全球性特点,超出了传统的政府行政能力和边界[62]。由此,多元共治的模式得到广泛认同，引起遍及世界范围的治理研究浪潮。Governance 的内涵就此发生了从"单一统治"到"多元共治"的根本转变。罗茨（R. A. W. Rhodes）将治理划分为两种路径：以国家为中心的路径和以社会为中心的路径。国家中心路径的治理模式认为，政府通过与其他社会行为者建立伙伴关系，将其纳入公共事务管理中，这一模式侧重于政府在伙伴关系中的主导和监管作用，视政府为公共利益的最佳代表。而在社会中心路径下，治理强调社会行为者之间的自主协商，政府与其他非政府部门地位相同，作为普通参与者参与其中，而不是通过权力主导这种公私合作关系[63]。

关于治理的诸多定义中，世界银行1992年的一份研究报告中认为 governance 就是"善治"（good governance），其核心是：政府的职能应该从"划船"转变为"掌舵"，即进行治理变革。在关于治理的各种定义中，全球治理委员会（The Commission on Global Governance）于1995年发表了一份题为《我们的全球伙伴关系》的研究报告，并在该报告中对治理作出了如下界定："治理是各种公共的或私人的机构管理其共同事务的诸多方式的总和。它是使相互冲突的或不同的利益得以调和并且采取联合行动的持续的过程。它既包括有权迫使人们服从的正式制度和规则，又包括各种人们同意或以为符合其利益的非正式的制度安排。"

德国学者克劳斯·丁沃斯（Klaus Dingwerth）和荷兰学者菲利普·帕特伯格（Philipp Pattberg）认为，治理是一种特殊类型的社会互动模式，其逻辑与市场和政府迥异，治理是共同管理社会事务的一种复合模式，其包括公民社会的自我管理、公共和私人行为体的共同管理，以及政府的权威管理[64]。英国学者斯托克（Gerry Stoker）对治理理论的核心特征进行了归纳，总结为以下几点：①治理主体的多样性，治理主体不仅包括政府，还涵盖了其他社会公共机构和行为者。②责任界限的模糊化，治理理论表明，在解决社会和经济问题的过程中，责任与界限变得模糊，问题不再由单一组织或集体解决。③主体间的权力依赖性与互动性，治理过程中，各社会公共机构之间存在权力依赖关系，彼此之间需进行互动。④自主自治的网络体系逐步形成，治理理论认为，当前社会的利益分化正朝着多元化和集体化的方向发展。⑤政府的作用及其方式重新被定义，治理理论主张采用多样化的治理方式，不再局限于传统的政治手段。

我国学者俞可平将治理定义为一种政治管理过程，虽然与政府统治类似，也需要权威和权力，且其最终目标是维持社会的正常运行，但治理与统治在四个方面存在显著差异。首先，治理虽然需要权威，但这一权威不一定是政府机关，而统治的权威则必然来自于政府；其次，统治的权力通常自上而下运行，而治理则通过上下互动进行管理，主要依靠合作、协商、伙伴关系、建立认同和共同目标等方式来管理公共事务；再次，统治的适用范围通常限于国家领土，而治理则可以超越国家的疆界；最后，统治的权威来自于政府的法律和命令，而治理的权威则主要建立在公民的认同和共识之上[65]。

从上述各种关于治理的定义中可以总结出，"治理"一词的基本含义是指在一个既定的范围内运用权威维持秩序，满足公众的需要。治理的对象包括生活中所涉及的所有活动和事务。治理的主体除了一个国家的政府外，还包括其他民间组织、公共组织、私人组织、非营利性组织、科研学术团体、行业协会以及社会个人等，侧重于个人与社会、社会与政府、政府与个人等不同利益主体之间的相互调和，是一个联合的、持续的过程。治理的目的是指在各种不同的制度关系中运用权力去引导、控制和规范公民的各种活动，以最大限度地增进公共利益，以实现"善治"的目标（图 3-1）。

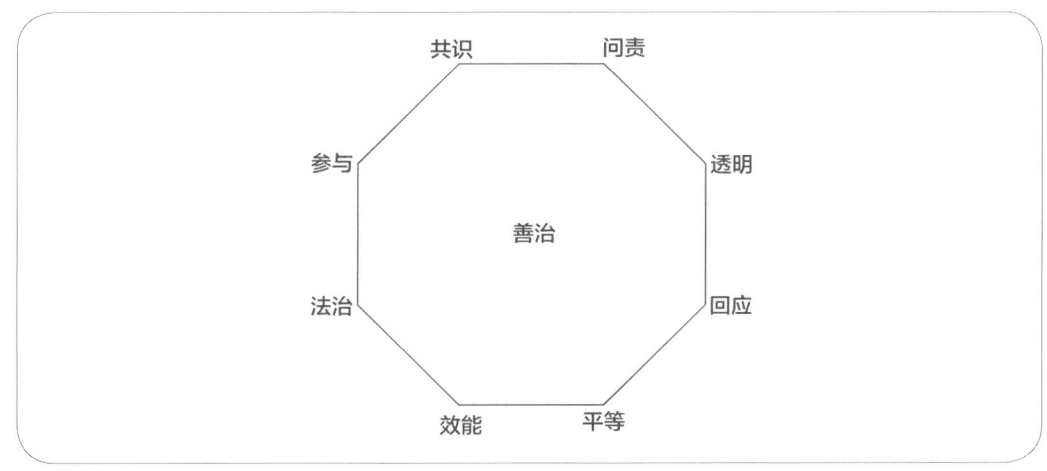

图 3-1　善治的内涵[66]
资料来源：作者根据参考文献［66］自绘

作为国土空间治理的"元理论"之一，治理理论强调多方利益主体的平衡与协同，为开展系统、综合和协同的国土空间治理实践提供有益指导。

3.1.2　治理理论在国土空间治理实践中的应用

国土空间治理中的"治理"是对国土空间进行的综合管理和控制，是一种政府干预空间生产的决策行为。其强调多层次、多主体、多维度的综合治理，在考虑自然资源、环境保护、经济发展、社会需求等多种因素的基础上，通过制定和实施相应政策和规划，以及协调各方利益实现空间资源的优化配置和可持续发展。

治理理论在各国国土空间治理中的应用实践展示了如何通过不同的治理模式和机制来优化国土资源使用和管理，以提高生态环境的可持续性和社会福利水平。比如，美国的国土空间治理强调多层级、多主体的协同治理，联邦、州和地方政府，以及私人部门和非营利组织共同参与。美国治理模式注重通过市场机制和公共参与来实现国土资源的可持续利用。欧洲国家通常采用综合性、多层级的治理结构，强调跨部门和跨区域的合作，以应对复杂的国土空间问题。此外，欧盟的政策和指引对成员国的国土空间治理也会产生重要影响。日本的国土空间治理重视防灾减灾和环境保护，通过制定详细的规划和严格的法规来管理国土资源。各国在国土空间治理中应用治理理论的实践展示了多样化的模式和机制，这些实践不仅反映了各国的具体国情和发展阶段，也体现了全球在实现可持续发展目标方面的共同努力。各国通过不同层级和主体的合作、综合性政策的制定和执行，优化国土资源的管理和利用，推动社会经济与环境的协调发展。

对我国而言，国土空间治理是国家治理体系和治理能力现代化建设的重要组成部分。国家治理现代化是一个体系性的结构，表现为宏大的治理体系和治理能力系统。正如习近平总书记所指出的，"国家治理体系是在党领导下管理国家的制度体系，包括经济、政治、文化、社会、生态文明和党的建设等各领域体制机制、法律法规安排"，国家治理能力则是运用国家制度管理社会各方面事务的能力，包括改革发展稳定、内政外交国防、治党治国治军等各个方面。

经过近40年的高速发展，"摊大饼"式的发展方式已经越来越难以为继，国土空间治理作为新时期国土空间开发、利用、保护、整治及修复的综合性调节手段，在现代化进程中将发挥重要作用。2015年10月，党的十八届五中全会首次提出空间治理，标志着中国国土空间的顶层设计由管理向治理转型。2019年，《中共中央　国务院关于建立国土空间规划体系并监督实施的若干意见》明确了国土空间规划"四梁八柱"基本框架，进一步完善了国土空间治理的政策工具。同年11月，习近平总书记在《求是》撰文指出："完善空间治理。要完善和落实主体功能区战略，细化主体功能区划分，按照主体功能定位划分政策单元，对重点开发地区、生态脆弱地区、能源资源地区等制定差异化政策，分类精准施策，推动形成主体功能约束有效、国土开发有序的空间发展格局。"这标志着从治理角度重构国土空间开发保护格局已正式成为当前和未来发展的重要议题。

国土空间治理体系是以政府、市场、社会为治理主体形成的一整套紧密相连、相互协调的国土空间开发利用保护相关的体制机制、法律法规安排[67]。在国土空间治理实践中,"治理"体现了广泛而综合的过程,涉及多方参与、协同合作和科学决策。在国土空间治理主体参与过程中,政府承担主导角色,负责制定政策、法规和规划,提供公共服务,确保公共利益和公平正义。市场则通过供需机制调节资源配置,优化土地资源的配置和利用效率。公众和非政府组织的参与亦是治理的重要组成部分。因此,国土空间治理中的"治理"可理解为对国土空间进行的综合管理和控制,强调政府、社会、市场等多元主体之间的协同合作,以解决国土空间开发利用中的复杂问题。治理理论为国土空间治理提供了全面、系统和动态的管理框架,指导着国土空间开发与利用保护中的多主体参与、多规划统筹、跨部门协调、弹性管理等全周期、全方位实践过程。

3.2 空间规划理论

3.2.1 空间规划理论概述

国土空间,是指国家主权与主权权利管辖下的地域空间,是国民生存的场所和环境,包括陆地、陆上水域、内水、领海、领空等。空间规划(Spatial Planning)是指一个国家或地区政府部门对所辖国土空间资源和布局进行的长远谋划,目的是促进实现发展与保护的平衡。现代空间规划理论的研究最早起源于城市规划领域。现代城市规划的思想根源,最早可追溯到欧文(Owen)、圣西门(Saint-Simon)、傅利叶(Fourier)、戈丁(Godin)和卡贝特(Cabet)等的乌托邦、空想社会主义和社会平等传统思潮[68]。传统空间规划理论起源于英国学者埃比尼泽·霍华德(Ebenezer Howard)于1898年提出的"田园城市"(Garden City)构想。经过百余年发展,规划范围从城市扩大到城乡、区域以及国家等层面。区位论、增长极理论、"核心—边缘"理论、区域分工理论等成为空间规划研究的典型代表,规划关注点从集中于物理空间的布局和功能分区,到逐步关注社会、经济、生态、环境、人文等多因素,规划主题从城市建设逐步转向城乡统筹、区域协调、包容性发展、生态环境保护等诸多领域[69]。21世纪以来,随着全球人口与资源环境矛盾问题的不断突出，学者们从关注传统空间规划的经济增长，到关注对可持续发展、生态问题、环境保护和生活质量等规划目标[70]。特别是21世纪以来，随着可持续发展理念的兴起，以及全球化、信息化和城市化进程的加快，生态规划、绿色城市和低碳城市等概念逐渐成为研究和实践的热点，弹性规划理论、多中心城市理论、智慧城市理论、韧性城市理论、空间正义理论等成为这一时期研究空间规划的典型理论。

空间规划理论的本质是在一定社会经济条件下时间上的目标预设和过程制导的规律和知识的总和，其核心内容包括本位理论（能做什么）和过程理论（怎样做），前者是指规划在区域和城市发展中能发挥什么作用，后者是指规划必须拥有什么手段和机制才能达到预定的目标[71]。从规划理论性质而言，可区分为规划引进理论（Theory in Planning）和规划理论（Theory of Planning），前者是将其他学科理论在规划过程中进行引进或应用的理论，如将地理学、生态学、社会学、管理学、政治学、经济学等理论在规划过程中进行应用，具体指规划编制过程，后者指规划本身的内在理论以及规划过程规律，包括功能理论、范式理论和决策理论三部分[72]。从学科角度而言，空间规划是横跨自然科学、社会科学、人文科学和工程技术的综合性学科，可分为空间发展演化理论、空间规划价值理论和空间规划运行理论[73]（图3-2）。

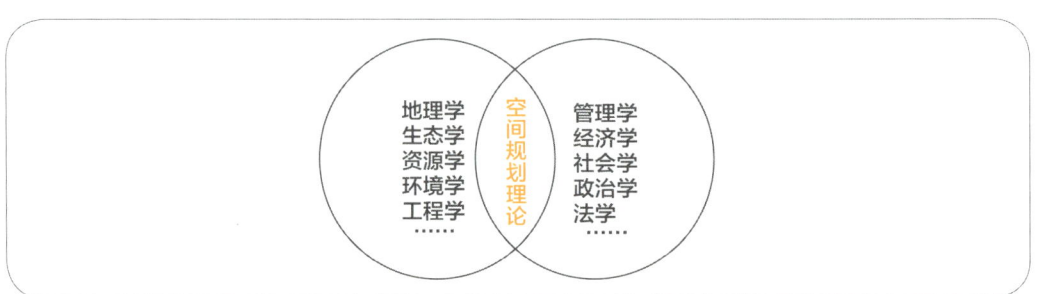

图3-2 规划理论的多学科属性
资料来源：自绘

总体而言，空间规划理论是对空间资源进行合理配置和科学管理的理论体系，旨在实现国土空间资源的可持续利用和区域协调发展。它包括对土地利用、城市规划、区域发展、生态保护等方面的综合安排，强调生态、经济、社会三大系统的统筹发展，为指导我国国土空间规划编制提供了理论依据。

3.2.2　空间规划理论在国土空间治理实践中的应用

空间规划广泛根植于各国治理体系中，由各种社会关系所产生的冲突组成，包含多方面价值主体的诉求。其在实施过程中，政府、市场和社会等各类利益相关者在发展中既要厘清公私利益之间的关系，又要全面统筹政治、经济、社会、文化和生态等发展目标[74]。19世纪以来，伴随工业化和城市化发展，发达国家相继探索形成了不同类型的空间规划体系。根据规划编制体系的类型，可将国外发达国家规划分为以下几种类型[75]。

政府主导市场经济的中央控制型。 以日本为代表，上级规划通过行政审批及技术指导对下级规划进行控制。其规划体系分为"三层三类"："三层"对应中央、都道府县和市町村三个行政层级；"三类"则指国土规划、土地利用规划、城市规划。

福利市场经济下的中央直接指导型。 以北欧的丹麦、挪威、瑞典和芬兰为代表。虽然这些国家是福利资本主义的典型，且政体为单一制，但地方规划权力较大。其规划体系分为"两层三类"："两层"指区域级和地方级；"三类"则指区域规划、综合规划、详细规划。

自由市场经济下的中央间接指导型。 一种模式以法国和意大利为代表，这些国家政府分为四层，法国中央政府主要负责制定法律框架和基础设施投资，意大利中央政府制定国土开发导则，影响区域和地方规划。其规划体系分为"三层三类"："三层"包括省级、区域级和地方级；"三类"则指大区（省级）规划、区域规划和地方规划。另一种模式以英国、澳大利亚和新西兰为代表，英国英格兰地区制定国家政策框架，澳大利亚联邦政府制定环境政策，新西兰政府制定国家环境标准和国家政策声明。其规划体系分为"两层两类"："两层"包括区域级和地方级；"两类"指区域规划（如大城市区域规划或区域联合体规划）和地方规划（如城市规划、分区规划、地方规划等）。

自由市场经济下的地方自治型。 以美国和加拿大为代表，地方自治权力较大，且规划体系多元化。其规划体系分为"两层两类"："两层"包括区域联合体和地方；"两类"指区域规划和综合规划。

混合市场经济下的央地平行型。 以荷兰和比利时为代表，中央、省和地方政府的规划权力平行，各自根据自身利益制定规划。其规划体系为"三层两类"："三层"指国家/区域级、区域/省级和地方级三级政府；"两类"则指央地各自的结构规划和实施规划。

社会市场经济下的央地合作型。 以德国、瑞士和奥地利为代表，这些国家是联邦制国家。联邦层级的规划权力有限，主要负责理念和战略的制定，具体框架由联邦州确定，其规划体系分为"四层三类"："四层"包括联邦级、联邦州级、区域级和地方级；"三类"则指空间规划、区域规划和土地利用规划。

在我国，新时代国土空间治理以高质量发展为根本任务，以国土安全、和谐、高效、可持续发展为主要目标，以综合治理、系统治理、协同治理为基本原则，涉及多领域、多学科理论方法，国土空间规划是其主要手段之一[76]。国土空间规划是对一定区域国土空间开发保护在空间、时间上作出的安排，将主体功能区规划、土地利用规划、城乡规划、海洋功能区规划等空间规划融合统一后形成的全新空间规划。习近平总书记指出："要坚持底线思维，以国土空间规划为依据，把城镇、农业、生态空间和生态保护红线、永久基本农田保护红线、城镇开发边界作为调整经济结构、规划产业发展、推进城镇化不可逾越的红线，立足本地资源禀赋特点、体现本地优势和特色。"

从实践角度而言，空间规划编制依赖于多学科理论和方法，包括地理学、管理学、经济学、生态学和社会学等多学科的知识和技术。从内涵角度分析，空间规划具备以下主要特征。①综合性：空间规划涉及的空间范围包括自然资源、经济社会、历史人文、生态环境等多领域要素，融合了主体功能区规划、国民经济与社会发展规划、土地利用规划、城市规划、海洋功能区划、环境保护规划、区域规划等多项规划内容，旨在通过全覆盖、全要素的统筹规划管控，提高国土空间开发保护利用的质量和效率。②前瞻性：空间规划的制定需对国土空间内各要素未来的发展趋势和需求进行预测，并在此基础上制定相应的规划方案，以引导、控制一定未来时间内空间发展的方向。③多尺度性：空间规划涉及不同的空间尺度，包括国家、省级、市级、县级、乡镇等各个层次。不同尺度所规划的空间要素不同，需因地制宜统筹多规划内容以满足各层次的需求和目标。④多主体参与性：空间规划是一个多主体参与的过程，涉及政府、企业、社区、非政府组织和公众等多个利益相关者。通过多主体的参与，可以更全面地反映各方需求，增强规划的民主性和可行性。⑤动态性：空间规划不是一成不变的，其会随着社会经济环境的变化进行动态调整和修正。⑥技术依赖性：现代空间规划依赖于各种先进的技术手段，如地理信息系统（GIS）、遥感技术、大数据分析等。这些技术手段为空间规划提供了科学的数据支持和决策依据，提高了规划的精准性和效率。

空间规划体系在我国特殊国情下体现出类型多样、功能多元、层次多级的特征[77]。当前，我国空间规划从系统上可总结为"五级三类四体系"。从规划层级来看，国土空间规划分为"五级"。"五级"纵向对应我国的行政管理体系，分别是国家级、省级、市级、县级、乡镇级层面的规划。各层级的规划反映了不同空间尺度和管理深度的要求。其中，国家和省级规划以战略性为主，负责对全国和省域国土空间布局进行总体部署，提出对下级规划的约束性要求和指导性内容；市、县级规划则起到承上启下的作用，强调传导性；乡镇级规划则以实施为重点，确保各类管控要素精准落地。五级规划遵循自上而下的编制原则，旨在落实国家战略，体现国家意志。下级规划必须符合上级规划的要求，不能违反上级规划确定的约束性内容。五级联动完成"三区三线"划定，为调整经济结构、规划产业发展、推进城镇化构建起不可逾越的红线。

从规划内容来看，国土空间规划分为"三类"。"三类"指规划类型，分为总体规划、详细规划、相关专项规划。总体规划强调综合性，详细规划强调实施性，相关专项规划强调专业性。在国家、省、市、县编制国土空间总体规划，各地结合实际编制乡镇国土空间规划；相关专项规划可在国家、省、市、县层级编制；详细规划在市县及以下层级编制，强调可操作性，是对具体地块用途和强度等作出的实施性安排，是开展国土空间开发保护活动、实施国土空间用途管制、核发城乡建设项目规划许可、进行各项建设等的法定依据。"五级三类"国土空间规划构建了法定化的国土空间开发保护蓝图。

从规划运行来看，国土空间规划包括"四个体系"。即规划编制审批体系、规划实施监督体系、规划法规政策体系、规划技术标准体系。其中，规划编制审批体系和规划实施监督体系是针对规划的运行过程，规划法规政策体系和规划技术标准体系则是支撑规划运行的基础。空间规划各序列实施过程中空间战略、空间引导与空间建设环节互相嵌套，共同构成了我国复杂的空间规划运行体系（图3-3）。

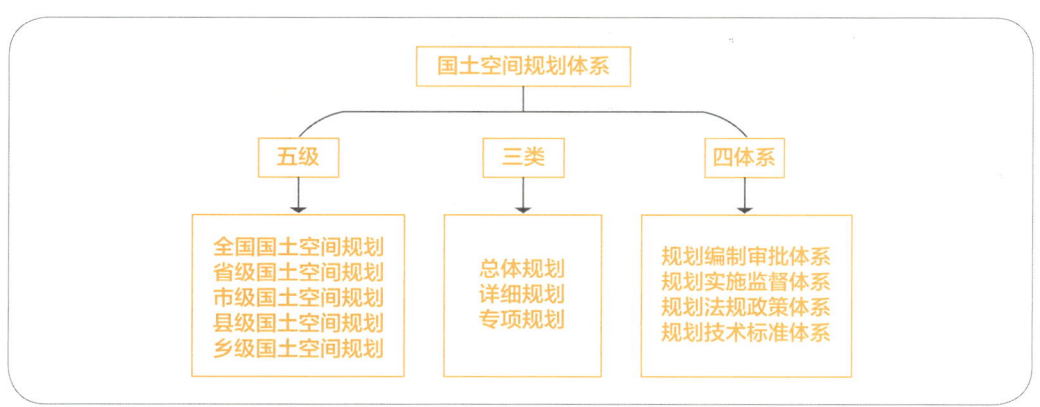

图3-3 我国国土空间规划体系内容
资料来源：自绘

3.3 空间用途管制理论

3.3.1 空间用途管制理论概述

国土空间用途管制是国家通过一系列法律法规和政策，对特定国土空间的开发、利用、保护和修复进行统一管理和控制的过程。这一制度旨在保障国土资源的合理配置和有效利用，确保生态环境的保护，实现经济、社会和生态效益的协调发展，其核心理论包括市场失灵理论与政府规制理论等。这些理论共同构成了国土空间用途管制的理论基础，指导了具体的实践和政策制定。

市场失灵（market failure）理论是国土空间用途管制的逻辑起点。市场失灵是指市场机制在某些情况下无法有效配置资源，导致资源浪费或不公平分配。在国土空间开发与利用中，由于外部性、非排他性/公共物品属性等因素，市场失灵现象普遍存在，需要政府通过规制加以纠正。例如，在土地开发过程中，开发商可能倾向于忽视环境保护和公共利益，从而导致环境污染和生态破坏。外部性问题在土地利用中尤为明显。土地开发带来的环境污染、水资源消耗、交通拥堵等问题，往往不仅影响开发商自身，还会对周围居民和整个社会产生负面影响。这种情况下，市场机制无法有效解决这些外部性问题，必须依靠政府的介入和管制来矫正市场失灵，确保土地资源的合理利用和环境保护。此外，土地和生态环境具有公共物品属性，即其使用具有非排他性和非竞争性。这意味着私人企业在利用这些资源时，往往不会考虑公共利益，从而导致资源的过度利用和生态环境的破坏。政府通过制定和实施土地用途管制政策，可以有效保护公共利益，防止资源滥用。

政府规制（government regulation）理论强调政府在矫正市场失灵、保护公共利益方面的作用。通过法律法规和政策手段，政府可以有效调控资源配置，防止资源滥用和环境破坏。国土空间用途管制就是政府规制理论在土地资源管理中的具体应用。通过《中华人民共和国土地管理法》《中华人民共和国城市规划法》等法律法规的制定，政府对土地用途进行严格分类和控制。这些法律法规明确了不同土地用途的界限和使用规范，确保土地资源的合理利用和可持续发展。例如，《中华人民共和国土地管理法》规定了农用地、建设用地和未利用地的分类标准，并对各类土地的使用条件和转用程序作出了详细规定。此外，政府通过实施各种政策手段，如税收优惠、补贴和奖励，鼓励土地资源的合理开发和利用。例如，通过实施土地使用税和生态补偿机制，调控市场主体的行为，促进生态环境的保护和可持续发展。

同时，政府通过设立审批和监管机制，对土地开发和利用进行严格控制。例如，在进行建设项目审批时，必须进行环境影响评价和土地利用规划审查，以确保项目符合土地用途管制的要求，防止无序开发和环境破坏。

国土空间用途管制不仅需要政府的规制，还需要市场的积极参与。政府与市场的协调作用在国土空间用途管制中尤为重要。政府通过制定规则和监管市场行为，确保公共利益和生态环境的保护；市场则通过资源配置和创新驱动，提高资源利用效率和经济效益。通过引入市场机制，如土地使用权交易和生态补偿机制，可以提高资源配置的效率和公平性。市场机制能够调动市场主体的积极性，促进资源的合理利用和生态环境的保护。例如，通过土地使用权交易，优化土地资源的配置，促进土地的集约高效利用。然而，市场机制的引入并不意味着政府可以放松监管。相反，政府需要加强对市场的监管和调控，防止市场失灵和资源滥用。例如，通过设立土地使用权交易平台和生态补偿基金，加强对土地交易和生态补偿的监管，确保市场机制的公平和高效[78]。

国土空间用途管制的权力分配和行使也是其核心理论的重要组成部分。管制权力的有效分配和行使是确保管制目标实现的关键。国土空间用途管制权力需要从权力的定位、分配和行使三个方面进行重构。权力的定位决定了管制权力的功能边界。在中国，土地用途管制权既用于规制市场主体行为，又用于调节中央与地方政府关系。地方政府既是用途管制的主体，又是用途管制的主要客体，这种情况导致了管制失效。因此，通过土地利用规划权来发挥宏观调控功能，用途管制权扮演单纯的"市场规制权"的角色。权力的分配决定了权力的物理边界。管制权力在不同部门之间的碎片化分配导致了横向的部门间、次级部门间的事权交叉或冲突问题。通过严格划分权责，基于"权力清单"和"责任清单"制度，厘清自然资源部门与其他部门间的权责，有助于在源头上解决管制权力的分配问题。权力的行使决定了管制的实际效果。有效的权力行使需要建立健全的监督和评估机制，确保管制措施的落实和目标的实现。例如，通过定期评估土地用途管制的实施效果，及时调整和改进管制政策，提高管制的科学性和有效性。

市场失灵理论、政府规制理论在国土空间用途管制中相互补充，共同构建了完整的理论体系。市场失灵理论解释了市场机制在资源配置中的局限性，指出了市场在资源配置过程中无法解决的外部性和公共物品问题。而政府规制理论则提供了矫正市场失灵的方法，通过法律法规和政府干预，政府可以有效调控资源配置，防止资源滥用和环境破坏，从而保护公共利益。政府规制理论强调政府在资源管理中的主导作用，确保公共利益和生态环境的保护。市场失灵理论和政府规制理论的结合，为国土空间用途管制提供了理论依据和政策工具。通过科学的规划和严格的政府规制，矫正市场失灵，优化国土空间的资源配置，确保土地资源的高效利用和生态环境的保护，最终实现国土空间的可持续发展（图3-4）。

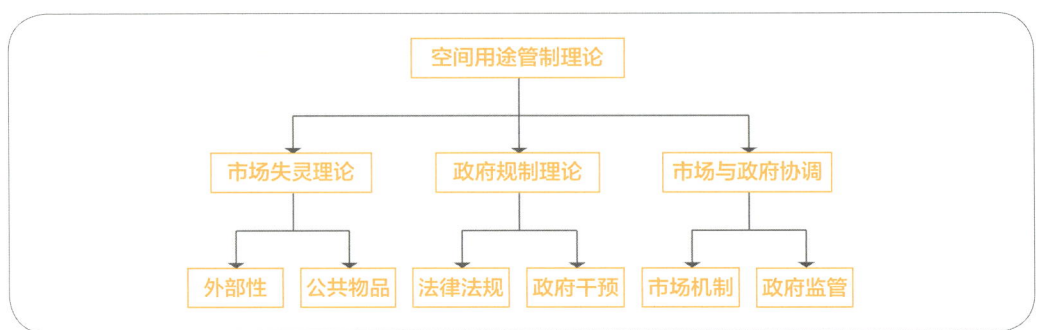

图3-4　空间用途管制理论的内容
资料来源：自绘

3.3.2　空间用途管制理论在国土空间治理实践中的应用

空间用途管制在许多国家的国土空间治理中得到了广泛应用，并取得了显著成效，其中以荷兰、德国、日本和美国最具特色。

荷兰作为全球土地资源最为紧张的国家之一，通过严格的综合空间规划体系，实现了土地资源的高效利用和可持续发展。荷兰政府制定了国家、省、市三级规划，各级规划相互衔接、协调统一。通过《空间规划法》等法律法规，荷兰严格控制土地用途的变更，确保土地资源的合理利用。同时，荷兰还实施城市边界控制政策，限制城市无序扩展，鼓励城市内部的土地再开发和利用。

德国则通过区域发展和空间规划实现土地资源的合理配置和可持续利用。德国的空间规划体系由联邦、州和地方三级构成，各级规划之间相互协调，形成统一的空间发展框架。通过《联邦区域规划法》和《联邦自然保护法》等法律，德国严格控制生态保护区和自然保护区内的土地开发活动，并通过财政转移支付和专项资金支持，促进落后地区的发展，缩小城乡差距。

日本面对国土面积狭小、人口密集的挑战，通过《城市规划法》《土地利用计划法》和《农业用地法》等法律，严格控制土地用途的变更，防止土地资源的无序开发。日本政府通过土地用途规划和土地整备项目，优化土地利用结构，提高土地利用效率，在城市更新过程中，重新规划和利用闲置土地，改善城市环境。

美国通过分区规划将城市和地区划分为不同的功能区，并规定每个区内的土地用途和建筑标准。分区规划由地方政府负责，通过《分区条例》对土地用途进行详细规定，例如纽约市的分区规划严格限制建筑高度和用途，以保护社区环境和城市景观，同时强调公众参与，确保规划的科学性和公正性。

这些具体的实践案例展示了空间用途管制在国外国土空间治理中的广泛应用和显著成效，为全球土地资源的高效利用和生态环境的保护提供了有益的借鉴。

我国空间用途管制理论在国土空间治理实践中的发展历程可以分为几个关键阶段，每个阶段都有其特定的政策背景和制度创新。这一历程展示了中国在土地资源管理方面从分散到集中、从粗放到精细的转变过程，逐步形成了系统化、科学化和法治化的国土空间用途管制体系。

1986—1997年，国土空间用途管制在中国处于萌芽阶段。 标志性事件是1986年中华人民共和国国家土地管理局的成立，这标志着中国土地资源管理开始走向统一。同年颁布的《中华人民共和国土地管理法》确立了用地管理制度的基本框架。1997年提出的"用途管制"概念，揭开了土地用途管制制度正式构建的序幕。这个阶段的主要特点是初步建立了土地用途管制的基本制度，为后续的发展奠定了基础。

1998—2008年是国土空间用途管制的正式构建阶段。 1998年，地质矿产部、国家土地管理局、国家海洋局和国家测绘局共同组建国土资源部，标志着自然资源管理从分散走向集中。同年，修订的《中华人民共和国土地管理法》正式提出实行土地用途管制制度，并逐步建立了以农用地转用审批、基本农田保护和占补平衡为核心的管制体系。2008年，国务院发布《全国土地利用总体规划纲要（2006—2020年）》提出"落实城乡建设用地管控制度"，进一步强调了土地用途管制的重要性，提出了更加严格的管制措施。

2009—2015年是土地用途管制制度不断趋于丰富和完善的阶段。 针对城乡建设用地布局零散、无序扩张等问题进行了深入研究和探索，提出了新的管理办法和政策措施，以提高管制的科学性和有效性。2009年，《中华人民共和国城乡规划法》的实施，为城乡统筹和土地用途管制提供了法律依据。2013年，党的十八届三中全会提出"统一行使所有国土空间用途管制职责"，进一步细化了土地用途管制的具体措施，强调了生态保护和可持续发展的重要性。

2015年至今，中共中央和国务院提出"健全国土空间用途管制，将用途管制扩大到所有自然空间"，标志着国土空间用途管制进入新的发展阶段。 2018年，自然资源部的成立进一步推动了统一国土空间用途管制制度的构建和实施。2019年，《中共中央　国务院关于建立国土空间规划体系并监督实施的若干意见》明确了

"多规合一"国土空间规划体系的构建原则和实施路径。这一阶段的特点是全面加强土地用途管制，突出生态保护和资源的可持续利用，形成了系统化、科学化的国土空间用途管制体系。

经过这一系列的发展历程，国土空间用途管制制度在中国不断完善和深化，为国土资源的可持续利用和管理提供了坚实的制度保障。这一过程不仅体现了政策和制度的创新，也反映了中国政府在土地资源管理方面的不断努力和探索。未来，随着国土空间用途管制理论的进一步发展和实践的深入，中国的土地资源管理将更加科学、协调和可持续。

除此之外，国土空间用途管制理论在中国的具体实践中，形成了一些卓有成效的典型案例。这些案例展示了不同地区在土地资源管理中的创新和成功经验，体现了国土空间用途管制理论的广泛应用和实际效果。

北京市在城市总体规划中充分运用了国土空间用途管制理论，通过科学规划和严格管理，实现了土地资源的高效利用和生态环境的保护。在土地用途分类上，北京市根据不同区域的功能定位，明确了住宅用地、商业用地、工业用地和绿地等不同类别的用地用途，并严格控制各类用地的比例和布局。特别是在核心城区，北京市严格限制新增建设用地，优先保障公共服务设施和绿地的用地需求，提升城市的宜居性和生态环境质量。同时，通过实施建设项目审批和环境影响评价制度，防止无序开发和环境破坏，确保土地资源的可持续利用。例如，北京市的城市副中心通州区的规划和建设，通过合理布局功能区和严格控制土地开发强度，形成了生态宜居的城市新区域。

三江源生态保护区的规划和管理是中国生态保护的一大成功实践，充分体现了国土空间用途管制理论的应用。三江源生态保护区通过科学规划和严格管制，有效保护了青藏高原的生态环境，促进了生态旅游和绿色经济的发展。在具体措施上，政府划定了生态保护红线，严格控制保护区内的土地开发活动，同时实施生态补偿机制，对因生态保护受到影响的地区给予经济补偿。此外，通过公众参与和社区共管，增强了保护区内居民的环保意识和参与度，形成了全社会共同参与生态保护的良好局面。三江源生态保护区的成功案例，不仅保护了重要的生态系统，也实现了生态保护与经济发展的双赢。

海南省作为中国唯一的热带岛屿省份，在土地用途管制方面进行了大量探索，尤其在保护生态环境和发展旅游业方面取得了显著成效。海南省政府通过严格的土地用途规划和管制，确保了土地资源的可持续利用和生态环境的保护。具体措施包括：划定生态保护红线，严格控制生态敏感区的土地开发活动；在旅游开发区，通过科学规划和环保标准，确保旅游业的发展不破坏当地的生态环境。例如，三亚市通过实施严格的土地用途管制政策，限制高密度开发，保护沿海生态环境，同时推动高端旅游业的发展，实现了经济效益与生态效益的双赢。

3.4 要素统筹理论

3.4.1 要素统筹理论概述

要素统筹理论（Factor Coordination Theory）最早源自经济学中的资源配置（resource allocation）理论，主要研究如何以最优经济效率协调和配置有限的生产要素（如土地、劳动力、资本、技术等）。该理论强调各要素之间的相互依赖和协调，认为只有在合理配置和有效利用各要素的情况下，才能最大化每一要素的效用，以最少的资源耗费，获取最佳的效益，促进经济的可持续发展和增长。1776 年，亚当·斯密（Adam Smith）在他的代表作《国富论》（*An Inquiry into the Nature and Causes of the Wealth of Nations*）中，通过多种方式探讨了要素统筹和资源优化配置的概念。一是在劳动力要素方面，斯密认为，劳动分工是提高生产力和经济效率的关键。通过将复杂的生产过程分解为简单的任务，工人可以专注于特定的操作，从而提高熟练度和效率。二是在市场配置资源方面，斯密强调市场中的供需关系能够通过价格机制自发协调资源配置，引导各类要素流向最需要的地方，即"看不见的手"；市场竞争促使生产者提高效率，创新产品和服务，从而优化资源配置。这种机制解释了即使没有中央计划，市场也能够有效地配置资源，实现经济繁荣。1817 年，大卫·李嘉图（David Ricardo）在其代表作《政治经济学及赋税原理》（*Principles of Political Economy and Taxation*）中，提出了其著名的比较优势理论，为要素统筹提出了新的见解。在劳动力和资本要素方面，李嘉图分析了劳动力和资本在不同生产活动中的分配，指出资源应根据生产效率和相对成本进行配置，使整体经济能达到最优状态。在土地要素方面，李嘉图提出了地租理论，解释了土地资源的稀缺性和生产率对租金的影响，以及如何通过市场机制实现土地资源的有效配置。书中还讨论了资本、劳动和土地三种生产要素的收入分配，分析了工资、利润和地租在资源配置中的作用。李嘉图的比较优势理论很大程度上支持了国际贸易中各国的分工合作，认为通过减少贸易壁垒，各国可以更自由地根据比较优势进行生产和交换，从而实现资源的全球优化配置，提高全球福利。1890年，阿尔弗雷德·马歇尔（Alfred Marshall）在其代表作《经济学原理》（*Principles of Economics*）中，详细分析了劳动力、土地和资本等生产要素市场的供需机制，强调生产要素的价格（如工资、地租、利息）由市场供需决定，并引入了供需均衡的概念。马歇尔强调，生产要素之间存在互补性，例如劳动力和资本可以协同工作，提高整体生产效率；但在某些情况下，生产要素之间也存在替代性，例如在某些技术条件下，机器可以替代劳动力。在短期内，生产要素的供给是固定的，因此价格调整是实现要素配置的主要机制；在长期内，生产要素的供给可以调整，企业可以通过投资和技术进步改变要素配置，实现生产效率的提高（图3-5）。

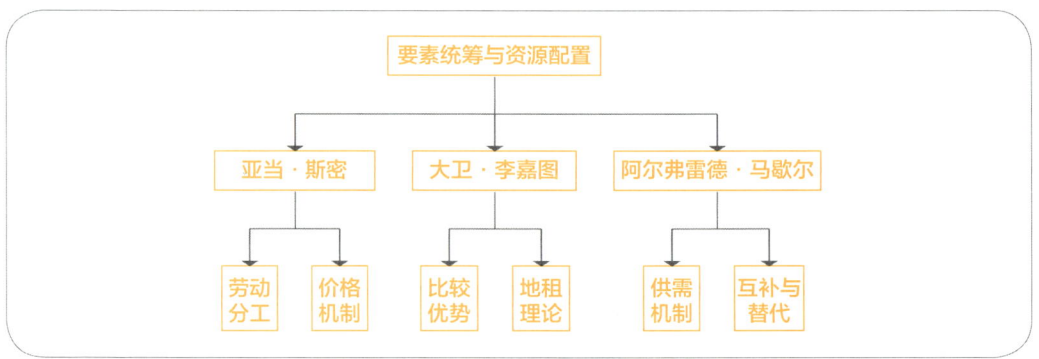

图3-5 要素统筹与资源配置的理论内容
资料来源：自绘

系统理论的出现丰富了要素统筹理论的内涵。系统理论最早由贝塔朗菲于20世纪40年代提出，他将系统看作一种整体，其中各个组成部分之间存在着相互关联，并且这些部分与外部环境也保持着联系。钱学森认为，系统是一个有机的整体，各组成部分紧密相连，每个系统都具备独特的功能。更为庞大的系统则是由多个功能各异的子系统构成的[79]。在庞大的系统中，尽管每个子系统都处于最佳状态，整个系统也未必能达到最优状态。由于子系统之间的相互制约，它们彼此影响，并不独立发展，可能存在此消彼长或共同成长的关系。因此，只有当子系统之间能够相互制衡时，整个系统才可能实现优化。根据系统工程理论，任何系统都具备以下几个关键特征：系统性，强调整体效应大于各个独立部分的总和，只有从整体和系统的角度分析问题，才能更全面；关联性，系统内部各要素之间以及要素与外部环境之间相互联系和作用；可控性，外部环境与系统内部在能量、物质、信息等方面的交换是可控的，并体现了系统的反馈与调节功能[80]。社会生态系统理论作为系统理论的分支,进一步考察了人类行为及其所处的自然和社会环境之间的互动,强调了人类的生存系统对于分析和理解人类行为的重要性[81]。美国密歇根州立大学刘建国等提出了人与自然耦合系统(Coupled Human and Natural Systems,CHANS),认为CHANS是指人与自然要素相互作用的系统,并强调CHANS的研究重点包括人类和自然系统的模式与过程、系统的相互作用和反馈以及系统要素之间的尺度内和跨尺度的相互作用。在CHANS中,耦合的人类和自然系统可以概念化为具有嵌套层次结构的实体,它们在不同的组织层次上相互作用,形成了相互嵌入的复杂互动网络[82]。在系统的反馈回路中,人类既影响自然模式和过程,又受其影响;不同的反馈(正反馈或负反馈)会导致系统要素及其相互作用变化速率的差异。在这个耦合系统中,还会呈现出涌现性、脆弱性、阈值效应和韧性等特征。人与自然耦合系统特别强调时间和空间的耦合,时间耦合体现在不同时期系统的相互作用及其累积和演变;空间耦合体现在系统的相互作用可能发生在嵌套的多个空间尺度上(从局地到全球)[83]。国土空间作为不同尺度空间的集合,人与自然耦合系统的理论内涵及其所强调的综合分析框架和综合研究方法对理解国土空间不同要素的复杂性提供了有力支撑。

3.4.2　要素理论在国土空间治理实践中的应用

要素统筹理论在国外的国土空间治理中展现了其独特的优势,多个国家通过这一理论的实践,成功实现了资源的高效配置与区域的可持续发展。德国在其区域综合发展战略中,通过《联邦区域规划法》的指导,实施了财政转移支付和区域合作机制,显著提升了各地区的基础设施建设和创新能力,有效缩小了区域差距。具体措施包括通过财政支持,推动区域内交通、能源和通讯基础设施的建设,促进区域间的经济联系与合作;通过建立区域创新中心和科技园区,吸引高科技企业和人才,提高区域创新能力和竞争力;通过环境保护和生态修复项目,提升区域环境质量,实现经济发展与生态保护的双赢。这些措施不仅提升了德国各区域的经济活力,也实现了区域间的均衡发展。

瑞典在国土空间治理中,通过可持续城市规划,成功应用了要素统筹理论。在斯德哥尔摩的哈马碧生态城项目中,通过系统性的规划设计,实现了能源自给、水资源循环利用、低碳交通和绿色建筑的综合利用,极大地提升了城市的可持续发展能力。具体措施包括:利用可再生能源和能源循环系统,确保城市能源的自给自足;通过雨水收集和污水处理系统,实现水资源的循环利用;推广公共交通、自行车和步行出行，减少碳排放；采用绿色建筑标准，提高建筑的能源效率和环保性能。哈马碧生态城的成功经验不仅展示了如何通过要素统筹实现城市的可持续发展，也为其他城市提供了宝贵的借鉴。

荷兰在国土空间治理中，特别注重水资源的综合管理，通过要素统筹理论，建立了高效的水利工程、防洪设施和水资源综合利用系统，保障了水资源安全，促进了农业、工业和城市的协调发展。具体措施包括建设完善的水利工程和防洪设施，防止洪水灾害；通过水资源综合利用系统，优化水资源配置，提高水资源利用效率；实施生态保护和环境修复项目，保护水生态系统，提高水环境质量。这些措施不仅确保了荷兰的水资源安全和生态环境保护，也促进了不同产业的协调发展，实现了经济效益和生态效益的双赢。

英国在国土空间治理中，通过伦敦的"东区复兴计划"，成功应用了要素统筹理论。该计划通过土地再开发、吸引投资、改善基础设施和公共服务，推动区域经济复苏和发展。具体措施包括通过土地再开发和旧城改造，提升土地利用效率和城市环境质量；吸引国内外投资，促进产业升级和就业机会增加；改善交通、通信等基础设施，提升区域的经济活力和竞争力；加强教育、医疗等公共服务，提升居民的生活质量和社会福利。这些综合措施不仅促进了伦敦东区的经济复兴，也提升了区域的整体竞争力和可持续发展能力。

同样，要素统筹理论在我国的国土空间治理中也扮演了重要作用。习近平总书记指出："统筹兼顾是中国共产党的一个科学方法论。它的哲学内涵就是马克思主义辩证法。"坚持要素统筹理论在国土空间治理中的指导作用，本质上就是要求运用辩证思维方式，以全面的、发展的、系统的观点看待国土空间中的诸多要素，分析和解决国土空间治理中存在的问题。国土空间是国家主权与主权权利管辖下的地域空间，是国民生存的场所和环境，包括陆地、陆上水域、内水、领海、领空等。国土空间是人类生产生活的场所，也是自然资源与环境的载体，更是主权视角下国家治理的场域，具有"区域"和"要素"双重特性。"区域"特性强调与某级（类）政府责任主体对接，行政区是其中的重要代表；"要素"特性既包括用途类要素空间，如林地、草地、各类建设用地等，通常与具体宗地（或宗海）的权益人对接，又包括管制类要素空间，如生态保护红线、永久基本农田、城镇开发边界等。党的十八大以来，我国明确提出建立空间规划体系；2019年以来，结合高质量发展的新要求，国土空间布局和支撑体系、国土空间开发保护新格局、国土空间用途管控等概念相继提出，国土空间要素统筹也进入了全新的阶段。

在统筹手段方面，规划和市场是统筹国土空间要素的主要方式。一方面，2019年发布的《中共中央　国务院关于建立国土空间规划体系并监督实施的若干意见》强调发挥规划在土地资源配置中的引领和管控作用；另一方面，让市场在资源要素配置中起基础性和决定性作用，是构建社会主义市场经济的改革方向，2020年中共中央、国务院印发的《关于构建更加完善的要素市场化配置体制机制的意见》中把推进土地要素市场化配置放在首要位置。发挥"有为政府"和"有效市场"的协同作用以促进土地要素资源配置的效益和效率整合优化是面向未来亟待研究和解决的科学理论问题。

在统筹内容方面，我国实施自然要素统筹和城乡要素统筹，深刻体现了资源配置和系统理论的内涵。

一是自然要素统筹。2013年11月9日，习近平总书记在《关于〈中共中央关于全面深化改革若干重大问题的决定〉的说明》中提出了山水林田湖是一个生命共同体重要论断。山水林田湖生命共同体是由山、水、林、田、湖等多种要素构成的有机整体，是具有复杂结构和多重功能的生态系统，各要素之间是普遍联系和相互影响的，不能实施分割式管理。山水林田湖的生态保护与修复工作以生命共同体理念为基础，结合国土空间规划和生态保护修复专项规划，目标是确保国家生态安全屏障和重要生态功能区的健康与安全。在景观层面上，统筹考虑山地、平地、地下、地上、陆地、海洋以及流域上下游的关系，优化国土空间布局，调整土地利用结构，并修复退化、受损或被破坏的生态系统。由此可见，山水林田湖生命共同体的生态修复工程是一项庞大的系统工程，它可能对未来的生态系统和社会经济结构产生复杂且不可预见的影响。任何简单化或极端的生态修复措施都可能带来潜在的生态安全风险。生态系统的恢复并不是各类技术手段或工程措施的简单叠加，还会受到人类社会、经济和自然环境等多方面因素的影响。具体而言，需要系统整合地理学、生态学、环境科学、资源科学、土壤学、水文学、保护生物学等自然科学以及相关的人文社会科学的相关知识，坚持节约优先、保护优先、自然恢复为主的方针，以保障优化国家生态安全战略格局体系为目标，以提高区域生态环境质量为重点，按照生态系统的整体性、系统性及其变化规律，统筹考虑自然生态各要素、山上山下、地上地下、岸上岸下、流域上下游，进行整体保护、系统修复、综合治理[84]。

二是城乡要素统筹。城乡要素统筹是国土空间治理中的重要环节，旨在通过合理配置和协调城乡之间的资源和要素，促进城乡协调发展，缩小城乡差距。城乡要素统筹主要涉及土地、资金、劳动力、技术和公共服务等方面的协调和优化配置。在实际操作中，政府通过政策引导和制度创新，推动城乡要素的合理流动和优化配置，促进城乡共同繁荣发展。例如，在土地资源方面，政府通过实施城乡建设用地增减挂钩政策，将农村闲置建设用地和城市建设用地进行合理调整，实现土地资源的优化配置。在资金方面，政府通过财政转移支付和专项资金支持，促进城乡基础设施和公共服务的均等化。在劳动力方面，政府通过实施农民工市民化政策，促进农村劳动力向城市的有序转移，提高农村人口的就业和收入水平。在技术方面，政府通过科技下乡和农业技术推广，提升农村的生产力水平和技术应用能力。在公共服务方面，政府通过加强城乡教育、医疗和社会保障体系建设，提升农村居民的生活质量和社会福利。通过上述措施，城乡要素统筹在国土空间治理中的重要性日益凸显。政府通过政策引导和制度创新，推动城乡要素的合理流动和优化配置，不仅促进了城乡协调发展，缩小了城乡差距，也为实现国土空间的可持续发展奠定了坚实基础。

3.5 区域发展理论

3.5.1 区域发展理论概述

区域发展理论作为研究区域经济增长和发展的基础框架，旨在解释不同地区在经济、社会和环境等方面的发展差异及其背后的原因。这一理论为理解区域间差异提供了基本工具，并为区域规划和政策制定提供了科学依据。

1. 区域的定义

区域的定义是理解区域发展理论的基础。卡尔·福克斯（Karl Fox）[85]提出的功能经济区（Functional Economic Area）概念，强调了基于劳动力市场的空间整合性和功能性。在功能经济区内，各个部分通过密集的经济活动和劳动力流动保持高度的内部一体化，同时与其他区域保持相对独立。这一概念突出了区域经济分析中的空间维度，特别是交通成本和地理位置对经济活动的重要影响。

自然资源和生态系统界限也是区域定义的重要依据。这种定义方式主要依赖于地理、资源和生态特征，强调了自然环境对区域发展的影响，包括资源的可获取性和生态保护需求。例如，在一些资源丰富但生态脆弱的地区，需要特别关注资源的可持续利用和生态保护，这种考虑在区域规划和政策制定中至关重要。

2. 核心理论

区域发展理论的核心理论包括新古典经济理论、累积因果理论、增长极理论、空间竞争模型、中心地理论和灵活专业化理论。这些理论提供了多种视角来理解区域经济发展的机制和影响因素，构成了区域发展理论的基础。

新古典经济理论是区域发展理论的重要组成部分，主要包括国际贸易理论和经济增长理论。Heckscher-Ohlin-Samuelson（HOS）模型[86]解释了国际因素价格趋同的机制，认为通过自由贸易，地区间的工资水平和人均收入将趋于一致。这一理论假设两个地区生产两种商品，其中一种商品是劳动密集型，另一种是资本密集型，生产技术在两地区之间是相同的，并且存在规模报酬不变的生产函数。在这种情况下，通过自由贸易，劳动力和资本的边际报酬将趋于一致，从而实现区域间经济的趋同。

索洛（R.Solow）和斯旺（T.Swan）的增长模型（Solow-Swan Growth Model）进一步提出[87, 88]，资本和技术的流动将推动贫困地区的经济增长，逐步缩小区域间的差距。Solow模型中，经济增长被视为资本积累、劳动力增长和技术进步的结果。由于资本的边际报酬递减效应，资本会从资本丰裕地区流向资本稀缺地区，从而实现区域间的均衡增长。这些理论强调市场机制在资源配置中的关键作用，自由贸易和投资对区域经济发展的积极影响。

累积因果理论由瑞典经济学家纲纳·缪达尔（Gunnar Myrdal）提出[89]，强调区域间经济发展的不均衡和持续分化。该理论认为，经济发展的初期优势会通过正反馈机制逐步放大，使得发达地区进一步集聚资源和资本，形成累积因果效应。例如，一个地区的初始工业化成功可以吸引更多的投资和劳动力，从而进一步推动该地区的经济发展，而落后地区则可能陷入恶性循环，难以实现经济的赶超。累积因果理论的重要贡献在于揭示了区域间经济差距扩大的机制，并指出了市场机制可能导致的不平衡发展。这一理论强调了政策干预的重要性，须通过政府的引导和支持，促进资源在区域间的合理配置，减缓区域差距的扩大。

增长极理论由法国经济学家佩鲁克斯（F.Perroux）提出[90]，认为经济发展可以通过设立经济增长的"极点"来实现（growth pole）。这些增长极点是经济活动高度集中的区域，可以带动周边地区的发展。然而，在实践中，增长极理论也面临一些挑战。例如，增长极点可能会导致资源和资本向已经发达的地区进一步集中，反而加剧区域间的不平衡。增长极理论强调了区域经济发展的外部性和带动效应，通过战略性地选择和发展某些关键区域，政府可以实现整个区域的协调发展。这一理论为区域规划提供了实践指导，尤其是在制定区域发展政策和确定重点发展区域时具有重要参考价值。

空间竞争模型研究了企业在地理空间上的位置选择及其对区域经济的影响。阿尔弗雷德·韦伯（Alfred Weber）[91]和埃德加·胡佛（Edgar Hoover）[92]等人发展了这一理论，提出了运输成本在企业选址决策中的关键作用。简单来说，当产品的运输成本相对于原材料的运输成本更高时，企业倾向于靠近市场选址；反之，当原材料的运输成本更高时，企业则倾向于靠近原材料产地选址。沃尔特·艾萨德（Walter Isard）将这一理论扩展为区域科学（Regional Science）[93]，研究空间对经济决策的影响。空间竞争模型帮助我们理解了企业选址对区域经济发展的影响，特别是交通和物流成本在其中的作用。这一理论在区域经济分析和城市规划中具有广泛的应用。

中心地理论由德国地理学家瓦尔特·克里斯塔勒（Walter Christaller）和奥古斯特·勒施（August Lösch）提出[94,95]，描述了城市和乡村之间的层级关系。该理论解释了为何一些城市能成为区域的经济中心，强调了交通和市场接近性对经济活动的影响。根据中心地理论，城市通过提供高级别的商品和服务，吸引周边乡村的人口前来消费，从而形成经济活动的集中区。中心地理论对城市规划和区域发展具有重要意义，特别是在理解城市体系和功能分区方面。它帮助规划者识别和确定城市之间的功能关系，为城市和区域的发展提供理论支持。

灵活专业化理论强调现代经济中地方化网络和灵活生产的重要性。皮尔瑞（M.Piore）和萨贝尔（C.Sabel）[96]提出，这种生产方式通过企业间紧密的网络合作和灵活的生产方式，可以更好地应对市场变化，提升区域经济的竞争力和适应性。这种理论在解释区域经济发展时具有互补性和综合性：对于新古典经济理论和累积因果理论，前者强调市场机制和资源配置的趋同效应，而后者则强调初始优势和正反馈机制对区域不平衡发展的影响，这二者的结合，提供了对区域发展中均衡与不均衡现象的全面理解；增长极理论和累积因果理论都强调了区域发展的外部性和带动效应，但增长极理论提供了具体的政策工具，通过设立增长极点来促进区域协调发展；空间竞争模型和中心地理论则有助于理解和规划城市和区域的空间结构，前者研究企业选址对区域经济的影响，后者则分析城市体系和功能分区；而灵活专业化理论与上述所有理论相结合，强调在现代经济环境中，通过创新和网络合作实现区域的灵活应对和持续发展。

这些核心理论构成了区域发展理论的基础，提供了多种视角来理解和分析区域经济发展的机制和影响因素。它们不仅帮助我们解释区域经济的复杂性和多样性，还为制定科学合理的区域发展政策和国土空间治理策略提供了坚实的理论基础。通过综合运用这些理论，可以更好地指导和优化区域的规划和发展，实现区域的协调和可持续发展。

区域发展理论同时具有动态性、多维性和空间性等特征。动态性是指区域发展是一个持续变化的过程，受到技术进步、政策调整和市场需求变化等多种因素的影响，因此区域发展的动态性要求理论和实践必须不断适应新的形势和挑战；多维性是指区域发展不仅仅是经济增长，还包括社会、文化和环境等多个方面的综合发展。多维性要求在区域发展过程中统筹考虑经济效益、社会公平和环境保护，促进区域的全面协调发展；区域发展理论强调空间在经济活动中的关键作用，例如运输成本、市场接近性和资源利用效率等都是影响区域经济活动的重要因素，因此空间性的研究有助于理解区域内外部的经济联系和互动，优化资源配置和区域规划。

区域发展理论为国土空间的科学规划提供了理论依据和方法指导。通过系统分析区域发展的动态性、多维性和空间性特点，制定合理的土地利用规划，优化空间布局，提高土地资源的利用效率。理论指导下的国土空间治理有助于促进区域间的协调发展，通过平衡不同区域的经济、社会和环境利益，减少区域间的不平衡和不公平，实现区域间的协同发展和共同繁荣。区域发展理论强调资源的合理利用和生态环境的保护，这为国土空间治理中的可持续发展提供了重要指导。通过整合生态保护与经济发展目标，实现资源的可持续利用和生态系统的健康发展（图3-6）。

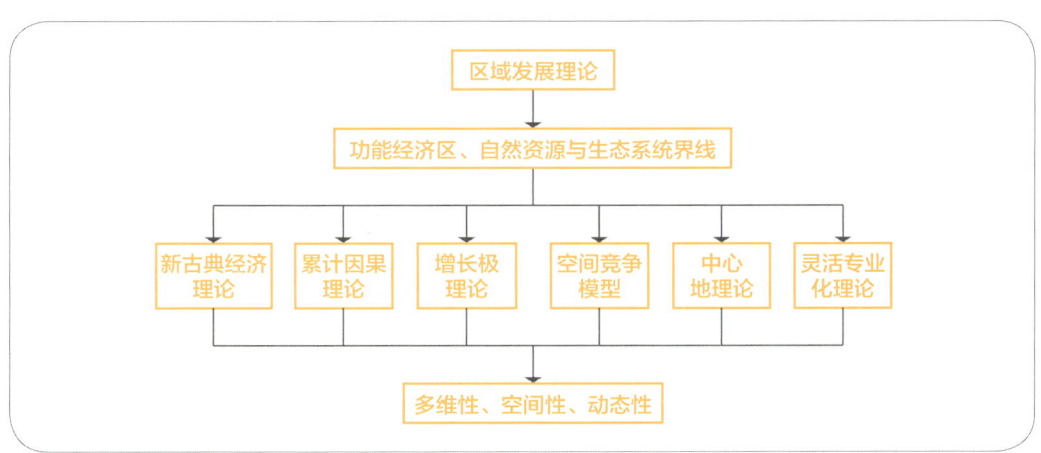

图3-6 区域发展理论的内容
资料来源：自绘

3.5.2 区域发展理论在国土空间治理实践中的应用

区域发展理论在国土空间治理中展现了其独特的优势，多个国家通过这一理论的实践，不仅实现了资源的高效配置，还促进了经济的可持续发展和区域的协调增长。

德国的鲁尔区转型是区域发展理论成功应用的经典案例。鲁尔区曾是德国的重工业基地，但随着重工业的衰退，区域经济陷入困境。为应对这一挑战，德国政府实施了区域发展战略，通过财政支持和政策引导推动传统产业的升级改造，建设科技园区和创新集群以吸引高新技术企业和研发机构入驻，并大力改善基础设施和优化公共服务，以提高区域的宜居性和吸引力。通过这些综合措施，鲁尔区不仅实现了经济转型，还提升了整体竞争力和可持续发展能力。

意大利的托斯卡纳大区则通过发展文化产业成功复兴了区域经济。托斯卡纳大区依托其丰富的文化遗产和自然风光，大力发展文化旅游业和创意产业，政府通过保护和利用文化遗产提升文化旅游的吸引力，举办各种文化活动和艺术节提升区域的文化影响力，并支持创意产业的发展，促进文化资源的多元化利用和产业链的延伸。这些实践不仅促进了区域经济的可持续发展，还提升了托斯卡纳大区的国际知名度和文化软实力。

澳大利亚的昆士兰州通过区域发展政策，成功推动了农业和矿业的协调发展。昆士兰州政府实施综合发展规划，确保资源的合理利用和环境的可持续性，具体措施包括通过土地利用规划合理划分农业用地和矿业用地，实施严格的环保政策和技术创新以减少矿业对环境的影响，并通过财政支持和市场化运作推动农业和矿业的产业升级和融合发展。这些措施不仅促进了昆士兰州经济的多元化发展，还提升了区域的环境质量和可持续发展能力。

日本在其国土空间治理的过程中，通过实施地区综合开发计划，成功实现了区域经济的均衡发展。具体措施包括大力投资于交通、能源、水利等基础设施，推动产业集群的发展，支持区域创新中心的建立，并通过生态保护政策和可持续发展措施提升区域的环境质量和资源利用效率。

加拿大的大西洋地区通过经济振兴计划，成功推动了区域经济的复苏和发展。具体措施包括通过政府资助和政策扶持推动传统产业的现代化和新兴产业的发展，投资于教育和职业培训以提升劳动力素质，改善交通、通信等基础设施以增强区域的经济活力和竞争力。这些成功的实践案例表明，区域发展理论在国外国土空间治理中的广泛应用和显著成效，各国通过实施区域发展战略，不仅推动了传统产业的升级改造和新兴产业的发展，还促进了区域经济的可持续发展，为其他国家提供了宝贵的经验借鉴。这些案例不仅展示了区域发展理论在实际应用中的巨大潜力，也为实现区域协调发展和可持续发展提供了科学的指导和方法。

为了实现区域协调发展，我国政府也实施了一系列区域发展战略，其中包括西部大开发、东北振兴、中部崛起和东部率先发展的战略。这些战略充分运用了区域发展理论中的核心概念。

西部大开发战略自2000年实施以来，通过政策扶持、基础设施建设和生态环境保护，旨在缩小东、西部发展差距。累积因果理论在这一战略中得到应用。累积因果理论认为，初始优势会通过正反馈机制逐步放大。政府通过大量投资和政策支持，使西部地区的基础设施和公共服务水平得到显著提高，形成了吸引投资和人才的良性循环。例如，西气东输、西电东送等重大工程不仅改善了西部地区的基础设施条件，还推动了相关产业的发展，带动了区域经济的整体提升。

东北振兴战略的目标是重振东北老工业基地的经济活力。通过政策引导和投资，支持传统产业转型升级，发展新兴产业。增长极理论在东北振兴中得到应用，通过设立经济增长极点，如大连、沈阳等核心城市，带动周边地区的发展，形成区域经济的集聚效应和辐射效应。例如，沈阳经济区通过引入高新技术产业和现代服务业，带动了整个区域的经济转型和升级，形成了新的增长极。

中部崛起战略旨在推动中部地区经济快速发展，形成区域经济新增长极。通过加强基础设施建设，优化产业布局，提升自主创新能力，实现中部地区的快速崛起。新古典经济理论在中部崛起中得到体现，通过资本和技术的流动，促进中部地区经济增长，逐步缩小与东部发达地区的差距。例如，武汉市作为中部地区的核心城市，通过引进外资和技术，发展高新技术产业和现代制造业，成为中部崛起的重要支点。

我国在区域发展中强调城市群和都市圈的建设，以推动区域经济一体化和协调发展，这一实践深受区域发展理论中中心地理论和空间竞争模型的影响。京津冀和长三角协同发展是我国城市群发展的典型案例，北京作为核心城市，通过提供高级别的商品和服务，吸引周边地区的经济活动，带动整个区域的发展。上海作为长三角的经济中心，通过集聚高端服务业和金融业，吸引周边地区的资源和资本，形成区域经济发展的高地。苏州通过承接上海的产业转移，发展先进制造业和高新技术产业，成为长三角一体化发展的重要组成部分。

综上所述，区域发展理论在中国的国土空间治理中得到了广泛应用，为解决区域发展不平衡、实现资源优化配置和可持续发展提供了重要的理论基础和实践指导。通过科学规划、政策引导和创新驱动，中国在区域协调发展、城市群建设、产业转型和生态文明建设等方面取得了显著成效。未来，随着区域发展理论的不断丰富和实践的深入，中国的国土空间治理将继续在理论指导下，实现更加协调、创新和可持续的发展。

关键术语

治理、空间规划、市场失灵、政府规制、资源配置、功能经济区

思考题

1. 简述治理理论的核心特征,并分析其在国土空间治理中的应用。
2. 空间规划理论如何指导国土空间资源的可持续利用?
3. 区域发展理论如何解释区域间的发展差异?请结合实际案例说明。
4. 空间用途管制在国土空间治理中有何作用?
5. 生态文明理论如何指导国土空间治理以实现可持续发展?

第 4 章

国土空间资源禀赋

■ **教学要求**

1. 本章知识点

(1) 国土空间现状与特征

掌握我国国土空间的基本现状和主要特征。

(2) 国土空间类型

掌握不同视角下国土空间类型的概念内涵，了解"三区三线"（城镇空间、农业空间、生态空间以及城镇开发边界、永久基本农田保护红线、生态保护红线）的内在关系。

(3) 国土空间格局

掌握国土空间格局的概念、影响因素，了解国土空间格局演变的主要特征和驱动力，掌握国土空间格局优化的预期目标和实施策略。

(4) 国土空间评价

掌握国土空间评价的内涵、意义与原则，理解"双评价"（资源环境承载力评价和国土空间开发适宜性评价）的概念、流程与内容。

2. 本章重点及难点

(1) 国土空间评价和优化的操作流程与方向

理解我国国土空间的现状和演变，熟知国土空间评价和优化的操作流程与方向。

(2) 区域国土空间评价和优化的思路

根据我国国土空间资源禀赋，能够将理论性知识应用至具体案例中分析如何进行该区域的国土空间评价和优化。

4.1 国土空间现状与特征

社会经济的发展需要国土空间提供必要的空间基底和资源要素，掌握我国的国土空间现状和特征能够为国土空间现代化治理和国土空间格局优化提供重要的参考和借鉴，具体来说，我国的国土空间现状和特征主要表现为以下方面。

4.1.1 国土空间幅员辽阔，资源禀赋约束明显

我国幅员辽阔，地大物博，为社会经济发展提供了巨大的空间场域和雄厚的物质基础。从国土面积来看，我国国土包括陆域国土和海域国土，其中，陆域国土面积960万平方公里，仅次于俄罗斯、加拿大，位于世界第3。管辖的海域面积约300万平方公里，约为陆域面积的1/3，大陆海岸线长1.8万多公里[97]。从地理位置来看，我国位于北半球中低纬度，地处亚洲大陆东部、太平洋西岸，北起漠河以北的黑龙江主航道中心线，南至南沙群岛的曾母暗沙，西起帕米尔高原，东至黑龙江、乌苏里江的主航道交汇处，以秦岭—淮河为界分异南北。

广袤的国土面积赋予了我国丰富的自然资源，使其各类资源总量均处于世界前列，造就了地大物博的发展基底，但人均资源占有量低的问题仍然存在。就耕地资源来看，第三次全国国土调查（以下简称"三调"）数据显示，我国的耕地总面积为19.18亿亩，耕地总量仍然排名世界第五位，但人均耕地面积却仅为0.9公顷，不足世界平均水平的1/2。就森林资源来看，根据第九次全国森林资源清查结果显示，我国的森林覆盖率达到了22.96%，森林面积为2.2亿公顷，森林蓄积为175.6亿立方米。森林面积排名世界第五，森林蓄积量排名世界第六。但我国人均森林面积仅为0.16公顷，不足世界平均水平的1/3；人均森林蓄积12.35立方米，仅为世界平均水平的1/6。就水资源来看，根据我国第二次水资源调查评价结果显示，我国的水资源总量为28 412亿立方米，水资源总量位列世界前位，但人均水资源占比相对较低，约为2 300立方米，仅为世界平均水平的1/4，美国的1/5。由此可见，虽然我国地大物博，但由于人口众多且发展所需资源刚需较大，资源禀赋约束仍然较为明显，制约着我国社会经济的健康发展。

4.1.2 生物多样性丰富，生态环境压力较大

生物物种的多样性对于维持生态系统平衡，提供生态系统服务等方面具有重要意义。目前，我国有着丰富的生物物种，根据《中国生物物种名录2023版》记录，我国共收录物种及种下单元148 674个，其中物种135 061个，种下单元13 613个。《中国的生物多样性保护白皮书》提到，当前我国构建了以国家公园为主体的自然保护地体系。自1956年我国就开始探索设立自然保护区，截至2023年，我国已建立国家级、省级等各级各类自然保护地近万处，有效保护了生物物种的多样性。

虽然我国通过设立自然保护区等方式为各类生物物种营造良好的成长生活空间，然而诸多物种栖息地仍然面临着较大的生态环境压力。一方面，我国的生态脆弱区分布面积、脆弱生态类型数量均处于世界前列，生态脆弱性表现尤为明显。在生态脆弱区，一些特有和濒危物种的栖息地受到破坏，从而给区域的生物多样性带来较为严重的威胁，生态系统服务功能受损。另一方面，城镇化和工业化的快速推进也给生态环境保护带来较大的压力，空气污染、水质破坏等问题也亟待解决。譬如《国务院关于2022年度环境状况和环境保护目标完成情况的报告》显示，全国部分重点污染源周边地下水特征污染物超标问题尚未得到有效控制，一些重点湖泊蓝藻水华仍处高发态势。

4.1.3 江河湖泊水系众多，海洋经济效益可观

我国是一个山高水长、河湖众多、河川径流量极大的国家。我国的陆地面积与欧洲和美国差不多，但大河数量远远超过欧洲和美洲，是世界上河流最多的国家之一。我国流域面积超过1 000平方公里的河流有1 500多条，江河径流量呈现三级阶梯状分布：南方湿润区长江、珠江等年均径流量达到万亿立方米级，华北半干旱区黄河、淮河等年均径流量达千亿立方米级，西北干旱区塔里木河、伊犁河等年均径流量达百亿立方米级。其中，长江全长6 300公里，为世界第三长河、中国第一长河；黄河全长5 464公里，为中国第二长河。我国有湖泊多达24 800多个，面积在1平方公里以上的有2 700多个。长江中下游地区分布着我国最大的淡水湖群，其中鄱阳湖为我国最大的淡水湖，面积达到3 583平方公里；西部湖泊集中在青藏高原，多为内陆咸水湖，其中青海湖是我国最大的咸水湖，面积达到4 583平方公里。

作为濒临太平洋西岸的临海大国，我国的海岸线长达18 000多公里，管辖海

域约为 300 万平方公里，相当于陆地面积的三分之一，同时还分布着大小岛屿约 7 600 个。我国海洋资源品类丰富，在滩涂面积、鱼类产量、海洋油气储量、盐田面积等方面均位居世界前列，具备巨大的开发价值。自从我国在 1996 年颁布的《中国海洋 21 世纪议程》中明确我国未来海洋可持续发展战略之后，我国对海洋的开发利用更加科学合理，且海洋经济发展较快，并逐渐成为未来经济的新增长极。2023 年，我国海洋产业生产总值达到 99 097 亿元，比 2022 年增长了 6%。此外，海洋空间资源要素保障也持续加强。仅 2023 年我国就新增审批用海用地项目 2 162 个，共计 313.3 万亩，相较于 2022 年分别增加了 30.2%、7.3%，涉及投资超过 1 万亿元。同时，海洋生态保护修复力度持续加大。"十四五"以来中央财政已投入 156 亿元，支持沿海城市实施了 63 个海洋生态保护修复项目。目前，我国已经全面开展海洋生态保护红线划定工作，海洋自然保护地面积达到 9.4 万平方公里。组织实施"蓝色港湾"综合整治、渤海生态修复、红树林保护修复、海岸带保护修复工程等海洋生态保护修复重大项目，整治修复海岸线 2 000 公里、滨海湿地 4 万公顷。

4.1.4 耕地资源分布差异显著，优质耕地与城市群高度重合

我国耕地面积及耕地质量的空间分布差异显著。从面积来看呈现出"北多南少"的特征，根据"三调"数据显示，我国 64% 的耕地分布在秦岭—淮河以北的区域，南方地区的耕地面积不足全国耕地总面积的 5 成。具体来说，黑龙江、内蒙古、河南、吉林以及新疆五个省份或自治区的耕地面积较大，占全国耕地总面积的 40%。除新疆外，其他地区均为我国的粮食主产区，在保障国家粮食安全方面发挥着巨大的作用。此外，位于年降水量 400~800 毫米地区的耕地面积达到了 49.24%，位于 2° 以下坡度的耕地占全国耕地总面积的 61.93%[98]。可见，我国耕地大部分位于地形平坦的温带季风性气候区。从耕地质量来看主要呈现出"东高西低、平原高山地丘陵低"的特征。质量较高的耕地集中分布在东北、华北、长江中下游等区域，这些东部地区地势平坦、雨热同期、耕作条件便利。质量较差的耕地集中分布在云贵高原、江南丘陵、两广丘陵等山地丘陵地区。这些地区地形条件复杂，工程性缺水现象较为严重。此外，西部干旱和半干旱地区虽然地形平坦，但水、热条件不足，耕地质量整体也偏低。

优质耕地对于粮食产量的提升具有重要影响，耕地质量分布总体上受到立地条件的影响，同时社会经济发展也会对耕地分布产生一定的影响，进而影响耕地资源质量。在优质耕地资源稀缺的情况下，我国大部分大中城市或城市群却主要分布在

我国耕地集中分布区，譬如长江中下游平原和华北平原，导致人口与经济集聚区和最需要保护的优质耕地在空间上高度重合，不利于优质耕地的保护和可持续利用。

4.1.5　建设用地持续扩张，集约水平逐年提升

建设用地是人类生产生活的主要空间场域，是我国各类资源要素和经济活动的集聚地。进入21世纪以后，我国建设用地呈现出持续扩张的特征和状态。根据"三调"数据显示，2009—2019年，我国的城镇村及工矿用地净增加656.73万公顷，人均城镇村及工矿用地面积增加了38平方米。除黑龙江外，其余省份的城镇村及工矿用地均增加且个别省份的净增面积超过了35万公顷。就流入源来看，耕地转为城镇村及工矿用地的面积最大，达到了359.48万公顷，占全部转入面积的43.44%，其次为林地和草地，分别为18.78%和12.50%，可见，城镇空间与农业空间、生态空间的结构性矛盾依然较为突出。

我国人多地少的基本国情和现代化建设的进程决定了国土资源的供需矛盾还将持续相当长的时间，要实现高质量发展，就必须坚持最严格的节约集约用地制度，全面提升用地效率。为此，国家和各省市积极开展节约集约用地工作的探索并取得了显著成效。就全国集约节约用地情况来看，2012—2021年，全国单位GDP建设用地使用面积下降了40.85%。全国国家级开发区综合容积率从0.83提升至1，工业用地地均投资强度提升了约60%。就各省市来看，自2008—2017年，原国土资源部批复广东、江苏、浙江、湖北和山东5省开展节约集约示范省建设。各省创新管理体制机制，强化规划统筹，大力盘活存量建设用地，提高资源节约集约利用水平，促进了经济转型发展，积累了土地管理经验。其中，广东以"三旧"改造为重点，将存量用地盘活利用与缓解土地供需矛盾、提升对经济社会发展的服务保障能力结合起来，形成了城镇低效用地再开发政策体系。自实施城镇低效用地再开发后，广东省节约土地17.8万亩，单位建设用地产出从2008年年底的13.7万元/亩·年增加到2017年年底的28.9万元/亩·年，增长了110.9%。在2016年、2017年、2018年连续三年国土建设用地供应中，广东存量建设用地所占的比例分别达到了58%、57%和31%，率先走进土地存量时代。此外，浙江推进"亩均论英雄"改革，在全省所有工业企业和规模以上服务业企业及各类园区开展"亩产效益"综合评价。截至2024年年底，浙江省单位建设用地GDP、工矿仓储用地的平均容积率、投资强度、亩均产出、亩均税收等相关节约集约用地指标相较于2010年均显著提升。

4.2 国土空间类型

在一个国家的主权管理范围内，由于各类自然资源要素的性质及其组合形式的不同，形成了一系列相互区别、各具特色的空间场域。依据其自然属性和社会经济属性的相似性与差异性，对国土空间进行划分，便得到各种不同的国土空间类型。换言之，国土空间类型就是基于一定的原则和标准将国土空间按照功能等多重维度进行划分所形成的产物，对国土空间进行分区划定或按区域分类管理是国土空间规划的核心内容，正确认识国土空间类型对于优化国土空间格局，提升国土空间治理效能具有至关重要的意义[99]。本节从不同维度出发分别对我国的国土空间类型进行梳理和简介。

4.2.1 基于功能视角的国土空间类型

基于功能视角划分国土空间是遵循国土空间发展规律的必然要求，也是纾解国土空间矛盾冲突的有效手段，对于实现国土空间治理体系和治理能力现代化具有重要的理论价值和现实意义[100]。2019年3月，习近平总书记在参加十三届全国人大二次会议内蒙古代表团审议时，着重强调了科学划定城镇、农业、生态空间和生态保护红线、永久基本农田保护红线、城镇开发边界，坚守底线思维的重要性。2019年5月，《中共中央 国务院关于建立国土空间规划体系并监督实施的若干意见》提出构建以"三区三线"为核心的国土空间用地管制体系。2021年新修订的《土地管理实施条例》也强调，国土空间规划应细化落实国家发展规划提出的国土空间开发保护要求，统筹布局农业、生态、城镇等功能空间，划定永久基本农田、生态保护红线和城镇开发边界。可见，"三区三线"已然成为新时代国土空间现代化治理和国土空间格局优化的重要抓手[101]。其中，"三区"即城镇空间、农业空间、生态空间的划分主要体现了主导功能的分类思想。

1. 内涵界定
1）城镇空间
城镇空间是以城镇居民生产生活为主导功能的国土空间，主要承担着城镇开发建设和推动城镇经济等功能[102]，其中包括城镇建设空间，以及部分乡镇政府驻点的开发建设空间。从具体的功能维度来看，又可以将城镇空间细分为城镇生产空间和城镇生活空间。不同的城镇空间承担着差异化的功能，城镇生产空间是以产业生产为主导功能的空间，譬如工业产品或商服产品的生产空间；城镇生活空间是以生活或社交为主导功能的空间，譬如人们生活中的衣食住行所需要的空间。

作为人类生产生活和经济活动发展的重要空间场域，城镇空间正面临着能源过度消耗、生态环境恶化等问题，是人地矛盾最为集中的地区[103]。此外，由于城镇空间的不断扩张蔓延，城镇空间与农业空间、生态空间的结构性矛盾也日益凸显，在国土空间规划过程中亟须对城镇空间进行科学合理的安排和管制。《全国国土规划纲要（2016—2030年）》也提到，到2030年，城镇空间要控制在11.67万平方公里以内，以实现城乡空间的协调发展[104]。

2）农业空间

农业空间是指以提供农产品为主体功能的空间，承担着农业农村发展以及农民生活的主体功能，其中包括耕地、园地、牧草地等农业生产用地以及农村宅基地、农村公共设施和公共服务用地等农民生活用地。根据其发挥的功能和作用不同，可将农业空间细分为农业生产空间和农村生活空间。农业生产空间主要是耕地，也包括园地、牧草地以及其他农用地等，农业生产空间对于保障国家粮食安全和农产品的稳定供应具有重要影响。农村生活空间是指农村居民点和农村其他建设空间（包括农村公共设施和公共服务用地）。

作为人类赖以生存和发展的基本生产要素，农业空间在保障国家粮食安全，维护农村社会和谐稳定方面发挥着举足轻重的效能。但伴随着人类社会由传统农耕文明向现代工业文明转型，农业空间的利用也面临着较大的压力和挑战，被建设用地挤压侵占、农地产能收益下降、土壤污染加剧、农村空心化严重等问题层出不穷，严重制约着农业农村的发展和农民生活的稳定。

3）生态空间

生态空间是指具有自然属性或人工属性，以提供生态产品或生态服务为主体功能的国土空间。从提供生态产品多少来划分，生态空间又可以分为绿色生态空间和其他生态空间两类。绿色生态空间主要是指林地、水面、湿地、内海等生态产品或生态服务的主要供给源。其他生态空间主要是指沙地、裸地、盐碱地等自然存在的自然空间。按照形成条件来划分，也可以将生态空间划分为自然生态空间和人工生态空间。自然生态空间是指原始森林、天然河流或湖泊等未经人工改造的生态空间，人工生态空间是指城市绿地，人工林等通过规划设计而后期形成的生态空间，这类生态空间对改善区域微气候具有重要的影响。

生态空间是维持人类生存发展和生态系统动态平衡的自然基础，无时无刻不在向人类社会提供着供给、调节、文化和支持等各种生态产品和服务。然而，进入21世纪以来，人类高强度的开发对生态空间造成了前所未有的冲击和挑战，森林破坏、湿地萎缩、水土流失、河湖干枯草原退化等问题严重地影响着生态功能的发挥。此外，不合理的开发利用活动削弱了生态空间的生态屏障功能，进而引发生态系统崩坏以及频发的自然灾害，给人类社会发展带来严重威胁。

4）"三区"与"三线"的关系阐释

在国土空间规划中，"三区三线"的统筹划定为国土空间的合理利用和可持续发展提供了规划指导和底线约束。其中，"三区"突出了主体功能划分，城镇空间主要用于承载城镇经济、社会、政治、文化、生态等要素；农业空间以农业生产、农村生活为主；生态空间则以提供生态系统服务或生态产品为主。"三线"（城镇开发边界、永久基本农田保护红线、生态保护红线）注重对边界的刚性管控，通过划定三条控制线来限制和规范各类空间的发展和保护。城镇开发边界划定了城镇建设可以集中进行开发建设的区域；永久基本农田保护红线划定了不得擅自占用或改变用途的耕地；生态保护红线划定了必须强制性严格保护的区域。"三区"与"三线"的关系紧密相连，相互依存：一方面"三区"是三线划定的基础和依据，决定了"三线"划定的范围和方向；另一方面，"三线"是"三区"内部最核心的刚性要求，从空间关系上看，"三区"中包含了"三线"，共同构成了国土空间规划和治理体系。

就"三区"与"三线"的异同来看，二者的相同点在于其划定目标均是为了实现国土空间的优化布局及可持续利用，从源头上去保护农业空间和生态空间，限制城镇空间的无序扩张，二者共同构成了国土空间规划的核心框架。一方面，二者的差异体现在核心功能方面："三区"主要功能在于进行功能区划，通过资源环境承载力评价和国土空间适宜性评价来确定区域内国土空间的最优开发利用方向，从而为国土空间规划提供指导和依据，而"三线"则体现为底线约束，通过严格管制"三线"范围内的土地用途来保护区域范围内的生态空间和农业空间。另一方面，二者的差异体现在空间关系上："三区"在空间关系上体现为融合共生的特征，譬如某一区域被划定为城镇空间，但该区域内仍具有一定的生态空间和农业空间。而"三线"在空间关系上表现为互斥对立的特征，"三线"之界分明，不存在交叉共存的现象，且"三线"范围内的土地用途也受到了严格管制（图4-1）。

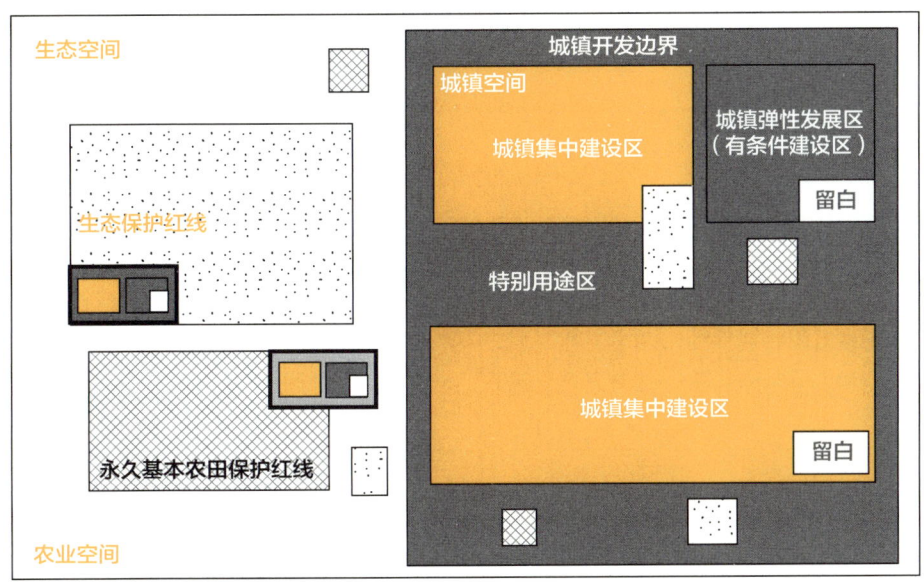

图 4-1 "三区三线"的空间关系图
资料来源：赵广英，李晨. 生态文明体制下"三区三线"管控体系建构［J］. 规划师，2020，36（9）：77-83.

2. "三区"的多维表达方式

作为国土空间规划中的核心内容，"三区"在不同的规划层级中具有差异化的功能和作用，从而呈现出"三区"的多维表达方式。在宏观层面，"三区"的内涵体现出复合性和统筹性的特征，而中观层面和微观层面的"三区"的内涵则更加精准和单一，从而为乡镇层级的国土空间规划提供明确的指导和约束（图 4-2）。

"三区"在宏观层面上表达为"战略格局"，即我国的城镇化推进格局、农业发展格局以及生态安全格局，城镇空间、农业空间以及生态空间在宏观层面上是三大战略格局的空间表达，也为宏观尺度下我国中长期的空间规划和发展提供了高位引领。一般而言，通过资源环境承载力评价和国土空间开发适宜性评价来识别出我国适宜城镇化推进、农产品生产或者生态保护的区域，通过全国或省级国土空间规划中的"三区"来表征被评价识别出的城镇化战略格局、农业发展格局和生态安全格局。譬如《山东省国土空间规划（2021—2025 年）》中就提出了以济南和青岛为核心的"一群双核"城镇空间布局，鲁中南山地丘陵、鲁东低山丘陵生态屏障，沿黄、沿海、沿大运河生态带的"两屏三带"生态安全格局，莱州湾、威海、日照海域三大海洋渔业集中发展区，鲁北、鲁西北、鲁西南、汶泗、湖东、沂沭、鲁东南、胶莱、淄潍九大农田集中区的"三区九田"农业空间布局[105]。但在宏观层面上，各国土空间类型并不是相互排斥的，还是相互依存的关系。我国东部沿海地区是城镇

第 4 章 国土空间资源禀赋

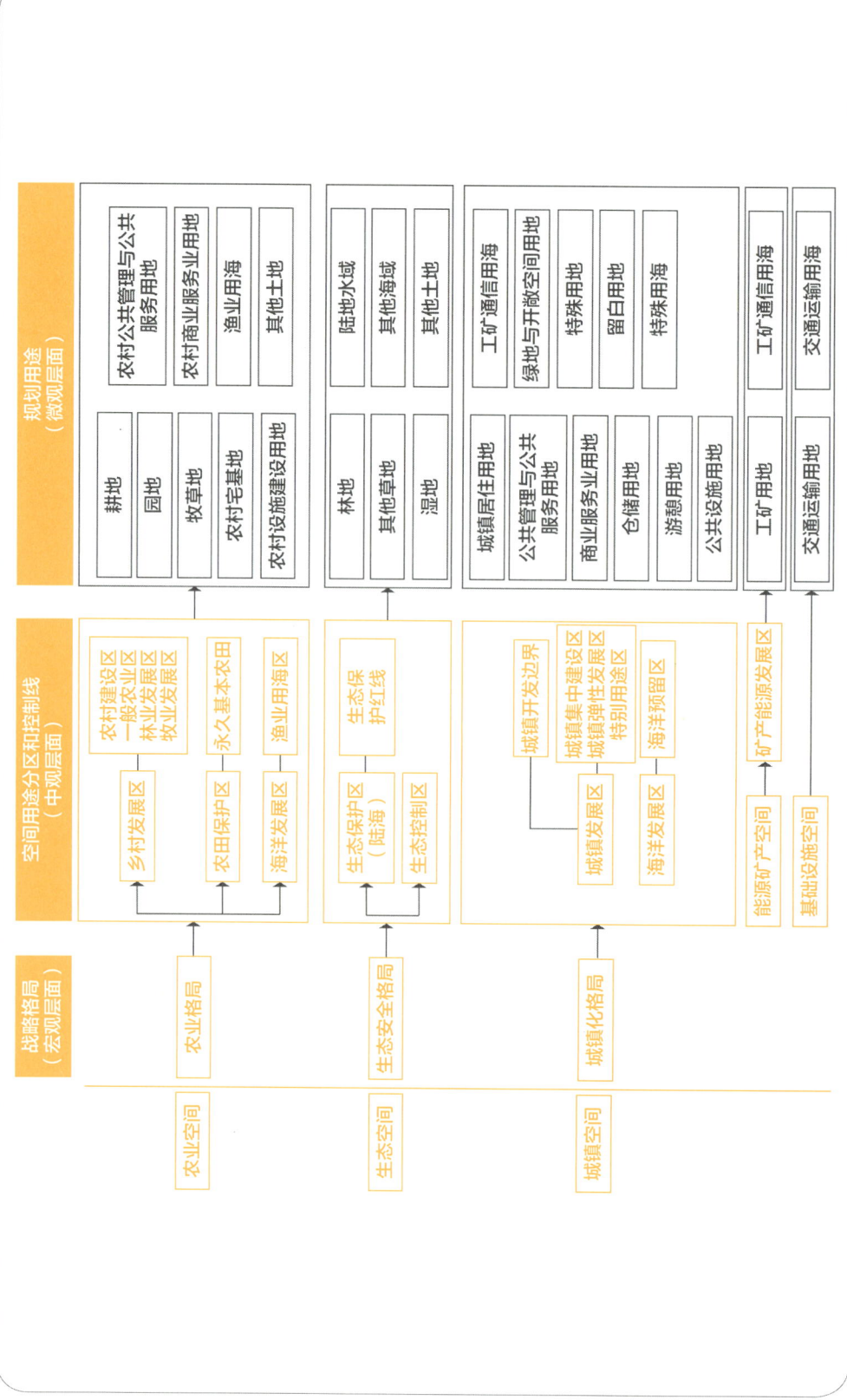

图 4-2 "三区"的多维表达

资料来源：孙雪东. 国土空间规划体系中"三区三线"的基本考虑[J]. 城市规划, 2023, 47 (6): 51-56, 88.

化发展的重要场域，譬如长三角地区以及珠三角地区，这些地区的主要功能就是推进高质量、新型集约的城镇化发展，但这些地区同样含有大量的农业空间以及生态空间，譬如江苏南部不仅是城镇化快速推进的地区，也是我国重要的农产品主产区。而长江中上游地区以及东北平原地区虽然是我国的粮食主产区，以农业生产功能为主，但这些地区仍然具有大量的城镇空间和生态空间。

"三区"在中观层面上体现为"功能区划"。在宏观层面的空间战略格局指导下，中观层面的市县国土空间规划会充分考虑地区的社会经济发展情况和比较优势，通过深化细化功能分区来提升区域国土空间的整体质量和利用效益。譬如济南市基于山东省国土空间规划的指导以及自身地理资源禀赋特征，提出了"南山—中城—北田"的功能区划[106]。依托泰山山脉将南部山区作为重要的生态屏障功能区，并将北部平原作为重要的农产品生产功能区。同时，作为山东省的省会城市以及济南都市圈的核心圈层，济南市城镇化的推进水平对于周边市县具有重要的引领辐射作用。因此，《济南市国土空间规划（2021—2035 年）》提出了"双十字轴带、多中心网络"的城镇功能区划，最大化地拉开了拥河发展的主城框架，提升了对周边地区城镇化发展的带动效应。在明确功能区划的基础上制定并实施相关的配套政策，譬如全域土地综合整治、生态整治修复工程等，从而确保主体功能区战略格局能够在中观层面精准落地实施，使各地区能够更好地发挥其特有的资源优势和功能特点，推动区域协调发展，实现生态、经济和社会效益的全面提升。

"三区"在微观层面主要表达为"地类用途"，在中观层面功能区划的指导下，微观层面的乡镇及村级规划将区域层面的功能用途落实到具体的地块尺度，从而实现国土空间的精准高效利用，也有利于微观层面规划的落地实施。2023 年 11 月，自然资源部印发了《国土空间调查、规划、用途管制用地用海分类指南》，在"三调"土地利用分类体系的基础上将国土空间进一步融合细化为 24 个一级类、106 个二级类以及 39 个三级类，确保明确每一块国土空间的利用功能，也为后期的国土调查和用途管制提供了依据和方向。在《国土空间调查、规划、用途管制用地用海分类指南》中，农业空间主要涵盖有耕地、园地、牧草地、农村宅基地、渔业用海等地类；生态空间主要有林地、其他草地、湿地、陆地水域、其他海域等地类；城镇空间主要有城镇居住用地、公共服务管理与公共服务用地、商业服务业用地、工矿通信用海等地类。

4.2.2　基于开发视角的国土空间类型

2010 年国务院组织编制了第一个全国性国土空间开发规划《全国主体功能区规

划》,该规划文本中一个值得重点关注的地方是依照开发方式将国土空间划分为优化开发区域、重点开发区域、限制开发区域和禁止开发区域[107]。这种划分方式基于不同区域的资源环境承载能力、现有开发强度和未来发展潜力,以是否适宜或如何进行大规模高强度工业化和城镇化开发为基准来划分。通过基于开发方式的国土空间类型划分,有助于明确国土空间开发方向、调控国土空间开发强度,规范国土空间开发次序,优化国土空间开发布局,从而实现国土空间的可持续发展和利用[108]。

1. 内涵界定

1)优化开发区域

优化开发区域是经济比较发达、人口比较密集、开放强度较高、资源环境问题更加突出,从而应该优化进行工业化城镇化开发的城市化地区。优化开发区域具有综合实力较强、城镇体系比较健全、内在经济联系紧密、科学技术创新实力较强的特征。这些区域往往是经济较为发达的地区,因此在提升国家竞争力,推动社会经济高质量发展方面扮演着重要的角色。

国家层面的优化开发区域主要包括环渤海地区、长江三角洲地区、珠江三角洲地区。这些优化开发区域均是各自地区的对外开放门户,凭借着资源集聚和规模经济效应等优势实现了快速的区域一体化发展,并辐射带动周边区域的社会经济进步。

2)重点开发区域

重点开发区域是有一定经济基础、资源环境承载能力较强、发展潜力较大、集聚人口和经济条件较好,从而应该重点进行工业化城镇化开发的城市化地区。重点开发区域具有较强的经济基础、城镇体系初步形成、具备经济一体化的条件、能够带动周边地区发展等特征。虽然重点开发区域在经济发展水平以及城镇化进程等方面与优化开发区域差异较小,但二者在开发强度、开发方向、开发策略以及功能定位上存在较大的差异。譬如,优先开发区域的开发强度已较高,因此更注重开发质量和效益的提升,强调通过政策引导来推动绿色发展。而重点开发区域的开发强度要低于优先开发区域,仍有较大的开发潜力,因此可以通过加大投资来推动区域发展进而成为未来经济的重要增长点。

国家层面的重点开发区域主要包括冀中南地区、太原城市群、呼包鄂榆地区、哈长地区、东陇海地区、江淮地区、海峡两岸经济带、中原经济区、长江中游地区、北部湾地区、成渝地区、黔中地区、滇中地区、藏中南地区、关中—天水地区、兰州—西宁地区、宁夏沿黄经济区、天山北坡地区。各个重点开发区域由于其自身资源禀赋与社会经济发展阶段的差异也具有不同的功能定位,其所具有的主导产业结果存在差异化特征,从而能够避免区域之间的恶性竞争发展,譬如冀中南地区重点发展新能源、装备制造业和高新技术产业等,而滇中地区由于其面向东南亚的独特地理位置和多民族融合的民族特色,重点发展烟草、旅游和文化等相关产业。

3）限制开发区域

限制开发区域是指为保障区域农产品生产或生态系统稳定而限制大规模高强度城镇化工业化开发的地区。该区域主要分为两类:一类是农产品主产区,即耕地较多、农业发展条件较好,在国家战略导向下将农产品生产作为主要任务并限制大规模高强度开发的地区;另一类是重点生态功能区,即生态系统脆弱或生态功能重要,资源环境承载能力较低,在国家战略导向下将提供生态产品或服务作为首要任务并限制大规模高强度开发的地区。限制开发区域并非是全盘限制,在这些区域内往往会存在部分国土空间适宜开发,地方政府仍然可以在这些较小区域内发展经济,同时确保不影响生态保护或农产品生产的主体功能。通过各类措施,限制开发区域在保障国家粮食安全和生态安全的同时,也能够实现经济、社会、资源和环境的协调发展。

国家农产品主产区应关注耕地"三位一体"保护,保障粮食生产,推动农业农村现代化发展,促进农民增产增收等方面。国家重点生态功能区则应关注生物多样性保护,维护生态系统稳定,调节区域气候环境等方面。

4）禁止开发区域

禁止开发区域是依法设立的各级各类自然文化资源保护区域,以及其他禁止进行工业化城镇化开发、需要特殊保护的重点生态功能区。国家层面禁止开发区域,包括国家自然保护区、世界文化自然遗产、国家级风景名胜区、国家森林公园和国家地质公园。虽然限制开发区域与禁止开发区域对于国土空间开发利用提出了管控和约束,但二者在开发的政策导向、经济的发展路径以及监管力度方面仍然存在明显的差异。譬如禁止开发区域的政策导向是强制性保护,所有开发活动都必须服从于保护要求,而限制开发区域的政策导向是保护和发展相结合,鼓励发展与区域主体功能相适应的产业。

2. 基于开发视角的国土空间战略优化

进入新时期,我国的经济已由高速增长转向高质量发展,开始注重质量的提升而非一味追求数量的扩张。2019年的中央财经委员会第五次会议上,习近平总书记提出推进形成优势互补高质量发展的区域经济布局,要求完善和落实主体功能区战略,细化主体功能区划分,按照主体功能定位划分政策单元,对重点开发地区、生态脆弱地区等制定差异化政策,分类精准施策[109]。2022年,党的二十大报告中也提及要"坚定不移加快实施主体功能区战略，严格按照优化开发、重点开发、限制开发、禁止开发的主体功能定位，划定并严守生态红线，构建科学合理的城镇化推进格局、农业发展格局、生态安全格局，保障国家和区域生态安全，提高生态服务功能"[110]。可见，新时期新形势下，国家社会经济的高质量发展为国土空间规划提出了更高的标准和要求，也推动着国土空间实现品质提升。原有基于开发模式的国土空间划分方式难以满足现阶段我国的发展需求，区域功能导向难以凸显，国土空间功能的综合性、复合性、多元性无法体现。同时，随着社会经济的发展，各类型国土空间的差异化特征逐渐淡化，难以区分，无法进行国土空间格局优化。譬如优化开发区与重点开发区往往都面临着人口经济集聚和资源约束严重的矛盾，在规划过程难以区分两者并实施差异化规划策略。

针对新形势下国土空间的优化诉求，已有学者提出了将原有的"4+1"分类体系转换为"3+N"分区体系转换的优化思路[111]。在延续原三类功能分区的基础上，由原来按开发方式划分的优化、重点、限制、禁止开发区，转为农产品主产区、重点生态功能区、城市化地区三类功能分区，进一步强调粮食安全、生态安全、城镇化发展等战略导向；将能源安全、文化传承、边疆安全等纳入主体功能区的战略框架，划分能源资源富集区、历史文化资源富集区、边境地区等特殊功能区，与上述三类功能分区在空间上叠加，形成"3+N"主体功能分区体系。"3+N"分区体系的核心特点就是凸显功能导向，通过细化功能分区从而实现其与"三区三线"的有效衔接，实现其全面融入国土空间规划体系中（图4-3）。

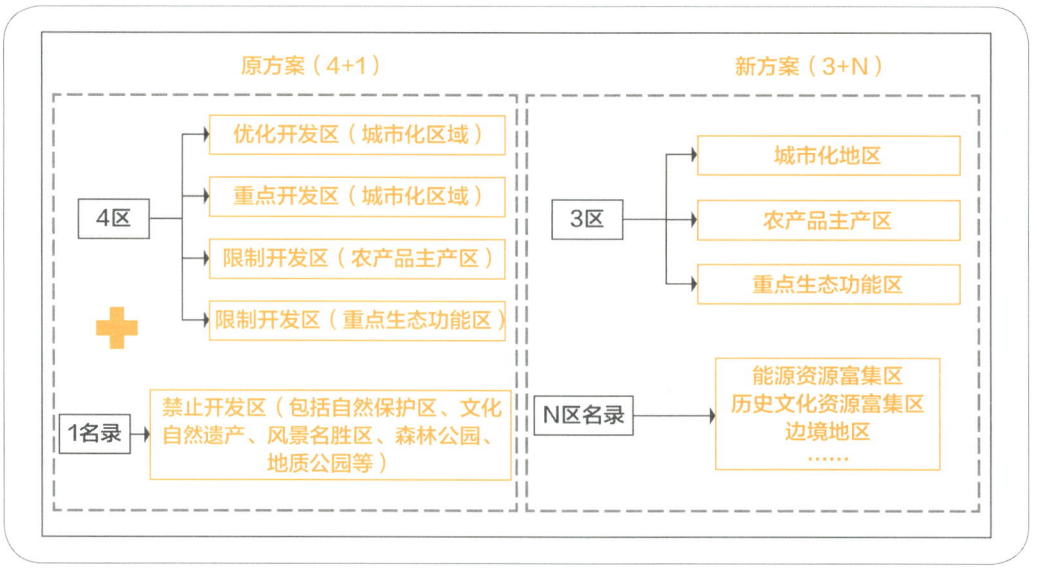

图4-3 新时期主体功能区分区体系与原主体功能区对比示意图
资料来源：刘钰琪，邓永旺，张博，等.吉林省主体功能区管理体系构建与优化[J].规划师，2024，40(S1)：8-13.

4.3 国土空间格局

国土空间格局是国土空间内各类自然与人文要素的分布和组织形式，是国家和区域发展的基础框架。它不仅反映了自然资源和生态环境的特征，还体现了社会经济发展的空间关系和结构。国土空间格局受到多种因素的影响，这些因素相互作用，形成了复杂而动态的国土空间格局，决定了国土开发和利用的方向与方式。本节将探讨国土空间格局的概念，分析其主要影响因素，梳理我国国土空间格局演变的规律，并提供优化国土空间格局的方向。

4.3.1 国土空间格局概述

1. 国土空间格局的概念

国土空间格局是指一个国家或地区在其国土范围内，根据自然地理条件、经济发展需求和社会管理要求，对土地、资源和生态环境进行合理配置和优化布局的总体形式和状态。

国土空间格局不仅反映了自然条件和人类活动的综合结果，还是国家发展目标、发展战略和发展方式在空间上的体现，是实现经济社会发展目标的基本载体。国土空间格局是否合理，决定了一个国家能否实现长期可持续发展，能否在发展中实现人与自然相协调，实现经济社会活动在空间关系上的协调。

2. 国土空间格局的影响因素

国土空间格局的形成是一个复杂的过程，是自然、经济、社会、政策等多种因素综合作用的结果。

自然因素是国土空间格局的基础性影响因素，主要包括地形、气候、水资源、土壤和生物资源等。地形条件如山地、平原、丘陵和盆地等，决定了土地的利用方式和开发潜力。例如，平原地区适宜农业生产和城市建设，而山地和丘陵则适合于林业和牧业。气候条件影响着农业种植结构和人类居住分布，温暖湿润的气候适合农作物生长和人口聚集，而寒冷干燥的气候则限制了农业生产和人口规模。水资源的分布和充足程度直接影响到农业灌溉、工业用水和居民生活用水，从而影响到区域的发展和布局。土壤类型和肥力决定了农作物的种类和产量，对农业布局有重要影响。生物资源包括森林、草地和湿地等，也对生态保护和经济活动产生重要影响。

经济因素是国土空间格局的重要驱动因素，包括经济发展水平、产业结构、交通运输和市场需求等。经济发展水平较高的地区通常具有较高的城市化水平和工业化程度，形成了人口和经济活动的集中区。产业结构的变化，如从传统农业向现代工业和服务业转型，也会影响土地利用方式和空间布局。交通运输网络的完善和发展，如公路、铁路、航空和港口等，促进了区域间的联系和资源流动，影响着国土空间的格局。市场需求变化，如城市消费需求的增加，会推动城市扩张和乡村改造，改变空间格局。

社会因素包括人口数量、人口结构和文化传统等。人口数量和密度是影响国土空间格局的重要因素，人口稠密的地区通常城市化水平较高，土地利用强度较大。人口结构，如老龄化和少子化趋势，会影响居住、医疗和养老设施的布局。文化传统所携带的文化价值和历史意义需要在空间规划中得到保护和传承。

政策因素是国土空间格局的调控因素，包括国家发展战略、土地利用政策和环境保护政策等。国家发展战略如我国的"一带一路"、京津冀协同发展和长三角一体化发展等，直接影响着相关区域的空间布局和发展方向。土地利用政策如土地用途管制、基本农田保护等，确保土地资源的合理利用和粮食安全。环境保护政策如生态红线划定、自然保护区建设等，旨在保护生态环境，促进可持续发展。

在实际的国土空间规划和管理中，需要综合考虑这些因素，科学合理地进行布局和调整，促进区域协调发展和生态环境保护，实现经济社会的可持续发展。

4.3.2 我国国土空间格局演变

1. 我国国土空间格局演变的特征

1）国土空间开发格局趋于稳定，开发强度呈现显著的地域差异特征

我国幅员辽阔，不同地区的资源环境和地理条件存在差异，适宜建设的区域相对有限且分布不均衡，因此从东部、中部到西部不同开发强度类型的用地在空间分布上表现出明显的差异性。东部地区由于经济发达，城市化进程快，人工建设用地扩展迅速，农田和自然生态系统面积减少显著。中部地区的开发强度相对较低，但仍表现出人工建设用地增加、农田和自然生态系统面积减少的趋势。西部地区则由于地理条件和经济发展相对滞后，人工建设用地和农田生态系统面积有所增加，但自然生态系统面积减少更为突出。

从时空轨迹来看，21世纪以来不同开发强度等级类型用地的变化趋势逐渐减

缓，各类型用地的空间边界变动幅度趋于稳定[112]。高强度的人工建设用地主要集中在京津冀、长三角和珠三角等城市群，农田生态系统主要分布在东北平原、黄淮海平原和四川盆地，以及新疆地区。林草为主的自然生态系统则集中在南方热带亚热带森林区、东北大小兴安岭和内蒙古高原草原生态区。

此外，国土空间开发强度的地域差异还反映在发展潜力的空间分布上。东南沿海地区的国土空间利用效率较高，而西部和内陆地区则相对较低。不同城市由于区位条件和社会经济基础等因素，发展潜力水平存在显著差异，呈现出"马太效应"。

2）国土空间开发格局向"多中心、网络化"演变

我国国土空间格局经历了从 T 字到 π 字，逐步演化到"开"字格局，并形成了"三核多极、三轴四片"的多核、多轴、分片型的国土空间开发格局，逐步向"多中心、网络化"格局演变。国家通过实施西部大开发、振兴东北、中部崛起等战略，促进区域间的协调发展，形成多个区域性经济中心。高铁、高速公路等现代交通网络的建设，缩短了区域间的时空距离，推动区域互联互通。城市群和都市圈的形成，如京津冀、长三角、粤港澳大湾区，构建了网络化的发展格局。国家通过产业政策引导，根据各地根据自身资源禀赋和比较优势，形成了产业分工明确、协同发展的多中心产业布局。

3）国土空间开发和生态保护并重

21 世纪以来，中国快速的城市化和工业化进程带来了国土空间格局的显著变化。城市和工矿业用地的扩张速度大幅加快，而国家实施的西部大开发战略和退耕还林还草工程则推动了生态保护工作的开展。这一过程中，城市扩张和工矿业用地的增加虽然占用了大量耕地，但退耕还林还草工程也使得林地和草地面积有所增加。这表明，我国国土空间开发已由过去单向开发模式，逐步转变为开发与生态保护并重模式。这一模式不仅促进了经济发展，也在一定程度上恢复和保护了生态环境，实现了国土空间的可持续利用。

2. 我国国土空间格局演变的驱动力

我国国土空间格局演变的驱动力是由自然地理、交通、经济、社会和政策等多个方面共同组成的。

1）自然地理条件和交通基础设施发展

自然地理条件是国土空间格局演变的基础。地形、海拔、气候等因素直接影响土地利用方式。低海拔、平坦地区更适合农业和城镇发展，而高海拔、山区则多用于生态保护。同时，交通区位对空间格局有显著影响。铁路、公路等交通基础设施的建设

改善了区域可达性，促进了资源流动，推动城镇、农业和生态空间的转型和发展。

2）经济发展

经济发展是国土空间格局演变的主要驱动力。城镇化和工业化进程加速了城镇空间的扩张，推动了农业空间向城镇空间的转变。第一产业增加值、农业机械化水平、财政支出和粮食产量等经济指标显著影响农业空间的利用效率和布局。同时，第三产业的快速发展促进了服务业和商业用地的扩展，提高了城镇空间的利用率。

3）人口流动和城镇化

人口流动和城镇化率的提高对国土空间格局演变有重要影响。大量农村人口向城市迁移，导致农业空间减少，城镇空间扩大。人口密度、城镇化率等社会因素不仅影响土地利用的类型和强度，还决定了资源和服务的空间分布。此外，社会消费需求的变化也推动了土地利用结构的调整。

4）国家政策与发展战略

国家政策在国土空间格局演变中起到了关键作用[113]。实施的区域协调发展战略，如西部大开发、中部崛起、振兴东北等，促进了不同区域的协调发展。主体功能区规划、退耕还林、生态保护红线等政策，推动了生态空间的保护和恢复，优化了国土空间布局。新型城镇化战略则通过提高城镇基础设施和公共服务水平，促进了城镇空间的有序扩展和集约利用。

4.3.3 我国国土空间格局优化

1. 我国国土空间格局优化的依据

国土空间格局优化的依据是多方面和复杂的，必须遵循自然规律和经济社会规律，统筹协调自然条件、经济发展、人民生活、生态环境和国家安全之间的关系，以实现国土空间的合理开发和可持续利用。

1）自然禀赋与区域差异

我国幅员辽阔，拥有丰富多样的自然资源，但各地区自然禀赋差异显著。由于地理位置和气候条件的差异，并非所有区域都适宜进行城市建设和现代工商业发展。例如，东部沿海地区土地肥沃、水资源丰富，适宜大规模城市建设和工业化；而西部地区地形复杂、水资源短缺，更适合生态保护和农业发展。因此，在优化国土空间格局时，必须充分考虑各地区的自然禀赋，合理配置资源，确保区域发展与自然环境的协调。

2）人口结构与分布

我国人口众多且分布不均，主要集中在"胡焕庸线"东南侧。适宜人类居住和发展的区域相对有限，并且这些区域常常面临工业化、城镇化与农业生产和生态保护的功能冲突。近年来，随着经济规律的作用，人口和产业加速向东南部适宜发展地区聚集，导致空间矛盾进一步凸显。因此，优化国土空间格局需要统筹考虑人口总量和结构的变化，特别是应对老龄化和城镇化发展的趋势，提高居住空间质量，满足日益增长的居住需求。

3）经济发展阶段与特点

我国正处于工业化中后期，经济结构逐步向高端化转型，发展方式也从粗放型向集约型转变。随着产业结构的调整和升级，产业空间需求的增长放缓，高效集约利用土地成为经济发展的必然要求。优化国土空间格局需要适应这种经济转型趋势，推动产业布局优化，提升土地利用效率，促进经济高质量发展。

4）生态环境条件

近年来，我国在生态环境保护方面取得了一定成效，但仍面临人口增长、经济发展和气候变化等多重压力。为了确保生态环境的可持续性，优化国土空间格局必须加强对生态功能区的保护，合理规划生态红线，维持自然生态系统的稳定。同时，要推进绿色低碳发展，减少环境污染和资源浪费，提升生态环境质量。

5）国家安全与地缘政治

在当前复杂的国际形势下，国家安全成为优化国土空间格局的重要考量因素。我国的资源对外依存度较高，且人口和经济活动主要集中在东部沿海地区，空间分布不均衡带来了安全风险。优化国土空间格局需要增强资源安全保障，合理布局国防空间，提升国家战略纵深。同时，要推进区域协调发展，减少发展不平衡带来的安全隐患。

2. 我国国土空间格局优化的目标

国土空间格局优化的目标在于通过科学合理的空间布局和资源配置，推动人地协调、城乡融合、文化建设、生态保护和安全共治，最终形成主体功能明显、优势互补、高质量发展的国土空间新格局[114]。具体目标可以分为以下五个方面。

1）打造人地协调的国土空间新格局

要根据资源环境承载能力，实施差别化的国土开发强度调控，合理控制开发强度，提升土地利用效率，推动节约集约用地。同时，统筹城乡人口结构，优化城镇与农村空间布局，完善相关空间服务，畅通区域人口流动。

2）重塑融合均等的国土空间新格局

要加快实施区域协调发展战略，缩小区域差距。通过西部大开发、东北振兴、中部崛起和东部率先发展的国家战略，健全区域战略统筹和利益补偿机制，实现发达与欠发达地区的协调发展。要畅通要素流动，促进区域一体化发展。充分发挥国土开发轴带的连通作用，增强区域竞争力，推动产业跨区域转移和特色培育，形成梯度化、差异化的发展格局。要全面推进乡村振兴，加快城乡融合，建设城乡融合发展的网络体系，满足城市郊区的功能需求，推进城乡协调发展。

3）营造文明有序的国土空间新格局

要塑造城乡特色文化空间，保留乡村特色风貌，传承传统文化，挖掘区域文化特色，营造良好的文化氛围。要塑造宜居国土空间，提升居民生活体验。要科学布局娱乐空间，塑造多层次功能节点和休闲路线，推进空间功能混合化，通过现实和虚拟空间的结合，打造丰富的空间内涵。

4）建设优美和谐的国土空间新格局

要强化自然生态保护，保障生态安全。坚持底线思维，严守生态保护红线，完善陆域和海洋生态安全格局。要坚持生命共同体理念，提升生态系统服务价值。推进以国家公园为主体的自然保护地体系建设，实施生态系统保护和修复工程，筑牢生态安全屏障。要围绕"双碳"目标，打造绿色低碳空间格局。优化产业空间结构，推动产业绿色低碳转型。

5）探索安全共治的国土空间新格局

要打造安全国土，确保国家领土完整和内部循环。从"大食物观"出发，合理调整农业布局，建设完备的产业体系，培育世界性产业集群。其次，共同应对全球问题，推动人类可持续发展。通过积极参与和引领全球治理，承担适应国情和能力的全球空间治理义务。要协调多元主体，推进跨区域空间治理。建立跨区域治理机制，促进对话与合作，推动跨区域协同发展。要坚持人类命运共同体理念，推进国际公地治理增强国际影响力。

3. 我国国土空间格局优化的路径

国土空间格局优化需要健全主体功能区制度，立足资源环境承载能力，利用各地区的竞争优势，逐步形成城市化地区、农产品主产区、生态功能区三大空间格局，并优化重大基础设施、重大生产力和公共资源布局，以促进不同功能空间的优势互补、实现高质量发展。

主体功能区制度的健全是国土空间格局优化的重要基础。 主体功能区划分应充分考虑资源环境承载能力和各地区的比较优势，科学规划和引导空间开发。通过主体功能区的划分，明确各区域的功能定位，避免无序开发和资源浪费，实现资源的集约高效利用。

优化国土空间格局需要立足于资源环境承载能力。各地区应根据自身的自然条件和资源禀赋，确定合理的发展路径和方向。城市化地区应高效集聚经济和人口，提升城市功能和综合服务能力，形成经济增长的核心区域。农产品主产区要增强农业生产能力，保护基本农田，保障粮食及其他关键农产品的稳定供应。生态功能区应专注于生态环境的保育和生态服务的供给，有序促进人口迁移，降低对生态系统的压力。

重大基础设施、重大生产力和公共资源的布局优化是实现空间格局优化的重要保障。通过科学规划和合理布局，确保各类重大基础设施和公共资源在空间上的合理分布，提升资源配置效率和服务水平。优化交通、能源、水利等基础设施布局，形成互联互通、安全高效的基础设施网络，支持经济社会的可持续发展。

通过以比较优势为基础的合理分工和空间集约使用，实现不同功能空间的优势互补。城市化地区需利用其集聚优势，增强经济产能和创新力，通过经济增长和税收增加，形成对农产品主产区和生态功能区的反哺机制。农业主导区域应致力于现代农业的发展，提高生产效率，保障食品供应的安全。生态功能区要注重生态环境保护和生态产品的供给，通过生态补偿和转移支付等机制，支持其可持续发展。

合理确定不同空间的优先序是优化国土空间格局的关键。应将保护农业生产空间放在首要位置，其次是生态保护空间，最后是城市开发空间，并按照这一优先序划定"三区三线"。

科学编制和实施国土空间规划是实现优化目标的有效途径。规划须综合考虑自然和人文地理条件及发展需要，合理划定各类功能空间和边界线，形成国家空间发展的指南和可持续发展的空间底图。通过严格执行国土空间规划，确保各类开发、保护和建设活动有序进行，提升空间利用效率。

4.4 国土空间评价

国土空间作为人类开展各项生活生产活动的重要载体，其质量关系到区域经济和社会发展。适时进行国土空间评价，了解和掌握区域国土资源状况，对区域国土空间的有效治理至关重要。

4.4.1 国土空间评价概述

1. 国土空间评价的概念与构成

国土空间评价是一种综合性评估，旨在分析和判断特定国土空间的使用价值和发展潜力。其核心在于通过综合分析土地、水资源、生态环境、气候等多方面因素，确定区域内不同用途国土资源的最优配置方式，以确保在开发利用过程中实现经济效益、社会效益和生态效益的平衡，支持国土空间治理。

资源环境承载能力评价和国土空间开发适宜性评价（简称"双评价"）是国土空间评价的重要组成部分。2019年，《中共中央 国务院关于建立国土空间规划体系并监督实施的若干意见》明确要求，为了提高规划的科学性，需要在资源环境承载能力和国土空间开发适宜性评价基础上，科学有序统筹布局生态、农业、城镇等功能空间，划定生态保护红线、永久基本农田、城镇开发边界等空间管控边界，奠定了"双评价"在国土空间治理中的基础性地位。基于"双评价"策略开展国土空间评价，客观地反映区域国土资源与环境开发的优势区与劣势区，发现区域国土资源开发与利用的潜力区，有助于提升区域资源环境承载能力，推动区域国土资源利用可持续发展。全面落实国家安全战略、区域协调发展战略和主体功能区战略，明确空间发展目标，优化城镇化格局、农业生产格局、生态保护格局，确定空间发展策略，转变国土空间开发保护方式，提升国土空间开发保护质量和效率。

2. 国土空间评价的意义

国土空间评价的意义体现在以下几个方面。

首先，国土空间评价是科学、系统、全面认知我国自然地理特征和发展格局演变规律的必然途径。我国自然资源人均占有量少，区域差异大，且部分地区生态系统脆弱，难以恢复。通过"双评价"工作，可以摸清国土资源环境的本底条件，从而实现合理规划和利用，充分发挥区域的比较优势，最大化国土空间综合效益。

其次，国土空间评价为可持续发展提供科学基础和决策支撑。长期以来，我国以牺牲资源环境为代价的发展模式，导致生态系统退化、资源错配、环境污染严重。在生态文明建设新时代，国土空间评价有助于发现和解决发展中的问题，优化国土空间开发布局，提高资源利用效率，实现资源节约、结构合理、环境友好的发展模式。

再次，国土空间评价能够科学指导区域国土空间开发，推动国土空间高质量发展。开展国土空间评价可以全面掌握国土空间的承载力、开发潜力及空间分布特点，通过划分开发适宜性等级，明确开发方向和制约因素，科学指导开发时序、规模和程度，确保开发的合理性和科学性，为人与自然和谐共生提供保障。

最后，国土空间评价为优化区域空间布局提供基础依据，是符合国土空间规划科学编制基本规范的技术举措。评价结合区域资源环境禀赋和开发实际，划分鼓励类、限制类和禁止开发区域，合理布局建设空间，为产业结构调整、空间布局优化和土地科学管理提供科学依据，并为规划实施的动态评估和监测提供支持。

3. 国土空间评价的原则

国土空间评价的原则是基于底线约束思想，评价成果科学可靠，符合区域特点，成果能够服务于未来土地资源的开发规划。遵循评价的原则是完成评价任务，确保评价成果科学有效的前提。

1）生态优先

以习近平生态文明思想为指导，坚持最严格的生态环境保护制度、耕地保护制度和节约用地制度。突出生态保护功能，明确生态系统服务功能的重要区域，保障生态系统完整性和连通性，坚守生态安全底线，以实现未来区域的可持续发展。

2）科学客观

从实际情况出发，充分考虑区域的资源环境要素，客观全面地评价区域资源环境禀赋条件、开发利用现状及潜力，确保评价结果的真实性和科学性。从选取评价指标到指标权重的确定、涉及有关计算与合成都要以行业认可的科学性方法为依据，尽可能全面地反映研究区域的真实情况。数据来源也应保证准确，指标易于获取且保证相关单位统一，并且做到指标数据便于量化从而保证后续评价过程的顺利进行。

3）因地制宜

决定和影响国土空间评价的各个要素遵循特定的地域分布规律，在空间上导致千差万别的人地关系。因此，在强化资源环境底线约束的同时，应该充分考虑区域和尺度差异，精选能够体现区域特点的代表性指标。结合本地实际和地域特色，因地制宜确定评价要素与指标，优化评价方法，细化分级阈值。

4）简便实用

国土空间开发越来越重视其综合性、科学性与实用性。要抓住解决实际问题的本质和关键，强化目标、问题和操作导向，科学客观反映评价对象的客观实际情况，确保评价结果在不同时期以及不同活动对象间均可适用，保证评价成果的科学性、实用性、有效性和适用性。

4.4.2 资源环境承载力评价

1. 资源环境承载力评价的概念与发展

承载力最初是力学术语，用于描述物体在未破坏的情况下能承受的最大负荷。在众多承载力的衍生概念中，基于生态学视角的生态承载力（ecological carrying capacity，ECC）最早受到关注。1880年，《科学》杂志发表的"新西兰动物驯化"一文首次评估了在特定环境条件下某种个体的存在数量极限，这被认为是学术界首次评价封闭陆域环境下土地所能承载的最大生物量[115]。随后，美国农业部年鉴中也报道了科顿（Cotton）在美国西部牧场进行的牧群养殖过载调查，首次使用了"carrying capacity"这一术语。1921年，海登（Hawden）和帕尔默（Palmer）明确阐述了生态承载力的概念，指在某一特定环境条件下，某种生物个体存在数量的最高极限[116]。1922年，基于美国阿拉斯加州驯鹿种群数量研究提出了草场生态系统的承载力概念，即草场上可以支持而不会损害草场的牲畜数量[117]。综合来看，生态承载力可定义为特定栖息地能够承载的某个物种的最大种群数量，并且不对生态系统构成长期破坏，确保物种未来的承载能力。

随着研究从自然系统扩展到人类，基于人口与土地关系的土地承载力的概念就应运而生。1943年，奥尔多·利奥波德（Aldo Leopold）最早提出人口承载力概念为单位面积空间能容纳人口的数量[118]。随后，福格特的《生存之路》给出了土地承载力的概念方程式为生物潜力与环境阻力的比值[119]。艾伦（Allen）在1949年通过考虑土地、土壤类型和种植因子评估了非洲农牧业的土地承载力[120]。1986年，中国科学院自然资源综合考察委员会提出土地承载力是"在一定生产条件下土地资源的生产力和一定生活水平下所能承载的人口限度"，开创了我国土地承载力的相关研究。总体来说，传统意义上的土地承载力研究围绕"耕地–粮食–人口"展开，即以耕地为基础，以粮食为中介，以人口容量的最终测算为目标。

资源环境承载力作为承载力的综合性概念，始于20世纪90年代，基于人类社会可持续发展的目标提出。资源环境承载力关注地球系统内的"人–资源–环境"问题，认为"自然资源–社会–经济–生态环境"是一个相互联系、相互作用、相互制约的整体。

基于国土空间规划中资源环境承载能力的特点，2021年自然资源部办公厅发布的《资源环境承载能力和国土空间开发适宜性评价指南（试行）》给出资源环境承载能力的定义为"基于特定发展阶段、经济技术水平、生产生活方式和生态保护目标，一定地域范围内资源环境要素能够支撑农业生产、城镇建设等人类活动的最大合理规模"。

概括来说，资源环境承载能力主要指区域国土资源对农业生产、城镇建设的可利用程度，除了包括区域土地所能承受的一定生活水平的人口数量之外，还包括该区域以国土资源为活动对象的经济、生产、建设等规模的承载，涵盖时间、区域、经济、环境等对土地承受能力进行约束的各种因素。

2. 资源环境承载能力评价的流程

资源环境承载能力评价需要系统性和规范化的流程，通过科学的数据准备、专家咨询和实地调研，建立全面的评价指标体系，进行单项和集成评价，最终提交翔实的评价成果，以支持区域可持续发展。评价的一般流程分为三个阶段：准备阶段、工作阶段、成果提交阶段。

1）准备阶段

资源环境承载力评价的准备阶段是整个评价的起始阶段，其内容包括数据准备、专家咨询和实地调研。数据准备涵盖基础地理、土地资源、水资源等方面，确保数据的权威性和准确性。专家咨询通过汇集专业意见，预测并解决可能的问题，确保评价科学性。实地调研则用于核实数据的准确性，深入了解区域实际情况。

2）工作阶段

资源环境承载力评价的工作阶段是评价的主要阶段，旨在得出区域国土资源环境的单要素承载力和综合承载力。其内容包括建立评价指标体系、资源环境要素单项评价和资源环境承载能力集成评价。评价指标体系根据区域特点和数据可获得性进行构建，确保指标的科学性和合理性。单要素评价则逐项分析各要素的数量、质量及变化趋势，识别区域优势与短板。在集成评价中，通过确定指标权重和标准值，进行归一化处理，得出综合评价结果，按分值大小分级，反映国土资源环境的承载能力。

3）成果提交阶段

成果提交阶段是资源环境承载能力评价的最终目的。为了使评价成果能够有效服务于实际，需要提供条理清晰、论证充分的评价成果。评价成果主要包括评价报告、相关图件和数据表。评价报告是最主要的成果，应包括评价的目的、方法、过程和主要结论。重点分析区域国土资源环境开发利用的规模、结构、布局、质量、效率、效益及动态变化趋势，识别资源环境问题并预判未来变化趋势和存在的风险。图件可以直观地表现区域国土资源环境承载力的空间特征，是评价不可缺少的部分。数据表提供了评价结果的科学依据，也是成果提交的重要内容。

3. 资源环境承载能力评价的内容

资源环境承载力作为"人-资源-环境"复合系统的测算指标，可以衡量国土资源能够承载人类各种活动的规模和强度的限度，因此评价从国土资源人口承载力、国土资源建设规模承载力、国土资源经济承载力、国土资源水承载力、国土资源生态承载力和国土资源灾害承载力六个方面着手。

1）国土资源人口承载力

国土资源人口承载力是指区域国土资源所能供养的最大人口量。通过评价国土资源人口承载力，可以了解区域人口压力的真实情况，揭示人口分布现状的本质，为区域人口迁移、再分配政策及人口与经济发展规划提供科学依据。国土资源人口承载力主要包括耕地人口承载力和城市国土资源人口承载力两个方面。耕地人口承载力是指在一定生产条件和生活水平下，耕地资源的粮食生产能力与社会就业保障能力所能承载的人口限度，可采用耕地生产能力、基本农田生产能力、耕地开发利用程度和耕地就业保障能力等指标进行衡量。城市国土资源人口承载力是指在一定生产条件和生活水平下，城市用地所能供养的人口数量，可通过建设用地供给规模和建设用地人口数量限制两个方面进行分析，通常采用城市建设用地人口总量和人均占用建设用地指标进行评价。

2）国土资源建设规模承载力

国土资源建设规模承载力是在一定经济社会发展需求和城市基础设施条件下，建设用地所能承载的适宜建筑规模和强度界限。城市国土资源的建设规模承载力状况反映了城市国土资源的集约利用水平，并在一定程度上决定了城市人口承载数量，对协调经济、社会和环境效益具有重要参考价值。国土资源建设规模承载力通常通过用地规模和建筑容积率等指标来衡量。

3）国土资源经济承载力

国土资源经济承载力是在一定经济技术条件和城市区位条件下，城市土地的经济价值产出能力。它反映了城市的经济规模和增值潜力，是衡量城市土地利用效益的重要指标。通过评价城市土地增值潜力和预测经济规模的潜力，可以为调整土地利用用途和实现综合开发效益提供建议。国土资源经济承载力通常通过单位用地经济效益等指标表示。

4）国土资源水承载力

国土资源水承载力是指区域水资源对农业生产和城镇建设的保障能力。我国水资源匮乏，而水资源是人类社会生产生活和开发建设不可缺少的基本条件。因此，开展国土资源水承载力评价至关重要。评价指标通常包括可利用水资源潜力、农业水资源利用量、生活和工业水资源利用量、农业用水与耕地匹配指数及生活和工业用水与城镇工矿用地匹配指数。

5）国土资源生态承载力

国土资源生态承载力反映了在一定区域环境条件下，保持生态性能稳定和趋于良好所需的生态用地限度。随着生态文明建设的高度重视和绿色发展战略的推进，生态承载力成为衡量经济活动与生态环境协调性的关键指标，也是生态系统整体水平的体现。国土资源生态承载力可通过生态用地、土地退化面积、最佳森林覆盖率、合理城市绿地覆盖率和生态用地面积等指标来衡量。

6）国土资源灾害承载力

国土资源灾害承载力是指区域灾害对农业生产和城镇建设的影响程度。评价国土资源灾害承载力能够为区域防灾减灾和脆弱性评价提供依据。根据评价结果，对易发生灾害地区的人口进行迁移，并在开发建设中避免易受灾地区，保障人们的生命和财产安全。国土资源灾害承载力一般选择干旱、洪水、地震危险性和地质灾害危险性等指标作为对农业生产或城镇建设影响的评价依据。

通过这六个方面承载力的评价，就可以确定合理耕地规模、合理农业人口供养数、合理城市规模、合理城市人口供养数以及合理生态用地规模，从而确定合理的土地利用结构、人口规模和合理开发强度，为调整、制定科学的土地政策、人口政策、环境政策提供依据。

4.4.3　国土空间开发适宜性评价

1. 国土空间开发适宜性评价的概念与发展

国土空间开发适宜性评价源于土地适宜性评价，并逐渐发展成为一门综合性评价方法。早期，土地适宜性评价主要为了确定土地税收，其概念在19世纪由俄罗斯和英国等国提出，着重于农业土地的适宜性。

20世纪60年代，随着土地资源日益紧缺，许多国家开始注重土地的合理利用，推动了土地适宜性评价的进一步发展。美国农业部土壤保持局在1961年正式颁布了土地潜力分类系统，标志着土地评价从土地清查走向了真正的土地评价。1967年，麦克哈格提出了土地生态适宜性评价办法，强调对土地的合理利用。此后，加拿大、英国和澳大利亚等国家也相继推出了各自的土地潜力分类系统。这一时期的土地评价主要结合土地清查，关注土地的自然属性，但未能全面考虑社会经济条件和技术因素的变化。

20世纪70年代，随着资源调查和遥感等技术手段的广泛应用，土地评价开始从一般目的转向特殊目的，为土地利用规划服务。1976年，联合国粮食及农业组织（FAO）制定了《土地评价纲要》，提出从适宜性角度对土地进行定级，明确了土地评价为土地利用规划服务的方向。这一时期的土地评价不仅揭示了土地的生产潜力，还针对某种土地利用方式进行评价，反映了土地的最佳利用方式和适宜性程度。

20世纪80年代，跨学科融合与计算机技术的进步促使土地适宜性评价向更综合、定量和精确的方向发展。加拿大的杜曼斯基和斯图尔特发展了FAO的农业生态区计划方法，用于预测加拿大作物生产潜力并测算土地对各种作物的适宜性。90年代以后，土地适宜性评价逐渐实现了与土地潜力评价的结合，提升了评价的全面性和精确性。

新时代的国土空间开发适宜性评价源自土地适宜性评价，强调国土空间作为资源、环境、社会等要素构成的集成系统。因此，自然资源部办公厅发布的《资源环境承载能力和国土空间开发适宜性评价指南（试行）》从宏观角度将国土空间开发适宜性评价定义为"在维系生态系统健康和国土安全的前提下，综合考虑资源环境等要素条件，特定国土空间进行农业生产、城镇建设等人类活动的适宜程度"。

综上所述，国土空间开发适宜性评价随着现实需求和研究深入而不断发展，其概念内涵日趋完善和准确。从最初用于税收的目的到服务于国土空间规划编制，国土空间适宜性评价已成为涵盖农业生产、城镇建设、生态保护等多个领域的综合性评价。因此，国土空间适宜性评价可理解是"综合考虑区域生态环境、资源条件、人口经济、发展基础与潜力等多种因素，判断区域内不同开发保护利用方式的适宜性程度"。

2. 国土空间开发适宜性评价的流程

国土空间开发适宜性评价的流程是在资源环境承载力评价基础上，综合考虑开发利用需求和发展方向，评估自然和社会条件对城镇开发、农业生产、生态保护的适宜程度。国土空间开发适宜性评价方法多样，一般流程可以分为三个阶段：准备阶段、工作阶段和成果提交阶段。

1）准备阶段

准备阶段的首要任务是结合国土空间规划编制需求，明确评价目标，制订合理的工作方案。需组建一支跨学科的技术与专家咨询团队，确立各自的职责、工作范围及时间表。开展具体评价工作前，应充分利用已有的相关工作成果，结合实地调研和专家咨询，系统梳理当地资源环境生态特征与突出问题，从而确定评价内容、评价单元及核心指标，并收集相关数据资料。这些资料一般包括土地利用数据、自然地理数据、社会经济数据和规划数据，确保数据的权威性、准确性和时效性。

2）工作阶段

工作阶段是国土空间开发适宜性评价的主要阶段，目标是对土地进行适宜性分类。具体内容包括评价单元划分、评价指标选取、资源环境承载能力评价和国土空间开发适宜性评价结果计算。

（1）评价单元划分

评价单元是评价工作的基本单位，内部性质无差异。划分依据包括评价对象的变异程度、目标精度要求和土地调查程度。评价单元既要保证内部一致性，又要选择尽可能大的单元以保证经济性。常用方法有土壤类型分类单元、土地利用现状图斑、行政单元（如行政村）和格网单元。

（2）评价指标选取

因子选择直接影响评价结论，须根据评价对象和目的选取合适因子，如地形、降雨量、生态系统类型、坡度、土壤质地、降水量和气象灾害等。此外，需合理确定因子权重，因子越重要，权重应越大。

（3）资源环境承载能力评价

基于现有经济技术水平和生产生活方式，以水资源、空间约束为主要因素，分别评价各单元可承载农业生产、城镇建设的最大合理规模，结合环境质量目标、污染物排放标准和总量控制等因素，取各约束条件下的最小值作为可承载的最大合理规模。

（4）适宜性评价结果计算

在资源环境承载能力评价基础上，综合分析资源开发利用现状和生态环境状况，进行城市地区、农业区、生态保护区等区域的专项评价和适宜性开发方向决策。结合实际情况，可针对海洋资源、历史文化和自然景观资源开展补充评价。

3）成果提交阶段

经过验证和修订的评价结果，将被整合成图件、文字报告、表格和数据集等形式。报告应详细阐述评价所采用的方法、实施过程，分析区域资源环境的优势与不足、潜在风险与发展机会。此外，报告还应就国土空间布局、功能区划分、生态保护红线等控制线以及规划指标的细化提出具体建议。最终，根据国土空间规划的数据标准和汇交规范，整理形成数据集，与规划成果同步提交入库。

3. 国土空间开发适宜性评价的内容

国土空间开发适宜性评价综合考虑了自然资源条件、社会经济特征、人类活动方式及政府管理等因素，旨在分析国土空间对于农业发展、城镇化以及生态保护等目标用途的适宜性程度及其面临的制约因素。从研究对象来看，国土空间是在政治视角下界定的概念，实质上以土地为实体，是对土地潜力评价的进一步发展，体现为地域的表现形式。根据评价侧重点的不同和是否考虑土地的特定用途，国土空间开发适宜性评价可分为生态保护重要性评价、农业生产适宜性评价和城镇建设适宜性评价。

1）生态保护重要性评价

生态保护重要性评价是划定区域生态安全底线和区域生态保护红线的重要依据。基于区域生态安全底线，通过开展生态系统服务功能重要性和生态敏感性评价，综合识别生态保护极重要区和重要区。

生态系统服务功能包括生物多样性维护、水源涵养、水土保持、防风固沙和海岸防护等。服务功能重要性评价是在分析生态系统结构、过程与服务功能关系的基础上，结合最新生态系统服务理论与研究成果，划分生态系统的重要性等级。生态敏感性涵盖水土流失、土地沙化、石漠化和海岸侵蚀等，是在自然状况下生态系统某一生态潜在活动强度的标志，表明其对人类活动反应的敏感程度及产生生态失衡和环境问题的可能性。

2）农业生产适宜性评价

农业生产适宜性评价是引导农业空间规划布局的基础。评价内容包括种植业生产适宜性、畜牧业生产适宜性和渔业生产适宜性。土地资源的农业生产适宜性评价，主要考虑水文、土壤等自然地理属性与作物生长的匹配。

在生态保护极重要区以外的区域，开展农业生产适宜性评价，以识别农业生产适宜区和不适宜区。评价标准包括地势平坦度、水资源丰度、光热条件、土壤环境容量、气象灾害风险及地块规模连片程度。土地资源适宜性评价涵盖地形条件、气候条件和土壤条件等主要指标。

3）城镇建设适宜性评价

城镇建设适宜性评价是城镇规划布局的基础，影响城市功能布局与经济社会发展，确定研究区域建设用地的最大供给量及分布状况。评价内容强调在自然条件稳定、良好区域布局城镇建设。

在生态保护极重要区以外的区域，优先考虑环境安全、粮食安全和地质安全等底线要求，开展城镇建设适宜性评价。沿海地区还需针对海洋开发利用活动进行评价。评价标准包括地势低平度、水资源丰富度、水汽环境容量、人居环境条件、自然灾害风险及地块规模和集中程度。

关键术语

国土空间类型、"三区三线"、国土空间格局、国土空间评价、资源环境承载力评价、国土空间开发适宜性评价

思考题

1. 简述我国当前我国国土空间现状与特征。
2. 简述国土空间类型及其划分依据。
3. 结合你的家乡城市，试述国土空间格局优化的思路与建议。
4. 简述国土空间评价的意义和原则。
5. 简述"双评价"的主要内容和一般程序。

第 5 章 国土空间产权产籍

■ 教学要求

1. 本章知识点

(1) 国土空间产权的基本概念、内涵和特征

理解国土空间利用和变化的产权基础，结合实际案例分析，能够将对国土空间产权的认知应用于现实国土空间治理经济问题的理解和解释。

(2) 国土空间产权对国土空间利用和治理所产生的影响

能够理解和解释国土空间概念产权所带来的国土空间概念利用和变化，以及因为国土空间产权问题引发的国土空间治理困境。

(3) 国土空间权籍调查的概念、类型

熟悉土地调查、自然资源调查的概念和主要类型，了解国土空间调查作为一项根本制度的基本要求。

(4) 国土空间权籍登记的基本概念、类型和特征

理解不动产登记概念内涵的四个关键要素，理解物权法定的原理，熟悉自然资源统一登记的意义及其与不动产登记的关系。

2. 本章重点及难点

(1) 国土空间产权的内涵

深刻理解国土空间产权本质是本章的重点，也是难点，产权是关于特定物背后人与人之间的关系，要建立起产权制度是社会经济最基本制度的认知体系，使学生更深刻理解国土空间产权影响国土空间利用和变化的机制机理。

(2) 三种不动产登记制度

理解三种等级制度的基本特征，能够解释不同登记制度对物权法定的影响，以及不同登记制度对社会个体产权利用行为的影响。

5.1 国土空间权籍内涵

本节介绍国土空间权籍的基本概念、内涵和特征，旨在从"权利"的角度反思国土空间的含义，以及权利对国土空间利用和治理所产生的影响，从而将对国土空间的理解扩大到其背后的人与人之间的行为关系、制度的约束和激励、多主体合作等层面，有助于更加系统深刻地理解国土空间。

5.1.1 我国的国土空间产权

1. 产权的概念和权能特征

产权（Property Rights）一般是指个人或组织对资源或财产的合法权利和控制权。它包括一系列被社会认可和法律保护的权利，这些权利决定了资源的拥有者可以如何使用、转让和收益。产权是一个多学科广泛使用的概念，这里简单介绍关于产权比较有代表性的定义。制度经济学开创者科斯认为产权是社会认可的，关于某些稀缺资源如何使用的制度安排[121]。巴罗和萨拉-马丁认为产权是一种能使资源分配有效的制度安排，通过界定个体对资源的使用权、收益权和处分权，减少不确定性和交易成本[122]。德姆塞茨关于产权的定义是产权是一种社会工具，通过明确个人对资源的权利，减少外部性和资源浪费，提高资源的使用效率[123]。奥斯特罗姆则强调产权是由一组社会规则和规范构成的，这些规则和规范决定了个体对资源的访问、使用和转让的权利[124]。诺思认为产权是对资源的使用权和收益权的制度性安排，是经济绩效的重要决定因素[125]。这些定义从不同角度解释了产权的概念，涵盖了经济学、法律和制度等多个领域，虽然在内涵界定上有所侧重，但总体而言都强调产权对于资源分配的重要作用，产权是经济活动的重要基础，明确了资源的归属，减少了不确定性和争议，提高了资源的使用效率和经济绩效，从而产生调节社会关系和影响经济绩效的重大意义。

一般而言，一个完整的产权具有以下权能特征。一是占有和使用的权能（Use Rights），即所有者有权决定如何使用资源。例如，房主可以决定如何使用他的房子，包括自住、出租或改造。二是收益的权能（Income Rights），即所有者有权从资源的使用中获取收益。例如，农场主可以从农田的耕种中获得农产品，并通过销售获得收入。三是处置或者说转让的权能（Transfer Rights），即所有者有权转让资源的所有权或使用权。例如，土地所有者可以出售或租赁土地。四是排他的权能

（Exclusion Rights），所有者有权排除他人未经许可使用资源。

2. 国土空间和国土空间产权

根据国务院《全国主体功能区规划》，国土空间指国家主权与主权权利管辖下的地域空间，是国民生存的场所和环境，包括陆地、陆上水域、内水、领海、领空等。与土地利用不同，国土空间是由不同土地利用类型的组合而成的地域和主权空间，由土地用途、人口、经济、生态环境等要素共同组成，具有综合性、地域性、动态性、功能性和尺度性。国土空间按所具备功能和所提供产品分为城市空间、农业空间、生态空间和其他空间 4 种类型。此后，国土空间在我国空间治理体系中的基础性地位不断强化。2015 年 4 月，《中共中央 国务院关于加快推进生态文明建设的意见》提出，"国土是生态文明建设的空间载体。2015 年 9 月，十八届中央政治局会议审议通过《生态文明体制改革总体方案》，首次提出构建国土空间开发保护制度，强调国土是我们的生产生活依托，是一个国家和民族最宝贵的自然资源，也是生态文明建设的空间载体。至此，国土空间成为承担主体功能区划、用途管制、开发保护、空间规划等重大战略的基本对象。

从管理角度划分，我国的国土空间产权是指国家对其境内所有土地及地上建筑物、构筑物，以及海洋、森林、草原等自然资源的所有权和使用权所构成的制度体系，呈现出多种客体类型，多种产权类型的综合性特征。国土空间产权遵循物权法定的原则，《中华人民共和国宪法》明确了国有和集体的二元土地所有制和国家对自然资源的所有权。《中华人民共和国土地管理法》具体规定了土地所有权、使用权的管理和保护。《中华人民共和国民法典》中的物权编进一步规范了不动产和动产的物权关系。

首先是国有所有权。城市土地属于国家所有，任何单位和个人只能依法使用土地，而无权拥有土地的所有权。煤矿、石油、天然气等矿产资源都属于国家所有，开采权和使用权需要通过国家审批。所有河流、湖泊及其水资源归国家所有，使用水资源需要获得相关部门的许可。其次是集体所有产权。农村和城市郊区的土地，包括农用地、建设用地和未利用地，属于农民集体所有，具体的管理和使用权则由村民委员会或农村集体经济组织行使。农村集体经济组织还拥有一定数量的森林和草原，这些资源的管理和利用由集体组织决定，但要符合国家的政策法规。最后是国家通过一系列制度设定形成组织和个人的国土空间使用权，例如城市住宅用地使用权，个人可以通过购买商品房获得一定期限的土地使用权（通常为 70 年），这些使用权可以依法在相应的市场范围内进行交易和权利流转。

5.1.2 我国的产权产籍管理

1. 地籍的概念

土地是人类赖以生存的物质基础和空间载体，随着人口总量的增加和在空间上的集聚，不同程度的土地稀缺问题逐渐突出，如何合理的配置土地资产，提高土地利用效率，保证土地资源的可持续利用，成为人类社会所面临的重大课题。反映土地信息的地籍是解决土地问题、管理土地资源、调节土地收益的基础，它已经成为国土空间规划、城市建设管理决策的依据。

在我国，地籍最初由收取赋税之需而产生，是为征税而建立的记载土地的位置、界址、数量、质量、权属、用途（地类）等状况的田赋清册和簿册。《尚书·禹贡》中记载，夏禹时期，曾按土壤质地、水利、条件将疆域土地划分三等九级，作为缴纳贡赋的依据，这是我国最早的地籍制度的书面记载。随着土地管理工作的发展变化，地籍不再仅被用以反映有关税务关系的土地信息，需要拥有更为全面的有关土地权属的信息、土地利用信息、土地资产信息等[126]。同时，随着科技的发展和社会的进步，地籍除采用簿册形式外，还会测绘地籍图，采用图册并用的手段。现代地籍又从传统图册逐步向基于信息技术的地籍信息系统的方向发展。

2. 地籍的分类

按发展阶段、特点和任务、地域和城乡土地特点等标准，地籍可以划分为不同的类别，不同的分类有助于我们深入理解地籍的内涵及其用途。

1）**按照发展阶段分类**

按照发展阶段分类可分为税收地籍、产权地籍和多用途地籍。这三种地籍是反映人类历史上地籍产生和发展的三个不同历史阶段的典型类型。

税收地籍是人类历史上最早出现的一种地籍，各国早期建立的为课税服务的登记簿册都属此类，因此当时地籍的主要内容在于反映纳税对象有关的信息，包括土地纳税人的姓名、土地坐落、土地面积以及为确定税率所需的土地等级等，依此具体地确定纳税责任人和计量应缴纳的税额。受税收地籍的目的和当时科技水平的限制，土地调查内容和测量都十分简单。从管理的角度来看，税收地籍目标单一，缺乏防止管理上出现漏洞的措施。

产权地籍亦称法律地籍。这是资本主义发展到一定阶段的产物，随着土地交易逐渐增多，交易行为成为社会生活中一种常见的活动，国家开始借助于地籍从行政管理的角度将土地的产权管理纳入法律管理范畴。此时的产权地籍是国家为维护土地合法权利，鼓励土地交易，防止土地投机和保护土地买卖双方的权益而建立的土地产权登记的簿册，经登记的信息具有法律效力。产权地籍最重要的特点是实施有法律效力的土地登记，最重要的任务是保护土地产权人的合法权益。凡登记了的土地，其产权证明就可以成为有效的法律凭证，国家可以从法律上给予保护，保障土地资产在社会上流转有序进行。该阶段地籍作为征税依据的作用仍然未减，相反，征税的依据更为稳定、可靠，同时地籍的功能更扩展到了土地产权的管理范畴。产权地籍与税收地籍相比，更加重视土地产权的确认、权益的维护以及接触和避免土地权属纠纷的客观需要。

多用途地籍又称现代地籍，是税收地籍和产权地籍的进一步发展。其目的不仅是为课税或产权保障服务，更重要的是为各项土地利用和农地保护，为全面、科学地管理土地提供信息服务。随着科学技术的发展，特别是计算机技术、遥感技术和信息技术的发展，地籍的内容及其应用范围不断扩展，由平面走向三维，由静态走向动态，远远突破了先前的税收地籍和产权地籍的局限，逐步演变为涵盖经济、法律、社会、空间等维度信息的综合数据库。

2）按特点和任务分类

按特点和任务分类可分为初始地籍和日常地籍。土地的数量、质量、权属及其空间分布、利用状况等都是动态的，一旦实地发生变化，相应的地籍资料若不随之更新，原有资料便失去现实意义，因此地籍必须始终保持现势性。完整的地籍开展过程无疑包括最初的调查、记载、整理等，也包括之后对变化发生后的再调查、重新记载、重新整理等更新过程，这就是初始地籍和日常地籍，它们是地籍开展的不同阶段，有着不同的特点和任务。

初始地籍是指在某一时期内，对区域内全部土地进行全面调查、记载、整理后，最初建立的地籍图册，而不是指历史上的第一本簿册。日常地籍是以初始地籍为基础，针对土地数量、质量、权属及其分布和利用、使用情况的变化，进行修正、补充和更新以保持地籍现势性的地籍图册。

3）按地域和城乡土地的特点分类

按地域和城乡土地的特点分类可分为城镇地籍和农村地籍。地籍就本质而言，并不依地域加以区别，城镇和农村地籍的内容不应有原则性的区别。但是目前城市土地利用和农村土地利用在组织和管理上有较大差异。因此，客观上我国城镇地籍与农村地籍存在明显差别。

城镇地籍的对象是城市和建制镇的建成区或规划区的土地，以及独立于城镇以外的工矿企业、铁路、交通等的用地。由于城镇土地利用率、集约化程度高，容积率高、建筑密度高，土地价值区位明显，其位置和交通条件所形成的级差收益悬殊，对这些土地的管理客观上要求细致而严密，地籍测量数据要求采用精度高的测量方法测算。

农村地籍的对象是城镇郊区及农村集体所有土地、国有农场使用的国有土地和农村居民点用地等。人口和建筑物密度相对城镇而言较低，单位面积产出率远低于城镇土地，对于地籍资料的精度没有城镇高。

因此，城镇地籍采用大比例尺地籍图，技术手段比较先进，调查基本单元较小，地籍资料详尽，权属处理、成果整理、图册编制等也都比农村复杂。农村地籍调查的对象范围过于庞大，调查所应用的图件比例尺相对较小，精度大大低于城镇地籍。

4）按行政管理层次分类

按行政管理层次分类可分为国家地籍和基层地籍。县级（含）以上各级土地管理部门所从事的地籍工作称为国家地籍。县级以下的乡（镇）土地管理所和村级生产单位（国有农牧渔场的生产队），以及其他非农业建设单位所从事的地籍工作成为基层地籍。

5）按地籍手段和成果形式分类

按地籍手段和成果形式分类可分为常规地籍和数字地籍，这是近年来地籍手段快速发展引起的一种分类方式。常规地籍一般以过去通常运用的手段和形式来完成地籍信息的收集、调查、记载、整理，用常见的形式，即通过建图、表、卡、册、簿等方式来表现地籍资料。常规地籍费工费时，成果累赘、应用不便、差误防范困难。数字地籍得益于科技的发展，从基础调查资料起，用数字的形式存贮于体积小、重现度高的存贮介质中，通过规范的程序实现整理、分类、汇总及建库。无论图形资料还是数据资料都转化为数字形态。数字地籍具有处理能力强、省工节时、可以有效防止加工整理差误、检索快捷准确、表现形式生动等优越性，代表着地籍现代化的方向。

3. 地籍管理

地籍管理由来已久，其内容也不断丰富和完善，纵观我国地籍管理的发展演变，呈现出从税收需要的有限管理到国土空间全覆盖的全口径管理的过程。封建社会时期，为了满足制定与封建土地占有密切相关的税收、劳役和租赋制度的需要，广泛开展土地清查、土地分类和编制土地清册等工作，成为这一时期地籍管理的主要内容。封建社会末期，为巩固封建土地所有权、推行契据制度而加重土地登记的内容。到了民国时期，随着西方科技文化的传入和中国沦为半殖民地半封建的社会，地籍测量和土地登记成为主要内容。但是直到这一时期地籍管理工作也仅仅在一些地区有所开展，尚未覆盖全国范围，且实际内容也是相当狭窄的。新中国成立初期地籍管理的主要内容是结合土改分地，进行土地清丈、划界、定桩、开展土地登记、发证等。之后，地籍管理逐步从以地权登记为主转向为组织土地利用提供基础依据、为建立农税面积台账服务为主要内容。随着我国社会主义现代化建设的发展，地籍管理内容不断扩展和加深，技术手段不断提高，开展土地利用现状调查、地籍调查，全国城镇土地使用权申报登记工作全面展开，并迅速转为城镇土地登记和土地定级工作，建立起土地统计报表制度及地籍档案管理制度等，地籍管理向着全方位、规范化、制度化方向发展。当前，随着我国自然资源管理领域改革的系统推进，覆盖山、水、林、田、湖、草、海的国土空间全覆盖的全口径地籍管理体系逐步完善，地籍管理的目标也愈发综合。

现阶段我国地籍管理工作的主要内容包括：土地调查、土地（不动产）登记、土地统计、地籍档案管理等。土地调查和土地登记是地籍管理实践和研究体系的主体与核心内容，并逐步扩展到"不动产+自然资源"的全口径国土空间，权属调查和地籍测量是地籍管理的基础性工作，地籍档案管理是土地调查、土地登记、土地统计的后续工作，是地籍管理各项工作成果的归宿，并为土地管理各项工作提供参考依据和基础数据。

5.2 国土空间权籍调查

本节介绍国土空间权籍调查的概念、类型和主要过程，旨在阐明国土空间权籍产生和确认的过程，从土地调查和自然资源调查两个维度切入，阐述国土空间权籍调查的制度要求、主要内容和主要类型，有助于理解和掌握我国国土空间权籍数据的产生过程。

5.2.1 土地调查

一般认为，土地调查是对人们感知的土地自然属性和社会经济特性进行查考记录的活动。根据《土地调查条例》，土地调查的目的是全面查清土地资源和利用状况，掌握真实准确的土地基础数据，为科学规划、合理利用、有效保护土地资源，实施最严格的耕地保护制度，加强和改善宏观调控提供依据，促进经济社会全面协调可持续发展。

根据不同的认知标准，土地调查可以划分为不同的类型。根据调查的战略定位和工作频次，土地调查可以分为全国土地调查和土地变更调查。根据《土地调查条例》，国家根据国民经济和社会发展需要，每10年进行一次全国土地调查；根据土地管理工作的需要，每年进行土地变更调查。根据调查的区域，土地调查可以分为城镇土地调查、农村土地调查。根据工作内容和目标，土地调查可以分为综合土地调查和专项土地调查。一般而言，土地调查包括下列内容：①土地利用现状及变化情况，包括地类、位置、面积、分布等状况；②土地权属及变化情况，包括土地的所有权和使用权状况；③土地条件，包括土地的自然条件、社会经济条件等状况。进行土地利用现状及变化情况调查时，应当重点调查基本农田现状及变化情况，包括基本农田的数量、分布和保护状况。

5.2.2 自然资源调查

随着我国自然资源体制改革不断推进，包括土地调查在内的国土空间全覆盖的综合调查慢慢发展完善，形成自然资源调查。自然资源是指天然存在、有使用价值、可提高人类当前和未来福利的自然环境因素的总和[127]。自然资源调查分为基础调查和专项调查。其中，基础调查是对自然资源共性特征开展的调查，专项调查指为自然资源的特性或特定需要开展的专业性调查。基础调查和专项调查相结合，共同描述自然资源总体情况。

1. 基础调查

基础调查主要任务是查清各类自然资源体投射在地表的分布和范围，以及开发利用与保护等基本情况，掌握最基本的全国自然资源本底状况和共性特征。基础调查是以各类自然资源的分布、范围、面积、权属性质等为核心内容，以地表覆盖为基础，按照自然资源管理基本需求，组织开展的我国陆海全域的自然资源基础性调查工作。

基础调查属重大的国情国力调查，由中共中央、国务院部署安排。为保证基础调查成果的现势性，组织开展自然资源成果年度更新，及时掌握全国每一块自然资源的类型、面积、范围等方面的变化情况。

当前，以国土"三调"为基础，集成现有的森林资源清查、湿地资源调查、水资源调查、草原资源清查等数据成果，形成自然资源管理的调查监测"一张底图"。按照自然资源分类标准，适时组织开展全国性的自然资源调查工作。

2. 专项调查

针对土地、矿产、森林、草原、水、湿地、海域海岛等自然资源的特性、专业管理和宏观决策需求，组织开展自然资源的专业性调查，查清各类自然资源的数量、质量、结构、生态功能以及相关人文地理等多维度信息。建立自然资源专项调查工作机制，根据专业管理的需要，定期组织全国性的专项调查，发布调查结果。

（1）耕地资源调查。在基础调查耕地范围内，开展耕地资源专项调查工作，查清耕地的等级、健康状况、产能等，掌握全国耕地资源的质量状况。每年对重点区域的耕地质量情况进行调查，包括对耕地的质量、土壤酸化盐渍化及其他生物化学成分组成等进行跟踪，分析耕地质量变化趋势。

（2）森林资源调查。查清森林资源的种类、数量、质量、结构、功能和生态状况以及变化情况等，获取全国森林覆盖率、森林蓄积量以及起源、树种、龄组、郁闭度等指标数据。每年发布森林蓄积量、森林覆盖率等重要数据。

（3）草原资源调查。查清草原的类型、生物量、等级、生态状况以及变化情况等，获取全国草原植被覆盖度、草原综合植被盖度、草原生产力等指标数据，掌握全国草原植被生长、利用、退化、鼠害病虫害、草原生态修复状况等信息。每年发布草原综合植被盖度等重要数据。

（4）湿地资源调查。查清湿地类型、分布、面积，湿地水环境、生物多样性、保护与利用、受威胁状况等现状及其变化情况，全面掌握湿地生态质量状况及湿地损毁等变化趋势，形成湿地面积、分布、湿地率、湿地保护率等数据。每年发布湿地保护率等数据。

国土"三调"对全国湿地调查成果进行实地核实，验证每块湿地的实地现状，确定其类型、边界、范围和面积，更新全国湿地调查结果。国土"三调"结束后，利用两到三年时间，以高分辨率遥感影像和高精度数字高程模型为支撑，详细调查湿地植被情况、水源补给、流出状况、积水状况以及鸟类情况等。

（5）水资源调查。查清地表水资源量、地下水资源量、水资源总量，水资源质量，河流年平均径流量，湖泊水库的蓄水动态，地下水位动态等现状及变化情况；开展重点区域水资源详查；每年发布全国水资源调查结果数据。

（6）海洋资源调查。查清海岸线类型（如基岩岸线、砂质岸线、淤泥质岸线、生物岸线、人工岸线）及长度，查清滨海湿地、沿海滩涂、海域类型、分布、面积和保护利用状况以及海岛的数量、位置、面积、开发利用与保护等现状及其变化情况，掌握全国海岸带保护利用情况、围填海情况，以及海岛资源现状及其保护利用状况。同时，开展海洋矿产资源（包括海砂、海洋油气资源等），海洋能（包括海上风能、潮汐能、潮流能、波浪能、温差能等），海洋生态系统（包括珊瑚礁、红树林、海草床等），海洋生物资源（包括鱼卵、籽鱼、浮游动植物、游泳生物、底栖生物的种类和数量等），海洋水体，地形地貌等调查。

（7）地下资源调查。地下资源调查主要为矿产资源调查，任务是查明成矿远景区地质背景和成矿条件，开展重要矿产资源潜力评价，为商业性矿产勘查提供靶区和地质资料；摸清全国地下各类矿产资源状况，包括陆地地表及以下各种矿产资源矿区、矿床、矿体、矿石主要特征数据和已查明资源储量信息等。掌握矿产资源储量利用现状和开发利用水平及变化情况。每年发布全国重要矿产资源调查结果。

地下资源调查还包括以城市为主要对象的地下空间资源调查，以及海底空间和利用，查清地下天然洞穴的类型、空间位置、规模、用途等，以及可利用的地下空间资源分布范围、类型、位置及体积规模等。

（8）地表基质调查。查清岩石、砾石、沙、土壤等地表基质类型、理化性质及地质景观属性等。条件成熟时，结合已有的基础地质调查等工作，组织开展全国地表基质调查，必要时进行补充调查与更新。

除以上专项调查外，还可结合国土空间规划和自然资源管理需要，有针对性地组织开展城乡建设用地和城镇设施用地、野生动物、生物多样性、水土流失、海岸带侵蚀，以及荒漠化和沙化石漠化等方面的专项调查。

5.3 国土空间权籍登记

本节介绍国土空间权籍登记的基本概念、类型和特征，旨在让读者理解"权利"是如何生成的，加强对物权法定的理解。从我国管理实践的角度出发，分不动产登记和自然资源统一确权登记分别进行阐述，讨论登记概念、理论基础和权利确认过程的法律要求。

5.3.1 不动产登记

1. 不动产登记的概念

不动产登记是《中华人民共和国物权法》确立的一项物权制度，根据《不动产登记暂行条例》，不动产登记是指经权利人或利害关系人申请，由国家不动产登记机构依法将不动产权利归属及其变动事项记载于不动产登记簿的行为，其中不动产指土地、海域以及房屋、林木等定着物。不动产登记的根本目的是对权利进行公示。所谓公示，是指将物权变动的意思公开向社会公众表彰。物权公示的效力，是物权公示所产生的法律效果。物权是排他性财产权，是绝对权，物权的变动必须通过法定的公示方式才能产生法律效力。

我国的不动产登记在国民经济和社会发展中发挥着极其重要的作用。第一，维护了土地的社会主义公有制。通过土地登记，明确了国家土地所有权和集体土地所有权，为切实维护土地的社会主义公有制提供了重要的法律依据和保障。第二，维护了不动产权利人的合法权益。国有土地和农民集体所有的土地可以依法确定给单位或者个人使用，通过土地登记，表彰依法取得的土地使用权，基于国家公信力，土地权利人的合法权益将得到保障。房产所有人及他物权人通过不动产登记，其合法权益同样受到国家的保护。第三，维护了正常的不动产市场秩序。不动产登记是对不动产市场实施有效监管的主要措施。在交易过程中，通过登记对交易的合法性进行审查，对不动产权属变动关系进行确认有效地促进了市场的规范化，维护了正常的市场秩序。第四，有效保护耕地。在对土地用途变更登记进行审核时，凡是不符合土地用途管制要求，随意将农业用地转变为非农业建设用地，非法占用耕地的，均不得办理土地变更登记手续。第五，为社会提供了重要的基础信息，是国家掌握不动产动态变化的一个重要的信息源，是国家收取不动产租、税、费的依据，也是国家基础数据的重要组成部分。

不动产登记应遵循依法、依申请、审查、属地等级四条基本原则。首先，不动产登记必须依法进行。登记义务人必须依法向登记机关申请，提交有关的证明文件资料，并按照登记机关的要求到现场指界等；登记机关必须依法对登记义务人的申请进行审查、确权和在登记簿上进行登记；不动产权利经登记后的效力由法律、法规和政策规定，任何单位和个人都不能随意夸大或缩小登记的效力。这些要求维护了不动产登记在法律上的严肃性和公正性。其次，登记机关办理不动产登记，一般都应当由相关权利人或权利变动当事人首先向登记机关提出申请，即向登记机关提出明确的意思表示。申请方式有权利人单独申请和权利人与义务人共同申请两种。

再次，登记机关对登记申请和地籍调查的结果必须进行审查，审查的内容主要包括两个方面：一是形式审查，审查登记申请所提交的各种文件资料是否为登记所必须具备的要件；二是实质审查，审查所申请的不动产权利或权利变动事项是否符合国家有关法律和政策。经过审查，有的还需要通过公示，凡符合登记要求的，应予以登记，否则不予登记。最后，不动产登记遵循"属地登记、分级管辖"的原则，不动产所在的县级行政单元是不动产登记的主体责任机构。

2. 三种主要的登记制度

1）契据登记制

契据登记制是历史上最初出现的不动产登记制度，首创于法国，又称法国登记制。土地权利的取得、变更及丧失，只要经当事人订立契据（契约）即生效力。但是登记只是为了证明双方的交易关系，从而能对第三人起到对抗作用，以维护交易安全，而不是登记生效的必要条件。目前采用契据登记制的国家或地区有法国、比利时、苏格兰、意大利、西班牙、挪威、日本、葡萄牙、巴西、美国多数州等。

契据登记制的特点如下：①订立契据即可生效。不动产权利的变动，以登记作为对抗第三人的要件。即不动产权利的取得或变更，依当事人意思订立契约，即已发生法律效力，向登记机关提出登记公示只是为对抗第三人。②形式审查。登记人员对于登记的申请，采用形式审查，至于契据所载权利事项，有无瑕疵，一般不过问。③登记无公信力。虽经登记，但在法律上没有公信力。例如，已登记的事项，若实体上认为不成立而无效时，就可以推翻。④登记非强制。不动产权利登记与否，由当事人决定，法律并无强制规定。⑤登记簿采取人的编成主义。契据登记制登记簿编成不以不动产为准，而以不动产权利人登记次序之先后编制。登记完毕仅在契约上注记经过，不发权利书状。⑥动态登记。不仅登记现状，也登记变更情况，为动态登记。

2）权利登记制

权利登记制规定，对于土地权利的变更，仅有当事人表示意见一致及订立契据，尚不能生效，必须由登记机关按法定登记形式进行实质审查，确认权利的得失与变更，才能生效，并供第三者查阅，即土地权利变更，不经登记不生效。权利登记制系德国创立，也称德国登记制，目前采用权利登记制的国家有德国、奥地利、瑞士、荷兰、捷克、匈牙利、埃及等。

权利登记制的特点：①登记是生效的必要条件。不动产物权的取得或变更，以登记为其发生效力，如不登记，当事人虽订有契约，也不能对抗第三人，而在法律上亦不发生物权变动效力。②实质审查。登记人员对于登记申请，有实质的审查权，审查申请所必须具备的形式要件，不动产权利变动原因与事实是否符合，缴附文件有无瑕疵，证明无误后方予登记。③登记具有公信力。登记簿上所载权利事项，即使在实体法上由于登记原因不成立，或有无效、撤销的情形，亦不得以其来对抗善意第三人。也就是说公众可信赖已登记权利，具有确定的效力。④登记具有强制性。不动产物权的取得、设定、变更、丧失，非经登记不发生效力。⑤登记簿采取物的编成主义。即依不动产物的编号先后次序编制，登记完毕，不发权利书状，仅在契约上加注记登记经过。⑥登记以不动产权利之静态为主。登记簿先登记不动产权利之现在状态，再反映不动产之变动情形。

3）托伦斯登记制

托伦斯登记制认为，为了便利不动产物权的转移，不动产物权经登记后，便具有确认产权的效力。权利人拥有政府颁发的相关权利证书，可以证明是法律认可的不动产权利。此登记制度为托伦斯爵士于1858年在澳洲首创，他对权利登记制进行改良，主张以权利证书替代契据，从而保证权利可靠，且便于转移。目前实行托伦斯登记制的国家或地区有澳大利亚、英国、新西兰、加拿大、菲律宾、泰国、美国少数州等。

托伦斯登记的特点：①不动产权利未经登记不生效。②登记非强迫性。即不强制一切不动产必须向政府申请登记，登记与否，由当事人自行决定。③采取实质审查。登记人员对于登记申请，有实质审查的权限，登记原因及证明文件要详细审查是否有误。必须公告时应经过公告程序。尔后才能确定登记。④登记具有公信力。不动产一经登记，即有不可推翻的效力，国家保证其权利，任何人应信赖其登记。⑤发给权利证书。登记完毕，登记机关发给权利人土地权利证书（与登记记录相同），作为取得土地权利的凭证，并有附图，以辅助登记簿及文字说明的不足。⑥地上如设定权利负担，应为负担登记。已登记土地上如有抵押权等他物权设定时，应办理他物权设定与变更登记。⑦登记人员负登记错误的损害赔偿责任。⑧登记簿采取物的编成主义，并用地籍图辅助登记簿。

3. 不动产登记的法律基础和主要类型

1）不动产登记的法律基础

我国宪法、民法典等根本大法都明确产权保护和不动产登记的法律地位，是不动产登记的根本遵循。《中华人民共和国民法典》第209条规定不动产物权的设立、变更、转让和消灭，经依法登记，发生效力；未经登记，不发生效力，但法律另有规定的除外。依法属于国家所有的自然资源，所有权可以不登记，上述条款奠定了不动产登记的法律地位和登记要件主义。《中华人民共和国民法典》第210条规定，不动产登记，由不动产所在地的登记机构办理。国家对不动产实行统一登记制度。统一登记的范围、登记机构和登记办法，由法律、行政法规规定，上述条款明确了登记制度和登记机构的法律地位和责任。

此外，一系列的法律法规和规范性文件为不动产登记提供了有力支撑。2013年我国不动产统一登记工作正式启动，十年来该领域的立法工作始终在有序推进：2014年12月22日国务院颁布《不动产登记暂行条例》（国务院令第656号）；2015年8月3日，国土资源部印发《国土资源部关于做好不动产信息管理基础信息平台建设工作的通知》（国土资发〔2015〕103号）及《不动产登记信息管理基础平台建设总体方案》，支持建立不动产登记信息平台。2016年1月15日国土资源部发布《不动产登记暂行条例实施细则》（国土资源部令第63号）。2021年实施的《中华人民共和国民法典》物权编对不动产统一登记改革探索内容进行了法律确认。2021年4月6日自然资源部公布《关于做好不动产抵押权登记工作的通知》（自然资发〔2021〕54号），全面落实《中华人民共和国民法典》及《关于适用〈民法典〉有关担保制度解释》对不动产抵押的最新规定。2022年10月30日自然资源部公布《不动产登记法（征求意见稿）》，总结了10年来我国不动产统一登记工作的丰富经验，吸收了近年来理论研究和司法实践的新内容，在《不动产登记暂行条例》和《不动产登记暂行条例实施细则》的基础上进一步加以修订和完善，从行政规章提升到法律，极大地加强了对市场主体的产权保护力度，以满足公民保护合法财产权益的更高需求。

2）不动产登记的主要类型

我国实行不动产统一登记制度。《不动产登记暂行条例》中明确的我国登记实践中的不动产登记类型包括不动产首次登记、变更登记、转移登记、注销登记、更正登记、异议登记、预告登记、查封登记等。

不动产首次登记，是指不动产权利第一次登记。未办理不动产首次登记的，不得办理不动产其他类型登记，但法律、行政法规另有规定的除外。市、县人民政府可以根据情况对本行政区域内未登记的不动产，组织开展集体土地所有权、宅基地使用权、集体建设用地使用权、土地承包经营权的首次登记。

4. 不动产登记的权利主客体
1）不动产权利主体

国务院国土资源主管部门负责指导、监督全国不动产登记工作。县级以上地方人民政府应当确定一个部门为本行政区域的不动产登记机构，负责不动产登记工作，并接受上级人民政府不动产登记主管部门的指导、监督。

跨县级行政区域的不动产登记，由所跨县级行政区域的不动产登记机构分别办理。不能分别办理的，由所跨县级行政区域的不动产登记机构协商办理；协商不成的，由共同的上一级人民政府不动产登记主管部门指定办理。

国务院确定的重点国有林区的森林、林木和林地，国务院批准项目用海、用岛，中央国家机关使用的国有土地等不动产登记，由国务院国土资源主管部门会同有关部门规定。

2）不动产权利客体

根据《不动产登记条例》，我国可以办理不动产登记的客体主要包括以下10种类型：

（1）集体土地所有权；

（2）房屋等建筑物、构筑物所有权；

（3）森林、林木所有权；

（4）耕地、林地、草地等土地承包经营权；

（5）建设用地使用权；

（6）宅基地使用权；

（7）海域使用权；

（8）地役权；

（9）抵押权；

（10）法律规定需要登记的其他不动产权利。

5. 不动产登记簿

不动产以不动产单元为基本单位进行登记。不动产单元具有唯一编码。不动产登记机构应当按照国务院国土资源主管部门的规定设立统一的不动产登记簿。

不动产登记簿应当记载以下事项：

（1）不动产的坐落、界址、空间界限、面积、用途等自然状况；

（2）不动产权利的主体、类型、内容、来源、期限、权利变化等权属状况；

（3）涉及不动产权利限制、提示的事项；

（4）其他相关事项。

不动产登记簿一般应当采用电子介质，不动产登记机构负责明确不动产登记簿唯一的、合法的介质形式。不动产登记簿采用电子介质的，应当定期进行异地备份，并具有唯一确定的纸质转化形式。

6. 登记申请和办理要求

1）登记申请的要求

根据《不动产登记暂行条例》，因买卖、设定抵押权等申请不动产登记的，应当由当事人双方共同申请。属于下列 7 种情形之一的，可以由当事人单方申请：

（1）尚未登记的不动产首次申请登记的；

（2）继承、接受遗赠取得不动产权利的；

（3）人民法院、仲裁委员会生效的法律文书或者人民政府生效的决定等设立、变更、转让、消灭不动产权利的；

（4）权利人姓名、名称或者自然状况发生变化，申请变更登记的；

（5）不动产灭失或者权利人放弃不动产权利，申请注销登记的；

（6）申请更正登记或者异议登记的；

（7）法律、行政法规规定可以由当事人单方申请的其他情形。

当事人或者其代理人应当向不动产登记机构申请不动产登记。不动产登记机构将申请登记事项记载于不动产登记簿前，申请人可以撤回登记申请。

申请人应当提交下列材料，并对申请材料的真实性负责：

（1）登记申请书；

（2）申请人、代理人身份证明材料、授权委托书；

（3）相关的不动产权属来源证明材料、登记原因证明文件、不动产权属证书；

（4）不动产界址、空间界限、面积等材料；

（5）与他人利害关系的说明材料；

（6）法律、行政法规以及本条例实施细则规定的其他材料。

不动产登记机构应当在办公场所和门户网站公开申请登记所需材料目录和示范文本等信息。

2）登记办理的要求

不动产登记机构收到不动产登记申请材料，应当区分以下情况并分别办理：

（1）属于登记职责范围，申请材料齐全、符合法定形式，或者申请人按照要求提交全部补正申请材料的，应当受理并书面告知申请人；

（2）申请材料存在可以当场更正的错误的，应当告知申请人当场更正，申请人当场更正后，应当受理并书面告知申请人；

（3）申请材料不齐全或者不符合法定形式的，应当当场书面告知申请人不予受理并一次性告知需要补正的全部内容；

（4）申请登记的不动产不属于本机构登记范围的，应当当场书面告知申请人不予受理并告知申请人向有登记权的机构申请。

不动产登记机构未当场书面告知申请人不予受理的，视为受理。

登记申请存在下4种列情形之一的，不动产登记机构应当不予登记：

（1）违反法律、行政法规规定的；

（2）存在尚未解决的权属争议的；

（3）申请登记的不动产权利超过规定期限的；

（4）法律、行政法规规定不予登记的其他情形。

3）查验要求

不动产登记机构受理不动产登记申请的，应当按照下列要求进行查验：

（1）不动产界址、空间界限、面积等材料与申请登记的不动产状况是否一致；

（2）有关证明材料、文件与申请登记的内容是否一致；

（3）登记申请是否违反法律、行政法规规定。

存在下列情形之一，不动产登记机构可以对不动产进行实地查看：

（1）房屋等建筑物、构筑物所有权首次登记；

（2）在建建筑物抵押权登记；

（3）因不动产灭失导致的注销登记；

（4）不动产登记机构认为需要实地查看的其他情形。

对可能存在权属争议和涉及他人利害关系的登记申请，不动产登记机构可以向相关人员进行调查。不动产登记机构进行实地查看或者调查时，申请人、被调查人应当予以配合。

5.3.2 自然资源统一确权登记

1. 登记的概念和意义

1）自然资源统一确权登记的概念

根据《自然资源统一确权登记暂行办法》的界定，自然资源统一确权登记是对水流、森林、山岭、草原、荒地、滩涂、海域、无居民海岛以及探明储量的矿产资源等自然资源的所有权和所有自然生态空间统一进行的确权登记。

在我国，上述自然资源统一确权登记的界定是在经历多年实践发展后形成的。第一阶段是探索阶段。2015年9月，《生态文明体制改革总体方案》要求建立和实施自然资源统一确权登记制度，推动建立归属清晰、权责明确、监管有效的自然资源资产产权制度，实现山水林田湖的整体保护、系统修复、综合治理。2016年11月，《自然资源统一确权登记办法（试行）》明确提出要建立自然资源统一确权登记制度，并在全国范围内组织开展自然资源统一确权登记试点工作。第二阶段该项制度得以确立。2019年7月，《自然资源统一确权登记暂行办法》出台，自然资源统一确权登记由顶层设计、试点探索走向制度落地。第三阶段是该项制度的规范发展。2019年10月，《中共中央关于坚持和完善中国特色社会主义制度、推进国家治理体系和治理能力现代化若干重大问题的决定》提出推进自然资源统一确权登记法治化、规范化、标准化、信息化。2020年2月，《自然资源确权登记操作指南（试行）》进一步明确自然资源确权登记的技术标准和操作要求，规范工作流程和工作程序，旨在更好地规范指导全国各级登记机构开展自然资源确权登记工作。第四阶段是该项制度的深化阶段。2021年4月，《关于建立健全生态产品价值实现机制的意见》提出要推进自然资源确权登记，清晰界定自然资源资产产权主体，丰富自然资源资产使用权类型，依托自然资源统一确权登记明确生态产品权责归属。

2）自然资源统一确权登记的目的和意义

自然资源是生态系统的主体构成要素、重要空间载体和生态保护的主要对象，它们具有经济、社会和生态等多种属性，能满足人类生产、生活、娱乐、审美等需要。然而，过去很长一段时间里，我国的自然资源管理却存在着自然资源所有者不到位、所有权边界模糊的问题。以森林和河流为例，在一些案例中，由于资源产权不明，使得企业和个人在使用森林和河流资源时的直接成本小于社会所需付出的成本，从而导致森林被乱砍滥伐、水资源被过度使用，严重不利于资源保护和污染治理。

早在2015年，中共中央政治局审议通过的《生态文明体制改革总体方案》中就明确指出，"构建归属清晰、权责明确、监管有效的自然资源资产产权制度，着力解决自然资源所有者不到位、所有权边界模糊等问题。"针对现有自然资源管理"痛点"，自然资源统一确权登记的目的是清晰界定我国全部国土空间各类自然资源资产的所有权主体，明确划清了四个"边界"——划清全民所有和集体所有之间的边界；划清全民所有、不同层级政府行使所有权的边界；划清不同集体所有者的边界；划清不同类型自然资源之间的边界。

因此，自然资源统一确权登记是为贯彻落实中共中央、国务院关于生态文明建设决策部署，建立和实施自然资源统一确权登记制度，推进自然资源确权登记法治化，推动建立归属清晰、权责明确、保护严格、流转顺畅、监管有效的自然资源资产产权制度，实现山水林田湖整体保护、系统修复、综合治理。

自然资源统一确权登记会产生诸多效用，其主要意义包括三个方面。第一，支撑生态文明建设的重要基础。通过自然资源统一确权登记，全面摸清自然资源资产家底，夯实生态文明建设的基础。第二，落实新发展理念的根本要求。自然资源统一确权登记能够明确保护责任，调动权利主体在保护自然资源中的积极性，推动自然资源的保护和监管，促进绿色发展。第三，自然资源分类施策、有效保护和开发利用的重要前提。通过自然资源统一确权登记，将各类自然资源的质量、数量和保护要求全面摸清，为自然资源分类施策、有效保护和开发合理利用提供了重要前提。

2. 登记的主体和客体

1）登记的主体

全民所有自然资源所有权代表行使主体登记为国务院自然资源主管部门，所有权行使方式分为直接行使和代理行使。中央委托相关部门、地方政府代理行使所有权的，所有权代理行使主体登记为相关部门、地方人民政府。自然资源主管部门作为承担自然资源统一确权登记工作的机构，按照分级和属地相结合的方式进行登记管辖。

国务院自然资源主管部门负责指导、监督全国自然资源统一确权登记工作，会同省级人民政府负责组织开展由中央政府直接行使所有权的国家公园、自然保护区、自然公园等各类自然保护地以及大江大河大湖和跨境河流、生态功能重要的湿地和草原、国务院确定的重点国有林区、中央政府直接行使所有权的海域、无居民海岛、石油天然气、贵重稀有矿产资源等自然资源和生态空间的统一确权登记工作。具体登记工作由国家登记机构负责办理。

各省负责组织开展本行政区域内由中央委托地方政府代理行使所有权的自然资源和生态空间的统一确权登记工作。具体登记工作由省级及省级以下登记机构负责办理。

市县应按照要求，负责本行政区域范围内自然资源统一确权登记工作。跨行政区域的自然资源确权登记由共同的上一级登记机构直接办理或者指定登记机构办理。

2）登记的客体

自然资源确权登记的客体是以宪法、民法典等法律法规中自然资源为主体，根据管理需要适当调整范畴的自然资源和自然生态空间。一方面，自然资源包括水流、森林、山岭、草原、荒地、滩涂、探明储量的矿产资源、海域、无居民海岛，共九类。另一方面，自然生态空间是以非人类活动空间为主的自然空间，根据生态保护红线、国家公园等自然保护地管理范围予以确定，强调生态性、整体性。从实际工作看，正在开展的国家公园、长江、太湖、国家重点林区等自然资源确权登记，实际上都是对自然生态空间内的国家所有自然资源进行确权登记，指向的是土地及地上附着的现势自然资源。现阶段依据国土调查和专项调查成果记载自然资源实物量，未来自然资源资产价值核算体系建立后，自然资源资产价值能够确定的，可以补充完善价值量。

自然生态空间，是指具有自然属性、以提供生态服务或生态产品为主体功能的国土空间，既可以由各种类型的自然资源要素集合而成（比如国家公园等自然保护地），也可以是单一的自然资源所形成的空间（比如海洋、沙漠、荒地等）。自然资源调查监测、确权登记、权益管理、开发保护利用等都属于自然资源管理链条上的不同环节，各个环节对于自然资源分类的标准应该保持一致。自然资源部"三定"方案规定，其履行全民所有土地、矿产、森林、草原、湿地、水、海洋等自然资源资产所有者职责。那么，自然资源应该包括土地、矿产、森林、草原、湿地、水、海域、海岛等。因此，自然生态空间中的耕地、园地、建设用地等应纳入自然资源确权登记范畴。

自然资源确权登记的"权利"，应该是自然生态空间内的国家自然资源所有权。首先，自然生态空间上承载的既有所有权，也有使用权，但自然资源确权登记的对象主要是国家自然资源所有权，这是划清"四条边界"的核心任务所决定的，并且使用权已经被不动产登记涵盖，没有必要重复登记。其次，自然生态空间上承载的权利要么以土地形态存在，要么附着于土地而存在，但是自然资源确权登记的对象是土地及地上附着的自然资源所有权，不仅仅包括土地所有权。自然资源确权登记的自然生态空间内，既包括土地也包括地上附着物，且地上附着物的产权归属、生态价值与所有者权益、生态补偿、资源定价、收益管理等密切相关，应当予以登记记载。最后，自然资源确权登记的重点是落实全民所有自然资源的权利主体和内容。但是，自然生态空间往往是按照集中连片、生态功能完整的要求自然形成或审批划定的，国有与集体所有自然资源并存于一个生态空间的情况在实践中十分普遍。按照山水林田湖生命共同体理念，不能将集体所有自然资源从生态空间中割裂出去，但集体土地所有权、集体林权等已经登记，不必也不能再重复进行登记，可以在自然资源登记单元中记载或关联。

3. 自然资源登记单元

1）登记单元划定的原则

自然资源登记单元是自然资源统一确权登记开展的基本单位，是一个所有权主体清晰、自然资源种类明确、生态功能相对完整、集中连片且边界封闭的空间范围。划分登记单元是开展确权登记的关键步骤，是明晰自然资源产权的空间基础。

划分自然资源登记单位应当坚持以下原则：一是资源公有和物权法定。二是保持生态功能的完整性。三是要划清界限，不要重复。整个国土空间内的国有自然资源和自然保护区等自然生态空间所涉及的符合自然资源登记单位条件的集体自然资源，应当划归为自然资源登记单位。因此，它应该是完全限定的，没有遗漏。自然资源登记单位范围相重叠的，应当按照优先顺序划定，防止重叠。

自然资源登记单元应当由登记机构会同水利、林草、生态环境等部门在自然资源所有权范围的基础上，综合考虑不同自然资源种类和在生态、经济、国防等方面的重要程度以及相对完整的生态功能、集中连片等因素划定。

2）单元界限的确定

国家批准的国家公园、自然保护区、自然公园等各类自然保护地应当优先作为独立登记单元划定。登记单元划定以管理或保护审批范围界线为依据。同一区域内存在管理或保护审批范围界线交叉或重叠时，以最大的管理或保护范围界线划定登记单元。范围内存在集体所有自然资源的，应当一并划入登记单元，并在登记簿上对集体所有自然资源的主体、范围、面积等情况予以记载。

水流可以单独划定自然资源登记单元。以水流作为独立自然资源登记单元的，依据全国国土调查成果和水资源专项调查成果，以河流、湖泊管理范围为基础，结合堤防、水域岸线划定登记单元。河流的干流、支流，可以分别划定登记单元。

湿地可以单独划定自然资源登记单元。以湿地作为独立自然资源登记单元的，依据全国国土调查成果和湿地专项调查成果，按照自然资源边界划定登记单元。在河流、湖泊、水库等水流范围内的，不再单独划分湿地登记单元。

森林、草原、荒地登记单元原则上应当以土地所有权为基础，按照国家土地所有权权属界线封闭的空间划分登记单元，多个独立不相连的国家土地所有权权属界线封闭的空间，应分别划定登记单元。国务院确定的重点国有林区以国家批准的范围界线为依据单独划定自然资源登记单元。

在国家公园、自然保护区、自然公园等各类自然保护地登记单元内的森林、草原、荒地、水流、湿地等不再单独划定登记单元。

海域可单独划定自然资源登记单元，范围为我国的内水和领海。以海域作为独立登记单元的，依据沿海县市行政管辖界线，自海岸线起至领海外部界线划定登记单元。无居民海岛按照"一岛一登"的原则，单独划定自然资源登记单元，进行整岛登记。海域范围内的自然保护地、湿地、探明储量的矿产资源等，不再单独划定登记单元。

探明储量的矿产资源，固体矿产以矿区，油气以油气田划分登记单元。若矿业权整合包含或跨越多个矿区的，以矿业权整合后的区域为一个登记单元。登记单元的边界，以现有的储量登记库及储量统计库导出的矿区范围，储量评审备案文件确定的矿产资源储量估算范围，以及国家出资探明矿产地清理结果认定的矿产地范围在空间上套合确定。登记单元内存在依法审批的探矿权、采矿权的，登记簿关联勘查、采矿许可证相关信息。

在国家公园、自然保护区、自然公园等各类自然保护地登记单元内的矿产资源不再单独划定登记单元，通过分层标注的方式在自然资源登记簿上记载探明储量矿产资源的范围、类型、储量等内容。

3）单元编码

根据《自然资源统一确权登记办法》，我国自然资源登记单元具有唯一的编码。目前该规定已经列入国家标准计划《自然资源登记单元划定与代码编制规则》，由全国自然资源与国土空间规划标准化技术委员会（TC93）归口，主管部门为自然资源部（国土），主要起草单位是中国国土勘测规划院。这里将以该标准征求意见稿为参照进行讨论。

依据《信息分类和编码的基本原则与方法》（GB/T 7027—2002）规定的信息分类和编码的基本原则与方法，自然资源登记单元编码采用三层15位层次码结构。

（1）第一层次为登记单元所在行政区划代码，码长6位，采用中华人民共和国行政区划代码（GB/T 2260）中规定的数字代码。其中，国务院确定的自然资源，行政区划代码应采用所在地县级行政区划6位数字代码；对于跨行政区的，行政区划代码可采用共同的上一级行政区划数字代码，不足6位的；跨省级行政区的，行政区划代码可采用"860000"表示。

（2）第二层次为自然资源特征码，由首次登记机构级别代码和自然资源类型代码依次组成，码长3位。①首次登记机构级别代码，码长1位，码值为"1~4"；②自然资源类型代码，码长2位，码值为"00~99"。

（3）第三层次为登记单元顺序号，码长6位，码值为"000001~999999"，在自然资源特征码后按顺序编号。

4. 自然资源登记簿

1）自然资源登记与不动产登记的关系

自然资源确权登记与一般不动产登记存在差异，是特殊的不动产登记。不动产登记是建立现代市场经济体系的基础性制度，侧重于经济功能，主要功能是定分止争、保障交易安全；自然资源确权登记是生态文明建设的基础性制度，侧重于生态功能，在产权登记的同时，还要记载清楚管制要求、自然资源状况，处理好资源保护、监管、利用、碳汇等之间的关系。二者主要有以下三点区别。

一是不动产登记的客体以房、地为主，且地上的建筑物、构筑物一般不发生变化，具有较强的稳定性。自然资源确权登记的范围是特定的自然生态空间，地上附着的林、草、水、湿地等自然资源的自然状况随时发生变化。

二是国家所有权具有主体抽象性、内容公权性等特征，权利主体包括所有权主体、所有者职责履行主体、所有者职责代理履行主体等，与房屋所有权等一般所有权差异较大。

三是不动产登记的客体为土地或地上附着的单一类型客体，也就是"一物一权"，比如房屋等。自然资源确权登记，是指土地及地上附着的多种自然资源要素或者单一自然资源要素组合，具有集成性、综合性和整体性。因此，自然资源确权登记的制度设计在登记目的、登记管辖、登记启动方式、登记单元、登记权利类型、登记内容、登记类型、登记程序、登记查询、是否收费等方面与不动产登记一般规则有所差异。

自然资源统一确权登记以不动产登记为基础，依据《不动产登记暂行条例》的规定办理登记的不动产权利，不再重复登记。自然资源确权登记涉及调整或限制已登记的不动产权利的，应当符合法律法规规定，依法及时记载于不动产登记簿，并书面通知权利人。

2）自然资源登记簿记载的内容

我国自然资源登记簿记载的内容包括以下三方面的主要事项：

（1）自然资源的坐落、空间范围、面积、类型以及数量、质量等自然状况。

（2）自然资源所有权主体、所有权代表行使主体、所有权代理行使主体、行使方式及权利内容等权属状况。

（3）其他相关事项，主要包括以下内容。自然资源登记簿应当对地表、地上、地下空间范围内各类自然资源进行记载，并关联国土空间规划明确的用途、划定的生态保护红线等管制要求及其他特殊保护规定等信息。自然资源登记簿附图内容包括自然资源空间范围界线、面积，所有权主体、所有权代表行使主体、所有权代理行使主体，以及已登记的不动产权利界线，不同类型自然资源的边界、面积等信息。

3）自然资源登记簿的管理与保存

自然资源登记簿由具体负责登记的各级登记机构进行管理，永久保存。

自然资源登记簿和附图应当采用电子介质，配备专门的自然资源登记电子存储设施，采取信息网络安全防护措施，保证电子数据安全，并定期进行异地备份。

5. 自然资源登记的类型

自然资源登记类型包括自然资源首次登记、变更登记、注销登记和更正登记。首次登记是指在一定时间内对登记单元内全部国家所有的自然资源所有权进行的第一次登记。变更登记是指因自然资源的类型、范围和权属边界等自然资源登记簿内容发生变化进行的登记。注销登记是指因不可抗力等因素导致自然资源所有权灭失进行的登记。更正登记是指登记机构对自然资源登记簿的错误记载事项进行更正的登记。

5.4 国土空间信息管理

本节介绍国土空间信息管理的基本概念、技术系统构成及其功能特点，是本章内容的一个有效扩展，旨在了解信息时代国土空间管理的数字化发展情况，以及技术在支撑国土空间治理中的作用。

5.4.1 国土空间信息管理与地籍管理信息系统

实现国土空间信息化是适应国民经济和社会发展需要，推进国土资源管理现代化的必然要求。我国国土空间信息化建设的目标是：建立较为完善的国土资源信息化体系，初步实现国土资源调查评价、政务管理和社会服务三个主流程的信息化，使国土空间信息化建设基本适应国土资源管理事业发展的需要。地籍管理信息系统建设是国土空间信息管理的核心内容，下文的讨论将围绕国土空间信息管理展开。

国土空间信息化管理是我国国土空间治理的基础性工作，是产权产籍管理的核心任务，有助于围绕地籍管理为核心的国土空间管理效率全面提升。其服务的内容包括以下几个方面：以土地产权管理为核心，以地籍法治建设为突破口，全面提高土地登记效率；以地籍信息系统建设为突破口，全面实现地籍管理的自动化和信息化；以土地登记公开查询、地籍中介组织建设和地籍资料资产化为突破口，全面实现地籍事业的社会化和产业化。

地籍管理信息系统（Cadastral Management Information System，CMIS）是运用现代信息技术对土地的权属、位置、面积、用途等信息进行采集、存储、管理、分析和应用的系统。该系统通过整合地理信息系统（GIS）技术、数据库技术、计算机网络技术和遥感技术，能够为土地资源的合理利用、科学管理和政策制定提供重要支持。

地籍管理信息系统的核心在于提高地籍管理工作的效率和准确性。传统的地籍管理多依赖于手工操作，数据处理繁琐且容易出错，而地籍管理信息系统能够自动化地进行数据处理和分析，大幅提高工作效率，降低错误率。

5.4.2　地籍管理信息系统的组成

1. 数据采集子系统

数据采集是地籍管理信息系统的基础环节，主要包括地籍测量和土地权属调查。通过地籍测量，可以获得土地的精确位置、边界和面积等数据；通过土地权属调查，可以了解土地的所有权、使用权和他项权利等信息。数据采集子系统通常使用全站仪、GPS、无人机等先进测量设备，同时结合地理信息系统技术进行数据的高效采集和处理。

2. 数据存储与管理子系统

数据存储与管理子系统负责对采集到的地籍数据进行存储、更新和维护。为了保证数据的完整性和安全性，该子系统通常采用关系数据库管理系统（RDBMS）或面向对象数据库管理系统（OODBMS）来管理地籍数据[128]。数据存储与管理子系统不仅要能够处理大量的地籍数据，还要确保数据的快速检索和高效管理。

3. 数据处理与分析子系统

数据处理与分析子系统是地籍管理信息系统的核心功能模块。该子系统主要负责对地籍数据进行各种处理和分析操作，如数据校正、数据转换、空间分析、统计分析等。通过数据处理与分析子系统，可以生成各种地籍图件和统计报表，为土地管理和决策提供重要参考依据。

4. 用户接口子系统

用户接口子系统为用户提供友好的操作界面，便于用户进行地籍数据的查询、编辑、分析和输出。该子系统通常采用图形用户界面（GUI）设计，支持多种输入输出方式，如键盘、鼠标、触摸屏、打印机等。用户接口子系统还应具备良好的交互性和可操作性，使用户能够方便快捷地完成各种操作。

5.4.3 地籍管理信息系统的功能

地籍管理信息系统具备多种功能，主要包括以下几个方面。

1. 地籍数据管理

地籍管理信息系统能够对地籍数据进行全面的管理，包括数据的录入、编辑、存储、更新和删除。系统可以对地籍图、宗地图、权属档案等各种地籍数据进行统一管理，确保数据的一致性和完整性。此外，地籍管理信息系统还支持对历史数据的管理，能够记录和查询数据的变化情况。

2. 地籍查询与检索

地籍管理信息系统提供强大的查询与检索功能，支持多种条件的组合查询。用户可以根据地块编号、土地权属、土地用途等多种条件进行精确查询，快速获取所需的地籍信息。系统还支持空间查询功能，用户可以通过绘制图形或输入坐标来查询特定区域内的地籍信息。

3. 地籍统计与分析

地籍管理信息系统具备强大的统计与分析功能，能够对地籍数据进行多维度的统计分析。例如，系统可以统计不同地区的土地面积、土地利用类型、土地权属分布等信息，生成各种统计图表和报表，为土地管理和决策提供数据支持。

4. 地籍变更管理

地籍管理信息系统可以记录和管理土地权属、用途等变更信息。系统能够自动检测和记录地籍数据的变更情况，生成变更记录和变更图件，确保地籍信息的及时更新和准确反映。此外，系统还支持变更数据的审核和审批流程，保证变更数据的合法性和规范性。

5. 地籍信息共享与交换

地籍管理信息系统支持地籍信息的共享与交换，能够实现不同部门之间的数据互通和资源共享。系统可以通过标准化的数据接口和数据交换格式，实现与其他管理系统的无缝对接，提高地籍管理的协同效率。例如，地籍管理信息系统可以与土地登记系统、不动产登记系统、规划管理系统等进行数据对接，实现数据的共享与联动管理。

5.4.4 地籍管理信息系统的特点

1. 数据的空间性

地籍数据具有明显的空间特性，包括土地的位置、边界、面积等信息。地籍管理信息系统通过集成 GIS 技术，能够对地籍数据进行空间管理和分析，生成各种地籍图件和空间分析结果。例如，系统可以生成地籍图、宗地图、土地利用现状图等，直观展示土地的空间分布情况。

2. 数据的动态性

地籍信息是动态变化的，土地权属、用途等信息会随时间发生变化。地籍管理信息系统必须具备及时更新和维护数据的能力，确保地籍信息的准确性和时效性。系统可以通过定期更新和实时更新的方式，及时反映地籍信息的变化情况。

3. 数据的多样性

地籍数据包括多种类型的数据，如图形数据、属性数据、时间数据等。地籍管理信息系统需要能够处理和管理多种类型的数据，确保数据的一致性和完整性。例如，系统可以将地籍图件、土地权属信息、土地利用信息等进行统一管理，实现图形与属性数据的联动管理。

4. 系统的综合性

地籍管理信息系统集成了多种功能模块，能够实现数据的采集、存储、管理、分析与应用的全流程管理。系统不仅能够提供地籍数据的基础管理功能，还能够提供数据的高级分析和应用功能。例如，系统可以提供地籍数据的统计分析、空间分析、变更管理等功能，为土地管理提供全面支持。

5. 系统的可扩展性

地籍管理信息系统具有良好的可扩展性，能够根据需求进行功能扩展和系统升级。系统采用模块化设计，用户可以根据实际需求选择和定制不同的功能模块[129]。此外，系统还支持与其他管理系统的集成，能够实现数据的共享与互通，提升系统的整体功能和性能。

5.4.5 我国地籍管理信息系统的发展

我国的地籍管理信息系统发展经历了从传统手工管理到现代化信息系统管理的巨大转变。以下是中国地籍管理信息系统发展的几个关键阶段和现状。

1. 初步探索阶段（20世纪80—90年代）

我国的地籍管理信息化始于20世纪80年代末和90年代初。在这一阶段，主要是以探索和试点为主。部分城市和地区开始尝试利用计算机技术对地籍数据进行管理，但整体上仍处于初步探索阶段，技术和经验积累有限。

2. 数字化建设阶段（21世纪00年代）

进入21世纪后，中国加大了对地籍管理信息系统的建设力度。国家启动了一系列数字地籍建设项目，旨在全面推进地籍数据的数字化和信息化。2001年，《全国土地利用现状调查与数据库建设实施方案》发布，标志着中国地籍管理信息系统建设进入了一个新的阶段。

在这一阶段，地籍管理信息系统建设的重要包括：数据采集与录入——全面开展土地调查，建立数字化地籍数据库；系统建设——开发并应用地籍管理信息系统软件，实现地籍数据的数字化管理。

3. 网络化与集成化阶段（21世纪10年代）

2010年以来，中国的地籍管理信息系统建设逐步向网络化和集成化方向发展。国家发布了《不动产登记暂行条例》，推动了不动产统一登记制度的实施。为了实现不同部门之间的数据共享和业务协同，地籍管理信息系统逐渐与不动产登记系统、规划管理系统等其他管理系统集成，形成了一个综合性的土地管理平台。

在这一阶段，地籍管理信息系统建设的重要包括：系统集成——实现地籍管理信息系统与其他相关管理系统的数据对接和业务联动。网络化管理——通过互联网和内联网，实现地籍数据的在线查询、更新和管理。

4. 智能化与现代化阶段（21世纪20年代）

随着大数据、云计算、物联网和人工智能等新技术的发展，中国的地籍管理信息系统正向智能化和现代化方向迈进。国家出台了一系列政策，进一步推动地籍管理信息系统的智能化升级和应用扩展。

在这一阶段，地籍管理信息系统建设的重要包括：智能化应用——利用人工智能技术实现地籍数据的自动化处理和智能分析，提高管理效率和决策支持能力。云平台建设——借助云计算技术，实现地籍数据的集中存储和管理，提高系统的安全性和可扩展性。移动化服务——开发移动应用，方便用户通过智能手机和其他移动设备随时随地访问和管理地籍信息。

总体来看，中国的地籍管理信息系统已经从最初的手工管理，逐步发展到如今的数字化、网络化、集成化和智能化阶段。地籍管理信息系统的建设和应用，为提高土地管理的科学性和效率性提供了有力的技术支持。未来，随着新技术的不断应用和发展，中国的地籍管理信息系统将继续向智能化和现代化方向迈进，为土地资源的合理利用和可持续发展提供更为全面和高效的服务。

关键术语

国土空间、国土空间产权、土地调查、不动产登记、自然资源登记

思考题

1. 简述产权的概念。
2. 简述不动产登记的概念。

第 2 篇
国土空间治理方式

第 6 章　国土空间多元治理

第 7 章　国土空间规划治理

第 8 章　国土空间用途管制

第 9 章　国土空间市场治理

第 10 章　国土空间社会治理

第 11 章　国土空间综合整治

第 6 章

国土空间多元治理

■ **教学要求**

1. 本章知识点

(1) 国土空间多元治理的理论框架

理解国土空间治理的内涵，掌握国土空间多元治理的理论基础和框架，包括"制度分析与发展"框架、多中心治理理论和协同治理理论在国土空间治理中的应用。

(2) 国土空间多元治理体系

熟悉国土空间规划治理体系、用途管制体系、市场治理体系、社会治理体系以及综合整治体系的具体内容。

(3) 国土空间多元治理能力

理解国土空间多元治理能力的组成部分，涵盖规划治理能力、用途管制能力、市场治理能力、社会治理能力及综合整治能力的内容。

2. 本章重点及难点

(1) 国土空间多元治理理论框架的构建

理解并能够阐述"制度分析与发展"框架、多中心治理理论和协同治理理论在国土空间治理中的融合与拓展。

(2) 国土空间多元治理体系和能力的核心组成

深入理解国土空间规划治理、用途管制、市场治理、社会治理和综合整治五大体系和能力的主要内容和相互关系。

6.1 国土空间多元治理的理论分析

党的二十大报告明确提出要"健全共建共治共享的社会治理制度，提升社会治理效能"，并强调"建设人人有责、人人尽责、人人享有的社会治理共同体"，这表明治理的概念不断得以升级，突出体现了具有中国特色的治理话语创新[130,131]。党的十八届三中全会首次提出"推进国家治理体系和治理能力现代化"这个重大命题，并把"完善和发展中国特色社会主义制度，推进国家治理体系和治理能力现代化"确定为全面深化改革的总目标。随后，党的十九大将"推进国家治理体系和治理能力现代化"写入党章，党的二十大进一步明确到二〇三五年要"基本实现国家治理体系和治理能力现代化"，表明国家治理体系和治理能力现代化建设已然成为国家发展的关键战略。作为国家主权管辖下的空间范围，国土空间是物质基础、能量源泉、发展之基[132]，其治理体系和治理能力是国家治理体系和治理能力现代化建设的重要组成部分，事关国家经济社会的高质量发展、国土空间资源的可持续利用以及人民生活的全方位提高。2019 年，《中共中央　国务院关于建立国土空间规划体系并监督实施的若干意见》提出了 2035 年全面提升国土空间治理体系和治理能力现代化水平的目标，如何深入推进该目标的实现已然成为当前理论和实践中面临的重大议题。

国土空间治理是国家治理的重要内容，其内涵可以界定为：以国土空间高效、公平和可持续利用为目标，以国土空间资源优化配置为核心，在国土空间开发、利用和保护上充分实现政府、市场和社会协同治理的过程。为深入理解国土空间治理的内涵，本节以"制度分析与发展"（IAD）框架为基础，融合多中心治理理论和协同治理理论尝试构建可能的国土空间多元治理的理论框架（图 6-1）。其中，"制度分析与发展"框架最早由奥斯特罗姆等构建，包含外部变量、行动舞台、相互作用模式、评估准则、治理结果五大组成模块[133]。然而，"制度分析与发展"框架作为理解公共事务治理的重要工具[134]，重点强调政府行动者利益偏好与制度建设的关系，在对国土空间治理的理论支撑上相对缺少多主体行动者的互动参与分析。实际上，由于政府精力有限，无法事无巨细的覆盖治理的各个方面，很难满足全体人民的多层次、多类型的需求；此外，治理的效率也可能偏低，尤其是在资源供需匹配方面，难以最为有效和精准地确定需求，也难以充分地供给到真正的需求，可能引发需求失序和供给失效的结构性问题。

因而对于国土空间治理而言，传统的以政府管理为中心的治理模式已然难以满足治理现代化的要求，需要市场主体的介入来平衡各类要素的供求关系，以及社会

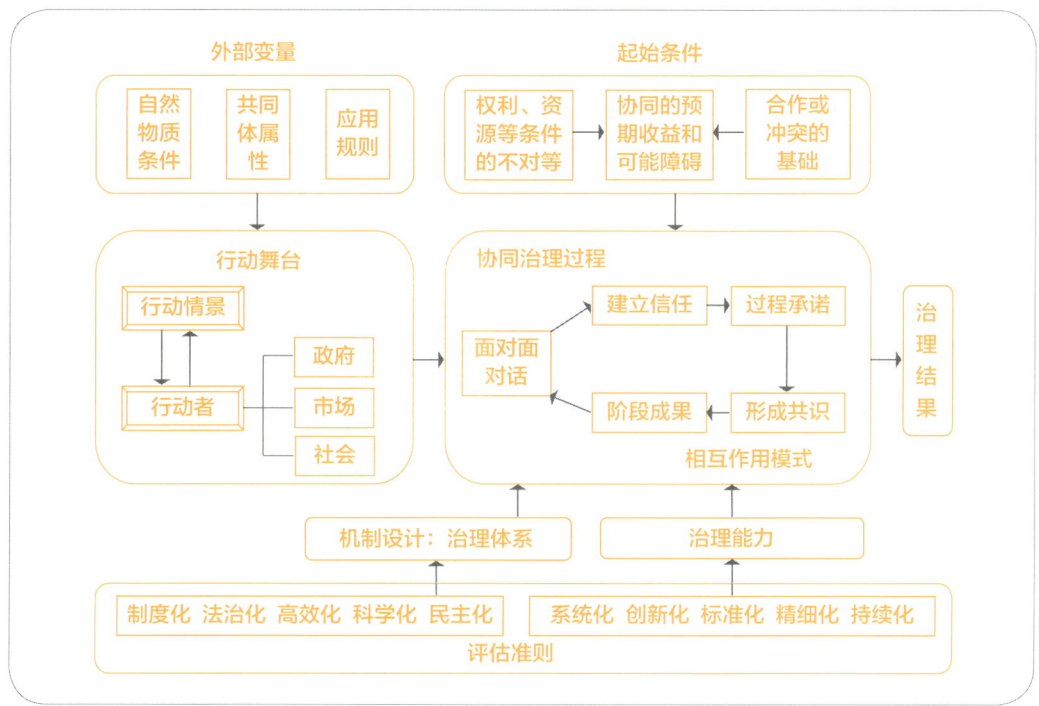

图 6-1 国土空间多元治理的理论框架
资料来源：自绘

主体的参与来保障公平。不仅如此，市场主体还可以基于个体对自身利益最大化的追逐实现利益调节和均衡，从而实现更有效率的帕累托改进；社会治理则突出强调了公民及社会组织在监督政府、倡导政策变革和提高公共意识的重要性，能够着力解决由于人民主体积极性不高、参与机制不明和监督缺位等原因，产生的搭便车、激励不足、效率低下、资源浪费、利益不均等问题。因此，为了分析多元行动者在国土空间治理中的行为，本节引入多中心治理理论来拓展"制度分析与发展"框架。多中心治理理论也是由奥斯特罗姆等从多中心概念的基础上发展而来，该理论将政府、市场、社会作为核心行动者，为公共事务治理中不同行动者成为平等的权威治理主体提供了论证[135]。因此，在国土空间治理理论框架中，行动舞台内可以将行动者进一步明确为政府、市场和社会三大主体。

此外，为了进一步地详细论述不同行动情境下多元行动者的相互作用模式和治理过程，本节进一步引入协同治理理论来拓展"制度分析与发展"框架。协同治理理论框架由克里斯·安塞尔和艾莉森·盖升提出，能够解释公共事务治理的形成机制与协调过程[136]，该框架包括起始条件、机制设计、领导力、协同治理过程、治理结果五个部分。其中，起始条件包括合作或冲突的基础、权利和资源等条件的不对等、协同的预期收益和可能障碍三个方面，协同治理过程包括面对面对话、建立信任、过程承诺、形成共识、阶段成果五个环节。因此，"制度分析与发展"框架中的相互作用模式可以进一步优化为基于不同起始条件下的三元行动者具体协同治理过程。此外，协同治理理论框架中的机制设计能够有效体现治理体系的内涵，而治理能力则是传统领导力的拓展表现。而对于国土空间治理而言，其内涵不仅体现在治理体系制度化、法治化、高效化、科学化和民主化，还体现在治理能力系统化、创新化、标准化、精细化和持续化，而这些均在评估准则中体现。因此，本节构建出了包括外部变量、起始条件、行动舞台、协同治理过程、治理体系、治理能力、评估准则和治理结果的国土空间多元治理理论框架，以期为进一步阐释治理体系和治理能力现代化的内涵提供支撑。

具体而言，首先，国土空间治理的起始条件是基于各类资源不均等以及合作或冲突的可能，充分权衡国土空间开发、利用和保护的可能收益和障碍，从而确立预期目标和可能行为。其次，国土空间治理的外部变量可以识别为国土空间资源禀赋、空间共同体属性和国土空间配置规则，其行动者是政府、市场、社会三元主体。再次，国土空间的治理过程是以国土空间资源配置为核心，涉及面对面对话、建立信任、过程承诺、共识、阶段成果五个环节。最后，基于各类治理现代化相关的评估准则，共同实现国土空间高效、公平和持续利用这一治理结果。

6.2 国土空间多元治理体系

国土空间多元治理体系是多元治理主体形成的一整套紧密相连、相互协调的国土空间开发利用保护相关的体制机制、法律法规安排，包含"编制审批、实施监督、法规保障、技术标准"四体系的国土空间规划治理体系，包含"管制规则、审批管理、监测监督、管制实施"四体系的国土空间用途管制体系，包含"要素产权、交易流通、市场调节、金融风险"四体系的国土空间市场治理体系，包含"基础支撑、民主参与、共治协作、社会监督"四体系的国土空间社会治理体系，以及包含"综合规划、整治实施、技术支持、资金保障"四体系的国土空间综合整治体系。

6.2.1 国土空间规划治理体系

1. 编制审批体系

规划编制审批体系包括国土空间现状调查、国土空间"双评价"以及国土空间规划编制审批等内容。国土空间现状调查是进行国土空间规划编制的前提，政府相关部门针对山水林田湖草沙等国土空间要素进行综合调查，落实底图数据，为建立可持续的国土空间规划打下坚实基础。国土空间"双评价"是连接国土空间现状调查与国土空间规划编制的关键环节，基于资源环境承载能力评价和国土空间开发适宜性评价，能够评估不同区域的资源环境负荷，评定国土空间对于某种用途是否适宜以及适宜的程度，从而因地制宜地采取针对性措施进行保护和利用。进而各级政府开展相应的国土空间规划编制，通过明确空间发展目标战略、优化开发保护格局、强化底线约束、资源要素保护与利用、完善基础支撑体系、推进生态修复和国土整治修复、区域协调与规划传导、建立规划实施保障机制等内容，完成国土空间规划编制成果。各级规划编制完成后，报相应主管部门审批。国家级国土空间规划侧重战略性，由自然资源部组织编制，中共中央、国务院审批；省级国土空间规划侧重协调性，由省级人民政府编制，同级人大常委会审议后报国务院审批；市、县和乡镇级国土空间规划侧重实施性，由对应级别的人民政府编制，上级人民政府审批。

2. 实施监督体系

实施监督体系是指对国土空间规划实施过程中各项活动进行监督、评估和管理的一系列组织、制度、方法和技术的总和，主要包括国土空间规划动态实施、空间管制、许可管理、行为指引等内容，旨在确保国土空间规划的有效实施，防止和纠正规划实施中可能出现的偏差和问题，以保障规划目标的顺利实现。其中，国土空间规划动态实施是政府相关部门采用近期调控，远期统筹的方式管控各类用地指标的使用情况，通过年度实施计划，统筹安排耕地保护、生态修复、综合整治、海洋保护利用、城乡建设等工作，落实分解国土空间保护和建设目标，保障规划平稳落地。空间管制是对国土空间内的不同用地类型和用途进行规划和管制等活动，包括主体功能区管控、国土空间用途管制制度、指标管控、耕地和永久基本农田管控、生态保护红线管控、城镇开发边界管控、其他重要控制线管控、规划用途分区管控、地下空间管制、围填海管控、空间布局优化等。许可管理是对国土空间规划确定的各种开发和利用活动进行行政许可的管理过程，通常包括用地审批、规划豁免、用海用岛审批、空间准入许可、规划条件设定、规划条件变更等。行为指引是对在国土空间内进行开发、保护和利用行为的一系列指导和规范，包括城乡建设用地增减挂钩、土地综合整治、低效用地再开发、生态修复等。

3. 法规保障体系

法规保障体系是确保国土空间规划的有效制定和实施的关键要素，主要包含规划法律法规、规划地方法规规章两大方面[137]。规划法律法规主要明确规划的法律依据、基本原则、编制程序、法律责任等，确保规划实施的合法性。我国现行的国土空间规划相关法律法规有 80 多种，形成了以《中华人民共和国宪法》为基石，以《中华人民共和国土地管理法》和《中华人民共和国城乡规划法》等行政法律为主体，同时包括相关行政法规的国土空间规划法律法规框架。此外，政府相关部门也在积极推动《国土空间规划法》的立法，以巩固国土空间治理的法律基础，形成国土空间治理"衔接流畅、权责分明、结构严谨、功能全面、体系完整"的法规保障体系。规划地方法规规章是对规划法律法规相关内容的进一步细化，通常包括具体的实施细则、流程等，旨在解决地方性国土空间规划相关问题。

4. 技术标准体系

技术标准体系包括基础通用标准、编制审批标准、实施监督标准和信息技术标准。基础通用标准主要包含基本术语、用地用海、主体功能区、陆海统筹等标准，为国土空间规划的编制、审批、实施和监督等各个环节提供统一的术语、方法、制图等方面的指导。编制审批标准是用于指导和规范国土空间规划编制和审批环节的规范，包括规划编制的技术规程、内容要求，以及规划审批的原则、流程等。实施监督标准是用于指导和规范国土空间规划实施过程中有关监督、评估和管理的规范，包含规划实施过程中的监督检查、规划许可等标准。信息技术标准主要包括数据采集、汇交、应用和数据库建设等标准，为国土空间规划的信息化建设和数字化管理提供了统一的技术框架和规范，促进了空间数据的获取、处理、分析、共享和应用。

6.2.2 国土空间用途管制体系

1. 管制规则体系

管制规则体系是指根据不同土地类型和用途，将国土空间划分为农业用地、建设用地、生态保护区等功能区，并制定相应的用途划定规则、管制政策和规范标准的体系。用途划定规则包括土地功能分区、用途限定等，其主要目标是确保土地资源的合理配置和可持续利用，防止土地资源的滥用和浪费。土地功能分区是根据其自然条件、经济条件和社会需求确定具体用途，是明确各类土地的具体用途及其限制条件。管制政策是指为指导土地的合理开发和利用，确保土地资源的可持续利用而制定的总体政策和具体措施，包括土地利用政策、用途管制措施和环境保护政策。土地利用政策是国家和地方政府为指导土地开发利用而制定的总体政策和具体措施，涵盖了土地利用的各个方面，如土地的开发、保护、利用、管理等，通过制定土地利用政策，可以确保土地资源的合理配置，促进经济社会的可持续发展。用途管制措施是指为实现土地用途管制目标而制定的具体措施，包括对土地开发强度的限制、建筑高度的限制、绿地率的要求等，通过用途管制措施，有效控制土地开发的规模和强度，防止过度开发和资源浪费。环境保护政策是为保护生态环境，确保土地开发与环境保护相协调而制定的政策措施，包括对环境敏感区的保护措施、环境影响评估制度、生态补偿机制等。规范标准体系是指为规范土地利用和开发建设行为，确保其技术性和科学性而制定的技术标准和规范，包括土地利用标准、开发建设规范和环境影响评估标准。土地利用标准是指导土地利用规划、管理和开发的技术规范，包括土地利用分类标准、土地利用规划编制标准等。土地利用分类标准是将土地按照其利用类型进行分类的标准，如农田、林地、建设用地等，是指导土地利用规划编制的技术规范，确保规划的科学性和可操作性。开发建设规范是指导土地开发建设行为的技术标准和规范，包括建筑设计规范、基础设施建设标准等。建筑设计规范是指导建筑物设计的技术标准，如建筑高度、密度、布局等，是指导城市基础设施建设的技术规范，如道路、供水、排水、电力等。环境影响评估标准是指导土地开发项目进行环境影响评估的技术标准，包括环境影响评估的程序、方法、指标等。通过环境影响评估，可以识别和预测土地开发项目对环境的潜在影响，制定相应的环境保护措施，确保开发项目的环境可行性和可持续性。

2. 审批管理体系

审批管理体系是指为保证土地用途管制的科学性和合法性，对土地用途变更、开发强度等进行严格审批和管理的制度体系，包括用途变更审批、开发强度管理、审批流程优化、违规审批纠正。用途变更审批包括审批程序、合理性评估、环境影响评估，审批程序是指制定严格的审批程序，确保每一次土地用途变更都经过科学评估和严格审批；合理性评估是对土地用途变更进行合理性和必要性评估，确保变更符合规划和政策要求；环境影响评估是进行环境影响评估，确保用途变更不会对生态环境造成重大负面影响。开发强度管理包括开发强度指标、审批控制等，开发强度指标是根据土地用途的不同,设定相应的开发强度指标,如建筑密度、容积率等;审批控制是对开发项目的审批与管控,确保开发强度符合规划和规定,防止过度开发。审批流程优化包括流程简化、信息化系统,流程简化是指优化审批流程,简化审批手续,提高审批效率,确保审批过程公开、公正、透明;信息化系统是指推广使用电子审批系统,提高审批效率和透明度,方便公众查询和监督。违规审批纠正包括违规行为识别、处罚机制等,违规行为识别是指建立违规行为识别机制,及时发现和纠正违法违规的审批行为;处罚机制是指制定严格的处罚机制,对违法违规审批行为进行严厉打击和处罚,确保审批行为合法合规。

3. 监测监督体系

监测监督体系是指通过动态监测和有效监督,确保土地利用活动符合规划和管制要求,及时发现和纠正违规行为的制度体系,包括动态监测系统、资源监测评估、公众监督机制。动态监测系统包括实时监测、数据更新等,实时监测是指建立土地利用动态监测系统,实时监测土地利用情况,确保土地利用活动符合规划要求;数据更新是指定期更新土地利用数据,确保监测数据的准确性和及时性,支持科学决策。资源监测评估包括长期跟踪、定期评估等,长期跟踪是指对土地资源的利用情况进行长期跟踪和评估,确保土地资源的可持续利用;定期评估是指定期评估土地资源的利用效果,发现问题并提出改进措施,确保资源利用效益最大化。公众监督机制包括公众参与、信息公开等,公众参与是指建立公众监督机制,鼓励社会公众参与土地用途管制的监督工作,提高监督的广泛性和有效性;信息公开是指加强信息公开,确保土地利用信息透明,方便公众查询和监督,提高监督效果。

4. 管制实施体系

管制实施体系是指通过科学的规划编制、严格的实施监督和有效的协调合作,确保土地用途管制规划有效落实的制度体系,包括协调合作机制、评估反馈机制、实施机制。协调合作机制包括部门协作、多方合作,部门协作是指建立各级政府部门之间的协调合作机制,确保土地用途管制工作的顺利进行;多方合作是指促进政府、企业、社会组织等多方合作,共同推动土地用途管制工作的有效实施。评估反馈机制包括实施评估、反馈机制等,实施评估是指定期对土地用途管制实施情况进行评估,发现问题并提出改进措施;反馈机制是指建立反馈机制,及时收集和处理实施过程中遇到的意见和建议,确保管制措施持续改进。实施机制包括土地用途管制规划编制、土地用途管制规划落实、土地用途管制问题反馈等,土地用途管制规划编制是指制定和实施详细的土地用途管制规划，确保规划的科学性和可操作性；土地用途管制规划落实是指建立规划落实机制，确保土地用途管制规划得到有效执行；土地用途管制问题反馈是指及时发现实施过程中存在的问题，提出改进措施，确保规划顺利实施。

6.2.3　国土空间市场治理体系

1. 要素产权体系

要素产权体系主要包括要素产权分类、要素确权、价值显化、要素增值等内容。要素产权分类是基于不同类型的自然资源进行不同的产权界定。例如土地资源涉及产权可以分为土地所有权、土地用益物权和土地他项权利；矿产资源产权包括所有权、探矿权、采矿权等。要素确权旨在明确土地、水域、矿产、森林等自然资源的权属和权能，其内容包括权属调查、登记注册、权证发放等。在确权登记基础上，国土空间不同自然资源要素能够实现显化其经济价值、社会价值和生态价值。当然，不同开发利用活动可能会引发各类要素价值增值，包括社会经济发展水平提高引起的社会性普遍增值、基础设施环境改善引起的外部辐射性增值、用途转换或利用效率提高引起的效益性增值、供需关系经由市场调节引起的供求性增值以及直接投资产生的投入类增值[138]。

2. 交易流通体系

交易流通体系包括要素流通运行体系、要素流通保障体系、要素流通规制体系。要素流通运行体系是由流通客体、流通载体和流通方式构成的要素流通运行体系。国土空间要素流通客体可以划分为资源系统类商品和资源服务类商品，资源系统类商品依存于国土空间载体，通过用益物权交易的方式进行流通；资源服务类商品是生态系统产生的生态系统服务，包括物质商品和生态商品，如物质供给服务、生态调节服务、生态文化服务等，当前流通载体和流通方式仍处于探索阶段。要素流通保障体系是由要素流通基础设施、要素信息监测服务等构成的保障体系。其中，流通基础设施包括交易平台、交通运输网络、仓储物流设施等；要素信息监测服务是利用遥感技术、地理信息系统、大数据分析等技术手段，为国土空间要素交易决策提供准确及时的信息支持服务。要素流通规制体系是对国土空间要素流通进行规范、监管和调控的一整套制度、政策和措施的总和，包括要素流通管理体制、要素流通政策、要素流通法律法规等。

3. 市场调节体系

市场调节体系是指通过市场机制来保障国土空间各类资源市场的供需平衡、平稳运行和资源优化配置，主要包括资源调节、价格调节和利益调节三个方面。资源调节主要通过国土空间要素市场机制的自发作用来实现，例如市场竞争和供需关系的变化将引导国土空间要素在不同领域和地区间的合理流动，实现国土空间要素的高效配置。价格调节在市场机制下更为敏感和灵活。市场价格的变化直接反映市场供求关系和国土空间要素的稀缺程度，市场通过价格信号来决策投资、生产和消费。利益调节的对象可能包括有偿使用收益、运营增值收益、调节税费、生态损害赔偿、生态保护或用途管制补偿等多种形式，在实践中将根据涉及不同产权情况利益相关者的具体博弈，实现要素收益的公平分配，社会、经济和生态多重利益的权衡以及眼前和未来利益之间的均衡。

4. 金融风险体系

金融风险体系是一个涵盖金融体系和风险管理体系的综合性体系，不仅涵盖国土空间要素金融市场的运作和金融产品的交易，还包括对金融风险的防控机制，主要包含融资体系、信用体系、风险体系。其中，融资体系为国土空间治理项目提供资金渠道，包含资金来源、融资渠道、融资工具等。信用体系包括信用记录、信用评估、激励和惩戒机制。信用记录包括参与者的交易历史、违约行为、合同执行情况等，从而形成参与者的信用档案，进而可以形成相关信用评估，以初步判断市场参与者的信用可靠性和风险水平，为后续进行金融活动提供依据。激励和惩戒机制是依据国土空间相关白名单和黑名单实施的奖惩措施，激励措施包括提供优惠政策、增加交易机会等，惩戒机制则包括限制交易、公开曝光、降低信用评级等。风险体系包括风险监控、识别、评估和防控，从而提前确定风险的大小、发生概率和潜在影响，采取预防性措施降低风险发生的可能性和影响程度。

6.2.4 国土空间社会治理体系

1. 基础支撑体系

基础支撑体系包括教育培训、科学技术、法律制度三个方面。教育培训是为了提升国土空间治理相关人员的专业素养和综合能力而形成一系列教育、培训机制的综合教育系统，涵盖了普适教育、职业教育和技能培训等多个层次，从而为国土空间治理培养和输送各级各类人才。科学技术是指在国土资源调查与监测、资源环境评价与保护、公共安全与应急管理等多个方面利用的现代科技手段，包括大数据处理技术、人工智能技术、地理信息系统（GIS）技术、遥感（RS）技术、全球定位系统（GPS）技术等多个方面。法律制度是指明确各利益相关方权利义务关系，规范国土空间管理行为的法律制度体系，包括宪法、民法、行政法、经济法、国土空间规划相关法律法规等。

2. 民主参与体系

民主参与体系包括咨询知情、决策合作、控制干预三个方面。在国土空间治理的初步阶段，公众主要以咨询知情的形式参与国土空间治理，利用公开会议、媒体信息、宣传资料等，公众对治理的内容和目标有所了解后，参照相关的规划草案、环境影响评估报告等形成基本的认知。在国土空间治理的中期阶段，公众主要以决策合作的形式参与国土空间治理，公众通过听证会、在线咨询、民意调查等方式，与政府和专家进行交流和合作，提供反馈、建议和意见，影响最终的规划和决策。在国土空间治理的实施阶段，公众主要以控制干预的形式参与国土空间治理，公众可以通过加入项目评估委员会、参与公共投票、公众诉讼、第三方评估、社区监督等方式对治理行为进行监督和干预，确保决策得到正确实施，并达到预期的效果。

3. 共治协作体系

让社会多元参与方融入国土空间共建共治共享的进程是实现国土空间治理体系现代化的必由之路，因此国土空间治理的共治协作体系是一个涵盖多个利益相关者的综合治理体系，旨在通过政府、私营部门、民间组织、社区和公众等多方的合作与协同行动，共同解决国土空间治理中的问题，包括各方参与、区域协作和基层共治三个方面。各方参与强调的是政府部门、企业、社区、非营利组织、专家学者等各方利益相关者，通过咨询小组、伙伴关系、公共参与平台等多方利益协调机制，为国土空间治理贡献智慧和力量。区域协作侧重于不同地区或区域之间为实现国土空间治理目标而进行的合作，通过如城市群规划、流域治理等多种形式实现区域间资源共享、信息交流、优势互补和协同发展。基层共治强调的是在国土空间治理中通过基层参与和自治机制，推动社区规划、乡村建设等基层实践，实现国土空间治理的精细化和落地化。

4. 社会监督体系

社会监督体系是确保治理过程公平、透明和合法的重要一环，是由社会团体、公众、媒体等多方参与，对国土空间治理活动进行全方位、多角度监督和评价的机制，包括社团监督、舆论监督、社会全民监督。社团监督是指各类社会团体、非政府组织等基于其专业背景或特定利益，通过参与国土空间治理项目的评估、审查，提出专业建议或意见，对国土空间治理活动进行监督的行为，社团监督通常具有专业性和针对性。舆论监督是指媒体（包括传统媒体和新媒体）和公共舆论等通过新闻报道、专题讨论、网友评论等方式，对国土空间治理活动进行公开、透明的评价和监督，具有传播快、覆盖面广等特点。社会全民监督指的是普通公民通过公开听证会、意见反馈、公民举报投诉等方式表达自己的观点和建议，开展对国土空间治理活动的监督，充分体现了人民当家作主的原则，增加了治理过程的透明度和公众参与度，确保了治理活动的公开、公正和公平。

6.2.5 国土空间综合整治体系

1. 综合规划体系

综合规划体系是指通过科学的规划，制定整治目标与战略规划、进行区域功能划分与空间布局，安排整治项目实施，确保国土空间综合整治工作有序推进的规划体系，包括制定整治目标与战略规划、区域功能划分与空间布局、整治项目策划与实施。制定整治目标与战略规划包括目标设定、战略规划、政策支持等。目标设定是指明确国土空间综合整治的短期和长期目标，包括土地利用效率提升、生态环境保护、城乡协调发展等具体目标，需结合国家政策、地方发展需求和实际资源状况，以确保目标的科学性和可行性。战略规划是指制定整体战略规划，确定整治工作的优先领域和重点区域，包括国土空间整治的总体框架、主要任务和实施路径，为整治工作提供指导性方向。政策支持是指根据目标和战略，制定相应的政策措施，如土地政策、环保政策、产业政策等，确保整治工作顺利进行。区域功能划分与空间布局是指根据区域的自然条件、资源禀赋、经济发展水平和社会需求，对国土空间进行功能区划分；同时，制订合理的空间布局方案，明确各功能区的空间分布和发展方向，推动区域之间的协调发展，避免资源的过度集中和浪费，实现区域间的优势互补和共同发展。整治项目策划与实施是指根据整治目标和区域功能划分，策划具体的整治项目，包括项目的背景、目标、内容、技术路线、预期效果等，确保项目的科学性和可行性。同时，结合项目的实际情况和资源条件，制定整治项目的实施时序，明确每个项目的启动时间、实施步骤和完成期限。根据整治工作的进展情况和实际需求，动态调整项目策划和实施时序，确保整治工作的灵活性和适应性。

2. 整治实施体系

整治实施体系是指通过系统的项目立项与审批、有效的项目执行与管理，以及严格的过程监督与反馈，确保国土空间综合整治项目顺利实施的管理体系，包括整治项目立项与审批、整治项目执行与管理、整治过程监督与反馈。整治项目立项与审批是指根据综合规划体系的要求，进行整治项目的立项与审批工作。项目立项需要经过科学论证和充分评估，须明确项目的基本情况、预期目标、实施方案和预算等内容，以确保项目的必要性和可行性。项目审批是指建立规范的审批流程，对整治项目的立项、实施方案和资金使用进行审批，包括项目申报、专家评审、部门审核和领导审批等环节，确保审批工作的透明性和公正性。在项目立项和审批过程中，需要充分听取各相关方的意见和建议，包括政府部门、专家学者、社会公众等，确保项目的科学性和合理性。整治项目执行与管理是指结合项目的实际情况和资源条件，制订详细的项目执行方案，明确项目的具体实施步骤、时间安排和责任分工。同时，加强项目的过程管理，及时跟踪和监控项目的进展情况，确保项目按计划实施，包括进度管理、质量管理、资金管理等，确保项目的各项工作有序推进。在项目执行过程中，及时发现和解决问题，确保项目的顺利实施，包括发现、分析、解决和反馈问题等环节，确保问题得到及时有效解决。整治过程监督与反馈是指建立严格的监督机制，对整治项目的实施过程进行监督。监督机制须包括内部监督和外部监督，确保项目的透明性和公正性。同时，建立完善的反馈系统，及时收集和处理项目实施过程中遇到的意见和建议，包括信息收集、分析、处理和反馈等环节。根据反馈结果，对整治项目的实施效果进行绩效评估，评估项目的目标实现情况和实施效果，包括定量评估和定性评估。

3. 技术支持体系

技术支持体系是指通过制定整治技术标准与规范、推广先进技术应用，以及进行整治成效评估与监测，确保国土空间综合整治工作科学有序开展的技术保障体系，包括整治技术标准与规范、整治成效评估与监测、技术应用与推广。整治技术标准与规范包括技术标准制定、技术标准更新，技术标准制定是指制定国土空间综合整治的技术标准和规范，确保整治工作的科学性和规范性，如土地整治、生态修复、环境治理标准等，确保各项工作有章可循。技术标准更新是指根据整治工作的进展，及时更新和完善技术标准和规范，确保技术标准的科学性和适用性。技术应用与推广包括技术引进、技术创新、技术推广，技术引进是指引进国内外先进的整治技术和方法，提高整治工作的效率和质量，确保技术的适用性和可操作性。技术创新是指开发和应用适合国土空间综合整治的新技术和新方法，确保技术的创新性和实用性。技术推广是指推广和应用先进的整治技术，提高整治工作的效率和质量。技术推广需结合实际情况和需求，确保技术的普及性和实用性。

4. 资金保障体系

资金保障体系是指通过明确资金来源与筹措、规范资金使用与监管，以及创新投融资模式，确保国土空间综合整治工作顺利进行的资金保障体系，包括资金筹措、资金使用与监管、投融资模式创新。资金筹措包括财政投入、社会融资、国际援助，财政投入是指通过中央和地方财政预算安排，提供国土空间综合整治的基本资金保障。社会融资是指通过社会资本的引入，筹措国土空间综合整治的资金，如银行贷款、社会捐赠、企业投资等，确保资金来源的多元化和稳定性。国际援助是指通过国际合作，引进国际援助资金，支持国土空间综合整治工作。

资金使用与监管包括使用规范、监管机制、绩效评估，使用规范是指制定资金使用的规范和标准，确保资金的合理使用和高效配置。监管机制是指建立资金使用的监管机制，对资金的使用情况进行监督和管理，包括内部审计和外部审计。绩效评估是指资金使用的效果进行绩效评估，评估资金使用的效率和效益。投融资模式创新包括模式探索、风险管理，模式探索是指探索和创新整治项目的投融资模式，鼓励社会资本参与整治工作。风险管理是指建立投融资风险管理机制，防范和控制投融资过程中可能出现的风险，包括风险识别、风险评估、风险控制和风险转移等环节，确保投融资活动的安全性和稳定性。

6.3 国土空间多元治理能力

国土空间多元治理能力是多元主体基于治理体系、运用相关治理工具开展国土空间治理各方面事务的能力，是治理主体为了充分发挥国土空间治理体系的最大化效能，不断推进"规则制定、宏观调控、数字治理、监督监管、组织协调、管制执行、资源配置、价值实现、风险防范、参与决策、合作协商、监督反馈、整治实施、评估检测和资源获取"十五大能力提升和重构的体现。

6.3.1 国土空间规划治理能力

1. 规则制定能力

规则制定能力是政府相关部门做出集体决策，并增强其环境适应性和自主性的能力，包括调研能力、分析能力和制定能力。调研能力不仅包括政府对国土空间现状、权籍基础、自然资源资产等国土空间基础信息进行全面系统调查的能力，还包括对治理问题、利益相关者意见等衍生社会经济信息进行调研的能力。分析能力是指对收集到的数据和信息进行综合分析从而为国土空间治理提供支撑的能力，包括数据解读和处理、问题识别、多要素综合评价、空间格局与过程分析、趋势预测与情景模拟、风险评估等内容。此外，国土空间治理涉及的法律法规众多，新旧法规政策之间存在冲突，专项法律法规之间的横向协调缺乏系统性规定，因此，亟需法律法规分析能力对现有法律法规进行深入理解，以及对其适用性、效力和不足进行评估。制定能力是指在综合分析基础上，能够高效地编制国土空间规划方案、出台系列国土空间治理政策的能力。同时，制定能力还包括能够设计和制定与国土空间治理相关的法律法规的能力，包括确定立法目的，起草、审查、修改、颁布法律文本等，保障国土空间保护、开发、利用、修复和治理有法可依，形成基本法、专项法、行政法相协调的国土空间治理法治体系。

2. 宏观调控能力

宏观调控能力是政府主体利用国土空间要素调控宏观经济运行的能力，包括供给调控能力、需求引导能力和偏误纠正能力。供给调控能力是政府相关部门通过规划指标的横向分配和纵向分解，以及土地利用年度计划、空间用途管制、土地综合整治、生态修复等治理工具，整体调控区域国土空间各类资源供给的数量结构、空间结构和时序结构的能力。需求引导能力是政府主体通过目标战略和空间布局，明确区域的政治、经济、社会和生态功能，引导地区生产生活活动及各类商品服务需求，从而调控承载这些功能、商品和服务的各类空间需求的能力。偏误纠正能力是政府相关部门通过全国联网的"批、供、用、补、查"监管系统和智能化分析系统，对调控效果进行"事前、事中、事后"的全程监督，通过预警反馈调控系统对红线管控和空间集约利用等方面进行及时纠偏的能力。

3. 数字治理能力

数字治理能力指的是利用数字技术手段有效地实施政策和监督国土空间要素的能力，包括数据收集能力、系统建设能力、组织实施能力、监测评估能力。数据收集能力指政府相关部门通过数字技术手段，全面、准确、实时地采集和整合国土空间相关数据的能力。国土"三调"首次以统一的土地分类标准全面查清了全国国土利用状况，建立了覆盖国家、省、市、县四级的国土调查数据库。系统建设能力指构建集成地理信息、环境监测、土地使用等多方面数据的信息系统的能力。以国土"三调"及年度变更调查成果为统一底图，结合规划编制和"三区三线"划定，我国已建立"国家、省、市、县"国土空间规划的"一张图"。组织实施能力是指有效组织和推动国土空间治理政策实施的能力，包括制定详细的实施计划和方案、明确任务分工和时间节点、合理配置资源、协调各方利益等。监测评估能力是利用数字化手段对国土空间规划和政策的实施过程及效果进行持续监测和定期评估的能力。例如，政府相关部门应以实景三维中国、智慧城市时空大数据平台为基础，建成全国统一、各级联动的国土空间规划实施监测网络，掌握国土空间"天上看、空中巡、地上查"的立体监管能力。

6.3.2　国土空间用途管制能力

1. 监督监管能力

监督监管能力是国土空间用途管制能力的核心组成部分，主要涉及对土地利用和开发过程的监控、评估和监管，以确保土地资源的可持续利用，包括制度建设、监测评估、公众参与、信息化管理。制度建设是指国家和地方政府制定和完善有关土地利用的法律法规和政策文件，明确各类土地用途的具体要求和限制条件，为监督监管提供法律依据和操作指南。监测评估是指通过遥感、地理信息系统等技术手段，对土地利用现状和变化进行动态监测，及时掌握土地利用情况。同时，定期开展土地利用现状调查和评估，分析土地利用的效率和效果，发现问题并提出改进建议，建立完善的土地利用监测评估体系是监督监管能力的重要内容。监督参与是指通过信息公开和公众参与机制，让社会各界和公众了解土地利用情况，监督土地管理部门的工作，举报违法违规行为，提高监督监管的透明度和公信力，监督参与是保证土地用途管制有效实施的关键。信息化管理是指通过建立土地管理信息系统，实现对土地利用数据的集中管理和动态更新，提高信息处理和决策支持的效率和准确性，现代信息技术的应用是提升监督监管能力的重要手段。总的来说，监督监管能力是保障土地用途管制有效实施的基础，通过健全法规制度、建立监测评估体系、加强监督与公众参与以及应用信息化手段，可以有效提高土地利用的科学性和可持续性。

2. 组织协调能力

组织协调能力是国土空间用途管制能力的重要组成部分，涉及多部门、多层级之间的协同合作，良好的组织协调能力能够确保国土空间治理相关政策和措施的顺利实施，避免政策冲突和资源浪费，具体内容包括跨部门协调、多层级协同、利益相关者参与、资源整合优化。跨部门协调是指通过跨部门工作组、联席会议等形式，促进部门间的沟通和协作，解决政策实施中的矛盾和问题。国土空间用途管制涉及多个部门，如自然资源、环保、农业、建设等部门，有效的跨部门协调要求各部门之间建立密切的合作机制，各部门共享信息、资源和技术，确保各项政策和措施协调一致。多层级协同是指中央、省、市、县等多个层级的协调配合，建立多层级的协调机制，如定期召开协调会议，进行信息通报和经验交流，提高政策实施的效果。各层级政府在制定和实施土地管理政策时，需确保政策的一致性和连贯性。同时，地方政府应根据实际情况，制定和调整具体措施，确保政策的有效落实。利益相关者参与是指通过公开听证会、座谈会等形式，听取广泛的利益相关者意见，包括政府部门、企业、农民、社区等，充分考虑各方利益，促进利益相关者的参与和合作，最终促进共识达成，提高政策的接受度和执行力。资源整合优化是指通过统筹规划和合理配置，整合和优化各类资源，包括资金、技术、人力等，建立资源共享平台，促进各部门和单位之间的资源互通和合作，避免资源浪费和重复投入，提高资源利用效率。高效的组织协调能力有助于实现国土空间用途管制的系统性和整体性，通过跨部门协调、多层级协同、利益相关者参与、资源整合优化，能够有效推动土地利用的可持续发展，确保国土资源的合理配置和高效利用。

3. 管制执行能力

管制执行能力是确保土地利用规划和政策实际落地，促进土地资源的合理利用和保护的重要能力，涉及对土地利用和开发活动的具体管控和实施，包括规划落实能力、审批管理能力、执法能力、技术支持能力、应急管理能力。土地利用规划是国土空间用途管制的基础，管制执行能力首先体现在规划的落实上。规划落实能力是指各级政府和相关部门制定具体的实施方案和措施，明确责任分工和时间节点，确保规划目标的实现。同时，通过项目管理和绩效考核，监督和评估规划的实施效果，及时调整和优化实施策略的能力。审批管理能力是指针对土地利用涉及的多种审批事项，如土地征收、用地审批、建设许可等，建立完善的审批流程和制度，提高审批效率和透明度。例如，通过"一窗受理、并联审批"等方式，简化审批程序，减少审批时间，方便企业和群众办事。执法能力是指各级土地管理部门建立专业的执法队伍，配备必要的执法装备和技术手段，对土地利用和开发活动进行现场检查和监督，针对违法违规行为，依法采取罚款、停工、拆除等措施，确保法律法规严肃性和权威性的能力。技术支持能力是指通过建立土地管理信息系统，集成遥感、地理信息系统、全球定位系统等技术，实现对土地利用的动态监测和智能化管理，提高决策支持和风险预警能力，增强管制执行科学性和精准性的能力。应急管理能力是指通过建立完善的应急预案和响应机制，配备必要的应急物资和装备，定期开展应急演练，提高应对自然灾害、环境事故等突发事件，保障土地利用安全和稳定的能力。

6.3.3 国土空间市场治理能力

1. 资源配置能力

资源配置能力是指市场参与者通过市场机制有效配置国土空间要素（如土地资源、水资源、矿产资源等）的能力，包括供需调节能力、竞争合作能力、信息传递能力、机制创新能力。供需调节能力是利用"看不见的手"调节国土空间要素市场供给和需求的能力。例如，在土地使用权二级市场中，已经获得土地使用权的持有者通过价格机制选择存量再开发或是空间资源再分配，从而实现市场供给和需求的变化。竞争合作能力是指在竞争中能够保持竞争优势，在合作中能够实现互利共赢的能力，比如通过联合开发、共享资源等方式，共同推进空间资源高效利用和合理配置，降低成本和风险。信息传递能力是指准确、高效地传递市场信息和信号的能力，包括收集、分析和发布有关市场动态和政策变化的信息。机制创新能力是市场主体通过创新资源配置机制，提升资源配置方式的效率，以适应经济社会的发展。例如，利用耕地占补平衡指标交易、城乡建设用地增减挂钩、生态补偿、碳汇交易等资源配置机制，实现多主体利益相关者的优化资源配置，促进经济、社会、生态共同发展。

2. 价值实现能力

价值实现能力指市场主体能够依据市场供求关系、成本利润等因素，促进要素合理定价和市场有效运作，在市场环境中彰显合理国土空间要素价值的能力，包括价值判断能力、市场建设能力、价值增值能力、交易实现能力。价值判断能力是指能够对土地、水资源、矿产、森林等要素及其权能（放牧权、林权、用能权、用水权、排污权、碳排放权和生态环境增益权）的经济价值，熟练应用各种价值评估方法和工具，如成本效益分析、市场比较法、收益资本化法等，包括利用大数据分析、人工智能和机器学习，实现国土空间要素价值准确评估的能力。市场建设能力是指为国土空间要素提供交易市场平台，支撑买卖双方市场交易的能力，包括制定市场交易规则、发布市场交易信息、运营管理交易平台等方面。价值增值能力是通过市场引导国土空间投入等实际经营活动，或是以空间要素为抵押或担保、以空间经营收入实行资产证券化等资本经营活动，促进国土空间价值提升的能力。交易实现能力是在不同的交易场景中，明确国土空间各类要素交易条件，最终促进交易达成、推进国土空间要素价值完全显化的能力。

3. 风险防控能力

风险防控能力指市场主体在识别风险后，能够制定和实施有效策略以预防和控制风险的能力，包括制定贷款标准、设置风险准备金、建立多元化投资组合、风险分散、建立风险预警机制等，有助于减少风险损失，从而维持国土空间要素市场的稳定。风险防控能力包括风险识别能力、风险监控能力、风险应对能力。风险识别能力是基于对要素市场的深入了解和对经济趋势的敏感洞察，在国土空间要素市场相关活动中准确识别潜在风险的能力，包括市场风险、信用风险、操作风险等。风险监控能力是指能够通过数据分析、模型建立和市场监测等手段，确定要素价值实现过程中各类风险指标阈值，实时监测从而第一时间发现风险产生的能力。风险应对能力是根据风险评估的结果，迅速采取紧急资金调度、重新调整投资策略、危机沟通等一系列风险应对措施，有效地应对和减轻风险影响的能力。

6.3.4 国土空间社会治理能力

1. 参与决策能力

参与决策能力是指社会参与者在国土空间治理过程中，能够有效参与决策、贡献有关国土空间治理意见和建议的能力，包括信息获取能力、分析问题能力、解决问题能力、沟通表达能力。信息获取能力指能够有效地从各种渠道获取与国土空间治理相关信息的能力，包括政策文件、规划草案、研究报告、社交平台等。分析问题能力能够对获取的信息进行深入分析，识别和理解国土空间治理中的关键问题。解决问题能力指在分析问题的基础上，能够提出切实可行的解决方案和建议。沟通表达能力是能够有效地将自己的观点、分析和解决方案与其他治理参与方进行沟通，以获得支持和合作，有效表达自己的立场和意见的能力。

2. 合作协商能力

合作协商能力指的是社会各参与方在国土空间治理过程中，有效地遵守规则、组织合作并达成共识的综合能力，包括规则遵守能力、合作组织能力、共识协商能力。规则遵守能力指社会参与方能够理解、尊重并遵守国土空间治理的相关法律法规和政策标准。合作组织能力是指与其他社会参与方建立有效的多主体合作机制和伙伴关系的能力，形成政府官员、领域专家、社会组织和其他公众代表等各利益主体共同参与的治理共同体。共识协商能力是指在国土空间治理过程中，能够与不同利益相关方有效沟通协商，并在多样化的意见中达成共识的能力，包括解决冲突、调和对立观点、建立共同目标和协商解决方案的能力。

3. 监督反馈能力

监督反馈能力是指社会参与方在国土空间治理过程中，能够有效监督国土空间治理活动、提供有效反馈并督促及时修正的综合能力，包括实时监督能力、反馈交流能力、控制修正能力、监督预警能力。实时监控能力是通过各种手段对国土空间治理的过程和结果进行实时、持续监控的能力，包括监督政策实施、项目进展、利益分配等。反馈交流能力是通过多渠道将反馈记录及时报告给相关治理参与方，并能与之进行有效沟通的能力。控制修正能力是社会参与方能够基于实时监督和反馈交流的结果，参与国土空间治理方案的调整和修正过程。监督预警能力是指具备对国土空间治理中存在的潜在问题和未来风险进行提前预警的能力，以便治理相关方提前做好应对。

6.3.5　国土空间综合整治能力

1. 整治实施能力

整治实施能力是指在国土空间综合整治过程中，将规划和政策转化为具体行动和成果的能力，主要包括政策落实、项目管理、技术支持和风险应急管理。整治实施能力的首要任务是确保规划的有效落实。政策落实能力是指各级政府和相关部门制定详细的实施方案，明确责任分工、时间节点和资金安排，确保整治规划目标的顺利实现。项目管理能力是指通过建立标准化的项目管理流程和制度，确保多个项目，如土地复垦、生态修复、基础设施建设等，按时保质完成，有效的项目管理能力包括项目立项、设计、招标、施工、监理和验收等各个环节的管理。同时，需要加强质量控制和安全管理，确保每个环节都符合设计要求和标准，建立严格的施工监理制度，对施工过程进行全程监督，发现问题及时处理，确保工程质量和进度。技术支持能力是指通过遥感、地理信息系统、全球定位系统等，应用大数据和人工智能技术，实现对整治区域的精准测绘和动态监控，进行土地利用分析和风险预警，提高整治实施的科学性和精准性。风险应急管理是指通过风险评估，识别可能的风险因素，制定相应的应对措施和应急预案，确保在突发事件发生时能够迅速响应，减少损失和影响。

2. 评估检测能力

评估检测能力是指对整治项目的前期、中期和后期进行系统的评估和检测，提供科学依据和数据支持，确保整治工作的有效性和可持续性，包括前期评估、动态监测、中期评估、后期评估和验收、数据分析、反馈与改进机制。前期评估是指在整治项目启动前，进行的环境影响评估（EIA）、社会影响评估（SIA）、经济可行性分析等，通过前期评估，了解整治区域的现状和问题，预测整治措施的可能影响，确定整治项目的可行性和必要性。动态监测是指通过遥感技术、地理信息系统等手段，对整治区域进行实时监测，获取土地利用变化、生态环境变化等数据，通过建立动态监测系统，及时发现和解决整治过程中出现的问题，确保整治工作按计划推进。中期评估是在整治项目实施过程中进行的阶段性评估。通过定期的中期评估，检查整治项目的进展和效果，分析存在的问题和原因，调整和优化整治措施。中期评估不仅关注项目的进度和质量，还需要评估整治措施的环境、社会和经济影响，确保综合整治的全面效果。后期评估和验收是指在整治项目完成后，进行的全面评估和验收。通过现场检查、数据分析和专家评审，评估整治项目的实际效果和综合效益。后期评估不仅关注整治目标的实现情况，还需要评估整治措施的长期效果和可持续性，为今后的整治工作提供经验和教训。数据分析是指通过建立完善的数据采集和分析系统，对评估和检测数据进行综合分析，形成科学的评估报告，评估报告应包括整治项目的背景、目标、实施情况、效果分析、问题和建议，为决策提供依据。反馈与改进机制是指通过建立评估检测结果的反馈和改进机制，将评估检测结果及时反馈给相关部门和单位，发现问题并提出改进建议，并根据反馈意见，调整和优化整治方案和措施，不断提高整治效果和效率。

3. 资源获取能力

资源获取能力是指在国土空间综合整治过程中，获取和整合各种资源的能力，涉及资金、土地、技术、人力等多方面的资源获取和管理，以确保整治工作的顺利实施，主要内容包括资金筹集能力、土地资源整合、技术资源获取、人力资源配置、社会资源动员。资金筹集能力是指通过建立多渠道、多元化的资金筹集机制，如财政拨款、专项基金、银行贷款、社会资本等多种途径，筹集整治所需资金。同时，积极争取国家和地方的政策支持和资金扶持，确保整治资金的稳定来源。土地资源整合是指通过土地征收、整理、流转等方式，建立土地资源共享平台，整合分散的土地资源，提高土地利用效率，促进土地资源的合理配置和高效利用。技术资源获取是指通过建立技术合作机制，借助高校、科研院所和企业的技术力量，引进和推广新技术、新工艺，提高整治实施的科学性和效率，提升综合整治的技术水平。人力资源配置是指通过引进专业人才和加强培训，提高整治队伍的专业素质和能力；同时，建立多部门、多层级的人力资源协调机制，确保人力资源的合理配置和高效利用的能力。社会资源动员是指通过社会宣传和动员，发挥社会各界的力量，鼓励社会组织、企业和公众参与整治工作，共同推动综合整治目标的实现。资源获取能力是综合整治实施的重要保障，通过多渠道筹集资金、整合土地资源、引进技术和专业人才、争取政策支持和动员社会资源，可以确保综合整治的顺利实施和持续推进。

关键术语

国土空间治理、国土空间多元治理框架、"制度分析与发展"框架、多中心治理理论、协同治理理论、国土空间多元治理体系、国土空间多元治理能力

思考题

1. 简述国土空间多元治理的理论框架，并说明其与传统治理模式的区别。
2. 概述国土空间多元治理体系和治理能力。

第 7 章 国土空间规划治理

■ **教学要求**

1. 本章知识点

(1) 国土空间规划治理的基本内涵

掌握国土空间规划和国土空间规划治理的基本概念,从历史、权力、行政、宗旨、技术和管理方面理解国土空间规划治理的本质。

(2) 国土空间规划治理的发展历程

熟悉我国国土空间规划治理的发展历程,包括土地利用规划、城乡规划、国土规划、主体功能区规划、生态空间类规划和国土空间规划。

(3) 国土空间规划治理的运行机制

理解我国国土空间规划治理的运行机制,包括编制与审批机制、实施与监督机制、法规与技术保障机制。

(4) 国土空间规划治理的改革路径

理解我国国土空间规划治理的改革战略目标和具体路径。

2. 本章重点及难点

(1) "多规合一"改革

理解"多规合一"改革的背景,熟悉"多规合一"改革的发展历程和具体内容。

(2) 国土空间规划治理的"五级三类四体系"

深入理解在纵向上形成的"国家—省—市—县—乡(镇)"五级规划体系,在横向上形成"总体规划—专项规划—详细规划"三类总体性规划体系,以及"编制审批—实施监督—法规政策—技术标准"四体系。

7.1 国土空间规划治理的概念内涵

国土空间规划治理强调运用规划的手段对国土空间开展一系列治理活动，准确理解国土空间规划治理的概念和内涵有助于把握规划在整个国土空间治理体系中的地位和作用。

7.1.1 国土空间规划治理的基本概念

规划在人类社会发展中起着重要的作用，是人类解决未来发展问题的重要手段，是对客观事物和现象未来的发展进行超前性的调配和安排。规划可以被理解为一种理念，即对事物发展施加控制的一种思想意识。规划是复杂的，可以被理解为"科学+技术+艺术+政治"的综合。一般而言，"规划"包含两个方面的意思，作为名词，是指规划所涉及的对象和内容；作为动词，是指实现规划目标的方法和过程。值得注意的是，在规划中存在着"规划悖论"，即规划是一个信息不完全的灰色系统，确定的规划是不确定未来的反映，而不确定的未来又是现时确定规划作用的结果[139]。国土空间规划是指对一定时期内全国或国内一定地域的国土空间发展布局及其保护、开发、利用、修复、治理的综合部署、统筹安排和实施管理。

国土空间规划治理是指针对政府部门开展国土空间规划的公权力界定，针对国土空间资源管理核心问题开展的规划治理事务，在实践维度更多地侧重于国土空间资源保护、开发和利用的重大改革、重点任务以及重大项目的战略性部署。国土空间规划治理通过编制、审批、实施、监督、调整和评估规划，对人们利用国土空间行为作出相关的约束，指导人们合理利用各类国土空间，使有限的国土空间资源在部门间得到合理配置，从而在区域整体上实现国土空间资源的可持续利用。国土空间规划治理是国家自然资源行政管理的重要组成部分，治理的主体是自然资源行政管理机关，主要有国务院及地方各级的自然资源行政管理机关，客体是与国土空间规划相关的组织和个人行为。

7.1.2 国土空间规划治理的本质诠释

1. 从历史上看，是人类文明用地的产物

规划的历史源于人类对国土空间的开发利用和对国土空间开发利用的认知。从国土空间视角来看，人类社会的发展历史，就是人类不断利用和改造国土空间的过程，随着人类文明程度的提升，对国土空间的利用和改造程度也逐渐加大，利用方式越来越先进，在这个渐进过程中，规划起到了重要的作用。众所周知，"井田制"是中国奴隶社会盛行的土地所有制度[140]，其实，"井田制"不仅仅是一种土地所有制度，还可以看作是人类历史上最早的国土空间规划。"井田"一词，最早见于《穀梁传·宣公十五年》："古者三百步为里，名曰井田"，"井田者，九百亩，公田居一"。所谓"井田"是指将方里九百亩土地，划为九块，每块一百亩，八家共耕中间的一百亩公田，每家都有一百亩私田，这种土地的划分使用方式，其形犹如"井"字。"井田"都是有规格的，长、宽各百步的方田叫一"田"，一田的面积为百亩，九块方田叫一"井"。"井田制"不仅合理划分了土地，还提供了一种简单的度量方式，可以说是当时人类文明用地的产物。

再如中国历史上著名的水利工程"都江堰"，也可以看作是国土空间规划的成功范例。"都江堰"是中国古代建设并使用至今的大型水利工程，被誉为"世界水利文化的鼻祖"，是由秦国蜀郡太守李冰父子规划和修建的。通过巧设分水鱼嘴，起到了分流引水和控制灌溉水中的泥沙量，还规划了飞沙堰、离堆旁的宝瓶口来调节水量、控制沙石，从而将有害于人类的岷江规划为灌溉成都平原800万亩良田的有用之河，达到了根治岷江水患，发展川西农业，造福成都平原的目的，而且以不破坏自然资源，充分利用自然资源为人类服务为前提，变害为利，使人、地、水三者高度协调统一，是中国古代水土合理规划的"生态文明工程"。

2. 从权利上看，是对国土空间发展权的分配

国土空间规划治理是一项合理分配和组织国土空间利用的综合性措施，如某一国土空间是规划为基本农田还是规划为建设用地，就是对国土空间发展权的分配。通过国土空间规划治理，某些国土空间用途发生改变，如由农用地转变为建设用地，或某些土地容积率提高而使得利用效益提升，这都涉及国土空间发展权的分配。国土空间规划治理的科学性和合理性决定了国土空间发展权分配的科学性和合理性。只有科学和合理的国土空间规划治理，才有公平与效益并重的国土空间发展权。在规划实施过程中，借助经济手段对国土空间发展权配置的调整和弥补，最终还是要落实到规划上。国土空间规划治理为国土空间发展权的量化和货币化提供科学依据。国土空间规划通过明确生态、农业和城镇等功能空间，并划定生态保护红线、永久基本农田和城镇开发边界等各类空间管控边界，有利于国土空间发展权的量化和货币化，因为国土空间发展权的计量和分配量以预期可获得的经济效益及因

限制而受到的经济损失量为依据加以实现。

3. 从行政上看,是对土地要素市场失灵的纠正

国外大量实践表明,通过对国土空间进行合理调控,可以弥补市场缺陷,调节经济运行,在保障经济社会发展和促进国土资源均衡开发等方面发挥着重要的和不可替代的作用。因此土地要素政策参与宏观调控是中国特殊国情和特殊发展阶段的特殊选择[141],而国土空间规划在参与宏观调控的方式、方法中处于基础和综合地位。国土空间规划治理集中体现了土地要素政策参与宏观调控的国家意志,是实行最严格国土空间管理的基本手段,是指导城乡建设、土地管理的纲领性文件。从国土空间规划治理视角探讨土地要素政策参与宏观调控的作用机制,为适应完善社会主义市场经济体制,加强和改进国家对宏观经济调控的要求,促进经济社会可持续发展具有重要的现实意义。规划治理的根本目标是纠正土地要素市场失灵导致的负面影响,以提高区域社会整体福利和公共利益,这也是规划治理存在和发展的出发点和归宿。

4. 从宗旨上看,是对国土空间未来利用的控制

国土空间规划治理最本质的功能是其对未来国土空间利用时空的导向,即对未来国土空间资源的分配和时空组织。国土空间规划治理确定国土空间利用的时序和规模,主要表现在确定规划年期和土地利用指标。通过在规划年期内完成分配的国土空间利用指标,达到对未来国土空间利用控制的目的。根据我国国土空间资源家底及利用的实际状况,将永久基本农田保护面积、耕地保有量、生态保护红线面积、城乡建设用地规模等划为约束性指标,这些指标直接关系国家粮食安全、经济增长方式由粗放型向集约型的根本转变,是不得突破的。其他规模和时序的指标应是预期性的。在社会经济迅猛发展、城市化水平高速提升的背景下,如果没有国土空间规划,国土空间利用将放任自流,农地非农化、自然生态破坏的后果难以设想。

5. 从技术上看,是对国土空间利用系统时空的优化

国土空间利用系统是指为人类活动所利用的国土空间表层及其以上和以下的所有要素相互联系、相互制约而结合成的具有特定功能的有机综合体。国土空间利用系统的结构决定国土空间利用系统的功能,即结构良好的国土空间利用系统,能有效实现系统的功能;反之,会减弱或损害系统的功能,因此优化国土空间利用结构

至关重要,它能促进国土空间利用系统运行的良性循环,有效地实现系统功能,以取得良好的系统效益,即国土空间利用的社会效益、经济效益和生态效益以及由此形成的综合效益。国土空间利用系统的规划就是以国土空间利用系统作为对象,以结构问题作为出发点,用定性和定量的方法描述其要素之间的联系和制约,按整体优化的观点加以处理,使结构在时空上得到落实。在给定的约束条件下为达到预定目标而进行的优化,就是规划。

6. 从管理上看,是提高国土空间利用决策科学性的手段

国土空间规划治理是一种带有公共政策属性的制度安排,实质上,国土空间规划方案既是一个国土空间利用的决策,又是一定时期内国土空间利用的政策。不同的价值观影响和制约着规划所涉及的整体利益和公共利益的判定,使得其目标不仅应提高社会整体福利和实现公共利益最大化,而且应与特定的政治和制度目标相统一。基于这一认识,国土空间规划应具有对未来国土空间利用的导向性、有限理性和社会公共性的特征。规划可以提高国土空间利用决策的科学性。有了国土空间规划,从国土空间利用总量控制到制定年度国土空间使用计划,都有规划作为依据,提高了国土空间利用决策的科学性。随着改革和发展的不断推进,国土空间规划在国土空间管理中的"龙头"和基础地位不断增强,国土空间规划作为宏观调控的重要手段在经济社会发展中的作用日益凸显。

7.2 国土空间规划治理的发展历程

国土空间规划治理融合了原有的土地利用规划、城乡规划、国土规划、主体功能区规划、生态空间类规划等空间规划,以下分别叙述其发展历程[142]。

7.2.1 土地利用规划

1949年中华人民共和国成立后,百废待兴。国家为了开发耕地后备资源和合理利用荒地资源,于1954年从苏联引进了技术及人才,并逐步开展了土地规划及开荒建农场。在这一时期,土地规划的重点是从工程技术的角度,对农用土地进行勘测、规划设计和实施。规划对象主要是国营农场土地,包括黑龙江友谊农场、新疆

生产建设兵团的一些农场、海南橡胶园等。

20世纪60年代，中苏关系逐渐恶化，土地规划的工作处于停滞的状态。到了70年代初期，各地根据"农业学大寨"的现实需要，逐步开展了人民公社土地规划的相关工作，重点规划对山、水、林、田、路的综合改造。

1978年改革开放后，随着市场经济发展和农村土地制度变革，土地规划的重点从工程技术转向经济管理，土地利用总体规划也逐步取代了原来的土地规划设计，并且将"土地规划"改名为"土地利用规划"。

1986年，国务院组建并成立了国家土地管理局，开始统管全国土地和城乡地政。同年，第一轮土地利用总体规划（1986—2000年）的编制工作开始在全国范围内展开。1987年，《中华人民共和国土地管理法》正式实施，编制土地利用总体规划作为各级政府的重要职责被写入该法，标志着我国土地利用总体规划走上了依法、统一、全面、科学管理的轨道。1992年前后，全国大多数地方都完成了第一轮省、市、县、乡级土地利用总体规划。1993年，国务院正式批准实施《全国土地利用总体规划纲要（草案）》《土地利用总体规划编制审批暂行办法》和《县级土地利用总体规划编制规程》。1994年，《基本农田保护条例》颁布实施，1995年、1996年，部署编制基本农田保护区规划，后来又有了村镇建设规划。

由于非农建设大量占用耕地，中央发出第11号文件即《关于进一步加强土地管理、切实保护耕地的通知》，决定在全国范围内冻结非农业建设项目占用耕地一年，冻结县改市的审批。在此背景下，1997年国家土地管理局在全国范围内开展了第二轮土地利用总体规划修编（1997—2010年）。同年，国家土地管理局颁布了《土地利用总体规划编制审批规定》，详细规定了各级规划编制的原则、程序、要求、任务以及审批流程，这是改革开放以来我国首部专门对土地利用总体规划进行规范的部门规章。为贯彻中央11号文件精神和《土地利用总体规划编制审批规定》，全国各地转变观念，开展了以保护耕地为重点，以实现耕地总量动态平衡、实施土地用途管制、以土地供给决定需求、集约用地等为原则的土地利用总体规划修编工作。1998年，国务院机构改革，由地质矿产部、国家土地管理局、国家海洋局和国家测绘局共同组建国土资源部。1999年，正式实施修订后的《中华人民共和国土地管理法》，确定土地用途管制的前提和依据是土地利用总体规划，并将确保本行政区耕地总量不减少作为编制土地利用总体规划的一个标准。此外，新的《中华人民共和国土地管理法》确立了国家建立土地调查制度和土地统计制度，建立全国土地管理信息系统，对土地利用进行动态监测。1999年，国务院批准并印发《全国土地利用规划纲要》，实行土地利用分区与控制指标"自上而下"层层分解的规划模式。到 2000 年年底，第二轮全国土地利用总体规划修编基本完成，并开始正式实施。

随着我国城市化、工业化进程的加快，人地矛盾不断加剧，产业结构调整和生态环境建设也对土地资源管理提出了新挑战。为保持宏观经济平稳发展，中央要求严把土地供应"闸门"，运用市场手段积极参与宏观调控，而土地规划正是土地供应的重要依据。2003 年，国土资源部下发《关于土地利用总体规划修编试点采用基数有关事项的通知》，部署了 12 个县级和 14 个市（地）级土地利用总体规划修编试点。2005 年，第三轮全国土地利用总体规划修编（2006—2020 年）正式启动。2006 年，国务院下发《关于加强土地调控有关问题的通知》，提出地方各级人民政府主要负责人应对本行政区域内耕地保有量和基本农田保护面积、土地利用总体规划和年度计划执行情况负总责。之后的两年，国土资源部围绕落实 18 亿亩耕地的目标，提出严格控制建设用地规模，做好建设用地存量挖潜，重视耕地质量和数量占补平衡；围绕土地节约集约利用，提出了加强建设用地的空间管制，严控城乡建设用地的规模；围绕落实共同责任，提出要健全考核体制，明确主体责任，将耕地保护和节约集约用地与地方政绩挂钩。2008 年，国务院审议并原则通过了《全国土地利用总体规划纲要（2006—2020 年）》，该文件展现出鲜明的耕地红线意识、资源节约意识、统筹协调意识和共同责任意识，对规划期内我国土地开发、利用和保护作出了科学、合理的安排和部署。全国的土地利用总体规划修编工作由此全面展开。2009 年，国土资源部审议通过《土地利用总体规划编制审查办法》，对土地利用总体规划的编制、规划内容、审查和报批等事项作出明确规定。

7.2.2 城乡规划

1949 年，政务院财经委员会（简称"中财委"）掌管全国基本建设和城市建设工作，各地相继设立了城市建设管理机构。1952 年，中财委提出城市建设要依据国家的长期计划，加强规划设计工作，会议决定在全国 39 个重点城市设立建设委员会，提出城市建设要在城市总体规划的指导下进行。"一五"时期，为满足 156 个重点工程的建设，国家根据工业总体布局，开始有重点地建设城市。全国有 150 多个城市先后编制了不同深度的城市规划。1954—1957 年，国家先后批准了 15 个城市的总体规划和详细规划。在这一时期，我国全面地学习了前苏联的规划理论和方法模式，城市规划成为计划经济体系的重要组成部分。城市规划在重大项目选址、基础设施建设、城市改扩建等方面发挥了重要的指导作用。定人、定量的指标配置和空间形态设计是这一时期城市规划的主要技术方法。这一时期代表性的规划实践是156个工业建设项目和相应的重要城市规划。

1958年，中国许多城市盲目扩建和改建，造成城市建设供给过剩，给财政带来很大负担。1960年，全国计划工作会议草率地宣布"三年不搞城市规划"。之后的1966至1976年，各地纷纷撤销了城市规划相关机构，导致规划工作陷入了停滞，只有在应对国家重大项目建设时，才有限地开展城市规划。直至这一阶段后期，城市规划工作才缓慢复苏。这一时期代表性的规划实践为三线建设、新唐山总体规划等。

改革开放以后，中国逐渐放松了计划经济管制，引入市场经济制度，形成计划经济与市场经济"双轨制"并存的局面，城市规划逐渐转变为引领发展的工具。1978年，国务院印发了《关于加强城市建设工作的意见》，要求全国各市、新建的城镇根据国民经济发展计划和地区发展的实际情况，编制和修订城市规划。1984年国务院颁布了《城市规划条例》，这是我国城市规划领域的首部法规，同时也标志了我国城市规划和管理开始走向制度化和法治化，推动了全国各城市规划、建设、管理的立法工作。1987年，国务院发布《关于加强城市建设工作的通知》，强调了城市规划的法律权威性。1989年，《中华人民共和国城市规划法》在全国人大常委会审议通过，并于1994年开始实施。自此，我国形成了由城镇体系规划、城市总体规划、城市分区规划、控制性详细规划、修建性详细规划构成的城市规划体系。在这一阶段，城市规划引入了西方理论、数学建模、计量方法和计算机技术，规划的科学化、系统化和规范化程度大幅提升。代表性的规划实践有全国城镇体系规划、《上海虹桥开发区详细规划》《深圳经济特区总体规划（1985—2000）》等。

20世纪90年代初期，我国进一步扩大对外开放，明确提出建立社会主义市场经济体制。城市规划成为地方政府提高城市竞争力、实现经济增长的重要途径，也是经营城市土地资产、管控城市空间秩序和改造城市环境的主要措施，是政府对市场进行宏观调控的有效手段。2008年实施的《中华人民共和国城乡规划法》中，规划覆盖范围由城市扩展到城乡，规划属性从"工程技术"向"公共政策"转变。这一时期的代表性实践有《广东城市发展战略规划》，江苏、浙江等美丽乡村建设规划实践等。

党的十八大以来，城乡规划作为实现多元协调发展的政策工具，是国家治理体系和治理能力现代化的重要组成部分，也是政府配置资源的有效手段。这一时期的城乡规划强调生态优先和注重管控，注重集约化、内涵式和高质量的发展路径，代表性的规划实践有《上海市城市总体规划（2017—2035年）》《京津冀协同发展规划纲要》等。

7.2.3 国土规划

20 世纪 80 年代初，我国在学习日本、德国和法国等国家在国土资源开发和整治经验的基础上，在全国范围内逐步推行了国土规划与整治的相关工作。1981 年，我国政府委托国家建委负责国土整治与国土规划的相关事务。这是中华人民共和国成立后，我国第一次明确提出将国土整治与国土规划作为一项完整的工作内容。当时，国土整治的主要内容包括四个开发（土地、地区、大河流和综合）、一项利用（土地）、一项整治（环境）、两项工作（规划和立法），涵盖了国土资源的调查、开发、利用、治理和保护等内容。而国土规划的主要任务是统筹协调国民经济发展与人口、资源、环境之间的关系。国土整治由国家建委设立的国土局全面负责。

经研究论证，国土规划被确定为国土整治工作的核心任务。1982 年，国家开始在京津唐地区进行国土资源调查研究工作，并在吉林松花湖和湖北宜昌启动国土规划试点工作。同年，随着国务院机构改革，国土局从国家建委划归国家计委。1982 至 1984 年间，国家计委共组织了 20 多个区域性的国土规划试点。1985 年，国家计委开始组织编制《全国国土总体规划纲要》。1987 年，国务院批准并由国家计委颁布的《国土规划编制办法》，这是我国第一部关于国土规划的行政法规。1989 年，全国性的国土规划纲要基本完成，各省、自治区和直辖市也相继启动了各自国土规划的编制工作。到 1993 年，全国共有 26 个省、自治区和直辖市完成了国土规划编制。但由于缺乏法律保障，这些国土规划的权威性和约束力不足，被束之高阁，未发挥规划应有的作用。

1998 年，随着新一轮国务院机构改革的推进，国土资源部成立，国土规划的职能从国家计委划归到了国土资源部，成为国土资源部的一项重要职能。2001 年，国土资源部颁布了《关于国土规划试点工作有关问题的通知》，拉开了新一轮国土规划的序幕。2001 至 2004 年间，深圳、天津、辽宁、新疆、广东相继开展国土规划编制试点。2007 年，党的十七大报告提出"加强国土规划，按照形成主体功能区的要求，完善区域政策，调整经济布局"。2009 年，我国启动了区域性国土规划编制工作，在福建、长株潭经济区、武汉城市圈、广西西江经济带、广西桂西资源富集区、广西北部湾经济区等地开展试点。在总结地方试点经验的基础上，国土资源部于 2017 年正式颁布《全国国土规划纲要（2016—2030 年）》。

7.2.4 主体功能区规划

我国主体功能区规划与经济区规划一脉相承。1958年，国家决定设立七大经济协作区，以大城市为中心带动周围地区发展。以沈阳、天津、武汉、广州、重庆、上海、兰州和西安分别作为东北、华北、中南、华南、西南、华东、西北经济协作区的中心城市。

1981年，"六五"计划提出编制部分地区国土开发整治规划。1985年，"七五"计划进一步明确，逐步建立以大城市为中心、依托交通要道、不同层级、规模不一、各具特色的经济区网络。1990年，"八五"计划进一步深化已有经济区的规划，提出能源基地、沿海地区等概念。

1992年，党的十四大提出"建立社会主义市场经济体制"。1996年，"九五"计划提出"跨省区市的经济区域"概念，主要包括七个区域，分别是长江三角洲及沿江地区、环渤海地区、东南沿海地区、西南和华南部分省区、东北地区、中部五省地区，以及西北地区。

2000年，在西部大开发的背景下，"十五"计划按照西部、中部、东部的顺序对各地区功能和定位进行规划，提出"以线穿点，以点带面"，发挥中小城市对小城镇发展的带动作用，形成大、中、小城市和小城镇协调发展的城镇化道路。2005年，"十一五"规划提出"形成区域间相互促进、优势互补的互动机制"，以促进区域协调发展。鼓励区域经济协作和技术、人才合作，形成以东带西、东中西共同发展的格局，以特大城市和大城市为"龙头"，形成辐射作用大的城市群，培育新的经济增长极。

为了形成主体功能定位清晰的国土空间格局，促进人口分布、经济分布、资源环境的协调，实现公共服务均等化，国家"十一五"规划中首次明确提出主体功能区的概念，指出"根据资源环境承载能力、现有开发密度和发展潜力，统筹考量未来我国人口分布、经济布局、国土利用和城镇化格局，将国土空间划分为优化开发、重点开发、限制开发和禁止开发四类主体功能区"。2010年国务院印发《全国主体功能区规划》，主体功能区对经济区的发展形成了一种约束，表明经济区需要在经济增长的同时，符合低碳经济、生态经济和循环经济的要求。

7.2.5 生态空间类规划

20世纪80年代，出现了以绿化建设项目的空间布局为主、局限于城市近郊区的规划，如《北京市绿地系统规划》《合肥绿地系统规划（1990年）》等，这一阶段的生态空间类规划没有独立的规划编制。

自20世纪90年代末至21世纪初，北京、上海、深圳等城市在市域层面专门编制了绿地系统规划章节，这些内容通常被纳入同期的城市总体规划中，少有独立的规划编制，规划深度多止于市域层面的布局结构和概括性指标。这一阶段也出现了《北京市第二道绿化隔离地区规划》，该规划以局部生态空间来约束城市空间扩张，提出了城乡建设控制和绿化、生态建设要求。

自21世纪初至2010年前后，随着国家对生态文明建设的重视程度日益提升，生态空间类规划取得较大发展，地方规划中开始出现单独编制的生态空间类规划。这些规划以全面的生态安全格局、限建条件研究为基础，以分区、分类的规划为指引，形成了和城乡建设空间基本耦合的生态空间系统规划布局，但规划深度一般未达到定线深度。这一阶段的典型规划有《北京市限建区规划（2006—2020年）》《深圳市基本生态控制线规划》《上海市基本生态网络规划》《武汉市全城生态空间管控行动规划》等。

自2010年至今，生态空间类规划取得进一步发展，达到定线深度，形成了实施层面分区、分类规划控制要求，并有与之匹配的实施政策法规。这一阶段的典型规划有上海郊野单元（含郊野公园和村庄）规划、深圳市基本生态控制线划定和城市绿线规划、《武汉都市发展区1∶2000基本生态控制线规划》和《武汉都市发展区生态绿楔导则》等。

7.2.6 国土空间规划

城乡规划、土地利用规划、主体功能区规划等空间规划在积极拓展内容和范围的同时，也导致各规划自成体系，规划期限、边界差异较大甚至矛盾的现象。为完善规划体系，形成规划合力，从地方到中央开始探索建立统一的空间规划体系。2002年，国家发展改革委在《关于规划体制改革若干问题的意见》中提出将城乡、土地、水利、交通、环境、公共服务等纳入统一规划。2003年，国家发展改革委启动了市县规划体制改革，探索发展规划、城乡规划和土地利用规划"三规合一"，并在苏州、宁波、安溪、宜宾、钦州和庄河六个城市进行了试点。随着城市土地开发强度不断提高，2006年以来，武汉、上海、重庆、深圳、广州、厦门等特大城市相继开展"多规合一"改革探索工作。2013年，中央城镇化工作会议明确提出探索市县规划的"多规合一"工作，进一步深化规划体制的改革。

党的十八届三中全会以来，中共中央、国务院高度重视"多规合一"改革，将其列为全面深化改革的重点任务。结合国家规划体系改革，国家在省、市县两个层面开展统一的空间规划试点。2014 年，国家发展改革委、原国土部、原环保部和住建部联合发布了《关于开展市县"多规合一"试点工作的通知》，由四部委分别进行指导，在 28 个市县开展"多规合一"试点工作。2015 年和 2016 年，中央全面深化改革领导小组先后选取海南和宁夏开展省域"多规合一"试点。2017 年，中共中央、国务院印发《省级空间规划试点方案》，提出"以主体功能区规划为基础，全面摸清并分析国土空间本底条件，划定城镇、农业、生态空间以及生态保护红线、永久基本农田、城镇开发边界，注重开发强度管控和主要控制线落地，统筹各类空间性规划，编制统一的省级空间规划，为实现'多规合一'、建立健全国土空间开发保护制度积累经验、提供示范"。

  2018 年，国务院机构改革，自然资源部负责建立统一的国土空间规划体系并监督实施。同年，中共中央、国务院颁布《关于统一规划体系更好发挥国家发展规划战略导向作用的意见》，要求"建立以国家发展规划为统领，以空间规划为基础，以专项规划、区域规划为支撑，由国家、省、市县各级规划共同组成，定位准确、边界清晰、功能互补统一衔接的国家规划体系"。2019 年颁布的《中共中央 国务院关于建立国土空间规划体系并监督实施的若干意见》提出"建立国土空间规划体系并监督实施，将主体功能区规划、土地利用规划、城乡规划等空间规划融合为统一的国土空间规划，实现'多规合一'，强化国土空间规划对各专项规划的指导约束作用……建立规划编制审批体系、实施监督体系、法规政策体系和技术标准体系"。自此，国土空间规划在国家规划体系中的地位已经明确，国土空间规划的"五级三类四体系"结构框架已经搭建完成，标志着国土空间规划迈上新台阶。但是国土空间规划的落地，以及实现经济发展与生态文明建设相统一，优化国土空间资源配置，还有很多工作要做。

7.3 国土空间规划治理的运行机制

  国土空间规划治理的根本任务是维护国土空间利用的社会、经济和生态整体利益，促进社会的可持续发展。其治理贯穿于国土空间规划的编制、审批、实施等全过程，是国土空间行政管理的重要内容。因此，国土空间规划治理的运行机制主要包括规划的编制审批、实施监督、法规技术保障等内容，可以归纳为"五级三类四体系"（图 7-1）。

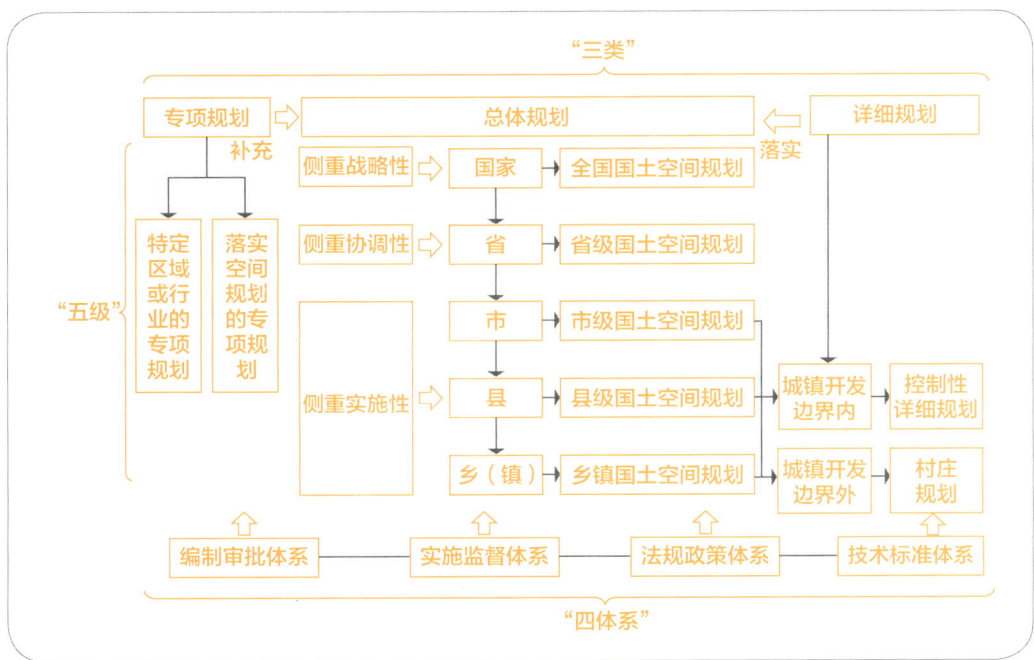

图 7-1 国土空间规划治理的"五级三类四体系"
资料来源：自绘

7.3.1 编制与审批机制

1. 规划的编制及审批体系

1) 国土空间规划的"五级三类"体系

国土空间规划在纵向上形成以"国家—省—市—县—乡（镇）"五级规划体系，在横向上形成"总体规划—专项规划—详细规划"三类总体性规划体系。国家、省、市县编制国土空间总体规划，各地结合实际编制乡镇国土空间规划。相关专项规划是指在特定区域（流域）、特定领域，为体现特定功能，对空间开发保护利用作出的专门安排，是涉及空间利用的专项规划。国土空间总体规划是详细规划的依据、相关专项规划的基础；相关专项规划要相互协同，并与详细规划做好衔接[143]。

2) 国土空间总体规划

全国国土空间规划是对全国国土空间作出的全局安排，是全国国土空间保护、开发、利用、修复的政策和总纲，侧重战略性，由自然资源部会同相关部门组织编制，由中共中央、国务院审定后印发。省级国土空间规划是对全国国土空间规划的落实，指导市县国土空间规划编制，侧重协调性，由省级政府组织编制，经同级人大常委会审议后报国务院审批。市县和乡镇国土空间规划是本级政府对上级国土空间规划要求的细化落实，是对本行政区域开发保护作出的具体安排，侧重实施性。需报国务院审批的城市国土空间总体规划，由市政府组织编制，经同级人大常委会审议后，由省级政府报国务院审批；其他市县及乡镇国土空间规划由省级政府根据当地实际，明确规划编制审批内容和程序要求。各地可因地制宜，将市县与乡镇国土空间规划合并编制，也可以几个乡镇为单元编制乡镇级国土空间规划。

3）国土空间专项规划

海岸带、自然保护地等专项规划及跨行政区域或流域的国土空间规划，由所在区域或上一级自然资源主管部门牵头组织编制，报同级政府审批；涉及空间利用的某一领域专项规划，如交通、能源、水利、农业、信息、市政等基础设施，公共服务设施，军事设施，以及生态环境保护、文物保护、林业草原等专项规划，由相关主管部门组织编制。相关专项规划可在国家、省和市县层级编制，不同层级、不同地区的专项规划可结合实际选择编制的类型和精度。

4）国土空间详细规划

详细规划是对具体地块用途和开发建设强度等作出的实施性安排，是开展国土空间开发保护活动、实施国土空间用途管制、核发城乡建设项目规划许可、进行各项建设等的法定依据。在城镇开发边界内的详细规划，由市县自然资源主管部门组织编制，报同级政府审批；在城镇开发边界外的乡村地区，以一个或几个行政村为单元，由乡镇政府组织编制"多规合一"的实用性村庄规划，作为详细规划，报上一级政府审批。

2. 规划的编制要求

1）体现战略性

全面贯彻和落实中共中央、国务院重大决策部署，体现国家意志和国家发展规划的战略性，按照自上而下的原则编制各级国土空间规划，对空间利用和发展作出战略性和系统性的安排。规划编制要贯彻国家安全战略、区域协调发展战略以及主体功能区战略，明确具体的空间发展目标，优化城镇化、农业生产以及生态保护的时空格局，制定具体的空间发展策略，以实现国土空间开发保护方式的转变，不断提升国土空间开发保护质量与效率。

2）提高科学性

一是坚持生态优先和绿色发展，充分尊重自然、经济、社会的规律，因地制宜进行规划编制工作。二是坚持节约优先、保护优先、以自然恢复为主的方针，基于资源环境承载能力和国土空间开发适宜性评价，科学有序地统筹布局生态、农业和城镇等功能空间，划定生态保护红线、永久基本农田、城镇开发边界等空间管控边界以及各类海域保护线，强化底线约束，以预留空间促进可持续发展。三是贯彻山水林田湖生命共同体理念，强化生态环境分区管治，量水而行，保护生态屏障，构建生态廊道及生态网络，推进生态系统保护和修复，依照法定程序进行环境影响评价。四是坚持陆海统筹、区域协调、城乡融合发展思路，优化国土空间结构和布局，统筹地上地下空间的综合利用，着力完善交通、水利等基础设施和公共服务设施，同时延续历史文脉，加强风貌管控，突出地域特色。五是强调上下结合、社会协同，不断完善公众参与制度，充分发挥不同领域专家的作用。运用城市设计、乡村营造、大数据等多种手段，改进规划方法，提高规划的编制水平。

3）加强协调性

加强国家发展规划的统领作用，突显国土空间规划的基础作用。国土空间总体规划应兼顾并协调各相关专项领域的空间需求，以实现全面统筹和综合平衡。详细规划的编制和修改应依据经过批准的国土空间总体规划。同时，相关专项规划必须遵循国土空间总体规划，不得违背总体规划的强制性内容和要求，其主要内容应纳入详细规划的编制中。

4）注重操作性

依据谁组织编制、谁负责实施的基本原则，明晰各级各类国土空间规划编制和管理的要点。明确规划的约束性指标及刚性管控的要求，同时提出具有指导性的要求。制定实施规划的政策措施，提出下级国土空间总体规划和相关专项规划、详细规划的分解落实要求，建立完善的规划实施传导机制，确保规划能用、管用、好用。

3. 规划的编制程序

1）准备工作

（1）组织准备。成立一个由政府主要领导担任组长、各相关部门主要负责人组成的领导小组。由自然资源主管部门负责牵头制定工作计划，明确决策机制、工作目标、任务分工、时间进度，经费保障等安排。组建涵盖国土空间规划、生态环境、经济社会、历史文化、防灾减灾等多领域多行业的国土空间规划编制专家咨询团队和技术支撑团队。

（2）技术准备。收集整理自然地理、自然资源、生态环境、经济、社会、文化、基础设施、城乡建设、国防安全、灾害风险等方面的基础数据和资料，以及相关规划成果、审批数据。涉密数据按照保密要求进行收集和管理。国土空间现状数据以实景三维中国为统一的时空基底，以全国国土调查成果和规划基期年法定国土变更调查成果为基础，充分结合地理国情、森林、草原、湿地、海洋等专项调查数据以及其他测绘地理信息数据。经济社会发展等数据以人口普查、经济社会统计年鉴和其他专业统计年鉴为基础。

2）专题研究

省级国土空间规划的专题研究内容主要涵盖规划的战略与目标、开发保护格局与优化、农业生产格局优化及耕地保护策略、生态安全格局与生物保护多样性、人口与城镇化、水资源利用与空间布局研究、海洋专题研究、区域协调、基础设施与资源要素配置、文化遗产和自然遗产保护利用专题、生态修复和土地综合整治、规划实施和政策保障等。

市级国土空间规划的专业研究内容有三大方面。一是现状和风险评估。通过资源环境承载能力和国土空间开发适宜性评价，明确生态功能极重要和极脆弱区域，提出农业生产、城镇发展的承载规模和适宜空间。二是重大问题研究。深入研究未来人口与经济社会发展、国土空间要素利用战略选择、耕地和基本农田保护、节约集约用地、国土空间结构与布局等重大问题。三是重大工程安排。依据规划目标和任务，对工程目标、建设内容、投资估算、预期效益等提出科学安排和合理布置。

3）方案编制

一是编制规划大纲。规划大纲是指导未来国土空间各要素利用和规划成果编制的框架性文件，旨在规划过程中加强自上而下的政策落实和质量控制。二是编制规划方案。以市级规划为例，规划方案包含以下内容：基础分析与评价、战略与目标、区域协同发展、空间结构与格局、空间控制线体系、规划分区、自然资源与生态保护利用、农业农村发展与农用地保护利用、城镇发展、海洋海岛海岸带保护利用、综合支撑体系、国土综合整治与生态保护修复、管控体系与管控规则、对乡镇级规划的引导与要求、规划保障体系。

4）方案论证与社会公示

初步规划成果形成后，需在国民经济各部门和各行业之间进行反复协调，广泛征求相关部门、下属单位、专家以及社会公众的意见，对规划中的重大问题和规划成果进行论证，提高规划的科学性和可行性。

5）成果报批与成果公告

国土空间规划按照下级服从上级的原则，自下而上审查报批。规划成果经批准后，应向全社会公告。各级规划成果的调整、修改应遵照有关规定进行。

4. 规划的审批内容

按照"管什么就批什么"的原则，对省级和市县国土空间规划，侧重控制性审查，重点审查目标定位、底线约束、控制性指标、相邻关系等，并对规划程序和报批成果形式做合规性审查。

省级国土空间规划审查要点包括：国土空间开发保护目标；国土空间开发强度、建设用地规模，生态保护红线控制面积、自然岸线保有率，耕地保有量及永久基本农田保护面积，用水总量和强度控制等指标的分解下达；主体功能区划分，城镇开发边界、生态保护红线、永久基本农田的协调落实情况；城镇体系布局，城市群、都市圈等区域协调重点地区的空间结构；生态屏障、生态廊道和生态系统保护格局，重大基础设施网络布局，城乡公共服务设施配置要求；体现地方特色的自然保护地体系和历史文化保护体系；乡村空间布局，促进乡村振兴的原则和要求；保障规划实施的政策措施；对市县级规划的指导和约束要求；等等。

国务院审批的市级国土空间总体规划审查要点，除对省级国土空间规划审查要点的深化细化外，还包括：市域国土空间规划分区和用途管制规则；重大交通枢纽、重要线性工程网络、城市安全与综合防灾体系、地下空间、邻避设施等设施布局，城镇政策性住房和教育、卫生、养老、文化体育等城乡公共服务设施布局原则和标准；城镇开发边界内，城市结构性绿地、水体等开敞空间的控制范围和均衡分布要求，各类历史文化遗存的保护范围和要求，通风廊道的格局和控制要求；城镇开发强度分区及容积率、密度等控制指标，高度、风貌等空间形态控制要求；中心城区城市功能布局和用地结构；等等。

其他市、县、乡镇级国土空间规划的审查要点，由各省（自治区、直辖市）根据本地实际，参照上述审查要点制定。

7.3.2 实施与监督机制

1. 规划的实施机制

各级各类国土空间规划一经批复，任何部门和个人不得随意修改、违规变更，防止出现换一届党委和政府改一次规划。下级国土空间规划要服从上级国土空间规划，相关专项规划、详细规划要服从总体规划；坚持先规划、后实施，不得违反国土空间规划进行各类开发建设活动；坚持"多规合一"，不在国土空间规划体系之外另设其他空间规划。相关专项规划的有关技术标准应与国土空间规划衔接。因国家重大战略调整、重大项目建设或行政区划调整等确需修改规划的，须先经规划审批机关同意后，方可按法定程序进行修改。对国土空间规划编制和实施过程中的违规违纪违法行为，要严肃追究责任。

1）土地利用计划

国土空间规划是一个长期的规划，在获得批准后有一个逐步推进的过程，逐年实施规划需要通过土地利用年度计划来进行调节和控制。土地利用计划管理是为了合理利用和保护土地，保障社会经济持续发展，编制农用地转用计划等土地利用计划，控制和监督国土空间规划实施节奏、空间和强度的行政措施。《中华人民共和国土地管理法》第二十三条规定"各级人民政府应当加强土地利用计划管理，实行建设用地总量控制"，从法律上明确了各级人民政府土地利用计划管理的权力与责任，也是国土空间规划实施的具体措施。土地利用计划管理包括三方面的工作：一是组织编制和审批土地利用计划；二是加强土地利用计划实施管理；三是对土地利用计划实施情况进行监督和检查。

土地利用计划的编制、下达和执行，应当结合国民经济和社会发展计划、国家产业政策、国土空间总体规划，以及建设用地和土地利用的实际情况，采用"上下结合"的方式进行。土地利用计划一般包括计划期内耕地保有量指标、允许建设占用的农用地指标和未利用地指标。允许建设占用的指标还应当区分国土空间总体规划确定的城乡建设用地范围内（圈内）城乡建设用地指标和范围外（圈外）单独选址建设项目占用指标两类。此外，土地利用计划往往还包括土地开发整理计划指标，包含土地开发补充耕地指标和土地整理复垦补充耕地指标。

目前，土地利用计划指标一般按年度编制，即土地利用年度计划。随着国土空间规划体系的建立完善和实施措施的配套，可以适度增加土地利用计划的弹性，编制 3~5 年的土地利用滚动计划。土地利用年度计划的编制审批程序与国土空间总体规划的编制审批程序相同，土地利用计划一经审批下达，必须严格执行。

2）用途转用许可制度

用途转用许可制度是国土空间用途管制制度的核心，也是实施国土空间规划的基本法律手段。使用国土空间的个人和单位必须严格按照国土空间规划所确定的用途进行使用，规划未经批准的或者未经规划的地区不得擅自改变国土空间利用现状。以农用地转用许可制度为例，《中华人民共和国土地管理法》第四十四条规定"建设占用土地，涉及农用地转为建设用地的，应当办理农用地转用审批手续"，从法律上明确了农用地转为建设用地的审批制度。也就是说，各类建设项目需要占用农用地的，必须依据国土空间规划办理农用地转用审批手续。农转用审批是国土空间规划实施的重要行政手段，通过行政审批严格控制国土空间规划实施过程中各项建设占用农用地的地域分布、数量和速度。

3）规划许可制度

在城镇开发边界内的建设，实行"详细规划+规划许可"的管制方式。一是坚持先规划、后建设。严格按照国土空间规划核发建设项目用地预审与选址意见书、建设用地规划许可证、建设工程规划许可证和乡村建设规划许可证。未取得规划许可，不得实施新建、改建、扩建工程。不得以集体讨论、会议决定等非法定方式替代规划许可、搞"特事特办"。二是严格依据规划条件和建设工程规划许可证开展规划核实。规划核实必须两人以上现场审核并全过程记录，核实结果应及时公开，接受社会监督。无规划许可或违反规划许可的建设项目不得通过规划核实，不得组织竣工验收。三是农村地区要有序推进"多规合一"的实用性村庄规划编制和规划用地"多审合一、多证合一"，加强用地审批和乡村建设规划许可管理，坚持农地农用。严禁借农用地流转、土地整治等名义违反规划搞非农建设、乱占耕地建房等，坚决杜绝集体土地失管失控现象。

4）分区准入制度

严格对永久基本农田、自然保护地等的特殊保护，在城镇、村庄开发边界外的区域以国土空间保护和修复为主，通过采用"约束指标+分区准入"的管制方式，对以国家公园为主体的自然保护地、永久基本农田保护区、重要海域和海岛、重要水源地、文物等实施特殊保护制度。

自然保护地由各级人民政府依法划定和确认，是指对重要的自然生态系统、自然遗迹、自然景观及其所承载的自然资源、生态功能和文化价值进行长期保护的陆域或者海域。自然保护地的类型，按照生态价值和保护强度从高到低，可以划分为国家公园、自然保护区、自然公园以及永久基本农田保护区等。国家对自然保护地实施严格保护和严格分区准入管理，除国家重大战略项目外，原则上仅允许对生态功能不造成破坏的有限人为活动。

2. 规划的监督机制

规划监督也是实施规划不可替代的重要手段。监督管理主要包括规划成果公示与社会公众监督、规划成果备案、规划实施的监测与评估、规划实施的执法检查等。

1）规划成果公示与社会公众监督

除了各级各类国土空间规划编制过程中的公众参与外，经批准的各类国土空间规划成果，应当依法向社会公开。详细规划、区域或地块的修建性详规、拟供应地块的规划条件、规划条件调整意见等，也应当按规定向社会公开，接受社会监督和评议。规划公示，一方面便于社会公众了解规划成果和要求，自觉主动地按规划要求进行建设和利用；另一方面也便于社会公众对各类国土空间保护、开发、利用、修复活动是否符合国土空间规划进行监督，促使当事人自觉实施规划。

2）规划成果备案与基础信息平台监督

经批准的国土空间规划成果，应当按规定报上级自然资源部门和自然资源部备案，备案材料一般包括规划文本、说明、规划图件等。

通过建立完善国土空间基础信息平台，形成国土空间规划"一张图"，作为统一国土空间用途管制、实施建设项目规划许可、强化规划实施监督的依据和支撑。不得擅自更改底图、数据，确保数据规范、上下贯通、图数一致。建立规划编制、审批、修改和实施监督全程留痕制度，要在国土空间规划"一张图"实施监督信息系统中设置自动强制留痕功能；尚未建成系统的，必须落实人工留痕制度，确保规划管理行为全过程可回溯、可查询。

3）规划实施的监测评估预警

健全资源环境承载能力监测预警长效机制，建立国土空间规划定期评估制度，按照"一年一体检、五年一评估"要求开展城市体检评估并提出改进规划管理意见，市县自然资源主管部门要适时向社会公开城市体检评估报告，省级自然资源主管部门要严格履行监督检查责任。

4）规划实施的执法检查

将国土空间规划执行情况纳入自然资源执法督察内容，加强日常巡查和台账检查，做好批后监管。对新增违法违规建设"零容忍"，一经发现，及时严肃查处；对历史遗留问题全面梳理，依法依规分类加快处置。

7.3.3 法规与技术保障机制

1. 法规政策体系

目前国土空间规划法规政策体系有待完善，应当研究制定国土空间开发保护法，加快国土空间规划相关法律法规建设。梳理与国土空间规划相关的现行法律法规和部门规章，对"多规合一"改革涉及突破现行法律法规规定的内容和条款，按程序报批，取得授权后施行，并做好过渡时期的法律法规衔接。完善适应主体功能区要求的配套政策，保障国土空间规划有效实施。各级各相关部门应依据职能共同完善适应国土空间开发保护要求的人口、自然资源、生态环境保护、粮食安全、财政、金融、税收、投资、城乡建设等配套政策。

2. 技术标准体系

1）完善技术标准体系

按照"多规合一"要求，由自然资源部会同相关部门负责构建统一的国土空间规划技术标准体系，修订完善国土资源现状调查和国土空间规划用地分类标准，制定各级各类国土空间规划编制办法和技术规程。

2）完善国土空间基础信息平台

以自然资源调查监测数据为基础，采用国家统一的测绘基准和测绘系统，整合各类空间关联数据，建立全国统一的国土空间基础信息平台。以国土空间基础信息平台为底板，结合各级各类国土空间规划编制，同步完成县级以上土空间基础信息平台建设，实现主体功能区战略和各类空间管控要素精准落地并逐步形成全国国土空间规划"一张图"，推进政府部门之间的数据共享以及政府与社会之间的信息交互。

7.4 国土空间规划治理的改革路径

国土空间规划是中长期高位统筹的战略性规划，空间规划需要促进空间资源在各部门、行业间优化配置。我国空间规划应该包含定性（性质）、定用（用途）、定量（规模）、定位（位置）、定序（时序）的"五定方案"，其最本质的功能是对国土空间利用、行业政策协调和政府治理过程的未来时空导向，即对未来资源的分配和时空组织，其最大的目标在于遵守五重框架中各项约束条件的效益最大化，即自然条件的适宜性、经济发展的可行性、社会制度的可容性、生态系统的平衡性和空间布局的合理性。

7.4.1 改革战略目标

1. 充分认识规划战略背景：从社会主义大国上升为社会主义现代化强国

目前正处于百年未有之大变局的新时期，新时期的国土空间规划又处我国两步走战略中的第一步，是在全面建成小康社会的基础上，从社会主义大国上升为社会主义现代化强国的关键时期。因此，国土空间规划的战略定位要高、视野要宽、眼光要远，充分体现战略性。国土空间规划的战略定位要与中华民族从站起来、富起来到强起来的历史逻辑高度契合，为建成安全和谐、富有竞争力和可持续发展的国土空间格局提供科学的方法论、路线图和时间表，为实现中华民族的伟大复兴提供坚强有力的国土空间保障。

全国国土空间规划不仅要统筹领衔国内全局，对全国省市县乡各级国土空间规划的核心问题与主要目标做出顶层设计，更要从全球视野谋划我国的国土空间发展格局，立足实现对人类发展作出重大贡献的强国定位，顺应世界发展潮流，打造人类命运共同体，大力推进"一带一路"建设与国际合作，强化在亚太地区的领导力，提升在世界格局中的影响力。强化与周边国家的交流合作，注重边疆地区的国土空间发展与整体布局，发挥边疆城镇的人口集聚与维稳戍边作用，维护国家安全。国土空间规划的规划目标要立足 2035 年，展望 2050 年，更要为中华民族的永续发展谋划空间、留有空间、保障空间[144]。

2. 鲜明体现规划新时代思想：习近平新时代中国特色社会主义思想

习近平新时代中国特色社会主义思想是新时代进行伟大斗争、建设伟大工程、推进伟大事业、实现伟大梦想的理论指南，更是实现"两个一百年"奋斗目标、实现中华民族伟大复兴中国梦的"认识论""路线图"和"方法论"。因此，国土空间规划应将习近平新时代中国特色社会主义思想作为新时代思想旗帜，应深刻体现习近平新时代中国特色社会主义思想的关键内涵，严格对标新时代坚持和发展中国特色社会主义的总目标、总任务、总体布局、战略布局、发展方向、发展方式、发展动力、战略步骤、外部条件、政治保证等一系列基本问题。同时，国土空间规划还要在资源上、空间上和平台上集中支撑和实现新时代的新理念，贯彻落实坚持和发展中国特色社会主义的总体要求、具体要求和保障条件。

3. 留足规划战略弹性：兼顾突发事件应急和社会经济长治久安的双重保障

国土空间规划要强调规划的"战略引领"职能，在国家和省层面的规划不应过度刚性。第一，规划应兼顾空间突发事件应急和社会经济长治久安的双重保障，不仅要瞄准长远保障、长效机制和长期均衡，更要关注应对空间突发事件的应急反应能力。就"新型冠状病毒"的应急防控而言，在城市人口规模限制方面，应强调与人口匹配的公共服务保障，而不是单纯地限制人口规模。第二，要推动国土空间规划和空间治理的重心向基层下移，把更多资源下沉到基层，更好地为全体国民提供精准化、精细化服务。第三，在国土空间规划中可尝试划定战略留白用地，应对城市发展的不确定性，为未来发展留有余地。第四，在基础设施建设方面，既要发挥重点城市在交通网络中的作用，也要尝试多条网络并行，避免因单个节点的故障导致整个交通网络的瘫痪。

4. 注重规划价值的理想追求：实现人与自然的长期可持续发展

国土空间规划要有"为天地立心，为生民立命，为往圣继绝学，为万世开太平"的理想追求。为天地立心，规划编制必须立足"究天人之际，明自然之理"，在开展各类适宜性评价、潜力评价、承载力评价等科学评价的前提下，掌握和遵循各类规律，从而"为天地立心"、实现人与自然的"天人合一"。为生民立命，规划编制中实现"以人民为本"的关键在于协调"权利"与"利益"，在保障编制过程中权利平等、分配合理、机会均等和司法公正的基础上，还要尊重公民作为"人"的更深层文化情感诉求，体现人文底蕴和乡土情怀。为往圣继绝学，新时代的国土空间规划编制需要博采中外百家之长，由此才能切实推进规划理念与时俱进、生生不息。"为万世开太平"，国土空间规划应以"为万世开太平"的抱负和责任，实现高起点、高标准、高质量、高水平规划，不仅有严守底线和科学布局的刚性设计，更有精准预测和灵活应变的弹性调整，最终切实实现规划的"经世致用"和人与自然的长期可持续发展。

5. 重点把握规划要素之变：与时俱进应对人口变化和科技发展

正确处理人口发展与国土利用的关系是空间规划必须研究的重要课题。根据国家统计局的统计公报信息，2022年和2023年年末，全国人口（包括31个省、自治区、直辖市和现役军人的人口，不包括居住在31个省、自治区、直辖市的港澳台居民和外籍人员）分别为141 175万人和140 967万人，分别比上年末减少85万人和208万人。这说明我国人口总量已经迎来由"增"到"减"的历史拐点，正式进入人口负增长时代。同时，我国人口结构将处于巨大变化期，青年人口比例将在快速下降，而老龄化比例逐年上升，造成人口红利正逐渐消失；人口规模和流动将发生较大变化，部分区域的人口数量不再增长或面临减少，部分人口在快速地向中心区域聚集，城乡之间互通流动更趋频繁。人口的变化意味着发展模式的转变、维持高速经济增长的基础条件发生变化以及老龄化挑战的不断加剧。

因此，国土空间规划要科学研判人口要素的规模、结构和流动变化趋势，统筹安排城镇空间与产业空间，促进国土空间资源集约利用，合理配套公共服务与基础设施，提升城镇空间品质。综合考虑返乡人员的居住与生产用地需求，预留乡村振兴战略留白空间，保障乡村振兴的合理用地需求。此外，国土空间规划编制要考虑新型技术要素的快速发展，考虑5G、大数据、云计算、VR、AR和人工智能等技术对于国土空间供需均衡匹配、国土空间利用效率提升和国土利用监管反馈的影响，考虑区块链技术在规划信息平台、资源共享发现等方面的作用，从而全面转变新思维、融合新技术，在新时代全面引领国土空间的科学合理利用。

6. 立足规划新时代要求：国土空间治理体系和治理能力的现代化

国土空间治理体系与治理能力是在国土空间开发、利用、保护、修复和整治等方面一系列的制度集合，以及运用制度工具实现空间治理目标的能力。国土空间治理在国家治理体系中有着举足轻重的地位，是国家治理现代化的现实表达。因此，国土空间规划应符合空间治理体系和治理能力现代化的要求，在坚持以人民为中心的发展思想基础上，坚持新发展理念，尊重自然规律、经济规律和社会规律，坚持问题导向，从理论和实际结合上系统地回答新时代国土空间发展战略和空间格局应该是什么样的、怎样实现的问题，推进治理能力的科学性与革命性有机融合。在继承主体功能区强政策、土地规划强全域、城乡规划强发展等各类规划的优势基础上，围绕国土空间永续利用的总体目标，以现代化的手段、模式和技术提出解决国土空间现存与发展问题的举措，体现治理能力继承性与创新性的紧密结合。国土空间规划不仅要独善其身，针对国土空间开发与保护作出总体性的安排，更要明确配套政策、实施手段与监管体系，突出体系性与针对性的高度融合。

从规划本质看，国土空间规划是高位统筹的自然资源公共政策综合性纲要，既是人类空间认知与调控不断深化的产物、分配空间发展权的机制、纠正土地市场失灵的工具、优化资源利用系统时空的技术、提高空间利用决策科学性的治理路径，更是改革规划管理体制、统筹城乡发展、推进新型城镇化、实现国土生态文明、完善政府治理机制、保障社会经济可持续发展的战略工具。在开展空间规划较为成熟的美国、德国、日本等国家，国土空间规划作为各国或地区战略性、综合性的空间发展政策，对合理利用自然资源、均衡开发国土空间、加强生态建设、保障国土安全以及改善宏观调控等都起到了积极的促进作用。因此，国土空间规划要发挥国土空间政策工具的作用，在当前生态文明的大背景下，强化各类自然资源政策统筹，成为整体谋划自然资源与国土空间开发、利用、保护和整治的综合性政策纲要。

7.4.2 改革具体路径

立良法于天下，则天下治；立良法于一国，则一国治。国土空间规划的现代法治必须遵循"良法"先行的基本原则，做到有法可依、执法必严、违法必究，建立健全国土空间规划的法制体系，实现空间治理制度集合的系统集成，为治理活动提供可以凭借的"良法"。"治民无常，唯法为治。""良法"体系的形成不等同于国土空间规划现代法治的大功告成，把法律规定变成实践并提高其实效性是"善治"的关键。"善治"是就国土空间规划的治理能力而言的，是基于公共利益导向的治理有效、权责统一、多方参与的空间治理活动。"善治"的终极目标在于实现国土空间治理体系与治理能力的现代化[145]。

1. 构建国土空间规划的良法体系

党的十八届四中全会决议提出了全面推进依法治国的总目标和具体任务，该决议强调"良法是善治之前提"，先有"良法"才能有"善治"，"善治"本身是规则之治，若缺乏良好的规则初衷、完整的规则体系、科学的规则设计，均不能实现"善治"。因此，法治现代化的当务之急是构建国土空间规划"良法"体系，包括法律体系、法规规章体系、技术标准体系和规划方案成果体系，分别为规划进行空间治理活动提供法律保障、法规保障、技术保障和规划实施保障。

1）规划法律法规体系

近些年来，我国实施的各类空间规划有80多种，形成了以《中华人民共和国宪法》为核心，以《中华人民共和国土地管理法》《中华人民共和国城乡规划法》等行政法为主体，及相关行政法规所组成的空间规划法律法规体系。当中既有专门法律也有零星法条，效力层级更是横跨根本法与具体实施办法，体系框架内的复杂化与碎片化特征明显。因此，构建以规划基本法为核心、专项法为配套、行政法规为补充的科学和谐统一的国土空间规划法律体系，以立法形式加强国土空间规划的权威性，是国土空间规划进行空间治理的首要前提。

首先，由立法机关制定"国土空间规划法"，明确其在空间规划法律体系中的基本法地位，确立国土空间规划在空间规划体系中的统领地位，确定国土空间规划的法律效力。其次，编制"国土空间用途管制法"，明确界定国土空间用途管制的法律性质、法律地位和法律边界，明晰国土空间用途管制的主体、客体和手段，明确划分各级政府开展用途管制事权与权责边界。最后，以《中华人民共和国土地管理法》《中华人民共和国矿产资源法》《中华人民共和国森林法》《中华人民共和国草原法》《中华人民共和国海岛保护法》等各类空间和自然资源的专项法律为骨架，构建完善的自然资源管理法律体系，完善各类自然资源开发与保护的分级分类体系，支撑国土空间规划治理的具体事务。由国务院根据国土空间规划的有关法律制定行政法规，如《中华人民共和国土地管理法实施条例》《基本农田保护条例》《中华人民共和国自然保护区条例》等各项行政法规，指导和规范具体行业的国土空间规划事务。

在此基础上，做好部委规章衔接与矛盾修正工作，推动国土空间规划各项政策规定有机衔接、融会贯通、协同高效。系统梳理《城市总体规划编制审批办法》《土地利用年度计划管理办法》等原国土、住建、环保等部门发布的各类规划编制与审批指导性规章，提高其与国土空间规划的契合性和一致性，形成统一的国土空间规划管理规章体系；梳理《建设项目用地预审管理办法》《耕地占补平衡考核办法》等针对具体事务的行政规章，形成位于国土空间总体规划之下的类似专项规划的行政规章体系。

2）规划地方法规规章体系

国土空间规划"良法"体系的构建还需要配套地方性法规与规章条例，指导和规范地方具体的国土空间规划治理行为。地方性法规是指有权制定地方性法规的地方国家权力机关，依照法定权限和法定程序，在不与《中华人民共和国国土空间规划法》等法律和行政法规相抵触的情况下，制定、修改和废止在本行政区内实施的国土空间规划相关规范性文件。国土空间规划法治体系中的地方性法规的立法主体可以是省、自治区、直辖市的人民代表大会及其常委会，设区的市的人大及其常委会，以及自治州的人大及其常委会；立法任务是解决应当立法解决而中央立法不能或不便统一解决的地方问题，为执行国土空间规划法律法规而对地方的规划事务做出具体的规定，提高地方对国土空间规划治理过程中遇到实际难题的依法解决能力。例如，北京市依据《中华人民共和国城乡规划法》，结合本市实际情况，制定了《北京市城乡规划条例》（2019年修订），以期更好地做好本市城乡规划工作。地方规章是由省、自治区、直辖市和设区的市、自治州的人民政府根据法律、行政法规和本地区的地方性法规，依照法定程序所制定的适用于本行政区域的国土空间规划相关的具体行政管理事务规范性文件。

为保证国土空间规划"良法"体系的完整统一，要依据《中华人民共和国立法法》之法律位阶规定，对地方性法规规章予以规制，不得与上位法相抵触，不得突破法律允许的自由裁量权，保障国土空间规划法治体系的合理性、合法性和权威性。

3）规划技术标准体系

有别于其他的治理活动，对于国土空间规划而言，科学统一的技术标准体系也是广义"良法"的重要组成部分。长期以来，我国"多头并举"的空间规划体系造成了数据的统计口径、处理方式、数据库格式多种标准共存，导致了规划内容重叠、相互矛盾等问题。尽管自然资源部的组建在行政管理体系上实现了空间规划编制的"大一统"，但仍然需要构建统一的技术标准体系，以扭转长期"九龙治水"存留的碎片化治理等路径依赖，为整合原先丰富的规划成果和规划实践创造的技术条件，也为实现统一国土调查、统一自然资源登记、统一用途管制、统一规划图件与数据成果提供技术保障。因此，国土空间规划的法治化应当建立统一的技术规程和行业标准，强化技术支撑，规范技术标准，推进各类国土空间规划具体事务规范有序展开。建立统一的基础数据标准，包括现状调查、用地分类、空间坐标等，夯实规划"底数"；制定各级国土空间规划的编制规程，明确总体要求、基础准备、重点管控性内容、指导性要求、规划实施保障、公众参与和社会协调、规划论证和审批；建立统一的技术规程，包括主体功能分区、用途管制分区等分区技术，建立统一的图件编制规范、数据库架构规范等技术规范。

4）规划方案成果体系

国土空间规划作为整体谋划自然资源与国土空间开发、利用、保护和整治的公共政策综合性纲要，其规划方案成果具有法定性。全国国土空间规划方案由中共中央、国务院审定后印发，省级国土空间规划和部分重要城市的国土空间规划经同级人大常委会审议后报国务院审批，其他市、县、乡级国土空间规划方案由省级政府确定规划编制审批程序，一般经同级人大常委会审议后报上级人民政府审批，以审批程序的高规格保障国土空间规划的高效力。国土空间规划方案成果一经审定，便具有相应法定效力，将其落实程度作为规范政府治理行为的重要政策依据。质言之，经审定审批后，具有法定效力的国土空间规划方案属于"良法"体系。因此，横向上以国土空间规划为总体性规划的"总体规划—专项规划—详细规划"三类规划体系，纵向上以"国家—省—市—县—乡（镇）"五级规划体系，应遵守"良法"价值理念，围绕国土空间永续利用总体目标，针对国土空间开发与保护作出总体性的安排，为建成安全和谐、富有竞争力和可持续发展的国土空间格局提供科学的方法论、路线图和时间表。

2. 构建国土空间规划治理的善治平台

1) 规划编制审批

明确各级国土空间总体规划的必选和自选操作，明确各级规划编制方法、编制内容、编制重点、编制要求和编制程序，宏观层面的中央、省级国土空间规划更多体现定则、定量、定策规划目标，中观层面的市县国土空间规划体现定量、定形、定界、定序管理目标，微观层面的乡镇、街道空间规划体现精准、精细、精确落实规划任务。在资源环境承载能力和国土空间开发适宜性评价的基础上，掌握和遵循自然规律、经济社会发展规律，因地制宜开展规划编制工作，明确生态功能保障基线、环境质量安全底线、自然资源利用上线，提高规划编制的科学性和有效性。建立完善的公众参与制度，扩展公众参与主体、参与形式与参与周期，广泛开展线上公示、线下展览、座谈会、论证会等多种形式的公众参与，提升多元主体在规划前期研究、方案编制、规划公示、规划实施和规划评价全生命周期中的参与程度。此外，建立国土空间规划的分级审查备案制度，明确规划审批的强制性内容，重点审查规划目标定位、底线约束、控制性指标等，审查各类专项规划的强制性内容与国土空间规划的一致性；按照"管什么就批什么"的原则，简化审批流程和时限，提高规划审批的行政效率。

2) 规划实施监督

基于"国家—省—市—县—乡（镇）"各级政府空间管理事权推动规划实施，确保中央政令的层级贯穿，实现分层级的规划政令一致性及调控的有效性。完善国土空间调查评价、确权登记、资产管理和监督保障机制，健全资源环境承载能力监测预警长效机制。建立国土空间规划定期评估制度，主要评估国土空间规划主要目标、空间布局、重大工程等执行情况，对规划实施情况开展动态监测、评估和预警，结合国民经济社会发展规划的变化情况，对国土空间规划进行动态调整完善，促使规划的权威性与灵活性相得益彰。发挥国土空间用途管制对实施空间规划的抓手作用，通过建立法定的国土空间规划体系并以之为依据，对所有国土空间分区分类实施用途管制，明确各类空间的管制要求与行为边界，设定空间用途管制的方式和手段，完善用途管制许可制度，实行空间准入与用途转用许可制度，提升国土空间规划的治理效果。健全国土空间规划的监督机制，县级以上人民政府及其国土空间规划主管部门应当建立督察制度，基于规划编制、审批和实施主体分离的权责体系，加强对国土空间规划编制、审批、实施、修改的监督检查，形成包括行政监督、经济监督、司法监督和社会监督的复合多维度监督体系。

3) 规划信息平台

首先，基于统一的规划技术标准体系，以资源环境承载力评价、国土空间开发适宜性评价、自然资源调查监测等成果为基础，实现各类空间、各类资源和各类部门掌握空间数据的有序关联，建立统一的国土空间基础信息管理平台，为国土空间规划提供基础。其次，整合各类空间关联数据，建立包括各个层级、类别的国土空间规划实施监督平台，形成全域覆盖、动态更新、权威统一的国土空间规划"一张图"，实现规划数据与规划信息共享，服务规划审批、信息公开、规划评估、用途管制等各项规划事务，提升规划活动的技术效率。最后，考虑5G、大数据、云计算、VR、AR和人工智能等技术对于国土空间资源供需均衡匹配、国土空间利用效率提升和国土利用监管反馈的影响，考虑区块链技术在规划信息平台、资源共享发现等方面的作用，从而全面转变新思维、融合新技术，在新时代全面引领国土空间的科学合理利用。

4) 规划工作平台

以党委、人大、政府、部门、公众为参与主体，构建国土空间规划的工作平台，形成合力，推进国土空间治理能力现代化。党委统领国土空间规划工作，充分发挥党总揽全局、协调各方的领导核心作用；地方各级人大负责国土空间规划的审议，以人大审议的高规格保障国土空间规划的高效力，并监督地方政府规划编制与管理事务的合法性；地方各级人民政府是编制与实施国土空间规划的主导者与主体责任者；自然资源主管部门负责规划的具体行政管理事务，落实"两统一"主体责任，发挥其他部门的专业性和能动性，共同构建行之有效的规划实施保障措施和健全的违规督查和惩处机制；建立全流程、多渠道的公众参与机制，保障规划编制、报批、公示、实施和修改各阶段公众参与的广泛性、代表性和实效性，确保社会组织、广大群众依法通过各种途径和形式参与国土空间治理事务。

关键术语

规划、国土空间规划、国土空间规划治理、"多规合一"、国土空间发展权、五级三类四体系、良法善治

思考题

1. 从权力和行政两个维度阐述国土空间规划治理的本质。
2. 简述"多规合一"的改革发展历程。
3. 简述国土空间规划治理的运行机制。
4. 简述国土空间规划治理的改革具体路径。

第 8 章

国土空间用途管制

■ **教学要求**

1. 本章知识点

(1) 国土空间用途管制的概念与目标

掌握国土空间用途管制的基本定义、核心内涵及其在资源配置中的作用,理解其目标包括纠正市场失灵、维护社会公平、保障发展安全等。

(2) 国土空间用途管制的发展历程

熟悉我国国土空间用途管制的发展演变过程,了解从土地用途管制到全面国土空间用途管制的历史阶段及其关键政策。

(3) 国土空间用途管制的运行机制

理解国土空间用途管制的主要构成,包括规划编制、实施许可、监督管理等机制,并探讨不同空间类型的用途管制要求与转用规则。

(4) 国土空间用途管制的改革与创新

分析国土空间用途管制面临的现实问题,探讨自由家长制理念引入、弹性机制与市场机制构建等改革路径,以优化国土空间用途管制的实施效果。

2. 本章重点及难点

(1) 国土空间用途管制的核心构成与制度体系

明确国土空间用途管制的构成,包括管制主体、管制客体和管制规则,理解不同类型空间的准入规则与用途转用条件,掌握管制体系如何通过立法、政策、规划等手段实现多维管控和有效执行。

(2) 国土空间用途管制的弹性机制与市场机制的创新

掌握如何在国土空间用途管制中引入自由家长制理念,构建弹性机制与市场机制,提升管制的灵活性和适应性,特别是市场化手段的应用与多方协同机制的创新,是本章较难理解和应用的部分。

8.1 国土空间用途管制的概念内涵

8.1.1 国土空间用途管制的概念

管制（Regulation）是政府部门为实现特定目的，依据既定规则、方法或模式，对个人或团体的特定行为实施的强制性管理[146]。这一过程涉及政府公权力的介入，以确保行为符合预期目标。

管制过程包含五个核心要素。第一，管制过程以政府的公权力为基础，通过立法、政策和行政手段介入。政府公权力的介入确保了管制措施的合法性和权威性。第二，管制针对特定的利害关系人，这些人的活动受到政府的干预或指导，以确保其行为符合公共利益。第三，管制的有效实施需要有专门的管制机构负责具体执行。管制机构的职责是监督和管理相关行为，确保政策和规定的落实。第四，管制具有预防和矫正功能。预防功能体现在防止潜在问题的发生，而矫正功能则用于纠正已经出现的不当行为。第五，管制需要通过建立一系列制度来规范具体的行动。这些制度包括详细的规则和程序，以确保利害关系人按照规定行事，从而实现管制的目的[147]。

国土空间用途管制（Territorial Space Use Regulation）是指政府依据法律法规和科学规划，通过行政手段和政策措施，对国土空间的开发、保护、利用和转用等行为进行全面、系统的管理与控制，以实现自然资源的合理配置和可持续利用。其核心在于通过规划、政策和指导等方式，分级确定各类型国土空间（如生态空间、农业空间、城镇空间等）的用途和管制要求，明确具体的用途和使用条件，并通过专门的管制机构进行监督和执行，确保各类自然资源利用活动在明确的规则和框架下进行，以保障自然资源的高效利用、生态环境的保护和经济社会的协调发展。

8.1.2 国土空间用途管制的目标

国土空间用途管制的目标是国家意志的集中体现，也是制度设计的出发点和立足点。当前国土空间用途管制的目标主要概括为纠正市场失灵、维护社会公平以及保障发展安全。

1. 纠正市场失灵

国土空间用途管制的基本目标之一是纠正市场失灵。自然资源具有市场供给和非市场供给两种方式。市场供给的自然资源通常通过市场机制进行交易，如矿产、石油等。这些资源的供给方式遵循市场供求规律，然而，由于市场垄断、信息不对称等问题，市场在配置这些资源时可能失灵。尤其是自然资源的外部性问题，如环境污染和资源枯竭，往往在短期内难以显现，而对未来世代的影响却可能是巨大的[148]。市场机制通常缺乏对长时间效益的考虑，难以应对代际间的外部性问题。因此，通过国土空间用途管制，可以有效纠正市场在自然资源配置中的失灵现象，确保资源的可持续利用，避免"公地悲剧"的发生，促进经济与环境的平衡发展。

2. 维护社会公平

国土空间用途管制的另一重要目标是维护社会公平。自然资源是社会共有的财富，其分配和利用对社会发展和人民生活至关重要。在市场机制下，自然资源的分配可能存在不公平和偏向现象，导致部分人或组织过度占有或控制资源，而其他人则受到排挤或限制，社会不平等加剧。通过实施用途管制，可以确保资源的公平分配，提供平等的机会和福利，减少社会不平等现象，符合道义和伦理的要求。

此外，公平的资源分配有助于经济的均衡和可持续增长。当资源分配不公平时，资源富裕一方可能过度依赖资源的利用，而忽视了资源的合理管理和保护。这不仅会导致资源的过度消耗，还会加剧经济的不平衡和不稳定。通过资源的公平利用和管制，可以促进资源的均衡利用，实现经济的长期稳定和繁荣。

3. 保障发展安全

国土空间用途管制的根本目标是保障发展安全。自然资源是人类社会生产和生活的基础，包括水、土地、能源等。如果这些资源不受合理管理，可能导致资源匮乏、环境退化等问题，威胁人类的生存和发展。通过自然资源的管制，可以确保资源的可持续利用，为人类提供稳定的发展基础，保障人们的福祉和安全。

发展安全还涉及环境保护和生态平衡。自然资源的合理利用和保护是实现可持续发展的关键。如果自然资源过度开采或受到污染，将导致生态系统的破裂和生物多样性的丧失，威胁生态系统的稳定性和可持续性。通过国土空间用途管制，可以推动环境保护，确保资源的可持续利用，维护生态平衡。

此外，自然资源的合理管制与经济和社会的稳定密切相关。资源的供给和利用状况直接影响经济的发展。如果自然资源被无序开发，可能导致资源价格波动、供需失衡，增加经济风险。同时，不合理的资源利用会导致社会不稳定，可能引发资源冲突和社会不满。通过国土空间用途管制，可以促进经济的稳定增长和社会的和谐发展，为发展提供安全保障。

8.1.3　国土空间用途管制的构成

1. 管制主体

国土空间用途管制的主体是指实施和执行管制措施的机构和组织，主要包括政府及其相关部门，以及在特定条件下参与管理的社会组织和公众。2018年3月，自然资源部组建，统一行使全民所有自然资源资产所有者职责，统一行使所有国土空间用途管制和生态保护修复职责。也就是，自然资源部整合各类空间的管制，承担统一管制的职责[149]。根据中共中央、国务院颁布的《自然资源部职能配置、内设机构和人员编制规定》，自然资源部内部专门设立"国土空间用途管制司"，主要牵头开展管制的相关工作。具体来看，管制司的职责包括：拟订国土空间用途管制制度规范和技术标准，确定土地、海洋年度利用计划并组织实施，制定各类国土空间用途转用政策，承担各类土地用途转用的审核和报批工作等。

中国行政体系具有明显的"条块"特征。横向上，除了国土空间用途管制司，国土空间管制过程需要众多部门配合。比如，国土空间规划局主导的国土空间规划体系建设，是开展国土空间用途管制的基础。而对于国土空间利用效率低下或闲置严重等情况，又需要国土整治和生态修复部门完成相关工作。实际上，国土空间用途管制工作的顺利开展还需城乡建设、生态环境、水利、农业农村以及林业和草原等部门的积极配合。纵向上，国家、省、市、县、乡均设有对应的国土空间用途管制部门，实现工作对接。由于行政体系规模限制，部分下一级部门往往需要对接上一级多个自然资源部门的工作，"上下不对齐"的现象较为普遍。

2. 管制客体

管制客体是指受管制措施影响和约束的对象，国土空间用途管制的对象是一个复杂系统。空间、行为与属性，构成了管制客体的三个维度。首先，"国土空间"本身是管制的主要对象，它不仅是所有自然资源与生态环境要素的综合体，同时也是承载人类社会经济活动的基础物理空间，处于国家主权的管辖范围内。其次，与国土空间相关的开发、利用和保护等人类活动构成了管制的核心内容，属于间接对象，体现了管制的关键作用。最后，国土空间与人类行为交互所生成的各种属性，如规模指标、使用类型、利用强度和权利分配等，成为管制的具体表现，展现了用途管制的具体操作内容[150]。

对于空间的理解是国土空间用途管制活动开展的关键。首先，国土空间用途管制的对象是一个真实存在、可见可操作的物理空间。相比于虚拟空间的个性化与随机化，物理空间是物体存在、运动的场所。其次，物理空间又分为实体空间、功能空间和管理空间。三种空间相互作用、相互交叉。城市建成区可理解为实体空间，因为其具有人口和非农产业高度集中的特点。而都市圈、城市群是典型的功能空间，它们通过人流、物质流、信息流等多种要素与周边城市建立起紧密联系，进而形成功能高度关联的一体化区域。最后，从行政管理角度出发，地级市、县级市等就是典型的管理空间，其按照法律法规设市建制，具有明确的行政边界和管理体系。国土空间用途管制对象是功能空间，已经成为共识。但实践层面，管制中的"空间"通常是以"地块"为划分依据，而"地块"一般是实体空间，从而容易出现实体空间与功能空间"错配"现象。这种固有的空间"错配"将破坏生态系统的整体性，损害多种生态功能的协调性。

3. 管制规则

由于管制主体的部门多元性以及管制客体的类别、区域多样性，国土空间用途管制应坚持生态优先、区域统筹、分级分类、协同共治、权责明确、因地制宜、科学合理的原则。生态优先就是要把生态环境保护摆在更加突出的位置，区域统筹是指考虑并协调好整个区域内各类要素的发展，协同共治则要求政府、企业、社会等多方主体相互合作，共同参与治理过程。这些基本原则能有效地确保自然资源的合理利用及优化配置，推动经济、社会及生态的协调发展。

国土空间用途管制本质上是对各类国土空间载体实施行为管制，明确特定国土空间的确定用途和使用条件，而国土空间规划作为国家空间发展的战略指引、可持续发展的空间蓝图、各类开发建设活动的基本依据，自然成为国土空间用途管制的重要规则。在系统评价一定地域范围内资源环境要素能够支撑人类活动的最大合理规模以及特定国土空间进行人类活动的适宜程度的基础上，市县级及以上地方人民政府应当科学地编制地方国土空间规划，合理地确定"三生"空间，同时准确划定永久基本农田保护红线、生态保护红线以及城镇开发边界，以明确国土空间用途管制的区域范围和边界。此外，政府所制定的一系列国土空间以及自然资源相关政策法规，也是国土空间用途管制的重要依据。

"三区三线"以"双评价"为科学依据，作为整合空间类规划分区的核心举措，是实现用途管制统一实施的基础前提。根据《关于在国土空间规划中统筹划定三条控制线的指导意见》，各地需根据自身自然资源禀赋和经济社会发展的实际情况，针对三条控制线的不同功能，建立完善的分类管控机制，并科学合理地统筹生态、农业、城镇等功能空间的布局。三条控制线明确了不同层级和类型的国土空间用途管制区域内的开发利用方式、用途准入及转用等管制要求。

8.1.4 国土空间用途管制的手段

国土空间用途管制主要分为规划编制、实施许可、监督管理三大环节，以下分别介绍具体的管制手段。

1. 规划编制

规划编制是开展国土空间用途管制的第一步，为实现资源的可持续利用奠定基础。与国土空间关联的规划名目众多，主要包括土地利用总体规划、城乡规划、生态环境规划等全局规划，以及各类自然资源的专项规划。不同类型的规划在用途管制手段和实施成熟度上存在明显差异。其中，土地利用总体规划和城乡规划的实施成熟度较高，而林地保护利用规划、水功能区划、海洋功能区划次之。相比之下，湿地保护规划、草原保护利用与建设总体规划等尚未具备明确的管制手段[151]。并且，这些规划大多采用"指标控制+分区管制+名录管理"的总体思路。例如，在土地利用总体规划中，指标控制主要体现在严格控制耕地保有量、基本农田面积以及新增建设用地总量等方面。分区管制则要求划定"三界四区"，即城乡建设用地规模边界、扩展边界和禁止建设边界，以及允许建设区、有条件建设区、禁止建设区、限制建设区。名录管理方面，设置重点建设项目和土地整治区域的名录。根据《土地利用总体规划管理办法》，土地整治的规模、范围和重点区域的确定是县级土地利用总体规划的重点之一。

2. 实施许可

实施许可是国土空间用途管制的重要执行环节，同时也是自然资源开发与空间载体使用权取得的前置审查步骤。实施许可通常被认为是基于法律和规划框架，对国土空间开发行为进行的行政审批，旨在明确自然资源开发和建设活动的用途及使用条件。实施许可分为两类：国土空间开发许可和用途变更许可。开发许可通过设定准入条件，制定符合发展要求的开发、利用及保护条件，对开发活动进行事前审查，未符合空间规划中预定用途的活动将不予批准。用途变更许可则通过严格的审批条件和程序，限制国土空间用途的改变，尤其是严格控制优质耕地和自然生态空间的占用，以确保资源的可持续利用。

用途管制的实施主要通过行政审批许可和相应的政策工具实现[152]。当前陆域、海域两大空间的实施许可存在差异。陆域建设空间的实施许可主要依据土地利用总体规划和城乡规划，通过逐级分类的规划编制，明确具体地块的国土空间用途及其使用条件。实施过程中，依靠一系列政策工具，如土地规划中的用地预审、农用地转用许可、土地征收审批等，以及城乡规划中的"一书三证"（即"建设项目用地预审与选址意见书""建设用地规划许可证""建设工程规划许可证""乡村建设规划许可证"）来进行具体操作。这些之外，当建设用地确需占用林地、草地、湿地等自然资源类型用地，还需要通过占用、征收、征用等审批审核手续，并满足占补平衡等条件。海域空间利用的实施许可主要通过实施海洋功能区划制度来保障，需要用海预审和审批、海域使用许可等，并且受到围填海总量控制。

3. 监督管理

监督管理是保障国土空间用途管制有效执行的核心环节，主要包括各级资源主管部门的日常巡查、对违法违规使用行为的执法检查，以及通过现代信息化手段进行的动态监测。监管活动主要关注开发建设活动的合法性和合规性，以及其对生态环境的潜在影响。通过监管督察和行政处罚机制，监管部门对开发者的违规行为形成有效威慑，减少不当开发对公共利益和生态环境造成的损害。督察在监督管理活动中最为典型，包括土地督察、环保督察、水资源督察等。

这些督察制度虽然都是中央为加强对地方重点领域、重点问题的管控而设，但在职责权限、督察力度以及法律保障等方面存在差异。环保督察和土地督察的实施手段较为成熟，影响力也较大。现代信息技术，特别是遥感技术和地理信息系统的发展，在自然资源监测中发挥越来越重要的作用。其中，中央环保督察从2015年开始试点，2016—2018年实现了31个省（区、市）以及新疆生产建设兵团的督察全覆盖，以及20个省的督察"回头看"。督察效果显著，责令整改43 486家；立案处罚11 286家，罚款10.2亿元；约谈5 787人，问责8 644人，直接推动解决群众身边生态环境问题7万余件[153]。

8.2 国土空间用途管制的发展历程

我国国土空间用途管制的演进历程可划分为四个主要发展阶段：首先是土地用途管制阶段，其次进入生态要素用途管制阶段，再次发展到自然生态空间用途管制阶段，最终迈入全面的国土空间用途管制阶段。这一过程反映了从单一土地管理向综合性、系统性空间管控的转变。

8.2.1 土地用途管制阶段

随着改革开放以来中国经济快速增长，城市化和工业化带来的土地问题凸显。其中，建设用地扩张、耕地转用无序和低效利用等成为突出问题，同时人口增长加剧了人地关系的紧张程度。1997年，《关于进一步加强土地管理切实保护耕地的通知》首次提出对农地和非农地实施严格的用途管制，限制农地转为建设用地，并控制建设用地总量，以实现粮食安全保障的目标。1998年修订的《中华人民共和国土地管理法》提出了实施土地用途管制制度的要求，明确了国家编制土地利用总体规划和规定土地用途。之后，相应的土地利用年度计划、农用地转用审批以及耕地占补平衡等政策措施陆续出台，以配合土地用途管制。1999年，《全国土地利用总体规划纲要（1997—2010年）》提出把保护耕地放在土地利用与管理的首位，并明确了规划控制指标和土地用途分区要求。这些措施的实施初步遏制了耕地被大量占用的趋势，有效保护了耕地资源，为粮食安全提供了保障。

然而，在耕地保护政策目标实行过程中，部分地区建设用地供给逐渐紧张。为了解决土地资源供需的结构性矛盾，增强土地管制的灵活性，2004年，《关于深化改革严格土地管理的决定》要求城镇建设用地增加与农村建设用地减少挂钩。2006年，国家土地督察制度启动，土地转用监督加强，地方政府的土地活动得到约束和规范。2008年，《城乡建设用地增减挂钩试点管理办法》明确了基于发展权转移的增减挂钩土地管控机制。同时，为了解决城乡建设用地布局零散和无序扩张等问题，增强土地管制的空间作用，《全国土地利用总体规划纲要（2006—2020年）》提出要控制城乡建设用地的扩展边界，落实城乡建设用地管控制度。进而，2009年的《市县乡级土地利用总体规划编制指导意见》要求各地划定"三界四区"，即城乡建设用地规模边界、扩展边界和禁止建设边界，形成允许建设区、有条件建设区、限制建设区和禁止建设区，并制定相应的管控规则。这一文件的出台标志着土地管理工作由地块管理逐渐转向空间管控。

8.2.2 生态要素用途管制阶段

中央政府对土地用途管制的加强，虽然较为有效地保护了耕地资源，但部分地方政府为增加建设用地，挪用重要的生态用地来平衡耕地总量。伴随国家经济高速发展，部分地区绿色生态空间被严重侵占，导致区域生态环境明显恶化。对此，中央政府逐步扩大和转向对部分生态用地的用途管制。

在林地管理方面，自1998年开始，林地用途管制开始实行。1998年修订的《中华人民共和国森林法》规定，确需占用或征用林地需要办理审批手续，并缴纳森林植被恢复费。2015年，《建设项目使用林地审核审批管理办法》进一步指出依据林地保护利用规划实行林地审批的各项要求。2019年修订的《中华人民共和国森林法》明确提出总量控制和确保林地保有量不减少的要求。

随着国家在"十五"计划中首次将"环境保护"确立为基本国策，草原、水域和湿地等生态要素的用途管制制度也逐步建立起来。为此，《中华人民共和国水法》《中华人民共和国草原法》《中华人民共和国湿地保护法》等法律法规相继出台，明确规定要严格实行用途管制，并加大对破坏草原、水域和湿地等生态资源的违法行为的打击力度，进一步巩固了生态资源的保护措施。以湿地为例，在2013年出台的《湿地保护管理规定》基础上，2021年通过的《中华人民共和国湿地保护法》，要求实行湿地面积总量管控制度，将湿地面积总量管控目标纳入湿地保护目标责任制，并明确禁止了一系列破坏湿地及其生态功能的行为。生态要素用途管制的实施，对森林、草原、水域等要素的保护起到了重要作用。

8.2.3 自然生态空间用途管制阶段

尽管以生态要素为基础的用途管制具有管制重点凸显的优势，然而在部分部门具体落实管制的过程中，依然遇到诸多阻碍。各部门依托不同的法律法规，形成了各自为政、互不关联的管制体系和模式。这种管制方式，缺乏对生态系统整体性和系统性的充分考虑，导致了山水林田湖草沙等要素生态系统之间的联系被割裂，多种生态要素用途管制实施的协调成本极高。比如，自然资源管理部门主要通过指标管理加强农业空间的用途管制，发展改革部门通常通过生态补偿、产业准入限制、负面清单等手段，推动对重点生态功能区的有效管控，而住房和城乡建设部门主要采用"一书三证"管理城镇空间的用途。同一片空间，各部门的管制手段无法形成协同效应，管制效果不尽如人意。

鉴于此，习近平总书记提出山水林田湖生命共同体理念，从维护生态系统整体性的角度出发，强调自然生态空间的用途管制。2013 年的《中共中央关于全面深化改革若干重大问题的决定》明确要求建立空间规划体系，划定生产、生活、生态空间开发管制边界，切实落实用途管制。之后，2017 年的《自然生态空间用途管制办法（试行）》明确自然生态空间是具有自然属性、以提供生态产品或生态服务为主导功能的国土空间，要求建立覆盖全部自然生态空间的用途管制制度。

为此，福建、贵州、江西、河南、海南、青海等省份先后开展了政策试点。试点工作探索了自然生态空间的分区管制架构，涵盖区域主体功能、景观主导功能和地块主要功能三大维度，并以功能分类、用途分区和管控分级为指导，形成了自然生态空间用途管制体系[154]。与此同时，国土空间规划试点也在并行推进，空间规划在这一阶段与用途管制彼此独立，未能构建有效关联，两种管理机制的衔接成为潜在问题。

8.2.4　国土空间用途管制阶段

自然生态空间管制的过度倾向，一定程度上弱化了农业空间的管制，如何协调好城镇空间、农业空间和生态空间的关系，成为制度改革面对的重要问题。2017 年党的十九大报告提出，全面实施国土空间的用途管制。然而，由于空间管理权限的分散，空间管制无法有效地全面开展，"九龙治水""碎片化"等问题依然突出。2018 年 3 月，国务院整合多部门的相关职责，组建自然资源部，并明确其"两统一"职责，即统一行使全民所有自然资源资产所有者职责，统一行使所有国土空间用途管制和生态保护修复职责。

此后，国土空间用途管制和国土空间用途管制相关政策文件陆续出台，进一步明确了管制的依据、权责等内容。2018 年 12 月，《关于统一规划体系更好发挥国家发展规划战略导向作用的意见》明确指出，国家级空间规划以空间治理和空间结构优化为核心内容，是实施国土空间用途管制和推进生态保护修复的重要依据。2019年 5 月，《中共中央　国务院关于建立国土空间规划体系并监督实施的若干意见》要求，以国土空间规划为依据，对所有国土空间实施分区分类和用途管制。2019 年

8月修订的《中华人民共和国土地管理法》要求，建立国土空间规划体系，实施国家土地督察制度，并将基本农田升级为永久基本农田，进一步明确了自然资源主管部门的职责。

2020年6月，自然资源部印发《自然资源标准化管理办法》，要求加强自然资源标准化工作，提升自然资源治理效能。2020年11月，自然资源部出台《国土空间调查规划用途管制用地用海分类指南（试行）》，要求建立全国统一的国土空间用地用海分类。2021年7月，自然资源部出台《国土空间用途管制数据规范（试行）》，明确用途管制各项业务数据标准。同时，《中华人民共和国土地管理法实施条例（修订）》明确了土地督察的6类情况以及自然资源督察机构的主要工作。针对违法违规建设占用耕地等问题，2021年11月，《关于严格耕地用途管制有关问题的通知》，要求全面实施耕地用途管制，并进一步细化了耕地转为林地、草地等其他农用地及农业设施建设用地的管制措施。2022年5月，自然资源部发布《自然资源标准体系》，明确提出了自然资源标准体系框架，包括自然资源调查监测、国土空间规划、自然资源权属与权益、自然资源开发利用、用途管制与督察执法、国土空间生态保护与修复六个标准子体系。2022年9月，自然资源部发布《自然资源标准立项审查、评估、复审暂行办法》，对自然资源标准制修订计划项目的过程管理提出了具体要求。

此外，国土空间用途管制相关试点实践及平台建设也同步开展。比如《海南省国土空间用途管制试点实施方案》，旨在探索完善规划管控规则以及不同用途国土空间保护和转换规则。《青海省国土空间用途管制监督系统建设工作方案》提出全面接入国家用途管制监管系统，实现数据交互目标。《广西壮族自治区国土空间用途管制数据规范示范实施方案》明确建立健全"全流程、全生命周期"的国土空间用途管制数据体系，形成"一个平台，一本规范，一个报告"的工作目标。

8.3 国土空间用途管制的运行机制

国土空间用途管制既包括纵向分级和横向分区分类机制，又包括跨时间维度的分阶段机制，"四分"机制的良好配合是国土空间用途管制有效运行的关键[155]。

8.3.1 "统筹—传导"分级运行机制

1. 统筹管理

国土空间用途管制是确保全国国土开发保护格局和三条控制线落地实施的核心机制。该过程结合了"自上而下"的指导和约束，以及"自下而上"的反馈。国家级和省级统筹提供宏观方向；市县级传导关键措施和规则；乡村级则保障措施的具体实施。

在国家级和省级层面，管制侧重于宏观协调。国家层面着眼于区域协调，落实"一带一路"、长三角一体化、长江经济带和黄河高质量发展等国家战略，加强区域和流域协调，资源分配向战略重点区域和中心城市倾斜。国家级统筹通过设定宏观政策和战略框架，为省级和地方提供指导。省级层面则在不同功能空间、地上地下不同维度以及省市县不同层级上进行统筹，完善管制标准和规则，突出"空间格局引导＋重点区域底线管制＋制度保障"。

市县级的管制侧重中观尺度的功能管制，具体落实生态保护红线、永久基本农田保护红线和城镇开发边界三条控制线。根据地方实际情况，还会增加历史文化保护控制线和重要基础设施廊道，将这些控制线作为基本边界。在城镇开发边界内部，注重结构优化和功能分类管制，强调"功能引导＋指标刚性管制＋名录弹性管理"，实现区域内的可持续发展和资源合理利用。这种方法不仅能有效保护重要生态和农业空间，还能通过合理规划和管制措施，确保城镇区域的资源利用和开发活动符合国家和地方的发展战略，促进城镇化健康发展。

乡村级管制侧重微观尺度的用途（地类）管制。乡镇国土空间规划是"五级三类"体系中的第五层级，是落实国家约束性要求、统筹城乡发展的关键。乡村国土空间用途管制需要与国土空间规划体系联动，进一步深化和完善。从"自上而下"传导的角度，乡村级管制包括"乡镇—村域—地块"三个层级，应细化建设引导要求和管制规则，突出"用途＋边界管制＋形态风貌引导"的原则，确保国家和地方要求在基层得到有效落实，促进乡村可持续发展和生态环境保护。

2. 传导落实

国土空间治理和管制的理念和意图通过"五级三类"国土空间规划体系逐级传递，形成层级管理模式。然而，层级越多，管制效力往往越弱，给全域空间的有效管理带来挑战。因此，明确传导内容和路径是落实国土空间用途管制的前提。国土空间用途管制涵盖全域、全要素、全类型。传导内容涉及用地规模、指标等数量要素、地上建设活动、经济活动及空间布局等结构要素，以及资源利用效率、建筑高度/密度等建设强度和形态风貌要素。传导内容分为物质（要素）、空间和权属三类，以指标和边界为媒介，结合刚性管控与弹性引导方式。

物质（要素）包括自然资源要素，通过设定"指标"传导。战略资源如耕地、永久基本农田，通过约束性指标刚性传导；其他资源根据层级设定指标。空间主要通过"边界"传导，针对重要生态、农业空间，通过划定三条控制线刚性传导。权属则附着在物质和空间上，不同权属类型在用途管控中体现差异化，重要战略资源通过刚性约束传导，其他资源通过弹性引导。

在国家级和省级层面，构建约束性指标体系，突出主体功能布局引导，如陆海统筹、城市群、产业集群发展空间布局，同时侧重于大江大河、国家公园、重要森林和湿地公园等全民资源的底线管控。市县级在落实国家约束性指标、划定三条控制线的基础上，突出历史文化保护和建设空间内部管控，结合区域特色，统筹城镇内部功能布局，合理分配居住、商业、产业用地，预留弹性使用区域。通过详细规划，规定建筑高度、密度、容积率等，或引入城市美学指标，加强建设空间形态和风貌引导。

乡村级除了落实规划的刚性约束，还需突出村庄用途管控和引导，编制实用的村庄规划，明确村庄发展边界，对地块用途、建筑高度、密度、色彩等进行引导。这些传导内容和路径确保各级规划和管制要求有效落实，促进国土资源的可持续利用和生态环境保护。通过明确的传导路径，各级政府和相关部门可以更好地协调和配合，确保国土空间的科学规划和合理利用，实现国家战略目标的顺利实施。

8.3.2 "准入—转用"分区与分类实施

1. 分区准入

国土空间的分区准入政策旨在确保不同类型空间的有效管理和合理利用，具体包括生态空间、农业空间和城镇空间三类。生态空间以保护和修复为主，农业空间侧重于生产和乡村振兴，城镇空间则致力于完善功能、提升公共服务和环境品质。总体而言，需要对国土空间进行分级分类，并制定相应的用途管制规则和准入要求。

分区准入的核心是在遵循空间主体功能定位的基础上，采用正负面清单相结合的方式，合理约束和引导开发、建设、保护和修复行为。正面清单列出允许的开发行为和项目，负面清单则列出禁止的活动和项目。这些清单要全面落实国家和省级的法律法规以及国土空间开发利用的相关政策要求，遵循自然资源部门关于三条控制线的规定，并综合考虑生态环境、工信等部门提出的市场准入和行业准入要求。

1）生态空间用途管制

生态空间用途管制区可以探索实行"名录管理＋约束指标＋分区准入"或"详细规划＋规划许可"的管制方式，以确保生态保护和修复工作的顺利进行。当前，生态空间用途管制遵循生态优先的原则，对生态空间的内涵边界、管制规则等进行规定。

生态空间指的是具有自然属性并提供生态产品或者服务的国土空间，包括需要合理开发、科学利用和保护的森林、草原、湿地、河流、湖泊、滩涂、岸线、海洋、荒地、荒漠、戈壁、冰川、高山冻原和无居民海岛等资源。生态保护红线是生态空间的重要控制线，是指具有特殊和重要的生态功能，并且需要强制性严格保护的区域和范围，成为保障国家和地区生态安全的底线和生命线，特定生态空间与生态保护红线相对位置的区别决定了管制措施的差异性。

一方面，生态保护红线内的生态空间在原则上要按照禁止开发区域的具体要求进行严格管制。此外，除因国家重要战略需开展资源勘查等活动之外，该区域内任何未获批准的土地使用和性质调整等的行为和活动都应当严格禁止，但鼓励依照国土空间规划进行区域生态维护、重建及其功能强化的工作。

另一方面，生态保护红线外的生态空间在原则上应当按照限制开发区域的具体要求进行科学管理。应当严格按照国土空间用途管制的分区规则，在依法明确区域准入条件以及编制产业与项目类型清单的基础上，对该区域限制性的开发进行有效监督。

2）农业空间用途管制

农业空间则注重保障农业生产和促进乡村振兴，采用详细规划和规划许可相结合的方式，确保农业用地的合理利用和保护，促进农业现代化和农村经济发展。当前，永久基本农田具体是指为保障国家粮食安全及重要农产品的有效供给，实施永久性特殊保护的优质耕地，相应地，永久基本农田保护红线就是农业空间内的重要控制线。依据农业空间与永久基本农田保护红线的相对位置，差异化的管制规则同样得到了明确。

一方面，永久基本农田保护红线范围内的农业空间在原则上要严格按照禁止开发区域的具体要求进行管理。严禁任何主体调整、侵占、破坏和闲置永久基本农田。国家重要项目的选址确实需要占用永久基本农田，涉及农用地转用或者征用土地的，必须经国务院审核和批准。

另一方面，永久基本农田保护红线以外的农业空间在原则上需按照限制开发区域的具体要求进行科学管理。禁止任何单位和个人占用耕地建窑、建房、挖砂以及取土等，禁止闲置、荒芜耕地，严格保护耕地。

3）**城镇空间用途管制**

在城市开发边界内，采用"详细规划+规划许可"的管制方式。这种方式确保了城市开发的有序性和可控性，通过详细的规划设计和严格的规划许可管理，规范城市内部的建设和发展，提升城市环境品质和公共服务水平。当前，城镇开发边界是城镇空间的重要控制线，其具体指在国土空间规划中划定的，在一定时期内因城镇和社会发展的切实需要，可以集中地开展城镇开发建设活动、以城镇功能为主体的区域管制边界。通过划定城镇开发边界，可以防止和转变城镇空间增长的盲目扩张模式，提升城镇发展的内涵。

城镇开发边界范围以内的空间在原则上严格按照允许开发区及有条件开发区的具体要求进行有效管理，合理规划城镇空间，合理配置城镇空间各类用途用地供应，集约节约利用建设用地，充分利用存量建设用地。与此同时，在城镇空间，任何单位和个人进行建设需要使用的土地都必须依法申请。

2. 用途转用

用途转用是指在相同空间内或不同空间之间，不同用途之间的转换规则。其管制对象涵盖所有自然资源，特别是陆地的建设用地、耕地、林地、湿地，以及陆上水体、海域和矿产资源。国土空间用途转用规则规定了三大功能空间用途的退出和转用规则，严禁违反国土空间规划和随意改变自然资源的空间用途，并严禁任何单位及个人任意占用或者改变用地性质。

1）**生态空间转用**

对于生态空间内部用途的相互转换，应当予以有序引导，一方面要积极鼓励向有利于生态功能提升的方向转变，另一方面要严禁不符合生态保护要求以及损害生态功能的相互转用。

对于生态空间向城镇空间和农业空间的转化，要以国土空间"双评价"为基础，依据功能变化的具体情景，依法依规地由有批准权的人民政府进行科学修改和合理调整。

2）**农业空间转用**

对于农业开发占用生态空间的情况，根据所处的具体区域，有不同的退出或转用规则。一方面，若农业开发占用了生态保护红线范围以内的生态空间，应当严格禁止，同时应当在逐步退出的基础上恢复原来的生态用途。另一方面，若农业开发占用了生态保护红线范围以外的生态空间，应当严格限制，同时依法由市县级及以上地方人民政府统筹安排符合条件的农业开发项目。对于其他生态保护红线外的耕地，除按规划需要进行生态退耕或者需要进行国家重大生态工程建设外，不得随意转用。

对于农业空间向城镇空间的转变，永久基本农田保护红线内的耕地应当严格禁止转用，其他耕地也应当严格限制转用，有关主体占用耕地从事非农活动时不仅需要依法办理农用地转用审批，同时还需要履行补充耕地的义务或者缴纳耕地开垦费。

3）城镇空间转用

对于新增建设占用生态空间的情况，与农业开发类似，在不同的区域有不同的退出和转用规则。

新增建设占用生态保护红线内的生态空间，应当严格禁止。国家重大基础设施和重大民生保障项目建设等确实无法避让生态空间时，不仅需要经省级人民政府组织科学论证和提出调整方案并得到国家有关部门审核意见，还需要报经国务院批准。此外，其他生态保护红线范围内的原有居住用地和其他建设用地，不得随意扩建和改建。

新增建设占用生态保护红线外的生态空间，应当严格控制，对于符合区域准入条件的建设项目，一方面按有关法律法规规定办理涉及占用生态空间中的林地、草原等的情况，另一方面加强论证和管理涉及占用生态空间中其他未作明确规定的用地的情况。

8.3.3 "规划—许可—监管"分阶段实施

1. 规划

在我国国土空间规划体系中，规划总量管控是国土空间用途管制的首要步骤。其目的是对一定区域的国土空间进行统筹安排，强调底线管控，确保资源的合理配置和可持续利用。规划总量管控不仅涵盖土地资源，还涉及海洋等自然资源，通过科学合理的规划，实现对区域内各类资源的综合利用和保护。

计划管理则是指制定并实施年度土地、海洋等自然资源的利用计划。作为自然资源主管部门的重要职责，计划管理在稳步推进国土空间开发利用、开展国土空间管控中起着关键作用。年度利用计划的制定需要综合考虑国家战略需求、地方发展需求以及资源环境承载能力。计划管理还包括对重点项目的用地保障，加大存量土地的盘活力度，确保资源的高效利用和合理配置。同时，计划管理需要稳妥有序地推进土地计划管理制度改革，以适应不断变化的经济社会发展需求，提升资源利用效率。

2. 许可

分区准入和用途转用是国土空间用途管制的"中端"环节，分别在宏观区域尺度和微观地块尺度上发挥作用。在宏观区域尺度上，规划管制主要体现在项目立项环节，通过设定严格的准入条件和管控指标，确保项目开发符合区域总体规划和用途管制要求。这一环节不仅要考虑资源的合理利用，还需兼顾生态环境保护、经济社会发展等多方面因素，以实现区域内资源的最优配置。

在微观地块尺度上，用途转用涉及用地审批环节，是指不同土地用途之间的转换规则。具体包括农用地转为建设用地、建设用地内部用途转换等。用途转用需要严格遵循相关法律法规和政策要求，通过科学合理的审批程序，确保每一次转换都是合法合规的。用途转用在促进土地资源的合理配置、优化空间结构、提升资源利用效率方面发挥了重要作用。通过规范的用途转用，可以实现土地资源的优化配置，推动经济高质量发展，同时保护和恢复自然生态系统，促进人与自然的和谐共生。

3. 监管

纠错退出和监督管理是国土空间用途管制的"后端"环节，旨在确保规划实施过程中的问题得到及时纠正和优化。纠错退出机制针对国土空间规划实施过程中出现的问题，及时进行纠偏和调整，以推进国土空间格局的不断优化，提高开发利用效率和质量。通过纠错退出，可以发现和纠正规划实施中的偏差和问题，确保规划目标的实现和资源的可持续利用。

监督管理是国土空间管控有效落实的关键措施。其主要任务是对国土空间用途管制的各个环节进行全面监督，确保规划的有效实施。监督管理通过理顺管理流程、加强监管力度，促进管控措施的有效传导和执行。通过建立健全的监督管理体系，可以及时发现和处理规划实施中的问题，保障规划的顺利进行和管控目标的实现。同时，监督管理还需利用现代科技手段，如遥感技术、地理信息系统等，提升监管的精准度和效率，确保国土空间的科学管理和可持续利用。

8.4 国土空间用途管制的改革路径

8.4.1 国土空间用途管制改革的现实问题

在国土空间用途管制的发展过程中，管制理念不断升级、管制对象持续拓展、管制体制稳步变革，这些有益的探索，促进了自然资源的合理利用、生态环境的保护以及可持续发展，但在管制主体协调、客体覆盖和体系建设方面依然有不足。

1. 管制主体关系复杂

在管制主体层面，我国国土空间用途管制形成了一个纵向和横向协同的管理机构体系。横向上，国土空间用途管制涉及多个部门，包括自然资源、农业农村、城乡建设以及生态环境等，在一定程度上造成了职责分散、职能重叠、权责不一等问题。对于不同类型的生态空间，如耕地、林地、草地及水域，各相关部门独立制定了相应的保护与利用规划作为管理和管制的主要依据。然而，在全域各类空间的统筹利用方面，各类空间规划从各自管理事权的角度，对同一国土空间的开发与保护进行综合协调和规划安排。由于不同规划之间存在着数据、目标、指标、政策、体制等多维差异，这可能导致自然资源开发和保护的布局安排出现冲突。

纵向上，中央与地方目标利益不一致所带来的利益博弈仍然是影响国土空间用途管制效力的重要因素[156]。中央政府具有经济发展、社会公平、生态文明等多个目标利益，而地方政府由于晋升考核机制，在保证其他目标达标的基础上，多追求短期经济发展目标。中央与地方目标利益的不一致将引发博弈，并逐级传导到国土空间用途管制的制度设计、执行等过程中，进而影响区域发展。此外，多级政府间职责与财力等资源供给难以匹配。一般而言，上级政府制定管制目标和考核要求，并提供财力等资源支持。但经过多级传导，可能出现下级政府管制目标过多，工作内容繁重，而财力等资源严重缺乏的情形。

2. 管制客体覆盖并未完全

从管制客体角度，我国目前已经建立了以耕地、森林、草原、水域、海洋等自然资源以及建设用地为对象的管制制度体系，并通过功能区划和空间规划的方式，对国土空间进行了划定和管理。然而，国土空间用途管制的空间范围依然存在交叉重叠或遗漏缺失的问题，这一制度并未实现对国土空间的全面覆盖和有效管理。

以土地资源管制为例，建设用地与农用地间的转换管制相对较严格，但对于具有生态属性的未利用地缺乏相应的制度设计。以湿地为代表的未利用地承载着水源涵养、气候调节、生物多样性等多种生态功能，但缺乏科学有效的管制机制，可能面临着被不适当地开发利用或破坏的风险。在城乡规划体系中，城市建成区内的空间管制相对较为精细，但城市建成区之外的空间管制过于松散。特别是城乡交错地带等区域是违法建设、无序扩张、资源浪费等问题的易发地。

此外，自然资源的管制深度仍需加强，比如对耕地和生态公益林的管控要求相对明确，但低等级耕地、园地、林地、草地和水域及其周边空间地带的管制不足，利用方式缺乏规范。一些自然保护地缺乏系统性的规划和管理体制建设，导致了空间分割，生态系统呈现碎片化和孤岛化的现象[157]，比如部分地区过度强调植树造林，僵化执行"占林补林"政策，不顾生态系统规律，强行将草地转变为林地，不仅造成了管理资金的浪费，也损害了固有的生态系统功能。

3. 管制体系建设仍需完善

首先，从管制体系角度来看，空间准入和用途转换是我国国土空间用途管制中的重要环节。然而，当前空间准入的条件、程序和实施机制等方面的规定，依然不够明确，相对统一的技术标准和管理制度体系尚未形成。另外，多个空间地类用途转换的条件、程序等规定不够全面，各类自然保护地与生态保护红线之间的划定和管控也存在不一致的问题[158]。

其次，全过程监测评估机制的欠缺、事中监督管理反馈机制的不完善，以及事后监管纠错机制的不健全，也是当前国土空间用途管制体系面临的挑战。具体而言，在自然资源管理的各个阶段缺乏全面、持续的监测和评估，从而无法及时了解各种活动对环境资源的影响，限制了对违规行为的发现和整改。监管部门在事中监管过程中，无法及时收集和分析有关信息，从而难以对违规行为采取及时和有效的监管措施。同时，对于违规行为的整改和惩罚缺乏明确规定和有效手段，导致违规行为的纠正不及时、不彻底。在纠错机制方面，国土空间管制缺乏有效的纠错机制，纠错标准和程序不明确，纠错主体职责不清晰，无法对违规行为进行及时和有效的纠正。

此外，当前的管制手段在应对新情况和新问题方面存在一定的不足，需要进一步提升其适应性和有效性。比如生成式AI的广泛使用为国土空间用途管制提供了更为系统科学的技术手段和更大覆盖范围的管理可能，但是在数据安全、伦理道德、法律法规等方面存在风险，亟须探索在生成式AI环境下，如何开展安全、高效、合规、合法的国土空间用途管制。

8.4.2 国土空间用途管制改革的优化思路

1. 自由家长制的理念引入：潜在主观心理特质与助推手段

自由家长制（Libertarian Paternalism）是 2017 年诺贝尔经济学奖得主塞勒（Richard H.Thaler）教授提出的将行为经济学应用于公共政策设计的一种理念。有悖于传统经济学的理性人假说，自由家长制的理论基础是行为非理性假说[159]，认为在现实生活中人们往往受到各类主观因素影响，做出相对非理性的决策。因此，为了让人们能够做出更为吻合个人合理利益、符合公共利益的决策，政府有必要适时纠偏补救。但与强推和强迫等刚性公共政策不同，自由家长制如同"用手肘轻推"，其重点不在于强制规定目标，而在于通过情境打造与物质安排，倾力创造出促进社会各界自觉遵循公共政策目标的环境。其核心理念是，承认并根据人们行为中的非理性设定和主观认知偏好，通过针对性的环境设计与柔性手段，促使人们在自由的氛围下作出更为合适或符合公共政策目标的选择。在这种理念下，公共政策的核心是利用人的心理账户、固有印象、嫌恶损失、延后决定、架构误导、过于乐观等主观心理特质，通过提供新型行为政策引导工具或塑造公共政策的实施环境，让人更加理性、增强自控能力和主动选择预期，从而提升公共政策的接受度、减少政策运行成本并优化现有政策的实施效果。

1）心理账户

心理账户是指人们根据财富来源与支出的特征，心理上划分出不同性质的多个账户，通过对各种选择的损失——获益进行估价对比来进行各个账户的心理运算。在心理运算的过程中，人们追求的是情感的效用最大化而非理性认知的效用最大化，每个分账户都有其不可替代的支配和预算规则，例如意外之财和每月薪资就不具替代性，因此财富并不能很容易地从一个账户转移到另一个账户。此外，不同消费项目或者不同储蓄方式也会导致账户之间的不可替代。因而公共政策应当针对不同对象的不同心理账户，设计矩阵式的分层结构，每层对应某一特定心理账户目标，并设定相应的管理规则以实现分层管理。

2）固有印象

固有印象是指人们对于某些社会群组的知识、观念和期望所构成的特定社会认知图式，或是有关某一群体成员的特征及其形成原因的比较固定的观念或想法。在生活中，人们对于某些事情往往形成了直观化、扭曲化和片面化的固定想法，从而影响人们的风险感受和风险规避行为决策。例如，受"女性数学能力差"的固有印象影响，女性在学习数学时容易引发焦虑情绪，难以体现实际能力，更可能在专业选择上倾向于人文社科专业。如果公共政策能充分引导和塑造正确固有印象的环境，让公众正确意识到女性与数学能力的真正关系，那么或许能够有效提升女性数学成绩，数理专业也可能成为更多女性的专业选择。

3）损失厌恶

损失厌恶是预期理论中价值函数的三个核心性质之一。预期理论认为，在行为决策中起决定性作用的不是传统规范性理论认为的最终结果，而是最终结果相对于参照点的变化所对应的效用。同理，损失厌恶也具有参照点依赖性：获得与损失都是与参照点相比而言的。因此可以把损失厌恶定义为：与参照点相比，损失比等量获得产生更大的心理效用。这意味着在交易成本、收入效应相等的情况下，同量损失的负效用大于同量收益的正效用，相比同样数量的收益，同样数量的损失往往令人们更加难以忍受。因而在公共政策实施中，可以充分放大不当行为损失，引导人们规避损失，从而选择政策目标行为。

4）延后决定

延后决定一般是个体自主决定的非理性行为，尽管往往没有适当的延后理由或是延后可能会造成不利后果，但人们通常会因为不清楚事物实时后果而在潜意识中拒绝立即做出决策。实际上，在规则遵守、体育锻炼、成瘾戒断等需要自我调控的行为方面，若是人们能够知晓行为实施的具体影响与后果，往往能避免延后决定，促进更为及时的理性行动产生。因此，公共政策的实施过程中，要充分明确政策效果和违背惩罚并进行实时反馈，使得人们所关心的行为具体影响和结果能够及时展现，从而助推人们及时落实公共政策。

5）架构误导

问题架构是影响人们行为导致认知谬误的主要原因之一，例如面对"90%康复率"和"10%死亡率"两种表述，尽管内涵相同，但面对死亡率表述的患者会更倾向于拒绝手术。其原因在于，人们在面对损失时是风险偏好，面对收益时是风险规避，面对"康复"这类收益人们往往会潜意识规避风险。设定默认选项是针对问题架构、利用该类潜在心理的公共策略，例如"一键安装软件""默认同意协议"等。因此，公共政策中可以借鉴该技巧，将政策目标作为必须遵从的"默认选项"或是以特殊问题架构表达，以此引导划定公众行为职责和范围边界。

6）过于乐观

过于乐观的侥幸心理使得人们妄图通过偶然的原因去取得成功或避免灾害，

其特质突出体现在自负空想、偶然随机、投机取巧和广泛从众等方面，因而在相当程度上面临着巨大的潜在突发状况风险，可能危及事件的可控性和安全性。然而作为个体内部特质，过于乐观的侥幸心理实际上可以通过明确定期的配套管制要求（如实行每日汇报制）等手段进行预测和控制，从而提升完成任务的可能性与可控性。因此，公共政策要配套与政策目标相适应的完备实施手段或保障机制，不断查漏补缺，对政策施行过程中的系列动态进行积极补充保障与定期反馈调整。

2. 心理账户：构建层级用途管制

（1）纵向层级用途管制：尺度式账户。从宏观、中观、微观三个尺度上分别建立不同尺度"心理账户"，实现空间战略引导、功能落实和地块管制。具体而言，宏观尺度上，根据区域发展的重大战略部署确定国土空间战略格局、核心区域、重要廊道和节点，通过公众公示和强化宣传，建立宏观空间战略"心理账户"；中观尺度上，进一步引导建立生态建设、农业发展、乡村建设、城镇发展和产业集聚等空间功能"心理账户"，引导实现差别化功能管控；微观尺度上，通过每个地块空间用途管制的公告，建立地块用途限制的"心理账户"。例如通过强化北京市"一核一主一副、两轴多点一区"的空间格局宣传，帮助开发者、管理者和监督者建立"中心城区""城市副中心""生态涵养区"等宏观"心理账户"，了解国土空间整体利用导向；进一步引导建立"基本农田保护""风景名胜保护"等中观"心理账户"，明晰各个区域的功能利用方向；进而以微观"心理账户"明晰每个地块的用途导向，从而潜移默化地提升用途管制的接受程度，促进用途管制更为主观、有效地落实。

（2）横向层级用途管制：空间式账户。以国土资源环境承载能力评价、经济社会发展为依据，设立允许利用、有条件利用、限制利用和禁止利用四类"心理账户"，并区分管制（转用）目标有争议和无争议两种"心理账户"，针对不同心理账户实施刚性不同的用途管制引导、协商和实施。针对允许利用区和有条件利用区的"心理账户"，实施较为弹性的用途管制。如用途管制（转用）目标无争议，则直接进行管制公示和实施，允许利用区内用途转变只需备案而有条件利用区则需要审批；如管制（转用）目标有争议，则需征询利益相关者意见实施管制，允许利用区用途转变重点考虑其功能是否符合该区域发展需要，有条件利用区用途转变则考虑建设用地指标是否超限。针对限制和禁止利用区的心理账户，管制手段更为刚性。尽管目标无争议，仍需要在管制区域进行管制提醒（如设立警示牌等），若用途转用成为共识，限制利用区内需申请规划调整，禁止利用区内需要重置红线范围；如管制（转用）目标有争议，限制利用区需要开展研讨确定管制必要性，而禁止利用区需签订管制协议明确管制的权、责、利。若需用途转用时，限制利用区内需考虑各个地块的用途限制，力争实现最小化用途转变，禁止建设区内则拒绝转用，强制实施用途管制。

3. 固有印象：营造用途管制氛围

（1）利用立法奠定管制认知基础。探索制定《国土空间规划与管制法》并将其作为《中华人民共和国城乡规划法》等法律的上位法律，完善符合国土空间用途管制需求的法律支撑体系，明确国土空间用途管制的法律地位。在法律层面确定违反国土空间用途管制的惩罚措施，鼓励各区域因地制宜制定可操作性强的地方性配套法规如规则编制办法、实施条例等，促进国土空间用途管制成为法律基础知识，营造用途管制限制不可违背的固有印象。

（2）利用媒体渲染用途管制认同氛围。从公众偏好入手，采用人们最潜移默化、最受欢迎或最易接受的媒体渠道，诸如网络新媒体、广播电视、地铁视频等方式，将18亿亩耕地保护、绿水青山生态保护等国土空间用途管制目标广告化并大范围投放，从而潜移默化加深人们对国土空间用途管制的感性认识，强化人们对管制的内心认同。

（3）利用参与强化用途管制观念。在国土空间用途管制确定过程中以调研、听证、投票等诸多方式加强公众参与，如确定用途管制红线时，加强意愿调研、完善公众听证制度；在管制方案设计时，开展公众意见征集、意见采纳奖励、方案公投表决等参与模式；在管制方案实施时，建立实施反馈、公众沟通与诉求通道，让公众能够全面地融入用途管制中来，培养公众的用途管制"主人翁"意识，进一步促进用途管制观念成为潜在公认意识。

4. 损失厌恶：扩大奖励惩罚差异

（1）完善用途管制补偿，减少守法损失。国土空间用途管制将限制部分国土使用者以及地方政府国土用途转用的权力，以致不能获得转用时的高额增值收益，即损失了相当的机会成本。由于同样数量的损失相比收益往往令人们更加难以忍受，因而国土空间用途管制应完善补偿激励机制，提升耕地保护区、生态保护区等直接经济效益较低地区的补偿标准，尤其是可以探索建立新增建设用地指标与生态空间保护、农业空间保护补偿挂钩机制，从而减少地方政府和使用者响应国土空间用途管制的机会成本损失，激励其成为管制保护的第一道防线。

（2）加大违法转用惩罚，扩大违规损失。由于人们对于损失比收入更为敏感，因此应进一步加强违法转用损失惩罚，通过扩大损失来规避违法行为的产生。例如，增加违规占用永久基本农田或核心生态空间等行为惩罚，将用途管制效果如自然资源资产负债情况、生态环境水平、耕地保护成效等纳入地方政府政绩考核，并实行上述情况一票否决制，从而加大地方政府与国土使用者怠政、违规的潜在损失，促使其积极实施管制。

5. 延后决定：提供实时用地监测

（1）完善航片、卫片监测网络，开展实时国土用途变更监测。避免延后决定的核心措施在于让决策者立刻了解事情的具体影响与后果，从而避免决策"拖延症"，因此需要进一步整合自然资源统一确权登记、土地利用变更调查、地理国情数据调查等国土资源调查信息，在典型地区若干航片、卫片监测网点的基础上，建立覆盖全域国土的利用监测网，跟踪国土用途变更状况，实时了解用途管制的实施情况和国土资源与生态环境结果。

（2）加强国土健康表征，建立用途管制预警系统。整合空气、土壤、水质等指标，创新国土生态服务价值、整体健康情况的数据表现形式，让人们能生动感知身边国土空间的健康情况以及自己行为的影响，促使人们更加关心爱护身边的珍稀资源。同时，构建国土资源季度变更调查与重要信息公示机制，从国土利用现状与承载能力匹配度、国土生产质量、国土违规利用等方面构建国土利用评价与预警平台，定期开展评价并通报预警结果，让公众定期了解用途管制的实施效果和风险挑战。

6. 架构误导：优化管制协议设计

（1）整合"一键管制"，实现"上下结合"。以自然资源部门作为主体，整合规划、发改、住建、执法等相关部门的规划和用途管制职能，实现"一张蓝图""一个部门""一管到底"的"一键管制"。同时，综合采用命令、指示、规定、制度、计划、标准等"自上而下"的行政方式和管制协议、发展权交易等"自下而上"的市场手段，"上下结合"实施"刚柔并济"的用途管制。

（2）设置默认选项，优化管制协议设计。在管制过程中应引入标准化的管理协议，签订系统完善的市场性管制合同协议，尽管可能加大交易成本，然而管制协议会有利于引入社会资本、推动各部门和公众积极参与，让政府从执行者转化为管理者和监督者，通过标准化设计更能使得管理过程透明化、压缩权力灰色空间。同时在标准化管制协议中，可将"土地利用不得影响周围生态环境""开发利用情况每月向社会公开"等设置为默认选项，并突出违背国土空间用途管制规则的处罚条款，从而督促协议签署者充分落实用途管制要求。

7. 过于乐观：配套完整实施机制

（1）完善国土空间调查评价、确权登记、空间规划、资产管理和监督保障政策体系。建立利用调查、权属调查等自然资源综合调查制度，适宜性评价、承载力评价、等级评价等多元评价机制，三权分立、统一登记、产权备案等确权登记制度，国土空间规划、主体功能区规划、土地利用规划、城乡规划、年度利用计划等空间规划体系，离任审计、占补平衡、有偿使用、增减挂钩、生态补偿等资产管理制度，执法监察、利用督查、动态评估、监测预警等监督保障制度，通过各类制度的查漏补缺来打消过于乐观的侥幸心理。

（2）强化管制规则设计，丰富管制手段。分类制定区域准入与管制条件，落实到地块并予以公告，制定差别化转用审批流程，探索将耕地、林地、天然草地、水域、湿地等纳入生态补偿的范畴，对粮食主产区、水源涵养地、重点生态功能区和生态脆弱区实行地区间横向补偿机制，实施政府、市场、社会互动的协议管制模式和利用申诉机制，真正做到因地制宜、因时制宜、因事制宜而实现无漏洞管制。

8.4.3　国土空间用途管制改革的关键路径

针对当前我国国土空间用途管制面临的现实问题，为了保障国民经济高质量和可持续发展，推进中国式现代化建设，需要从管制权力、管制体系、运行机制、制度保障四个维度，持续深化自然资源管理改革。

1. 明晰管制权力边界

明确管制权力边界是协调各管制主体的重要步骤。国土空间用途管制权力的明确需要从权力定位、权力分配和权力行使三个方面进行界定。

首先，权力定位决定了管制权力的功能边界。在中国，国土空间用途管制不仅用于规范市场主体行为，还用于调节中央和地方政府的关系。地方政府在土地用途管制中既是主体也是客体，这种双重身份容易导致管制的无效。此外，规划权是行使管制权的前提。土地规划权和用途管制权的功能不能简单地一一对应，否则可能导致管制冲突或缺位。从土地用途管制、生态要素用途管制到生态空间用途管制，再扩展为国土空间用途管制的新阶段，管制机构需要根据不同功能定位，对政府内部的自然资源管理行为，和市场主体的利用行为进行有效分离，并制定有针对性的政策措施。

其次，权力分配决定了管制权力的实际操作边界。自然资源管理部门应负责统筹管理全域国土空间，避免权力在不同部门之间过度分散。同时，"重权轻责"的现象会导致各部门扩大权力，进而引发冲突，因此必须严格按照权责对等的原则清晰地划分权责，并重视事后问责的流程。所以，应大力推动"权力清单"和"责任清单"制度，明确自然资源管理部门与其他部门，各部门内部相关群体的权责分工。此外，机构重组后，可能仍存在多头管理问题，应在制度设计、实施监管等各阶段，精细地划分权责，实现部门间的权力制衡。当然，国土空间管理部分领域很难完全将权责划分开，应建立常态化的多部门协商机制，健全现代化治理体系。纵向上，各级自然资源管理相关机构应通过"三定"方案保持上下职责一致，确保纵向层级的顺畅沟通，合理匹配职责与资源，避免事权过度下沉导致的效率低下问题。

最后，权力行使决定了管制效力的实际影响范围。在现行法律框架下，管制权的行使必须遵循权责对等原则，适度约束自由裁量权，并规范行政程序，以实现实体控权与程序控权的结合。同时，要加强行政监管，确保各管制部门依法履行职责，提高管制权力行使的合法性和效力。为提高权力运行效率，应完善设立国土空间用途管制职能部门，建立统一的行政许可机制，减少行政层级，简化审批过程，降低时间成本。推动"多审合一"和"多证合一"改革，将串联式审批流程转变为并联式审批，提高审批效率和资源利用率。为了增强管制权力的透明性、可预测性和公正性，应加强信息公开和参与机制建设，通过主动公开管制政策和措施，广泛征求利益相关者和公众的意见，使决策过程更加民主、科学和公正。

2. 系统优化管制体系

优化国土空间用途管制体系是提升管制效能的核心，而统一管制对象是优化管制体系的基础。当前，管制要素需从单一、分割的管理模式转变为全要素、统一的管理方式，这意味着对耕地、林地、草地、水域、岸线、海域和海岛等进行全面而综合的要素管理。针对多个部门之间自然资源相关分类标准难以衔接的问题，亟需建立服务于统一管制的自然资源分类体系国家标准。自然资源管理部门需要与其他相关部门逐步做好各类资源分类体系的衔接，并不断更新相关信息。此外，管制范围需要从基本农田保护区和城乡建设空间管制区，扩展到涵盖全部国土空间和自然资源全要素，构建"功能分区—用途分区—管制分区"为导向的垂直管控分区体系。

在统一管制对象的基础上，管制体系优化还需重构管制政策体系。首先，应构建"功能分区—用途分区—管制分区"的自然资源和国土空间准入规则体系。功能分区划分为城镇空间、农业空间和生态空间，通过开发阈值指标和管制边界实现管制，确定空间的主导功能与发展方向。用途分区是国土空间规划体系中的二级规划分区，通过详细规划和规划许可发挥管制作用，指导具体用途的落地。管制分区则依据开发利用准入清单，实施自然资源和国土空间的分级管制措施。功能分区、用途分区和管制分区各有侧重，在实际操作中要确保三者的空间衔接。

其次，要基于主导用途、兼容用途和禁止用途，构建自然资源用途转用体系。由于自然资源具有"空间整体性—要素多样性—功能主导性"的复合特性，各地应根据主导用途、兼容用途和禁止用途，制定空间管制分区地类兼容表，作为用途转用的重要依据。在构建自然资源用途转用体系时，需要考虑农用地、建设用地和生态用地三大类之间和内部的转用路径，以空间主导功能明确转用的优先次序，逐步实现主导用途向目标空间集中，禁止用途逐步退出现有空间，以及允许用途加强空间复合功能。这样可以确保资源利用的高效和合理，推动区域经济的可持续发展。

最后，要整合各类自然资源监测体系，完善数据融合、共享与共治机制，加快动态监测与预警信息平台的搭建，从而重构自然资源监督管理体系。建立国土空间用途管制的科学评价和考核体系，持续评估各层级政府自然资源开发利用与保护绩效，并将自然资源管理绩效纳入官员政绩考核体系，协同推进经济高质量发展与生态环境高水平保护。同时，整合督察执法力量，建立多类自然资源督察协调机制，强化自然资源督察执法的效力。通过科学合理的监督管理，确保管制措施的有效落实，提高自然资源的管理水平和保护力度。

综上所述，系统优化管制体系不仅要统一管制对象，还需重构管制政策体系，构建完善的用途转用和监督管理体系。通过全方位的优化措施，可以提升自然资源管理的效率和效能，确保资源的可持续利用和生态环境的保护，实现经济与环境协调发展。

3. 创新管制运行机制

创新管制运行机制是持续发挥国土空间用途管制作用的关键。针对我国国土空间用途管制的现状和面临的问题，创新管制运行机制可以通过构建弹性机制和市场机制来实现。

为了构建具有弹性的国土空间用途管制机制，需要在管制依据、管制规则和组织方式三个方面进行全面改进。当前的国土空间用途管制主要依据规划分区和指标体系，具有刚性约束和固定属性的问题。为适应自然资源市场的快速变化和多样化的社会需求，必须扩展管制依据，形成多元依据集合，包括主体功能空间分区、差异化管制分区、复合用途分区、清单目录和可交易指标等。

在管制规则层面，应制定更加灵活和差异化的国土空间用途管制规则。针对不同的农业和生态空间，要根据不同空间等级和要素类型，制定分级分类的差异化管制措施，避免"一刀切"的情况。同时，为增强市场主体对管制的积极响应，政府应引入更多市场激励和引导手段，并制定合理的经济补偿政策，以弥补因管制而导致的产权侵害。

在组织方式层面，构建多参与主体的民主谈判机制是提升市场主体和公众参与度的关键。目前，国土空间用途管制权主要集中在行政部门，市场主体和公共群体的参与受到限制。面对复杂的产权界定、有限的土地和资金配置以及增值利益的公平分配等问题，亟需建立多元参与者协商机制。有效的协商机制需确保多方利益的平衡，考虑不同利益相关者的权利和利益动态，构建透明、公正且有序的参与和议商程序，鼓励所有利益群体主动参与，共同制定规划，促成公平的利益分配与权益平衡。

除了提高管制弹性机制，还需构建融合市场机制的国土空间用途管制，应逐步建立并优化用地计划指标的跨区交易机制。在国土空间规划制定过程中，通过严格的资源环境承载力评价和国土空间开发适宜性评价，精准划定"三区三线"。在明确各区域主导功能和开发限制后，系统性地界定各地区、各类空间的可开发门槛。在这种分区管理框架下，应促使土地类别指标以多种形式流动与交易，促进城镇建设用地的集约使用，农业用地向高效利用的农业区域集中，同时强化生态用地的完整性与连通性，确保生态文明建设符合可持续发展目标。

此外，通过在各地区实施"三区三线"的制度，可以有效避免经济发达区域的过度城市化导致的生态退化，以及欠发达地区成为环境污染避风港的问题。为了构建高效的自然资源类别指标跨区域交易机制，需要综合考虑多个关键组成部分，包括交易平台的建设与管理、各类交易主体的参与、交易对象和范围的确立、价格市场化形成机制、盈收分配模式以及政府的监督与调控措施。一个完善的交易机制不仅能确保资源配置更加高效，空间利用更为合理，还能推动自然资源管理借助市场化优势，实现高水平、可持续发展。通过市场机制的引导与政府管理的优化结合，可以有效促进生态文明建设和绿色发展策略的实施。

总之，创新国土空间用途管制运行机制，需要在构建弹性机制和市场机制两方面下功夫，通过多元化的依据集合、灵活的管制规则、多主体的参与机制以及高效的跨区域交易，提升国土空间用途管制的效能，实现资源的可持续利用和生态环境的保护。

4. 完善管制制度保障

目前，我国国土空间用途管制的相关法律法规存在不完善且相对分散的问题。虽然土地、草原、林地、海域等用途管制已有相应的法律法规支撑，但湿地和水资源的用途管制却缺乏明确的法律依据。因此，为实现统一的国土空间用途管制，亟须制定《国土空间开发保护法》和《国土空间规划法》，以明确国土空间用途管制的法律效力和性质。通过这些立法，可以明确国家、省和地方政府的管制权力和责任，划清国土空间所有者与管理者的界限，明确开发利用者的权利和义务，从而在全面依法治国的大背景下，为政府管制提供坚实的法律基础。

此外，在推进国土空间管制制度建设的过程中，应加快推进相关法律的废止、修订和立法工作，确保政府管制有法可依。首先，要研究制定《国土空间用途管制法》，规范用途管制的基本框架，明确管制实施的具体程序和细节。其次，应根据机构改革和部门职能调整的结果，从全局角度修订完善《土地管理法》《城乡规划法》《环境保护法》等法律法规中各类自然资源要素的用途管制制度，确保各法之间的协调性与一致性。同时，应加快制定生态保护红线、永久基本农田、城镇开发边界三条控制线的技术规范、审批程序和分级分类管控规则，特别是要协调好生态保护红线范围内的国家级自然保护区、国家地质公园、国家级风景名胜区等特殊区域的各项管控规定。最后，要根据现实需求修订完善《土地管理法实施条例》《基本农田保护条例》《城乡规划法实施细则》等法规，也要适时研究制定《生态保护补偿条例》《生态空间管理办法》《永久性绿地保护条例》等，以构建更加完善的法律法规体系。这将为国土空间用途管制提供全面、系统的法律保障，确保各类空间的开发与保护在法律框架内有序进行。

关键术语

国土空间用途管制、管制构成、土地用途管制、"三区三线"、分区准入、空间用途转用、自由家长制

思考题

1. 简述国土空间用途管制的构成。

2. 讨论生态保护红线、永久基本农田保护红线、城镇开发边界三条控制线在国土空间用途管制中的核心作用与意义。

3. 分析国土空间用途管制的主要改革路径,并探讨这些路径如何提升管制的有效性。

第 9 章

国土空间市场治理

■ 教学要求

1. 本章知识点

(1) 国土空间市场治理的基本概念、内涵界定与关键目标

国土空间市场治理的概念、范畴，从"主体—客体—环境"的国土空间市场治理的框架，把握国土空间市场治理的目标。

(2) 国土空间市场治理的演进历程

国土空间市场治理在计划经济时期、市场经济探索时期、市场经济体制建立时期和市场经济体制完善时期的关键时间。

(3) 国土空间市场治理的运行机制

国土空间市场治理的运行机制的主要内容，包括资源配置机制、价值实现机制和风险防范机制。

(4) 国土空间市场治理的改革路径

市场化手段如何促进国土空间市场治理目标的实现，不同角度探讨国土空间市场治理的改革路径。

2. 本章重点及难点

(1) 国土空间市场治理的概念内涵

明确国土空间市场治理的基本概念，并在"主体—客体—环境"体系下把握国土空间市场治理的边界。

(2) 国土空间市场治理的发展历程

掌握国土空间市场治理在"政府主导，计划配置""承包经营，有偿使用""初步形成，逐步完善""多元探索，持续改革"的基本脉络。

(3) 国土空间市场治理的运行机制

深入理解国土空间市场治理的资源配置机制、价值实现机制和风险防范机制，并明确不同运行机制在国土空间市场治理中发挥的作用。

充分发挥市场在资源配置中的决定性作用，就是要靠市场机制自发配置资源，进而实现收益最大化和效率最优化。国土空间市场治理是尊重市场经济的规律，以市场机制为核心，形成统一开发、竞争有序、配置高效的国土空间市场体系，从而提高资源利用效率和优化资源配置，助力国土空间治理体系和治理能力现代化。由此，本章从国土空间市场治理的概念出发，拓展了国土空间市场治理的内涵，提出了国土空间市场治理的关键目标，系统梳理了国土空间市场治理发展历程，剖析了国土空间市场治理的现实挑战，完整归纳了国土空间市场治理的运行机制，提出了国土空间市场治理的改革导向和未来路径。

9.1 国土空间市场治理的概念内涵

为了清晰地认知国土空间市场治理和界定国土空间市场治理的市场边界，首先对自然资源市场管理的基本概念进行了界定，并建立了"主体—客体—环境"的框架理解国土空间市场治理。此外，明确了国土空间市场治理的目标为构建有效市场、注重公平效率、坚持循序渐进、强调永续利用。

9.1.1 基本概念

国土空间是指国家主权与主权权利管辖下的地域空间，是国民生存的场所和环境，包括陆地、陆上水域、内水、领海、领空等。市场治理维度下的国土空间既指具有使用价值和交换价值的实体空间，主要包括国土空间产权和由空间资源衍生而来的生态产品及其他相关物品，又指附着于财产属性之上的指标或配额的权域空间[160]。目前，国土空间市场治理的范畴主要包括土地使用权市场治理、水权市场治理、生态产品市场治理等。由此可知，国土空间市场治理是指通过市场手段，在一定地域空间范围内，为实现某一或几个特定的共同目标，政府、企业、非政府组织和公民等利益主体协同参与空间资源的权益分配、用途管控、要素配置、统筹协调的过程。

9.1.2 内涵界定

国土空间市场治理是一个复杂的系统，涉及多个利益主体，包括多种空间资源类型，受到自然、社会、经济等环境综合影响。因此，在"主体—客体—环境"的框架下进行国土空间市场治理内涵界定，有助于发挥市场的功能，实现国土空间的最优配置和效益最大化[161]。

具体来看，国土空间市场治理的主体包括参与者、监管者。市场参与者又可具体分为供给者、需求者、中介者。供给者是向国土空间市场提供交易对象的经济行为主体，主要是空间资源所有者、开发者、使用者和经营者。需求者是通过交易取得空间资源所有权、使用权、租赁权、抵押权等的单位或个人。中介者是在空间资源开发、交易和管理过程中提供专业知识和服务，从而促进市场有效运转的机构、组织和个人。市场监管者主要是为维护市场交易秩序，提高交易质量和效率，协调交易关系的组织或机构，通常采取价格、税收、信贷、利率等工具进行管理。国土空间市场治理的客体除了包括城镇空间、农业空间、生态空间等基本国土空间，还包括国土空间资源交易的准入、许可等衍生的产权，如碳排放权、污染许可证等。国土空间市场治理的环境主要包括制度环境和社会经济环境。制度环境是指国土空间在开发利用过程中会受到制度的约束和影响，主要包括国土空间的基本制度、法律法规、公共政策等。在不同的制度环境下，国土空间市场会采取差异化的措施和手段。社会经济环境主要是指国土空间利用对当地社区的影响，例如就业机会的创造、资源交易对经济增长的贡献，以及国土空间利用的社会接受度。在空间与环境的互动中，国土空间市场治理会根据二者的动态关系在国土空间的供需上产生一定的差异[162]。

从国土空间市场治理的作用来看，国土空间市场治理是解决资源配置效率、实现资源利用效益的关键。一是国土空间市场治理能够优化配置空间资源。市场方式是通过市场机制的作用把空间资源分配到使用者的手中，实现国土空间与其他生产生活资料的结合，发挥更大的空间资源效益。二是国土空间市场治理能够促进空间资源利用成本的内部化。理性的国土空间利用开发者为追求经济效益和利润最大化，往往会忽视国土空间利用过程产生的社会成本。国土空间市场治理可以通过税、费等多种形式，使其价格高于同类的空间资源，即在经济活动中将空间资源的产生的社会成本纳入生产成本中，从而使其成本内部化。三是国土空间市场治理能够促进国土空间的节约集约利用。首先，积极推动国土空间市场交易改革，进一步提高国土空间利用效率，并通过完善市场交易规则，为节约集约利用国土空间提供制度环境。其次，充分利用价格杠杆，约束粗放利用，激励节约集约用地，从而实现国土空间资源的有效配置。

9.1.3 关键目标

随着国土空间市场治理复杂性的增加，治理目标的多元化、治理手段多样化、治理成效多元化的特征日益显著，明确国土空间市场治理的关键目标是保证国土空间高效配置的前提。根据国土空间的自然禀赋、社会经济等特征，国土空间市场治理的关键目标主要包括构建"有效市场"、注重"公平与效率"、坚持"循序渐进"和强调"永续利用"。

1. 构建"有效市场"

一直以来，合理处理政府和市场的关系一直是全面深化改革、实现国家治理能力和治理体系现代化的关键路径。尽管国土空间市场治理改革门类多样、错综复杂，其改革的关键路径仍在于政府调控和市场配置关系的合理界定，充分发挥市场在资源配置中的决定性作用。当前国土空间配置中，价值规律、竞争规律和供求规律等市场经济规律作用未能充分体现，政府既扮演了"运动员"，又扮演"裁判员"，容易导致资源过度开发缺乏监管、开发利用粗放无效等诸多问题。因此，"政府退位、市场补位"应当是国土空间市场治理改革的核心价值导向，要明晰产权、丰富主体、活化资产、促进融通，构建完善的国土空间市场体系。同时在兼顾公平和效率的目标取向下，政府简政放权并不是完全放任，而是改"运动员"为"裁判员"，在维护市场效率的同时收取一定的"裁判费用"维护社会公平，践行适度调控、分类管理、合理监管，对于资产属性强的自然资源配置，市场起决定性作用，对于自然属性强的国土空间配置，政府发挥主动性的同时调动市场力量，最终建立国土空间领域的"有为政府"和"有效市场"。

2. 注重"公平效率"

国土空间市场治理不仅对生态保护、农业生产和城乡建设有影响，还关系整个国民经济发展的宏观效率，更关系社会的和谐稳定。因此，国土空间市场治理的目标不能狭隘地理解为指标分配、财政收入和政府形象，也不能片面地单一理解为资源利用、产品分配或生态保护，其目标应更为广义、更为深刻地理解为"公平"与"效率"的协调统一[163]。通常来说，"公平"指的是社会的政治利益、经济利益和其他利益在全体社会成员之间合理而平等地分配，意味着权利平等、分配合理、机会均等和司法公正。对国土空间市场治理而言，不仅要关注国土空间价值显化、国土空间权利平等、增值收益分配合理，更要关注发展权损失补偿、保障国土空间可持续利用、生态保护和公共利益需求限制下的国土空间发展机会均等，切实实现"权利显化平等，利益分配公平"。"效率"通常指的是给定投入和技术的条件下，最有效地利用资源得到最小化成本或最大化效用。在国土空间市场治理中，要尽可能降低交易成本和改革风险，实现改革成本和管理成本最小化；同时，国土空间市场治理更要促使社会经济关系的协调并最终作用于社会生产力的发展，提高人力、资源、资本等全要素利用效率，充分实现"物尽其利、物合其用"的高质量发展。

3. 坚持"循序渐进"

在深化土地要素市场化改革中，必须按照高质量发展需要、现代化建设诉求和经济社会发展状况，坚持安全可控原则，实事求是地针对土地要素流动的各个突出问题系统综合设计、分类精准施策，不能贪图一蹴而就、一劳永逸，也不能盲人摸象、一叶障目。在具体实施中，既要协调"政府、村集体、村民""城市、乡村"等多元关系，又要兼顾"公平、效率""保护、发展"等多维目标，尊重土地要素利益相关者的意愿，选择"稳中求进"的实施路径，稳定集体所有制，坚守耕地保护和生态红线底线，探索自愿有偿进退制度，赋予完整物权权能，循序渐进地开展市场化流转，最大可能地防止社会不稳定与过度资本化等诸多风险，审慎探讨和选择深化土地要素市场化改革各个时期的具体路径，切实为推动经济发展质量和效率变革提供强大动力。

4. 强调"永续利用"

在国土空间市场治理中，需要突出强调的是"永续利用"的伦理观念：既要满足当代人的利用需要，又不对后代人满足其需要的能力构成危害。伦理一般是指一系列指导行为的观念，是从概念角度上对道德现象的哲学思考。它不仅包含着对人与人、人与社会和人与自然之间关系处理中的行为规范，而且也深刻地蕴涵着依照一定原则来规范行为的深刻道理。国土空间开发利用伦理是人类在长期的生产活动中应当遵循的、关于人与自然资源关系的哲学思考和道德规范，而"永续利用"的伦理观念更可以阐释为"道法自然""仁民爱物"和"生生不息"。针对"人类中心论"，国土空间在市场治理过程中应遵循"道法自然"的利用伦理，遵循自然资源发展演变的自身规律，以尊重自然的态度取代无节制占有自然的欲念，以自然为中心实现合理开发利用；针对"自我利己观"和"肆意消费观"，国土空间应在市场管理过程中遵循"仁民爱物"的利用伦理，把人类美好的精神品质如了解、尊重、博爱、节约和责任等，运用到爱护自然、保护自然的活动中去，取代盲目征服、肆意消费的行为；针对"经济至上观"，国土空间市场治理应当遵循"生生不息"的伦理观念，注重经济、社会、资源和环境保护协调发展，促进国土空间循环永续利用。

9.2　国土空间市场治理的发展历程

9.2.1　演进历程

中华人民共和国成立以来，我国的经济体制逐步实现了从计划经济体制向社会主义市场经济体制的转变，国土空间要素市场经历了"无"到"有"、从"小"到"大"的演进历程：国土空间计划经济时期、国土空间市场经济体制探索时期、社会主义国土空间市场经济体制建立时期和社会主义国土空间市场经济体制完善时期[164]。

1. 国土空间计划经济时期："政府主导，计划配置"（1949—1977 年）

中华人民共和国成立以后，农村土地经历了从农民所有到集体所有的转变过程[165]。1950 年颁布的《土地改革法》明确指出，土地改革的目的是废除地主阶级封建剥削的土地所有制，实行农民的土地所有制。1954 年的《宪法》正式确立了农民的土地所有权制度。1956 年完成了社会主义三大改造，由生产资料私有制向社会主义公有制转变，推动了农村集体所有制的实现。在这一时期，农村集体土地的流转受到了限制。1962 年的《农村人民公社工作条例修正草案》第二十一条规定："生产队所有的土地，包括社员的自留地、自留山、宅基地等等，一律不准出租和买卖。"与此同时，我国分阶段地实现了城市土地的国家所有制，逐步形成了计划经济体制下的无偿、无限期、无流动的城市土地使用制度，但未能形成城市土地市场。

2. 国土空间市场经济探索时期："承包经营，有偿使用"（1978—1991 年）

1978 年 11 月，安徽省凤阳县小岗村的家庭联产承包责任制改革，拉开了国土空间市场经济体制探索的序幕，逐步形成了以家庭承包经营为基础的农用地市场雏形。党的十二大首次明确计划与市场的关系问题，提出以计划经济为主、市场调节为辅的体制要求，表明我国还是坚持计划经济的主要导向，但也承认了市场对经济的调节作用。在党的十二届三中全会召开时市场的作用定位进一步得到了发展。1984年中央"一号文件"提出承包地可以转包后，地方纷纷开始探索和允许承包地转让和转包，实践中在部分区域也出现了流转。党的十三大明确指出："社会主义有计划的商品经济体制应该是计划与市场内在统一的体制"，这表明社会主义的市场经济和计划经济同时得到了关注。1988年，《宪法修正案》将有关土地不得转让的规定修改为"土地的使用权可以依照法律的规定转让"。修正后的《土地管理法》指出，"集体所有的土地的使用权可以依法转让"，进一步明确了农用地承包经营权流转的合法性。在这一时期，集体土地从农用地转为宅基地和经营性用地现象十分突出，并突破集体范围发生了隐性流转。同一时期，以各种形式的有偿使用制度为标志，城市土地要素市场化的道路也逐渐得以开拓[166]。1979年颁布的《中外合资经营企业法》规定："中国合营者的投资可包括为合营企业经营期间提供的场地使用权。如果场地使用权未作为中国合营者投资的一部分，合营企业应向中国政府交纳使用费。"1987年12月1日，深圳敲响了新中国历史上土地拍卖的"第一槌"。1988年9月，国务院发布了《城镇土地使用税暂行条例》，开始对城镇土地按不同等级征收土地使用税。1988年修正后的《土地管理法》明确规定了"国家依法实行国有土地有偿使用制度"。自此，我国城市土地正式步入有偿、有限期、允许在合法范围内流转使用的轨道。

3. 社会主义国土空间市场经济体制建立时期："初步形成，逐步完善"（1992—2007年）

1992年，党的十四大正式确立我国经济体制改革的目标是建立社会主义市场经济体制。此后，土地要素市场化进程逐渐加速。首先，农用地市场逐步建立完善。1993年，党的十四届三中全会决议指出，允许土地使用权采取转包、入股等多种形式有偿转让。1998年，《中共中央关于农业和农村工作若干重大问题的决定》明确"发挥市场机制在农村土地资源再配置中的基础作用"。2003年，《农村土地承包法》的实施标志着农用地市场真正实现法治化[167]。其次，集体建设用地流转也经历了从自发到限制再到放开的过程，从1992年广东南海在农村基层自发试点流转，到1998年的《土地管理法》中严格限制流转，再到2004年的《国务院关于深化改革严格土地管理的决定》指出可以依法流转，各地实际上已然展开多种流转模式的探索。最后，城市土地收购—储备—开发—出让机制逐渐形成，招标、拍卖、挂牌逐渐成为城市土地出让的主流方式。1996年，上海成立了我国第一家土地储备机构"上海土地发展中心"，随后各地纷纷成立城市土地储备机构。从2001年5月的《国务院关于加强国有土地资产管理的通知》，到国土资源部2002年发布《招标拍卖挂牌出让国有土地使用权规定》、2003年发布《协议出让国有土地使用权规定》要求土地协议出让必须公开和引入市场竞争机制，再到2004年10月国务院发布《关于深化改革严格土地管理的决定》，城市土地市场特征逐步显著，交易规则基本建立，交易范围不断扩大，交易活动日益活跃。

4. 社会主义国土空间市场经济体制完善时期："多元探索，持续改革"（2008年至今）

在这一时期，农用地市场在产权改革、金融支撑等方面进一步完善和发展。2008年的《中共中央关于推进农村改革发展若干重大问题的决定》提出："搞好农村土地确权、登记、颁证工作""允许农民以转包、出租、互换、转让、股份合作等形式流转土地承包经营权"。2013年年底召开的中央农村工作会议提出："顺应农民保留土地承包权、流转土地经营权的意愿，把农民土地承包经营权分为土地承包权和经营权，实现两权分置并行。"2014年印发的《关于引导农村土地经营权有序流转发展农业适度规模经营的意见》提出："坚持农村土地集体所有，所有权、承包权、经营权'三权分置'。"截至2016年6月底，全国家庭承包经营耕地流转面积3067万公顷，占家庭承包耕地总面积的34.3%，土地流转规模不断扩大，全国超过1/3的耕地发生了流转。同时，承包地经营抵押试点不断推进。2014年中共中央、国务院印发《关于全面深化农村改革加快推进农业现代化的若干意见》，文件提出："在落实农村土地集体所有权的基础上，稳定农户承包权，放活土地经营权，允许承包土地的经营权向金融机构抵押融资。"截至2018年9月末，232个试点地区农地抵押贷款余额达520亿元，同比增长76.3%，累计发放964亿元。

自党的十七届三中全会提出"逐步建立城乡统一的建设用地市场"后，农村建设用地市场化改革探索也在不断推进。2015年，十二届全国人大常委会第十三次会议审议了国务院关于提请审议《关于授权国务院在北京市大兴区等33个试点县（市、区）行政区域暂时调整实施有关法律规定的决定（草案）》的议案，拉开了农村建设用地市场化改革大幕。目前，"三块地"已经历试点启动、实施、延期、扩围到上升为法律的发展历程。截至2018年年底，33个试点县（市、区）已实施征地1 275宗、1.2万公顷；集体经营性建设用地已入市地块1万余宗，面积6 000余公顷，总价款约 257 亿元，收取调节金 28.6 亿元，办理集体经营性建设用地抵押贷款 228 宗、38.6 亿元；腾退出零星、闲置的宅基地约 14 万户、5 600 公顷，办理农房抵押贷款 5.8 万宗、111 亿元。2020 年 1 月实施的新《土地管理法》在充分总结"三块地"改革试点成功经验的基础上，破除了集体经营性建设用地进入市场的法律障碍，完善了农村宅基地制度，改革了土地征收制度。

秉持集约高效的目标，城市土地市场也在不断优化升级。2008 年国务院印发《关于促进节约集约用地的通知》，2009 年原国土资源部、监察部联合下发《关于进一步落实工业用地出让制度的通知》，2016 年原国土资源部出台《关于深入推进城镇低效用地再开发的指导意见（试行）》，2019 年自然资源部出台《产业用地政策实施工作指引（2019 年版）》，通过完善产业用地政策，因地制宜创新闲置和低效用地再开发配套措施，不断推进城市土地市场的完善。此外，2013 年党的十八届三中全会明确提出要"扩大国有土地有偿使用范围"和"完善土地租赁、转让、抵押二级市场"。2017 年 1 月，北京市房山区等全国 34 个市（县、区）开展了为期两年的土地二级市场试点工作。34 个试点地区共转让、出租、抵押土地 38 313 宗，面积 17.23 万公顷，涉及金额 23 022.76 亿元，形成了可推广的改革经验。2019 年 7 月，国务院办公厅印发《关于完善建设用地使用权转让、出租、抵押二级市场的指导意见》，成为我国首个专门规范土地二级市场的重要文件，指引着城市土地二级市场的进一步完善。

2020 年 3 月 30 日，中共中央、国务院发布了《关于构建更加完善的要素市场化配置体制机制的意见》，为我国深化要素市场化配置改革提供了新的指导。十八届三中全会通过了《关于全面深化改革若干重大问题的决定》，明确了社会主义市场机制在资源配置中的决定性作用。这一决定强调了在广度和深度上推进市场化改革，以市场机制为基础实现资源配置效益最大化和效率最优化。政府的角色主要在于维护宏观经济稳定、加强和优化公共服务、保障公平竞争、强化市场监管、维护市场秩序，以填补市场失灵的空白。2021 年 12 月，国务院办公厅发布了《要素市场化配置综合改革试点总体方案》，强调了要赋予试点地区更多的土地自主配置权，同时探索耕地的占补平衡和评价转换机制。2022 年 3 月 25 日，《中共中央　国务院发布关于加快建设全国统一大市场的意见》再次明确指出，"建设全国统一大市场是构建新发展格局的基础支撑和内在要求"。党的二十大报告提出要"构建高水平社会主义市场经济体制"，强调"加快构建新发展格局"，充分发挥市场在资源配置中的决定性作用。

9.2.2　现实挑战

在过去数十年里，国土空间市场治理改革不断探索和前进，取得了较大的成效，有力地支撑了我国社会主义现代化建设。然而，国土空间市场治理改革仍然偏于缓慢，在当前"两个一百年"奋斗目标的历史交汇期和开启全面建设社会主义现代化强国新征程的"十四五"起点期，面临着更多的现实挑战。

1. 城乡统一的建设用地市场尚未形成

一是农村经营性建设用地除部分试点外仍然难以流转，价格也未显化，整体市场尚未形成。尽管2020年实施的《土地管理法》破除了集体经营性建设用地入市的法律障碍，但入市实践过程中仍存在诸多问题。第一，就入市对象而言，究竟是只有现有存量，还是包括符合规划和用途管制的新增集体经营性建设用地仍然未明：如果只停留在存量入市，据原国土资源部数据，农村集体经营性建设用地约占集体建设用地的10%左右，在中西部比较偏远的农村，可能仅为5%或者更低，实际上难以形成较大的规模效应，可能无法满足发展需求；如果允许增量入市，就需要明确相应增量范畴。显然，农村集体新增建设用地与新增国有建设用地存在竞争，从规划制定、调整到指标落实以及土地的收益、补偿、征地、转用等均存在冲突，在具体流转实施中往往限制重重。第二，由于集体经营性建设用地入市工作的主体复杂性、理论前沿性、学术探索性与实践专业性，政府凭借规划管制和规则制定等职权不可避免地深度参与甚至主导了入市过程，同时还存在着权力寻租、市场机制扭曲、效率和公平损害的风险。第三，在农村集体经营性建设用地流转具体的市场路径设定中，流转主体究竟是农民集体、村民委员会、土地股份合作社、村民小组抑或农民个体，流转方式究竟是直接自由转让，或是通过"招拍挂"出让，还是租赁、入股或抵押等形式，抑或通过整治置换指标入市仍然不尽明晰，流转利益分配中地方政府、农民集体、农民的利益分配比例也缺乏相对明确的规定，容易引发矛盾冲突[168]。

二是宅基地流转大部分为隐性或自发，面临着退路保障和资产盘活矛盾。其一，当前宅基地产权权能仍不完整，缺乏自由的处分权，无法进行抵押。1999年国务院办公厅印发《关于加强土地转让管理严禁炒卖土地的通知》，首次明确"农民的住宅不得向城市居民出售，也不得批准城市居民占用农民集体土地建住宅"。2004年的《国务院关于深化改革严格土地管理的决定》规定"严禁城镇居民在农村购置宅基地"。2020年5月通过立法的《民法典》第三百九十九条规定：宅基地的土地使用权不得抵押。其二，宅基地"最后退路保障"和"资产盘活流动"之间相互冲突，流转还是持有难以抉择[169]。在新冠肺炎疫情冲击之下，宅基地作为农民"最后退路保障"的功能更加彰显。在农村逐步空心化、老龄化和职业化的大环境下，如何平衡资产盘活和退路保障，针对不同农民的需求，有针对性地选择或者兼顾宅基地"居住"或"资产"双向功能，仍是各地实践中亟待解决的重要问题。

三是土地征收中的成片开发范围界定不清，潜在矛盾冲突等问题突出。新《土地管理法》中对成片开发等概念的内涵和外延仍然未能作出明确界定，在经济下行压力变大、地方债务激增的背景下，征地成片开发范围的科学界定容易受到掣肘和牵制[170]。究竟何种开发建设情形属于"成片开发"，其内涵界定是"宜宽"还是"宜窄"，条件标准是"宜松"还是"宜紧"，是否要限制"最小规模""公益占比"和"总体规模"等问题仍然亟待探讨和确定。此外，征地过程中不可避免地涉及"个人意愿"和"群体意愿"、"个人利益"和"公共利益"、"流转"和"征收"等矛盾冲突。在面对矛盾冲突时，"暴力"实施征地拆迁、村民之间分配争议、农民失地又无社会保障等问题仍有发生[171]。特别是在征地和入市之间互为补充的同时，也存在着此消彼长的矛盾冲突。面对仍然存在的公益性用地征地诉求，究竟哪些土地需要征收，哪些土地可以直接流转？集体建设用地入市是否会造成征地拆迁的难度进一步提升？如何平衡征地补偿和直接入市收益之间的矛盾？这些问题仍然有待解决。

2. 产业用地市场化配置效率偏低

产业用地特别是工业用地的出让相对缺乏弹性和灵活性，导致市场配置效率偏低。依据《城镇国有土地使用权出让和转让暂行条例》第十二条规定，工业用地出让最高年限规定为 50 年，且在实际出让中工业用地出让年期也多定为 50 年，难以和企业生命周期紧密匹配。企业生命周期与区域经济发展水平、企业规模、行业类型等因素密切相关，例如，江苏省企业生命周期范围为 5~30 年，平均生命周期仅为 15.5 年，经营 30 年以上企业数量较少，通常而言更难以持续 50 年。这就意味着当企业到达其生命周期的消亡阶段，但由于土地使用权证书尚未到期，企业依然可以占据该地块，从而可能导致该地块被低效利用甚至闲置。总而言之，不同规模、不同行业间企业生命周期和用地诉求存在差异，而目前仍为固定的全行业统一供应年限和供应方式，难以满足各类行业差异化需求。

3. 存量建设用地缺乏市场化盘活机制

由于企业流转和持有土地的成本收益存在明显差别，存量流转或再开发的意愿偏弱。一方面，企业生命周期结束后建设用地退出机制不尽明确，虽然土地使用权出让设置了年限，但是续期费用、逾期处置等问题并不明确，没有相应较为容易操作的政策规定，导致低效、闲置土地难以流通。同时，由于企业普遍对土地未来转让收益存在较高预期，加之土地持有成本低，为了获取最大土地增值收益，企业主动腾退存量建设用地积极性不高。另一方面，土地转让成本过高，使得企业转让存量建设用地的积极性大受影响。目前土地转让在交易环节涉及缴纳的税种包括流转税类（增值税和附征的城建税、教育费附加等），所得税（根据纳税主体分为企业所得税和个人所得税），财产行为税类（土地增值税、契税、印花税等），税种多达10余种。土地增值税税率根据增值额测算，比例为30%~60%不等，增值税征收率为5%，过高的转让税费影响了存量建设用地的再次盘活。由于缺乏统一的交易平台，存量建设用地流转主要表现为零星自发的交易，严重影响了土地要素的再次配置效率。此外，存量建设用地转让时如涉及用途变更的增值收益分配机制仍然模糊不清，难以通过二级市场转让或再开发促进存量建设用地盘活。

4. 农用地流转的平台和机制不完善

尽管农地流转在我国已经逐渐推开，但是交易场所和交易平台仍然不尽完善。大多数区域农村农民作为流出方不知道如何流转、去哪儿流转，流入方不知道人在何方、地在何处，这就导致供给和需求信息难以流通和匹配，造成了"有地无市"与"有市无地"并存的流转困境。此外，农村土地流转市场仍然缺乏健全的市场机制，例如，尚未形成规范的全国性指导价格标准，第三方土地估价平台还有待发展完善，使得农户在实际流转中面临价值估计偏离的困境，导致了低价流转、租金价格增值损失等"价格陷阱"的出现。此外，农地流转市场缺乏有效保障和监管机制。如部分村民流转土地时只有口头协议，在土地确权或征用时容易发生毁约；又如，土地流转合同内容不规范、签订程序不完整等问题，不仅容易导致纠纷，而且容易对调解过程造成困扰；再如，土地流转大户或农业企业经营不善，或因自然灾害、突发风险等原因导致亏损，无法兑现农户的土地流转费用，甚至发生毁约和跑路的现象。

5. 土地市场化配套体制机制不健全

一是土地要素供给机制不尽完善。长期以来，地方政府垄断一级市场的土地要素供给，相对缺乏供地结构和规模的统筹优化。地方政府不仅决定了城市土地在一定时期内的供给总量和不同时点的供应流量，而且决定了土地的供给结构和方向。在有限的土地资源总量约束下，部分地方政府在工业、商服和住宅用地之间不合理的供给规模、时点和结构偏好，容易导致土地供应紧张与闲置浪费并存等现象。此外，在单一供给主体管控之下，土地要素供给总量和供给结构等缺乏精准地匹配和控制，仅仅通过土地利用计划指标的供给，难以精准满足土地要素分异需求。土地市场供给完全由政府掌握，对地块的价格、用途、规模、容积率以及用途的改变等都具有绝对的决定权，不仅难以满足真实市场的需要，导致区域诉求、产业需求与空间供给脱节，而且容易引发信息不对称，使得监管困难，并在一定程度上为政府的权力寻租提供了空间，容易产生腐败问题。

二是增值收益分配机制的公平性和科学性难以保障。在土地增值收益分配过程中，政府、企业、市民、村集体和农民等利益相关主体均有较大收益期望。对于土地增值收益的分配，主要有三种观点——"涨价归公""涨价归私"和"公私兼顾"。尽管"建立兼顾国家、集体、个人的土地增值收益分配机制，合理提高个人收益"的增值分配逻辑已逐步形成共识，然而在实际执行中仍存在诸多困难。第一，现实中政府作为社会全民的代理人，这部分土地增值收益由政府代为管理，最终可能逐渐异化为"涨价归政府"，原土地所有者（或使用者）得到的补偿仅仅是损失的实物价值，隐性的价值损失或无法准确估算的价值并未得到补偿。第二，对于政府、集体、个人应当参与分配哪一部分收益，如何进行收益分配，收益分配的比例等关键性问题，仍然没有形成一套达成共识、可供推广的分配标准。其中，增值收益分配的理论支撑也有待形成共识。在征地过程中，政府是否应当享有的土地用途转换引起的效益性增值（级差地租Ⅰ）和土地整理再开发的人工增值（级差地租Ⅱ），农民集体和农民是否应当享有因所有权和承包权而产生的资产价值等问题也远远没有达成共识。此外，增值收益分配比例在实践中缺乏依据。各试点实践中增值收益分配比例差异巨大，缺乏坚实的理论支撑、科学依据和广泛共识。例如，按照《农村集体经营性建设用地土地增值收益调节金征收使用管理暂行办法》第六条规定，调节金分别按入市或再转让农村集体经营性建设用地土地增值收益的20%~50%征收。2019年的《土地增值税法（征求意见稿）》将集体房地产纳入了征税范围，拟取消土地增值收益调节金，但是按照四级累进税率实际上是增值收益的30%~60%。就各主体分配比例而言，有观点认为增值收益由农民、集体、政府按照31%：16%：53%的比例分配，也有观点认为应按拆旧区农民、建新区农民和政府按82.1%：10.7%：7.2%的比例分配，各种观点莫衷一是[172]。

三是土地要素市场配套机制多有"缺位"。首先，土地要素交易服务体系不健全。尽管城市土地交易服务体系相对完善，服务平台有地方政府网站、中国土地市场网、公共资源交易网等，但城乡统一的土地要素有形市场、中介平台、信息和金融服务配套机制还未能同步建设。其次，土地要素价格配套机制不尽完善。尤其是农村区域，未实现城乡建设用地基准地价全覆盖，也未能像城市一样具备能够实现地价实时监测的地价信息服务平台，使得农村土地流转价格常常带有随意性和盲目性，普遍存在着价格偏离合理范围、定价相对随意、价格差异大等问题，一定程度上影响了我国土地要素市场化有序推进。最后，土地市场监管机制有待完善。当前对于市场不正当竞争行为缺乏监管和惩罚，也尚未建立完善的信用体系。

9.3 国土空间市场治理的运行机制

充分发挥市场在资源配置中的决定性作用就是要靠市场机制自发配置资源，进而实现收益最大化和效率最优化。国土空间市场治理主要依赖于资源配置机制、价值实现机制和风险防范机制，通过"看不见的手"发挥市场的自发性力量，这是最有效率的方式。

9.3.1 资源配置机制

国土空间资源配置机制是以国土空间产权为基础，以国土空间供需平衡机制为核心，以国土空间交易规范机制为保障，从而确保国土空间的资源配置机制有序、高效和公平，稳妥有序推进引导各类生产要素合理畅通流动，促进国土空间高质量发展。

1. 国土空间确权登记机制

作为国土空间市场治理实践的起点，国土空间及其附属物统一确权登记要整合土地、水流、森林、草原、海洋、滩涂等各类国土空间，构建统筹各类国土空间的产权体系，明确全部国土空间各类自然资源资产的产权主体，确定清晰的国土空间权属界线，开展统一的产权登记颁证，为国土空间市场的建设提供基础支撑。首先，整合各类国土空间，构建具有中国特色的囊括所有权、使用权、经营权等产权的国土空间产权体系，制定相关产权保护、争议调解和权利救济机制；其次，统一确定权属界线，不仅包括各类国土空间界限和主体范畴，更涵盖各类转让、出租、抵押、继承、入股等权能的统一界定；最后，统一开展登记颁证，在不动产登记平台的基础上构建国土空间登记统一平台，大力推进各类国土空间的登记颁证和公告公示，最终形成产权明晰、界限分明和严谨有效的国土空间确权登记制度。

2. 国土空间供求均衡机制

国土空间的资源配置是在市场作用下优化国土空间结构，同时也是国土空间的供求双方相互协调的过程。需求与供给是市场中不可或缺的两部分，二者之间的关系呈现一定的规律性。国土空间需求是人类利用国土空间及其附属物进行各种生产和消费活动的需求。国土空间供给可分为自然供给和经济供给，自然供给不受各种市场因素的影响而没有弹性，而经济供给是有弹性的有效供给。在成熟的国土空间市场中，往往通过增加有效的国土空间供给，实现对国土空间需求的自我调节，从而形成国土空间市场均衡。在不成熟的国土空间市场中，供求机制存在一定扭曲，失去了对资源优化配置的信号作用，在一定程度上造成国土空间低效配置、粗放利用，无法形成有效的国土空间市场均衡。国土空间市场均衡表示市场供求一致，市场处于相对稳定状态，是市场供求机制的核心。具体来看，国土空间供求可以从总量与结构上看，供求总量与供求结构是相互作用的关系，供求总量或供求结构的变动总会引起另一方面的变化，国土空间供求矛盾总是表现在供求总量和供求结构两方面。因此，国土空间的供求均衡包括供求总量均衡与供求结构均衡。

3. 国土空间交易保障机制

国土空间资源配置需要构建国土空间市场化交易平台，形成完善的国土空间交易规则和服务，提升国土空间市场交易监管水平，增强国土空间市场应急配置能力，从而有效保障国土空间资源配置能够更加有效[173]。一是健全国土空间市场化交易平台，通过将各类国土空间纳入公共资源交易平台，健全国土空间开发保护交易平台，完善各类国土空间的公开交易与监管体系，引导培育水流、森林、山岭、草原、荒地、滩涂等所有自然生态空间交易市场，支持各类国土空间利益主体参与国土空间市场交易平台建设，规范国土空间市场交易平台治理。二是完善国土空间市场交易规则和服务，以成熟的建设用地市场交易制度为基础，充分考虑其他国土空间产权、属性、用途等独特性，建立健全国土空间产权交易和行业自律机制，推行全流程数字化交易，形成涵盖产权界定、价格评估、流转交易、担保、保险等业务的综合服务体系[174]。三是提升国土空间市场交易监管水平，打破地方保护，加强反垄断和反不正当竞争执法，规范国土空间市场交易行为，健全投诉举报查处机制，防止发生损害国家安全及公共利益的行为。四是增强国土空间市场应急配置能力。把国土空间的应急管理和配置作为国家应急管理体系建设的重要内容，适应应急物资生产调配和应急管理需要，建立对国土空间的紧急配置机制，提高应急状态下的国土空间快速配置能力，从而更好支持应急管理、疫情防控、资源调配、社会管理等方面的工作。

9.3.2　价值实现机制

国土空间价值实现机制是以国土空间价值核算机制为基础，以国土空间价格形成机制为核心，以国土空间市场竞争机制为关键，从而更好实现国土空间价值，更好推进国土空间市场治理。

1. 国土空间价值核算机制

国土空间价值核算主要包括在城镇、农业和生态三类空间，主要包括对实物量核算和价值量核算。在实物量核算方面，主要包括国土空间数量和质量。数量上，主要是调查、统计各类国土空间及其附属物的存量及其变动量，即自然资源资产的核算。例如，依据《土地利用现状分类》（GB/T 21010—2017），统计土地资源存量及其变动量，依据《林地分类》（LY/T 1812—2009）和《森林资源规划设计调查技术规程》（GB/T 26424—2010）统计林木资源存量及其变动量。质量上，在充分考虑自然条件、地域特征等情况下综合评估各类自然资源资产的存量及其变动量。例如，依据《耕地质量划分规范》（NY/T 2872—2015）、《耕地地力调查与质量评价技术规程》（NY/T 1634—2008）统计耕地质量等级及其变动量，依据《矿产资源综合勘查评价规范标准》（GB/T 25283—2010）统计能源资源、金属和非金属固体矿产资源的质量及其变动量。在价值量核算方面，主要采取市场价值法、替代市场法和模拟市场法等对国土空间上各类自然资源资产的价值量进行核算。例如，根据土地资源的利用方式，采取市场价值法和占用法评估土地资源的价值量，并应该根据不同的利用方式采取合适的方法进行评估。森林资源通常采取立木价值法和消费价值法对其价值进行评估，并考虑森林资源的不同树种、不同树龄、不同径级等情况，并用不同的方式进行核算。

2. 国土空间价格形成机制

价格机制是价值规律实现其作用的核心机制，是指在市场供求矛盾中，价格围绕价值波动，从而调节市场资源配置的方式。在市场环境下，假设自然资源市场的供给与需求主体对市场不具有决定性影响，国土空间市场价格是由自然资源供求关系决定的。但与一般的纯私人物品市场不同的是，国土空间市场价格是包括税、费、价的混合价格，而非"纯"价格。在成熟的国土空间市场中，其价格形成完全地遵循价值规律，客观地反映出不同国土空间类型在市场中的供求关系变化，其价格形成完全遵循一般商品的市场价值规律，即在供求的不断变化中形成新的均衡点。在不成熟的国土空间市场中，国土空间市场价格形成机制的市场化程度低下，国土空间市场价格在资源配置中的作用有限。

3. 国土空间市场竞争机制

竞争机制是市场经济的重要特征。在国土空间市场中，竞争机制是指市场上交换主体间的物质经济利益关系，是国土空间利用效用最大化，从而实现国土空间最优配置的制度。在市场竞争机制作用下，各类国土空间能形成最优的国土空间结构，以最有效的方式发挥最大的效用。市场价格以及供求关系的有序变动是国土空间有效配置的关键，而竞争机制则是促进国土空间有效配置的重要手段。当对国土空间需求的增加时，供给会在一定范围内不断地增加，价格也会随之上升。竞争机制有效运行能让开发利用者充分权衡成本与效益，做出以最小的成本换得最大产出的行为，从而实现国土空间配置的最优化。然而，在国土空间数量一定的条件下，超过数量供给的超额需求是难以通过增加数量的方式实现均衡，此时只能通过提高价格的方式实现供求均衡。此时，由于市场出现供不应求的现象，竞争机制充分体现。

9.3.3 风险防范机制

风险防范机制是市场运行的约束机制，是调节市场供求关系的重要机制。在自由的商品市场中，风险防范机制以竞争可能带来的亏损，促使市场主体致力于经营管理方面的改善，从而增强经营风险的调节性和适应性能力，实现对经济发展的关键支撑作用。因此，建立有效的风险约束机制、硬化风险约束，是合理配置和有效利用资源的关键。然而，在国土空间市场中往往存在多种风险，风险大小和对供求双方的影响程度是不同的。根据国土空间的特性，可以将其划分为自然风险、市场风险和政策风险等。

1. 自然风险

由于国土空间自然风险是指土空间容易受到极端天气、物种入侵、病虫鼠害、地质灾害等造成损失的可能,这些风险通常是难以预测与防范的。但可以提前制定预防措施以减少风险的发生的可能及其影响的范围。

2. 市场风险

市场所具有的不确定性会影响到国土空间的市场活动,从而带来一定的市场风险。然而,引起这种市场不确定性的影响因素包括市场的需求量、市场的信息对称性、自然资源产品的市场化程度、市场的竞争能力等,从而导致自然资源产品的价格低于市场价格,所获得的经济效益会降低。对于市场风险的承担方式往往取决于交易双方的协商结果。因此,为有效保障市场各利益主体的权益,需要建立一种合理承担或化解市场风险的市场风险机制。

3. 政策风险

由于国土空间的开发利用常常对外部环境具有重要的影响,常常表现为对环境的负外部性,如温室气体的排放、水资源污染、土壤污染等。针对国土空间开发利用的负外部性,政府往往通过政策的形式减少或限制自然资源开发利用的负外部性,这必然影响到国家社会经济的发展状况以及人民生活水平。

除了上述风险外,还可能存在政治风险、技术风险、资金风险等不确定风险。针对国土空间市场中可能面临的不确定风险,需要构建有效的国土空间市场风险防范机制,以保障国土空间市场的有效运行。因此,必须充分认识到国土空间配置在市场运行中的复杂性和独特性,增强风险防范意识,引导市场经济主体的经济行为更加理性化,构建健康有序的国土空间市场。

9.4 国土空间市场治理的改革路径

国土空间市场治理需要回答"怎么做",即如何借助市场化手段促进国土空间市场治理目标的实现,切实保障多项权利、促进多元利益实现,探索如何具体显化资产价值、维护分配公平等。因此，需要明确国土空间市场治理的改革导向，并从多角度探讨国土空间市场治理的改革路径[175]。

9.4.1 改革导向

改革开放四十多年来，我国社会主义市场经济体制改革在理论和实践上都取得了巨大进展，但在国土空间市场化改革上仍带有计划经济色彩。对此，应根据社会主义市场经济的客观规律和要求，让市场在土地要素配置中发挥决定性作用。深化国土空间市场化改革的前提，是坚持土地公有制度，以维护土地所有权制度为战略基础和改革底线，重点探索国土空间"用益物权"的改革和"担保物权"的放活。

1. 提高国土空间配置效率

遵循"最优市场配置"的基本准则，发挥市场在资源配置中的决定性作用，使得市场在国土空间配置中处于主体地位。建立城乡统一、自由流动、主体齐全的国土空间市场，完善各环节中的资源配置机制、价格形成机制、风险防范机制，通过市场这一"看不见的手"引导激励国土空间按照供求关系自由流动和合理利用，推动国土空间配置依据市场规则、市场价格和市场竞争，实现流动效率效果最佳化和利用效率最优化。

2. 促进国土空间自主有序流动

明晰不同产权的主体定位和对应的权能边界，避免产权主体虚置与权能缺位问题，打通国土空间的流动障碍。同时，通过不动产登记等各类制度充分保护产权归属和合理权能，保障国土空间产权主体的流转意愿不受强迫，支持和鼓励利益相关者自愿推进国土空间流动。通过合理的手段核算产权价值，构建信息平台以减少信息不对称问题，建立交易平台提供交易场所，确立划拨、出让、转让、租赁、入股、抵押等各种形式的交易路径、交易规范和监管保障机制，构建顺畅无阻和稳定有序的国土空间流动路径，实现国土空间流动主动化、秩序化和畅通化。

3. 有效保障国土空间财产权益

中国特色社会主义道路的基本形式决定了必须坚持土地所有权的公有制度，完善国家、集体土地所有制。在国土空间市场治理中,不能忽视国家和集体作为所有权人的国土空间财产权益。在此基础上,进一步保障各个资格权(承包权)和使用权(经营权)人的相关权利,明确个体国土空间财产权益的法律界定和增值收益分配模式,最大程度保障各个利益相关者的国土空间财产权益,保障社会财富源泉持续涌流。

4. 激发国土空间市场活力推动高质量发展

通过健全城乡统一的建设用地市场,合理破解农村土地流转的限制制约,有效盘活农村"沉睡"的土地资源,释放出农村土地的价值,有效助力乡村振兴。通过深化产业用地市场化配置改革,精准匹配不同产业的用地需求设计供给模式,合理降低企业特别是中小企业的用地成本,合理引导新质产业发展模式,同时通过推进农村承包地流转市场的完善,合理释放农村劳动力,激活现代化经济发展的内生动力。通过存量建设用地盘活,优化生产生活空间,拉动投资,提升土地利用效率,以城乡空间的优化重塑为经济发展注入新的活力。

9.4.2 未来路径

1. 健全国土空间产权制度,统筹实现多权化管理

为确保国土空间权利的完整性、明晰性和稳定性,急需扩展和完善国土空间的统一登记制度。同时,建立清晰归属、权责明确的国土空间产权制度,明确多种权利权能内容及其所有权。首先,通过基础信息调查和法律制度建设来保障权利的完整性,明晰各类国土空间权利的价值表达和权能划分,以国土调查为基础,支撑数字空间数据,统一进行国土空间及其权利基础信息的调查。其次,实施集体所有国土空间的成员资格权,探索以资格权为基础提供集体资源资产的福利保障,并在未来基于多元社会保障制度,探索资格权退出与市场化演进的协同路径。最后,推动国土空间管理权的详细实施,明确管理权职责、完善相关法律保障体系,健全各类制度与政策体系,全面实现各类所有权、资格权和使用权的多元管理。

2. 健全国土空间统一大市场,推动要素市场化治理

实现国土空间市场治理的有效性和多效益平衡,健全资源统一大市场和推动要素市场改革是必要前提和关键推动因素。首先,推动数据和信息技术的优化升级,在要素市场化过程中容易出现市场垄断等不公平现象，行政监管主体可考虑从结构性隔离、公共义务等工具中选择适合的规制手段，构建起科学动态的数据监管规则和数据信息共享平台，与此同时要确保数据和隐私的安全，规避数据泄漏等潜在风险，塑造良好的数据开放生态。其次，优化更新资源要素市场化标准，要素市场化配置改革和全国大一统市场的建设不是一蹴而就的，需要长时间、可持续和多主体协作共同发力，更需要一套更为科学和紧跟时代的要素市场化标准规程。最后，需要强化国土空间市场运行机制，建设多个自然资源资产交易中介机构，提供价值评估、信息流通、资金融通等服务，以此降低交易成本和风险，确保国土空间价格形成机制的有效建立[176]。

3. 探索公平分配机制，合理调节国土空间价值

国土空间的现实价值不能仅由市场价格显现，国土空间也不能全权交由市场配置来实现，还应探索税收、规费、利润等其他价值调节和公平分配机制。首先，应建立国土空间使用规费制度，基于国土空间的生态、社会和经济价值，设定合理的使用规费，对具有重要生态功能、不可再生的部分可以设定阶梯式价格和规费制度；其次，还应建立国土空间税收制度，分级分类制定国土空间使用税率与税收方式，以引导国土空间的市场化方向、合理调节资产增值收益的公平分配；最后，还应合理制定国土空间开发时的利润调节和分配机制，鼓励国土空间自主保护行为、严控国土空间破坏性开发行为，应当探索税收、规费减免和利润补贴等形式，进行国土空间价值的二次调节。

4. 以确保安全为前提，实现高品质国土空间开发

以保障"安全"的底线为基础，实现高品质的国土空间开发。首先，国土空间利用需以保障粮食安全为前提，充分保障粮食生产所需的土地、水、气候等资源供给，严格划定耕地保护红线和永久基本农田保护红线；其次，国土空间开发不能以破坏生态安全为代价，应严格划定生态保护红线，建立以国家公园为主体的自然保护地体系，完善国土空间内部各类自然资源资产统一的用途管制和生态保护、修复、监测制度；最后，还应优化编制自然资源资产负债表。基于既有自然资源统计数据和统一的国土调查，综合应用各类自然资源资产监测和调查技术手段，测算土地、矿产、水资源等各类自然资源资产存量，结合存量数据构成表中自然资源资产账户主体部分，实现高品质的国土空间开发。

关键术语

国土空间市场治理、"主体—客体—环境"、资源配置机制、价值实现机制、风险防范机制

思考题

1. 简述国土空间市场治理的边界。
2. 简述国土空间市场治理发展过程中的标志性事件与事件节点。
3. 市场化手段促进国土空间市场治理目标的实现。

第 10 章

国土空间社会治理

■ 教学要求

1. 本章知识点

(1) 国土空间社会治理的理论内涵

理解国土空间社会治理的内涵，掌握空间治理在社会参与层面和空间维度的具体内容。在空间维度上，把握治理内容的差异性、治理目标的多样性和社会主体的多元参与程度；在参与维度上，则将社会主体的参与方式分为间接参与和直接参与。

(2) 国土空间社会治理发展历程

熟悉国土空间规划治理体系、用途管制体系、市场治理体系、社会治理体系以及综合整治体系的具体内容。

了解国土空间社会治理的发展历程，学习公众参与的发展起源，理解从国家、地方层面对于公众参与的"实践探索"，熟悉公众参与的各类应用手段。

(3) 国土空间社会治理的运行机制

理解国土空间的治理主体，涵盖行政部门、社区规划师等；熟悉国土空间的社会治理制度，包括各层级规划的信息公开、社区规划师制度、政务服务便民热线等。借助各地先进治理案例，深入感受基于空间全要素特征的社会治理制度。

(4) 国土空间社会治理的改革路径

理解国土空间治理改革路径的组成部分，涵盖以人民为中心的思想内核，同时借助社区规划实现各类数字手段，在治理实践中贯彻公众参与。

2. 本章重点及难点

(1) 国土空间社会治理的内涵与发展

理解在学理层面上国土空间社会治理的概念与定义，能够展开叙述社会治理在空间层面与公众参与层面的具体内容。把握国土空间层面社会治理的发展历程，学习经典理论模型与各类有效参与机制。

(2) 国土空间社会治理的运行机制与改革路径

深入学习我国在北京、上海、广州等地开展的各具特色的运行机制，理解治理主体与治理制度之间的联系。领悟四个方面的改革路径：未来的国土空间社会治理应当立足以人民为核心的治理理念，走向社会、经济、文化等多元因素在空间层面的可持续和包容性发展。

10.1 国土空间社会治理的概念内涵

国土空间社会治理凸显"社会"维度，其核心特征表现为公众参与和自下而上的治理方式。国土空间社会治理在空间维度和参与维度上存在差异。在空间维度上，应当把握治理内容的差异性、治理目标的多样性和社会主体的多元参与程度。在参与方式上，国土空间社会治理分为间接参与和直接参与。

10.1.1 国土空间社会治理的定义

作为新时代国土空间规划体系下新型的治理理念，国土空间社会治理更强调"社会"维度。国土空间社会治理是指在国家行政区域内，围绕国土空间资源的保护、开发、利用、修复等规划和管理过程，通过政府引导、市场主导、全社会参与的共同作用，实现国土空间资源的优化配置、生态环境的持续提高、经济社会的高质量发展以及人民群众福祉的提升。国土空间社会治理方式不仅关注空间的物理属性，更强调社会、经济、文化等多元因素，追求空间的可持续、包容性发展[177]。

国土空间社会治理突出公众和社会组织在监督政府、倡导政策变革和提高公共意识的重要性[178]。公众参与和自下而上的治理方式是其核心特征。公众参与意味着社会主体在国土空间治理过程中拥有更多的发言权和决策权，他们的需求和意见能够得到充分的表达和尊重。自下而上的治理方式强调从基层出发，从群众出发，通过民主协商、公众参与等方式，形成对国土空间治理的共识和决策。这一社会共同治理的方式，有助于增强治理的合法性和有效性，提高决策的科学性和民主性，使治理更加贴近实际、符合民意。国土空间社会治理能够促进社会的公平正义，增强社会的凝聚力和向心力，推动社会的和谐稳定发展。

10.1.2 国土空间社会治理的空间维度

国土空间社会治理的空间维度会影响治理程度和方式。具体表现为治理内容的差异性、治理目标的多样性和社会主体的参与程度等方面。

在国家层面，国土空间社会治理主要表现为宏观政策的制定和战略部署。这一层级的治理具有全局性和战略性特征，社会主体的直接参与程度相对较低。中央政府通过制定国家空间规划、资源环境政策、区域发展政策等，为国土空间治理提供战略指引、底线管控和局部聚焦，厘清各类主体在国土空间社会治理中的权责关系[179]。相关政策的制定和实施过程中，需要充分听取社会各方面的意见和建议，确保政策的科学性和民主性。

在区域层面，国土空间社会治理注重区域间的协调发展和资源整合。这一层级的治理需要更多的社会主体参与和协作。政府通过制定区域发展规划、产业布局政策、生态补偿机制等，推动区域间产业分工协同协作、基础设施互联互通、生态环境共保共治、公共服务共建共享。区域层面需要积极引导社会组织和市场主体参与区域治理，形成多元化的治理格局。

在城市层面，国土空间社会治理关注城市内部的空间布局和功能优化，强调合理配置和精细管理。在落实上级政策和规划的基础上，地方政府通过制定总体规划、专项规划、详细规划等，对本区域内要素进行有机组合和合理配置，关注与周边地区的协调发展。城市层面的社会治理应当促进人民群众与社会组织的参与，加强对政府和市场行为的监督，通过公开听证、新闻发布等方式，确保规划的科学性和民主性。

在区县级、乡镇（街道）层面，国土空间社会治理更加关注治理的精细化和民主化，使其更加贴近实际和群众需求。基层政府积极参与规划制定和实施的全过程，对属地空间资源进行精细化管理和利用。积极引导居民和社会组织直接参与国土空间社会治理过程，形成共建共治共享的治理格局。此外，基层政府需要注重与上级政府的沟通和协调，确保政策的落地实施和治理效果的达成。

10.1.3 国土空间社会治理的参与维度

国土空间社会治理的参与维度，按照社会主体的参与方式分为间接参与和直接参与。参与方式不同，参与程度也有所不同，这与空间维度的划分直接相关。

在国家、区域、城市等宏观层面，社会主体更多地采用间接方式参与空间社会治理，提出对国土空间社会治理的意见和建议。公众可以通过组织或团体，如政府设立的咨询机构，对政府的决策和行动进行监督和评价。此外，公众还可以借助社交媒体、网络平台等渠道，就国土空间社会热点问题进行讨论，影响社会舆论和公共决策。间接参与方式虽然不如直接参与有效，但仍然是社会主体参与空间社会治理的重要途径，以此表达意愿和诉求。

在具体项目层面，社会主体尤其是利益相关者更多地采取直接参与的方式。通过参与项目设计、实施、监督、评估等环节，确保项目符合自身利益和社会公共利益。在项目的设计、实施环节，政府需要通过公开招标、社会投资等方式，积极支持和引导多元社会主体的参与。同时，政府也需要加强对项目实施的监督和评估，确保项目的质量和效益，提升国土空间社会治理的有效性。

国土空间社会治理强调公众参与和自下而上的治理方式，注重社会、经济、文化等多元因素在其中的作用。国土空间社会治理在不同空间和参与维度上存在差异，需要因地制宜地开展。

10.2 国土空间社会治理的发展历程

国土空间社会治理随着规划范式由技术性文件向公共政策转型，由单位制向社区转型，土地开发权等空间资源市场价值属性逐步凸显，市场主体、公众参与国土空间编制、实施、监督各个环节的积极性日益高涨，特别是在参与和自身利益密切相关的规划、开发建设、基本农田保护等国土空间治理过程中逐步建立和完善。其中，国土空间规划的公众参与是国土空间社会治理的重要途径。公共参与制度的完善推动着国土空间社会治理的发展。本节溯源国土空间社会治理中公众参与的思想兴起与发展、制度与法律、途径与方法，围绕国土空间治理公众参与思想起源、公众参与制度安排和公众参与方式展开。

10.2.1 国土空间规划公众参与起源

公众参与是指公众或单位不通过国家代表机关直接参与处理社会的公共事务，是公共政策制定的一项基本原则和重要环节。国土空间治理公众参与强调公众参与国土空间规划的决策和管理过程，是在社会分层、公众和利益集团需求多样化的情况下所采取的一种协调对策[180]。

19世纪60年代，随着西方社会矛盾持续深化，城市规划的重点开始由关注建筑实体向建立公正的规划制度转变。至19世纪70年代中期，众多学者尝试研究不同城市利益群体之间的诉求与冲突，并尝试找到冲突的内在因素和实现社会公正的路径，推动了城市规划中社会公正命题的兴起。

"公平正义"命题的提出造成了城市规划领域"公众参与"思想在全球范围内的蓬勃发展。在英国，公众参与的雏形出现于1947年的《城乡规划法》中规定的地方性规划委员会体制，但是公众参与在英国真正作为一项法定的制度，始于1968年的《城乡规划法案》，并在1971年的《城乡规划法案》、1982年的《城乡规划（结构规划和地方规划）条例》和1984年的第22号通告中都分别强调：公众参与规划评议是规划是否能够具备法律效力的最重要的一个环节[181]。

在美国，20世纪60年代至70年代的石油危机、持续失业、种族冲突、越战爆发等，使得社会公平问题成为公众焦点，公众参与社会政治决策成为了美国缓和矛盾的重要手段之一[182]。自1968年美国推行新社区计划和示范城市计划之后，市民是否有效地参与了规划的制定和决策过程成为美国联邦政府在审批援助款项时的条件之一。

在加拿大，公众参与城市规划主要遵循"分散—集中—再分散—再集中"的模式，公众参与城市规划的全过程被视为确保规划合法性和有效实施的重要因素。例如魁北克省的《城市土地利用规划与土地开发法》和安大略省的《规划法》等，均明确规定了市民需自始至终参与规划的全过程。

在公众参与国土空间规划的发展历程中，较有影响力的理论模型主要有以下几种：

（1）阿恩斯坦（Arnstein）的市民参与阶梯理论[183]。该理论认为，公众参与是一种权力的再分配，并按照赋权的强弱，将公众参与分为三个层次和八种类型，用阶梯形状进行了形象表达[184]。只有当地方政府、私人企业以及社区非营利邻里组织之间建立起相互制衡、共同决策的机制时，市民的声音才能真正得到体现和重视。自1969年提出以来，市民参与阶梯理论已成为公众参与领域最著名的理论之一（图10-1）。

（2）冯（Fung）的民主方块理论[185]。在阿恩斯坦市民参与阶梯理论的基础上，冯将公众参与的一维理论模型扩展至三维，由此形成一个"民主方块"，这三个维度包括：参与的组织方式、交流决策方式以及公众被授权的程度。在民主方块理论中，公众参与的程度不再是单纯的由下至上的排序，而是可以在该方块中进行定位对比[186]（图10-2）。

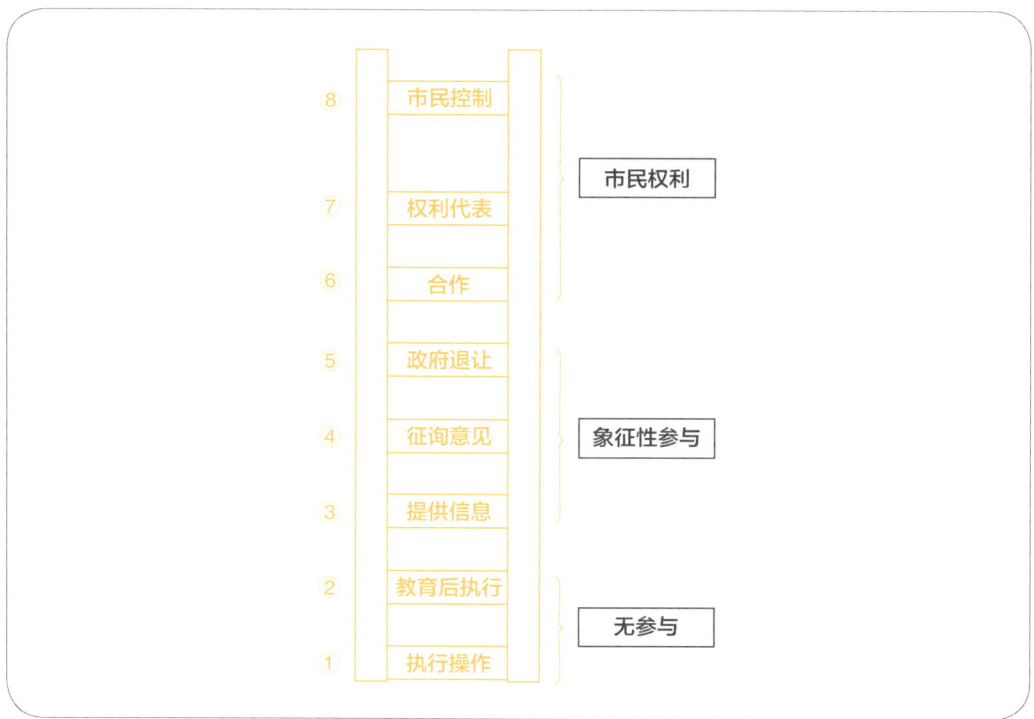

图 10-1　阿恩斯坦的市民参与阶梯理论
资料来源：ARNSTEIN S R.A ladder of citizen participation［J］.Journal of the American Institute of Planners, 1969, 35（4）：216–224.

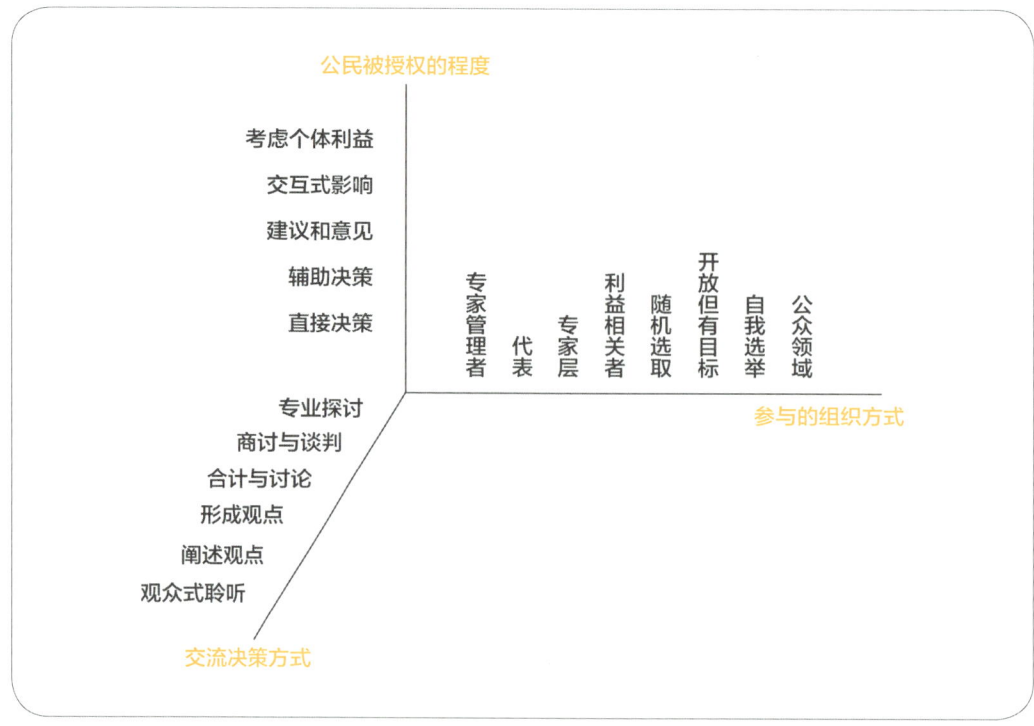

图 10-2　冯的民主方块理论
资料来源：FUNG A.Varieties of participation in complex governance［J］.Public Administration Review, 2006, 66（s1）：66–75.

（3）博比奥（Bobbio）的公众参与选择理论[187]。由于公众参与的多样性和复杂性，以及人们在参与过程中的矛盾心理，使得在设计参与式流程时往往存在诸多选择。博比奥在梳理公众参与相关文献的基础上，将公众参与过程中不同的行为选择进行了对比，总结形成了参与式（participatory arrangements）和审议式（deliberative arrangements）两类公众参与的模式（图10-3）。

参与式模式	审议式模式
参与	商议
线上	线下
开放式环境	微型公众
决策	顾问
激烈辩论	冷静审议

图10-3　博比奥的公众参与选择理论
资料来源：BOBBIO L.Designing effective public participation [J].Policy and Society，2019，38（1）：41-57.

10.2.2　国土空间治理公众参与制度

20世纪90年代，我国顺应时代浪潮、人民需求，审时度势进一步扩大对外开放，推进了分税制、分权化、城乡土地使用制度、住房市场化等一系列重大改革。在经济高速发展与快速城镇化的过程中，也出现了城市空间无序扩张、区域发展不平衡等一系列问题，居民对城市环境和生活质量越来越重视，参与意识逐步增强，公众参与的概念也因此被引入中国[188]。随后我国城市规划学界开始了有关"公众参与"的实践探索，并且在城市规划实践中予以应用，到2008年的《中华人民共和国城乡规划法》中明确强调公众参与国土空间治理的重要性并提出相应的公众参与方式，此后中国国土空间治理公众参与制度得到了平稳且长足的发展，公众参与制度已经成为中国国土空间治理中的关键一环。

从全国层面来看，在2006年原建设部出台的《城市规划编制办法》中提到，在城市总体规划报送审批前和城市详细规划的编制中，都应充分征求社会公众的意见，初步体现了公众参与城市规划编制的思想。2008年的《中华人民共和国城乡规划法》第二十六条明确了公众参与国土空间治理的法律地位，并在2015年、2019年修正版本中均未修改第二十六条内容。近年来，公众参与国土空间治理作为提升国土空间治理有效性和效率的一种方式，在全国性政策文件中屡被提及，如2018年的《环境影响评价公众参与办法》详细描述了环境影响评价中公众参与的具体实施办法、2019年的《在城乡人居环境建设和整治中开展"共同缔造"活动》将政府与居民"共建共治共享"人居环境作为基本原则之一、2019年的《中共中央 国务院关于建立国土空间规划体系并监督实施的若干意见》强调完善公众参与制度等。

从地方层面来看,目前全国各城市都建立并持续完善国土空间治理公众参与制度,以增加决策的科学性、公正性和可行性,提高国土空间规划的透明度和可操作性。

1. 北京市国土空间治理公众参与制度

北京市国土空间治理公众参与制度在持续完善中有所创新。在《北京城市总体规划(2004年—2020年)》中,北京市政府已意识到公众参与制度的重要作用,要求在城市规划实施的过程中,"切实落实公众参与原则,推进公众参与的法治化和制度化,让公众通过法定的程序和渠道有效地参与规划实施的决策和监督"。2017年公布的《北京城市总体规划(2016年—2035年)》在现有公众参与制度的基础上,提出健全规划公开制度,同时进一步完善专家咨询和公众参与长效机制。2021年修订的《北京市城乡规划条例》中公众参与国土空间治理同样得到了重视,要求完善规划公众参与的机制和公众意见采纳情况反馈机制,并提出了公众参与国土空间治理的新制度——责任规划师制度。

2. 上海市国土空间治理公众参与制度

上海市在国土空间治理公众参与制度的制定方面走在全国前列。早在2001年制定的《上海市城市总体规划(1999—2020年)》中,就明确提出了要逐步建立城市规划公众参与机制,鼓励公众参与城市规划实施的监督环节。2003年12月起施行的《上海市城市规划条例》第二十六条规定,制定城市规划的过程中应当听取公众的意见,并列出了公众参与的制度化渠道。2006年上海市出台了《上海市建设工程规划设计方案公示暂行规定》和《上海市制定控制性详细规划听取公众意见的规定》(试行)两个试行规定,分别对核发《建设工程规划许可证》和制定控制性详细规划过程中听取公众意见的活动作了较具体的规定[189]。随着2008年公众参与法律地位的确立,公众参与国土空间治理制度在上海市各项城市规划法律政策中都得到了不同程度的体现,如2018年的《上海市城市总体规划(2017—2035年)》要求搭建贯穿规划编制、实施、监督及城市治理全过程的公众参与机制,以及《上海市城乡规划条例》规定城乡规划报送审批前应征求专家和公众意见等。

3. 广州市国土空间治理公众参与制度

广州市对国土空间治理中的公众参与给予了充分的重视。《广州市土地利用总体规划（2006—2020年）》第九十九条规定要进一步完善公众参与机制，根据"政府组织、专家领衔、部门合作、公众参与、科学决策"的要求，加强对规划编制、修改和实施的监督力度。2012年编制的《广州市城市总体规划（2011—2020年）》鼓励公众参与，让公众通过法定的程序和渠道有效地参与规划实施的决策和监督。2020年修正的《广州市城乡规划条例》专设"城乡规划的公众参与"一章，对公众参与国土空间治理的范围和方式进行了完整翔实的规定，并建立城乡规划义务监督员制度，从公众中选聘义务监督员开展监督工作。《广州市城市总体规划（2017—2035年）》对公众参与意见的收集途径也作出了具体的规定。

10.2.3　国土空间治理公众参与方式

公众参与国土空间治理主要有以下方式。

1. 开展问卷调查

开展问卷调查包括问卷设计、问卷收集及整理、问卷分析及应用三个环节。在问卷设计环节中，应当根据规划目标确定问卷调查的主题，在充分征求意见的基础上编制调查问卷，并进行问卷试填和调整，问卷一般由卷首语，问题与回答方式，编码和其他资料四个部分组成。问卷收集及整理时可采用编码分类的方式，及时甄别以及补充有关信息。问卷分析及应用环节可以借助统计软件进行统计分析，提取出能够反映社情民意的关键诉求，形成可行性的服务方案，以回应公众需求。

例如，在上海市黄浦江东岸公共空间贯通规划设计中，采用线上与线下问卷相结合的方式进行规划前期调研。其中线上调研依托"问卷星"网络问卷平台，面向电脑和手机网络使用群体，设计了内容较为宽泛的问卷，调研对象主要为居住在上海的中青年人群和去过上海旅游的国内外游客，涵盖活动空间及频率、到达交通方式、服务设施需求、滨江历史文化、个人信息等内容。同时，为了弥补线上公众问卷的参与对象不完整的问题，规划工作人员面向中老年居民和在校大学生发放线下问卷调研，深入挖掘了各类人群在使用需求方面的潜在诉求[190]。

2. 规划模型展示

规划模型展示是指通过特定的方式将规划方案及其相关信息呈现出来，以便公众更好地理解规划方案。主要包括以下方法：①多媒体投影展示。利用多媒体投影设备将规划模型的信息地图投影到指定位置，配合解说，使公众对规划位置和内容有详尽的认识。②展览展示。将规划内容以展板、照片墙等形式进行展示，并邀请市民参与展览，进行讨论和反馈。③沙盘模型展示。包括物理沙盘模型展示和数字沙盘模型展示，前者通过搭建立体实物模型来展示规划内容，后者通过计算机技术来模拟和展示情境。这种方法简单直观，便于观众快速了解规划项目的整体情况和关键信息。

例如，在佛山市顺德区碧江社区的社区微更新改造过程中，规划师通过复原历史地标模型、筹办规划方案展览等多元活动，开放式地进行意见征询，激发社区居民参与的积极性。居民通过社区规划模型展示的形式，直观地了解到了规划方案的主题意义和社会价值，并在开放式讨论和参与的过程中识别共识问题、凝练零散议题，积极地向规划工作者反映诉求[191]。

3. 规划方案公示

规划方案公示是指在规划方案完成后，规划编制单位通过向社会公开征求意见、听取意见等方式，依法向公众公布规划草案内容，并邀请公众就规划草案提出意见和建议的程序。以促进政府、专家、社会各界以及公众的共同参与，实现城市可持续发展为目标。规划方案公示是规划编制的必要程序，也是民主参与的一种体现。

例如在编制《珠海市金湾区国土空间分区规划（2021—2035年）》时，为保证规划的公开透明，珠海市自然资源局对规划进行了公示。在公示形式上，政府通过政府网站、公告栏等多种形式进行公示，确保公众能够方便获取规划信息；在反馈机制上，在有效反馈意见的时间内，公众可通过书面或电子邮件方式向珠海市自然资源局反映意见，促进公众真正参与规划的过程[192]。

4. 召开座谈会

座谈会是指为了讨论、交流或确定某个规划项目、政策或战略而组织的一次会议。这种会议通常邀请与规划内容相关的各方代表参加，包括政府部门、专家学者、企业代表、社区成员等，以便集思广益，共同为规划项目的制定和实施提供意见和建议。在规划座谈会上，公众可以就规划项目的目标、内容、实施步骤等进行深入讨论，分享各自的观点和经验，通过交流和互动，可以发现规划中存在的问题和不足，提出改进和完善的建议。座谈会是一个促进各方沟通、增进理解和合作的重要平台，有助于提高规划项目的科学性、合理性和可行性，促进规划工作的顺利开展。

例如涿州古城更新过程中，针对古城内存在的不同问题开展了多场座谈会。一是处理沿途古迹分散、缺乏统筹管理的问题时，政府在规划研究阶段采取线上线下座谈会相结合的方法，向规划师、专业人士、高校人员和社区居民进行了初步意见征询。二是为了改变古城景点周边附属配套商业较少，难以带动周边经济发展的现状，召集景区规划专业人士、沿街商户和周边居民举行座谈会，参会人员积极表达各自诉求，推动了古城更新的进程[193]。

10.3 国土空间社会治理的运行机制

国土空间社会治理的运行机制包含治理主体、治理制度和相关案例。其中，国土空间的治理主体涵盖行政部门、社区规划师等内容，国土空间的社会治理制度包括各层级规划的信息公开、社区规划师制度、政务服务便民热线等方面。借助各地先进治理案例，深入理解基于空间全要素特征的社会治理制度。

10.3.1 国土空间社会治理主体

国土空间社会治理主体包含负责顶层设计的自然资源部门和社区规划师这一基层重要力量。

1. 自然资源部门

自然资源部门是国土空间社会治理的核心部门，主要负责国土空间资源的优化配置、生态环境的持续提高、经济社会的高质量发展以及人民群众福祉的提升。

自然资源部门负责编制和实施国土空间规划，引导城乡空间的合理布局和有序发展，促进城乡一体化和区域协调发展。这是一项系统性、前瞻性的工作，不仅涉及土地利用、资源配置，更关乎城乡建设的长远布局与社会经济的可持续发展。在此过程中，自然资源部门需综合考虑生态保护、经济发展、社会文化等多方面因素，力求在保护自然环境的同时，推动城乡建设与区域经济的协调共进。各级自然资源部门负责具体规划的实施与监督，确保国土资源的合理开发和利用，防止过度开发和资源浪费。

自然资源部门积极制定和实施生态保护政策，致力于保护和改善生态环境。通过实施一系列生态保护政策，如设立自然保护区，确保自然环境的原始性和生态多样性，退耕还林还草，恢复土地的自然属性等，自然资源部门努力恢复和改善生态环境，为生物多样性的保护贡献力量。同时，自然资源部门致力于推广绿色、低碳的生产方式，以减少对环境的负面影响，促进可持续发展。

自然资源部门肩负着推动经济高质量发展的重任。自然资源部门通过深入研究国内外经济形势和资源状况，制定出符合国家战略需求的资源开发和利用计划。在推动经济发展的同时，始终坚持绿色发展理念，确保经济发展与环境保护的协调。自然资源部门通过科学规划和管理国土资源，在确保资源可持续利用的前提下，最大化地发挥其经济效益，从而推动经济的稳步增长。

自然资源部门承载着提升人民群众福祉的重要任务。自然资源部门始终坚持以人民为中心的发展思想，通过精心规划和合理利用国土空间资源，努力营造宜居环境，提升居民的生活质量。例如，在城市规划中，注重公园绿地等公共空间的设置，为市民提供更多的休闲娱乐场所；在农村地区，推动全域土地综合整治，实施山水林田湖草沙一体化保护和修复，改善农民的生产生活条件。

在推动社会治理的进程中，自然资源部门应提供国土空间资源方面的公共服务，包括建立健全的信息发布机制，及时向公众发布国土空间规划和政策的最新动态，提供规划咨询服务，解答公众在国土空间资源利用和规划中的疑问，提供规划培训和教育，提高公众对国土空间社会治理的认知度和参与度等。为形成共建共治共享的国土空间社会治理格局，自然资源部门需要与其他政府部门、市场主体以及社会各界密切合作。包括加强与各相关部门的沟通、协作，共同推动国土空间社会治理的开展；加强与社区居民的交流、联系，了解居民诉求和日常需求，为他们提供科学、合理的规划建议；加强与企业的合作、互动，引导他们合理利用土地资源，推动城乡经济的可持续发展；等等。自然资源部门积极发挥桥梁和纽带作用，推动社会各界共同参与国土空间社会治理的行动。

2. 社区规划师

社区规划师是指长期深入街道乡镇、社区村庄等城乡基层，为特定地区提供持续、跟踪性的规划相关服务的一类专业技术人员。不同城市或地区的称谓有所不同，如社区规划师、责任规划师等[194]。随着社区参与度的提高和社会治理理念的更新，社区规划师逐渐成为推动社区发展和参与社会治理的重要力量。与传统的城乡规划师相比，社区规划师在国土空间社会治理中扮演着更为积极的角色，包括密切联系居民、协调地方合作和推动公众参与。

社区规划师深耕社区，与居民建立密切联系。社区规划师开展居民访谈和社区调研，了解居民生活状态，分析居民实际需求，指出社区现存问题，评估规划落实情况。社区规划师围绕居民迫切需求，使用专业规划语言转化居民声音，形成改善建议并向主管部门转达。社区规划师与居民的互动，一方面令居民感受到自己的意见被尊重和重视，从而更加积极地参与社区规划，另一方面有助于社区规划师针对性指导基层规划建设，推动城市研究与规划编制工作的科学性和可实施性。

社区规划师搭建平台，携各方缔造美好生活。在社区规划的过程中，社区规划师不仅需要考虑居民的诉求，还应积极协调利益相关各方的关系。社区规划师运用专业的沟通协调技巧，搭建平台组织多方进行协商，努力解决社区中存在的矛盾、化解冲突。社区规划师参与属地规划建设事务全流程，推动各个环节的跨部门合作交流，以确保规划方案的顺利实施，维护社区的和谐稳定。特别的是，社区规划师擅长运用专业知识和技能对待如复杂权属、空间碎片化等特殊问题，并针对这类问题提出个性化的解决方案[195]。

社区规划师发挥专业，多渠道推动公众参与。社区规划师通过举办听证会、座谈会等方式，邀请居民提出意见和建议，积极推动居民参与社区规划的编制、实施和评估全流程。不定期举办社区规划讲座，向居民普及规划相关知识，宣传规划理念和政策内容，提高居民对规划工作的认知度和支持度。开展工作坊、进行定向培训等，提高社区工作人员的规划意识和能力，培养更多的社区规划人才。在规划过程中，社区规划师提供规划咨询服务，解答规划方面的疑问和困惑，提供科学、合理的规划建议[196]。

社区规划师在国土空间社会治理中的独特作用主要体现在提升规划工作的科学性和实效性，促进社区和谐稳定发展，强化公众参与和民主决策三个方面。第一，社区规划师通过深入社区、了解需求等方式提高了规划工作的科学性和实效性。及时了解社区实际情况和居民需求，提高规划方案的可操作性和实用性。第二，社区规划师通过协调社区利益、解决社区问题等方式促进了社区的和谐稳定发展。关注居民的实际需求和生活状态，为居民提供了更好的生活环境和服务设施。第三，社区规划师通过居民意见收集和推动公众参与，增强了社区的凝聚力和向心力。鼓励居民成为规划工作的积极参与者和决策者，提高了规划的民主性和科学性。

随着社会治理理念的更新和社区参与度的提高，社区规划师在国土空间社会治理中扮演着越来越重要的角色。他们通过深入社区、了解需求、协调各方、促进公众参与等方式推动了社区的和谐稳定发展。

10.3.2　国土空间社会治理制度

国土空间社会治理面临着诸多挑战，如何提高公众的信息获取渠道，高效、快速地响应并解决公众诉求，成为了摆在国土空间规划编制、实施、监督过程中的重要议题。目前我国的国土空间社会治理制度主要有各层级规划的信息公开、社区规划师制度、政务服务便民热线等。这些制度为国土空间社会治理注入了新的活力，展现了其在推动社会治理现代化方面的独特优势。

1. 国土空间规划信息公开

国土空间规划信息公开制度是我国政府提升治理透明度、增强公众参与感的重要举措。这一制度旨在通过公开规划信息，提高公众对国土空间规划的制定、实施和监督过程的了解和认知程度，以促进规划的公正性、科学性和有效性。在当前快速城市化的背景下，国土空间规划信息公开制度显得尤为重要，它不仅有助于保障公众的知情权、参与权和监督权，还能提高政府决策的透明度。

国土空间规划信息公开制度的核心是公开透明，要求政府在规划编制、审批、实施等各个环节，及时、准确、全面地公开相关信息。这些信息包括但不限于规划方案、实施进展、评估结果等。通过公开这些信息，政府能够更好地听取公众的意见和建议，及时调整规划策略，确保规划的科学性和可行性。同时，公众也能更加清晰地了解政府的工作进展和成效，增强对政府的信任感和满意度。

为了落实国土空间规划信息公开制度，自然资源部网站专门设置了"国土空间规划"专题，用于发布最新的规划编制成果、规划实施进展以及相关政策解读等内容。其中，政策法规栏目对涉及国土空间规划的相关法律法规进行了系统梳理，汇总了公开发布的中共中央、国务院以及自然资源部有关文件。技术标准栏目提供了国土空间规划国家标准、行业标准、相关文件及相关解读。资质资格栏目集成了城乡规划资质申报、公示、公告及单位信息公示系统等内容。公众可以通过该专栏了解到城市总体规划、详细规划以及各类专项规划的最新动态，还能下载相关的规划图纸和文档进行深入研究。

地方政府也都建立了官方网站或信息平台，用于发布最新的规划信息和动态。以北京为例，北京市规划和自然资源委员会在官方网站上设立"规划类公示"与

"规划类公告"专栏，及时更新城市土地招拍挂项目、用地预申请、存量住宅用地信息等内容。这些网站或平台不仅提供了规划文档的下载服务，还设置了在线咨询、建议反馈等功能，方便公众与政府进行互动交流。通过这些渠道，政府能够及时了解公众的需求和关切，为后续的规划工作提供参考。

国土空间规划信息公开制度在实施过程中也存在一些挑战和问题。首先，信息公开的及时性和完整性需要得到进一步保障。部分城市或部门可能存在信息更新不及时或公开内容不全面等情况，从而影响公众的知情权和监督权。其次，公众参与度需要进一步提高。虽然政府提供了多种渠道供公众参与和交流，但是公众仍然普遍缺乏参与意愿。针对这些问题，政府需要加强对信息公开制度的宣传和推广，提高公众的参与意识和能力。

2. 社区规划师制度

随着城市化进程的加速和社区治理的深化，传统的规划和管理模式已难以满足现代社区发展的需求。为了更加精准地回应居民诉求，促进城乡空间的协调发展，社区规划师制度应运而生。社区规划师制度是我国城市规划与社区发展中的一项重要创新，旨在通过引入具有专业知识和实践经验的规划人才，深入社区，与居民、政府、企业等多方共同协作，以科学、民主、高效的方式推动社区治理水平的提升。"专业化 + 在地化"的社区规划师制度大力提高了基层社会治理、空间治理的现代化水平。

社区规划师制度的核心在于社区规划师。他们作为专业人士，具备深厚的城市规划理论知识和实践经验，能够为社区提供专业、科学的规划建议。社区规划师深入社区，了解居民的实际需求，结合社区的历史、文化、环境等因素，制定出切实可行的规划方案。同时，社区规划师还扮演着桥梁和纽带的角色，他们与社区居民、政府部门、企业等各方进行沟通与协调，确保规划方案的顺利实施[197]。

实施社区规划师制度主要包括社区规划师选拔与聘任、在地社区调研与规划、社区规划实施与监督、社区规划评估与反馈环节。选拔与聘任环节，通过公开选拔或邀请方式，在具备规划、建筑、景观等相关专业背景和丰富的实践经验的候选人中，挑选兼备创新能力和社区服务意识的作为社区规划师。调研与规划环节，社区规划师深入社区进行实地调研，了解居民需求、社区资源、环境状况等基本情况。在充分调研的基础上，结合社区发展目标和政策要求，制定符合社区实际的规划方案。实施与监督环节，社区规划师协助社区居委会或相关政府部门实施规划方案，确保规划项目按照既定目标有序推进。在实施过程中,社区规划师全程监督规划项目的进度、质量、效益等,及时发现和解决问题,确保规划目标的实现。评估与反馈环节,规划项目实施完成后,社区规划师组织对规划成果进行评估,了解规划效果和影响,总结经验教训。根据评估结果向居民、政府等相关方反馈规划实施情况,提出改进意见和建议,为未来的社区规划提供参考。

社区规划师制度是国土空间社会治理制度的重要组成部分,它通过引入具有专业知识和实践经验的规划师参与社区规划、建设和管理,推动社区治理水平的提升。社区规划师主要服务于城市社区,关注城市空间的规划和管理。责任规划师则侧重于为特定区域或项目提供规划咨询和技术支持[198]。乡村规划师则专注于农村地区的规划和发展,推动乡村振兴战略的实施。社区规划师、责任规划师、乡村规划师虽然在具体职责和服务对象上有所差异,但本质上都是社区规划师制度的组成部分,共同构成了国土空间社会治理的重要力量。然而,社区规划师制度在实施过程中也面临一些挑战和问题。一方面,社区规划师的专业素质和综合能力需要不断提高,以适应城市发展的复杂性和多样性。另一方面,社区居民的参与度和满意度也是衡量制度成功与否的重要指标,需要政府、社区规划师和居民共同努力,形成良好的互动机制。

3. 政务服务便民热线

政务服务便民热线,特别是全国统一的 12345 热线,已经成为现代社会治理体系中的重要一环。政务服务便民热线提供了一个全天候、全方位的服务平台,通过整合各类资源,实现了政务服务的高效运转。作为一种制度化的沟通渠道,它回应了在信息化、网络化时代下,民众对于政府服务响应及时、高效的需求。政府为民众提供方便快捷的交流服务,以便及时倾听民声、了解民意,进而更加精准地服务群众,推动社会治理水平的提升。此举进一步加强了政府与民众之间的联系,提升了政府服务的效率和透明度。

政务服务便民热线不仅作为政府与民众之间沟通的桥梁,同时也是国土空间社会治理的重要创新实践。便民热线是居民进行日常监督的重要形式,尤其在国土空间社会治理方面的监督中发挥着关键作用。政府利用便民热线收集民意,进而发现问题、改进工作。民众可以直接拨打热线向政府部门反映国土空间社会治理方面存在的问题,或者寻求帮助,了解相关政策等。通过热线反馈的信息,政府及时了解民众对于国土空间利用的意见和建议,进而调整相关政策,优化空间布局,实现国土资源的合理配置和高效利用。这种直接的沟通方式,不仅减少了信息传递的层级和延误，大大提高了政府服务的针对性和实效性，也让民众在享受服务的同时，更加信任和支持政府的工作。

便民热线通过整合各类政务资源，形成一个高效、便捷的日常服务网络。例如针对通过12345热线收集到的大量关于城市规划、土地利用等方面的意见和建议，地方政府能够积极采取措施，组织专家进行研讨，调整相关规划方案。便民热线还有助于及时解决民众在土地征收、拆迁安置等方面的问题，维护社会的和谐稳定。便民热线助力日常监督提质增效，在环境保护方面，民众可以通过热线举报环境污染行为，促使相关部门及时介入处理；在公共设施管理方面，热线也成为了民众反映设施损坏、提出维护建议的重要渠道。此外，在应对突发事件时，政务服务便民热线也能够发挥重要作用。例如接到群众上报的突发自然灾害事件，地方政府立即启动应急预案，组织相关部门进行抢险救援，最大限度地降低灾害损失。

政务服务便民热线是国土空间社会治理制度的一项重要创新。它通过建立快速响应、高效办理的机制，有效提升了政府对于群众诉求的响应速度和解决效率。不仅增强了群众的获得感、幸福感和安全感，也促进了政府与群众之间的沟通和互动。政务服务便民热线突破了传统治理模式的局限性，通过引入信息化、智能化的技术方法，提供更加高效、便捷、智能的国土空间社会治理手段，为城市的可持续发展提供有力支撑。政务服务便民热线还通过优化流程、提高效率、加强沟通等方式，有效提升了政府对于群众诉求的响应速度和解决效率，有助于构建更加和谐、稳定、繁荣的社会环境。未来，随着技术的不断进步和民众需求的日益多样化，政务服务便民热线将继续发挥其独特优势，为构建和谐社会、实现可持续发展贡献更大的力量。

10.3.3　国土空间社会治理案例

国土空间社会治理从最初的规划公示，逐步过渡到邀请当地居民主动参与。这一转变增加了规划的透明度和公信力，体现了政府对公众参与的重视，也反映了社会治理模式的民主化和科学化趋势。各大城市已经逐步形成了基于空间全要素特征的社会治理制度，北京、上海、成都等城市关于社区规划师制度和政务服务便民热线的实践尤其值得借鉴。社区规划师制度的引入，让专业人士与社区居民共同参与空间规划的制定，确保了规划的合理性和可行性。同时，政务服务便民热线的设立，也为居民提供了一个反馈问题、提出建议的渠道，进一步加强了政府与居民之间的沟通与互动。

1. 社区规划师
1）北京市责任规划师

北京市责任规划师由行政区政府或街道、乡镇自行选聘,招募规划师、建筑设计师或相关社会组织等人员。作为独立的第三方,北京市责任规划师指导规划实施、推进公众参与,为责任范围内的规划建设和管理行动等提供专业指导和技术服务。其中,责任范围以街道、乡镇、片区或村庄为单元划定。

经过制度试点、实践推广和制度确立三个阶段,北京责任规划师制度正式建立[199]。①早期试点阶段(2015年以前),在北京市规划委员会的指导下,试点工作以社区为单元开展,围绕社区规划,逐步探索出街道、社区、规划师合作的治理新模式。东城区菊儿社区、东城区朝阳门街道、西城区什刹海街道、朝阳区劲松街道等地开展规划师带动下的多方共治探索。②实践推广阶段(2015—2018年),受试点地区影响,责任规划师制度范围进一步扩大,其中东城区17个街道试点启动街区责任规划师团队机制,海淀区开展6个街道的责任规划师试点,西城区于2018年12月在全区范围内推行责任规划师制度。③制度确立阶段(2019年至今),2019年5月《北京市责任规划师制度实施办法(试行)》发布,标志着责任规划师制度在北京市级层面的正式确立。为进一步规范和引导责任规划师工作,北京市规划和自然资源委员会等5部门开展修订工作,于2024年3月印发《北京市责任规划师制度实施办法》。

依托北京市"两级政府,三级管理"的行政模式,责任规划师确立了由市级政府部门整体统筹、区级政府细化推进、各街道和乡镇进行具体落实的工作机制。其中"责任规划师工作专班"由北京市规划和自然资源委员会成立,统筹全市责任规划师制度的推进,"街区治理与责任规划师工作专委会"由北京城市规划学会成立,服务和优化责任规划师制度架构。

各区责任规划师制度由区政府(规划分局)设置,形成了诸如海淀区"1+1+N"、朝阳区"中方+外方"、丰台区"1+24+N"等多元团队结构。其中,海淀区为每个街镇公开招聘1名全职责任规划师,同时充分发挥辖区内高校众多的优势,额外给每个街镇配备了教师领衔的高校合伙人团队;朝阳区依托区内使馆区、CBD等资源,采取国内团队与国际团队合作的模式,为责任街区提供"大数据体检化验+责任规划师开方/专家会诊+街乡去疾"的全过程、陪伴式"诊治"服务;丰台区聘请1名总规划师带领全区24个单元的责任规划师开展工作,同时在社区培育规划志愿者[200]。

北京市责任规划师制度要求责任规划师既掌握在地诉求,又具有专业技术,从而走进社区、融入居民。责任规划师的角色从传统的专业技术工作者，转向规划过程中具有交往能力的管理者、沟通者和协调者。通过运用专业知识和沟通协调等技能，责任规划师积极推动社区规划和更新实践各项环节的执行，成为当前国土空间社会治理中的关键人物之一[201]。

具体实践如小南庄社区"儿童滑梯乐园"和"阶梯花园"微更新。

北京市海淀区海淀街道小南庄社区建于1973年，是典型的老旧小区。过去，社区内缺少居民交流、游憩的公共空间，许多儿童攀爬社区废弃的人防工程坡道，存在一定安全隐患。在社区居民和责任规划师的共同建议下，借助小微空间改造系列活动的契机，2021年小南庄社区人防工程改造正式启动。

更新项目经历"共商—共施—共享"三个阶段，最终建成社区"儿童滑梯乐园"和"阶梯花园"。共商阶段由小南庄社区党组织牵头搭建小微空间更新共治平台，集合居委会、居民、责任规划师等多方参与。社区居委会与责任规划师共同调研社区居民的更新意愿、思路和想法，形成更新需求清单。开展"童心手绘"活动，号召社区居民畅想更新方案。在责任规划师、专业设计团队和两所高校师生团队的共同指导下，居民与社区工作人员共同协商策划，完成设计方案。共商环节旨在培养居民对更新项目的参与感和认同感，主动参与推进更新。共施阶段由责任规划师、社区和街道三方筹措施工经费，居民提供施工细节和使用规范，专业团队进行施工建设。居民提出儿童滑梯乐园加装围墙、设计防撞装置、沙坑加盖胶垫等施工细节建议和分时段开放的使用规范，在责任规划师的监督下均已实施。共享阶段责任规划师和设计团队积极谋划开展各类工作坊——围绕阶梯花园的生态系统，指导儿童制作昆虫屋、蚯蚓塔，或鼓励儿童挨家挨户地征求居民意见，利用阶梯花园中的植物设计"楼门文化"标签。社区成立会客厅花园服务志愿队，居民自觉轮流养护花草。

在传统的老旧小区改造项目中，通常由政府或公共部门提供改造资金，规划专业人员进行改造设计，专业施工团队进行施工作业，最终完成改造项目。社区居民作为改造最直接的利益相关者，却极少参与项目流程。小南庄社区微更新的案例说明，引入责任规划师有助于居民参与项目环节。责任规划师能够将自身掌握的专业知识结合本地信息，传授给居民，通过积极沟通、协调项目参与者和参与环节，提高公共服务供给的效率。

2）上海市社区规划师

上海市社区规划师由政府组织或聘任，致力于引入专业服务和社会力量，推动社区规划与治理工作[202]。工作内容主要围绕城市更新展开，包含社区生活圈建设、公共空间更新、社区公共建筑和设施提升改造等项目。上海市社区规划师提供长期指导和咨询服务，具体涉及专业咨询、设计把控、实施协调、技术服务、行政沟通、公众协调等方面。

上海市社区规划师制度经历了"早期探索""实践试行"和"全面施行"三个阶段。①早期探索阶段（2018年以前），上海市部分街道自行聘任社区规划师，如徐汇区湖南街道和普陀区万里街道等。此外，部分区依托相关工作引入社区规划师制度，如浦东新区结合微更新工作开展"缤纷社区"试点[203]。2017年，杨浦区率先建立社区规划师制度，为辖区内街道（镇）选聘社区规划师，长期跟踪指导社区更新工作。②实践试行阶段（2018—2021年），2018年，为落实"上海2035"城市总体规划，推进"15分钟社区生活圈建设"，上海市以行政区为单位建立社区规划师制度，"一对一"为街道选聘社区规划师。2019年，上海市在长宁区、黄浦区、静安区等15个试点街道推行社区规划师制度。③全面实施阶段（2021年至今），2021年施行的《上海市城市更新条例》明确提出，探索建立社区规划师制度，发挥社区规划师在城市更新活动中的技术咨询服务、公众沟通协调等作用，推动多方协商、共建共治。

上海市社区规划师制度自推行以来，各区形成了独具特色的工作模式[204]。杨浦区、虹口区、普陀区、徐汇区聘请高水平专业团队作为专家咨询和项目顾问，通过深入了解地方需求，形成全过程参与的常态化机制，长期指导属地公共空间更新项目；静安区推行N对1的社区规划师制度，即由区规划和自然资源局职能管理部门人员担任社区规划师，下沉至街区，对接街镇"美丽家园"工作人员，精准管理社区治理项目，同时街镇通过购买服务补充专业设计力量；浦东新区采取"1+2"技术指导模式形成社区规划师队伍，即"导师＋规划管理＋规划设计"模式，从规划专业性、规划管理和设计落实等方面实现角色分工，将对应责任落实到专人[205]。

借助社区规划师制度，上海市部分街道对内部资源进行了全面梳理与分析，系统地探索了社区更新的路径。在社区规划师的鼎力支持下，试点街道成功推进了一系列高质量发展项目，美化了公共居住空间，改善了街道风貌，显著提升了当地居民的生活品质。在探索与试点的过程中，上海市汇聚了不同空间治理层级所需的专业技术力量，成功地培养并壮大了一支社区规划师队伍，为社区的持续发展与规划提供了坚实的人才保障。

3）成都市乡村规划师

2010年，成都市率先创立了乡村规划师制度。乡村规划师由区（市）县政府按照统一标准，在全市范围内展开招募，原则上聘用期不少于2年。成都市乡村规划师为乡镇发展定位、整体布局等提建议，工作内容具体包括参与规划决策、组织编制规划、审核把关规划、提供乡镇规划建议、指导规划实施过程等乡村规划重要环节，以及协调基层规划矛盾，研究乡村规划政策等[206]。

成都乡村规划师制度大致经历了三个发展阶段。①初创探索阶段（2010—2015年）。2010年，成都市人民政府印发了《成都市乡村规划师制度实施方案》。成都市区（市、县）政府按照统一标准招聘、征选、选调和选派的100名乡村规划师正式上岗，逐步形成了乡村规划师招募、履职、联审、培训、考核、监督、交流、培养八项基本制度。乡村规划师代表乡镇政府组织编制乡村规划，对乡镇建设项目进行规划技术把关。②推广提升阶段（2015—2017年）。2015年，第三届中国城乡规划实施学术研讨会上发布创建中国乡村规划师制度的"成都倡议"，明确了乡村规划师的制度基本构架和运行机制，将可复制、可借鉴的成都模式面向全国推广。③全面发展阶段（2017年至今）。2017年修订的《成都市城乡规划条例》，首次将乡村规划师制度写入地方性法规，对乡村规划师的聘任、职责等作出规定[207]。2020年，《成都市乡村规划师管理办法》指出，乡村规划师工作由成都市规划和自然资源局归口管理，区（市）县政府负责统筹管理工作，规划和自然资源部以及乡镇政府负责日常管理工作。

成都乡村规划师制度自实施以来，主要采取"1573成都模式"。"1"即一个定位，指的是由区（市）县政府按照统一标准招聘、征选、和选派并任命的乡镇专职规划负责人。"5"是指招募方式，包括：社会招聘、机构志愿者、个人志愿者、选调任职、选派挂职；作为城市和农村之间的桥梁和纽带，为了保障乡村规划师和村民全方位参与乡村规划建设的各个环节。"7"则是乡村规划师的主要职责，包括：规划决策参与者，向当地政府提出规划意见建议书；规划编制组织者，代表乡镇政府组织编制规划；规划初审把关员，参与审查乡镇建设项目方案；实施过程指导员，在实施过程中要参与指导项目；乡镇规划建议人，向当地政府提出改进规划工作的建议和措施；基层矛盾协调员，协调化解基层规划矛盾；乡村规划研究员，发表乡村规划发展有关论文。"3"是健全乡村规划师制度的三大保障，即运行保障、管理保障、资金保障。

乡村规划师制度不仅推动了乡村的规划与建设，更在美化乡村环境、提升居民生活质量方面发挥了不可或缺的作用。成都市乡村规划师投身规划编制、项目前期设计、项目实施管理等各个环节，以塑造示范、打造精品为工作要求，致力于推动乡村振兴与发展。积极参与乡村振兴产业项目，完成灾后重建、土地整理聚集点项目，在协调解决基层矛盾，协助编制规划管理文件等方面发挥重要作用。乡村规划师制度助力成都打造了一批鲜明的村镇规划成果，其中郫都区青杠树村获得全国十大最美乡村奖项。

2. 接诉即办运行机制

接诉即办运行机制，即群众诉求快速响应机制，指的是街道办事处对职责范围内的事项实行"接诉即办"。具体而言，对于市民服务热线、媒体曝光、互联网及第三方评估机构等渠道反映的市民合理合法诉求，街道办事处应当及时受理。其中，属于其职责范围内的应当接诉即办；对于跨地区、跨部门的事项，街道办事处负责统筹调度市、区人民政府职能部门及公共服务企业办理[208]。

接诉即办最早可追溯到"街乡吹哨，部门报到"机制。2016年北京市平谷区区委政府为整治自然资源领域矿石盗采现象，由相关主管部门创新性提出此机制。当时，平谷区自然资源非法开采屡禁不止，管制期间区自然资源局（时称平谷区国土资源局）的人力、物力负担不断加重。由于部门权限模糊、联合防治能力有限，平谷区联合自然资源部门发挥主观能动性，将执法主导权下放至乡镇部门，并对执法人员收到举报后前往现场的时效性做出严格要求，执法效果实时考核，这种联合治理机制被称为"乡镇吹哨、部门报道"[209]。2018年，"平谷模式"在北京市各区域同步推广试点，取得了较好的治理成效[210]。2019年11月，北京市人大常委会表决通过了《北京市街道办事处条例》，2021年9月，北京市第十五届人大常委会审议通过了《北京市接诉即办工作条例》，将"接诉即办"工作机制的探索实践通过立法的形式制度化，以确保"接诉即办"改革实践的可持续发展。"接诉即办"改革被誉为"新时代首都社会治理共同体建设的一个重大成果"。

以自下而上的从工作制度视角分析，北京市接诉即办工作实行首接负责制。北京市政府在市级平台上整合多条反馈监督热线，通过统一派单、乡镇接办、部门响应和双层评估的工作流程，整合条、块政府部门之间的责任和业务内容。从公众参与的视角来看，通过基层民众、网格员向上反馈，再按照事由权限划分为不同类型的诉求，形成了自下而上的信息流通机制，动员社会主体参与城市治理。基于党建引领下的治理视角，接诉即办制度发挥了基层党组织在治理结构中的带头作用，以领导班子内分管负责人为起点，结合工作需求建立跨部门领导党支部，形成资源合力、组织保障，鼓励在职党员下沉社区，在基层执法的过程中，授予足够的行政权限和执法力量，有效回应诉求[211]。以北京市北苑街道为例，其建立起三级调度制度，对于疑难案件主管领导督办，对于当周发生的全部来电诉求，在调度会上逐件报告进度；对于回访未决、群众不满的诉求，在扩大会议上汇报，社区负责人提出整改措施。

接诉即办制度的实践，充分展现了政府倾听民意、快速响应、高效解决问题的决心和能力，进一步拉近了政府与市民的距离，为构建和谐社会注入了新的活力。在推动国土空间社会治理方面，接诉即办制度展现出深远的实践意义。市民通过这一渠道，可以及时反馈城市规划、建设以及国土资源使用中的问题，使得政府能够迅速调整策略，优化资源配置，实现更为科学合理的空间规划。通过接诉即办热线，政府能够更直接地了解市民的需求和关切，从而更加精准地提供服务，改善公共环境。这一过程中，市民不再是被动的接受者，而是成为城市治理的积极参与者，与政府共同塑造更加宜居、和谐、有序的城市环境。

10.4 国土空间社会治理的改革路径

贯彻"以人民为中心"的空间治理改革路径，是深化国土空间社会治理的关键手段。本节重点介绍国土空间规划治理如何围绕这一思想内核开展改革实践。具体而言，从在空间规划的编制、反馈机制层面如何改善人民对美好生活向往的空间社会需求，到社区规划师为满足居民的日常生活需求，不断提升城市的空间，最后以空间治理的数字化手段作结，论述了国土空间社会治理的改革路径。

10.4.1 以人民为中心的空间治理理念

以人民为中心的空间治理，是国土空间治理的核心目标之一。习近平总书记在《国家中长期经济社会发展战略若干重大问题》中强调，"要更好推进以人为核心的城镇化，使城市更健康、更安全、更宜居，成为人民群众高品质生活的空间"，为了进一步满足人民对美好生活向往的空间社会需求，需要不断推动空间规划中经济、人口、资源环境三个方面的协调与配置，结合多方治理主题形成多层级、功能各异的空间单元。

贯彻以人民为中心思想的空间规划编制。发挥多规合一优势，优化城乡风貌，空间品质，改善人居环境，营造自然人文景观，确定公共开敞空间体系，强化地下空间开发利用、做好竖向设计安全保障，划定重点管控区域，对景观风貌等要素开展控制和引导。以15分钟生活圈为例，作为国土空间规划中的与"以人民为中心"密切相关的核心概念，指的是以居民步行15分钟可满足其物质与生活文化需求为基础划分的空间范围。在城市空间内部，主要承载居民的日常活动，并根据居民生活需求的多样性，承担多层级、多尺度生活圈互相嵌套的功能特征。在空间内部配备足够的基本公共服务设施，并通过合理的国土空间规划引导居民出行活动。在其内部主要完成人们重复发生、频率较高的日常活动，且根据居民日常生活的不同需求会呈现出多尺度以及不同层级生活圈相互嵌套的特点，需要配置相应的基本服务与公共活动空间，引导居民绿色出行。

贯彻以人民为中心思想的控制性详细规划编制。通过详细规划落实创造宜居环境、提供便利的日常生活、支持经济发展和就业、保障安全与健康、提供可持续发展的环境，促进建立统筹适应、多元共治的现代化详细规划管控体系。进一步而言，详细规划作为空间规划"上传下导"的关键环节，是落实"以人民为核心，高水平保护、高质量发展、高品质生活、高效能治理"的核心着力点。以居民幸福感和社区建筑环境的两个核心特征为例：①开放的绿色空间，如公园、社区花园和植物园，这些自然环境不仅让人们感到更加快乐和充满活力，特别是对老年人来说，它们的可达性对于其幸福感尤为重要；②设计上鼓励社交互动，传统的社区设计，如网格状街道、适中的住房密度和前廊，可以为居民提供更多的社交机会，增强邻里间的互动。此外，社区中促进居民参与社交的环境可以增强社区对抗突发事件的弹性能力，因为强大的社会联系和代理意识有助于在面对挑战时提高幸福感。

加强以人民为中心的空间治理反馈机制。发挥空间规划"一张图"系统在空间治理的技术支撑作用，借助公示、听众、接诉即办等手段扩大民意信息的收集，通过开展全方位的城市体检评估，在空间治理的全周期管理中发挥自下而上的反馈作用。城市体检评估从单项维度的规划评估出发，到多维度评估实施成果，再到专注某一领域的专项评估，平衡多方经济效益、生态效益、社会效益，将以人民为中心的空间治理理念不断显化。

10.4.2 社区规划师的改革路径

社区规划师作为新兴的职业角色，正以其专业的视角和独特的能力，逐渐成为推动国土空间社会治理的重要力量。社区规划师的改革路径多元且复杂，涵盖了空间资源配置、治理模式创新和科技手段运用等多个方面。积极实践社区规划师改革，将有助于推动国土空间社会治理的现代化和高效化。

随着城市化进程的推进，城市空间资源日趋紧张，社区规划师需要通过高效整合与优化城市空间资源的方式，满足居民的日常生活需求，提升城市的空间环境品质。城市中不乏被忽视的老旧社区和零散的闲置用地，它们往往蕴藏着再开发的巨大潜力，需要社区规划师通过创新的设计理念和技术手段进行转化，将这些空间打造成为充满活力的社区场所，为居民创造更加宜居的生活环境。例如社区规划师通过深入调研和与社区居民的沟通，将社区闲置用地改造为生态公园或文化活动中心。此举既提升了土地利用效率，实现土地价值最大化，又能作为社区居民提供举办各类文化活动和休闲娱乐的重要场所，极大丰富居民的精神文化生活。

在推动国土治理体系和治理能力现代化的过程中，社区规划师还需不断探索和实践多元共治的治理新模式。一方面，社区规划师通过搭建政府、企业、居民等多元主体的沟通平台，鼓励不同主体进行协商和对话，邀请各方代表共同参与社区规划的决策。另一方面，社区规划师得以全方面地了解各方需求，从实际出发修改并完善规划文本，从而制定更加合理和可行的规划方案。这种集思广益、群策群力的方式，能够显著提升规划方案的合理性和实操性，不仅增强规划的透明度，还能有效减少规划实施过程中的阻力和矛盾，帮助社区发展更加和谐顺畅。

随着科技的发展，大数据、人工智能等先进技术为社区规划提供了更多的可能，在国土空间社会治理改革路径上，社区规划师还应注重运用创新科技。借助人工智能、大数据等前沿技术，社区规划师能够更为精准地对国土空间进行分析，对国土空间未来的发展趋势做出更为科学的预测。例如，利用大数据分析技术，深入研究社区居民的生活习惯、消费偏好等，为规划提供更加坚实的数据支撑；采用人工智能技术，对社区基础设施进行系统性、智能化升级，以满足社区居民不断发展的需求。前沿科技应用无疑将极大提升社区规划的前瞻性和实效性。

10.4.3　公众参与的改革路径

在新时代的背景下，公众参与已成为人民群众表达诉求和融入国土空间治理的重要形式，因此，公众参与的改革路径，即如何在公众参与的过程中更好地体现其"人民性"的特质，进一步凸显人民至上原则在新时代国土空间治理中的地位，是国土空间治理中的新命题[212]。

一是细化国土空间治理公众参与的主体。由于知识背景、主体观念、社会地位和参与动机的差异，不同人群在参与国土空间治理的过程中会有不同的利益诉求，所以参与者的数量和选取模式直接影响了公众参与的有效性。在规划编制的过程中，可以根据不同的参与形式进行参与主体的细化筛选。例如，在空间规划编制前期，针对参与人群采取开放式的问卷征集，通过筛选条件锁定目标人群。在采取公开听证此类参与形式时，应把目标对象放在利益相关者的位置上，梳理规划项目涉及的多方利益主体，对症下药。[10]通过明确参与主体的选择范畴和方式目标，能够更好地推动规划工作的开展，促进公众有序有效地参与国土空间治理。

二是优化国土空间治理公众参与的形式。①在参与形式上，应当改变参与主体"出席"而非"参与"的现状，要让参与者真正参与到规划方案的讨论和协商中；在涉及专业技术时，可以由参与者选出具备相关技术知识的参与代表进行协商，从而在一定程度上保证公众参与的实效性。②在机构设置上，可以设立专门的公众参与组织部门，对公众参与的实施进行管理和监督，更好地推动公众参与的落实。③在组织形式上，发挥社区能动性的组织形式，搭建公众、规划师和政府互相表达的渠道，更有利于激发参与的热情，并将参与落到实处。

三是健全和完善公众参与国土空间治理的制度和机制。尽管决策和听证等制度正在稳步推进和完善之中，但在某些特定领域，公众参与仍面临政策覆盖不全和部分规定操作性不强的挑战。为了加强政府在公众参与上的引导，一方面，需要健全国土空间治理中的公众参与立法，包括完善国土空间治理不同层级的相关立法、健全国土空间治理不同领域的相关立法、细化公众参与不同方面的立法等。另一方面，需要建立起公众参与的全周期管理制度，让公众参与贯穿国土空间治理的全流程。从国土空间治理的整体视角出发，需要构建一个覆盖城市治理各领域、贯穿全流程的程序规范体系，确保公众参与在诉求表达、利益协调和权益保障等环节的合理布局和顺畅运转。

10.4.4　数字化背景下的空间社会治理

随着信息技术的发展和计算机算力的提升，数字化背景下的空间治理措施对公众的生活方式、治理方式、生产行为逐渐产生新的影响。以数字化手段赋能空间治理措施，是破解当前空间治理新挑战的必经之路。数字化赋能的国土空间社会治理是指，利用数字化技术对国土空间社会治理的拓展与提升，主要表现为空间范围内治理水平的提升、治理效能的迭代、治理成本的降低，主要有以下三个方面的措施。

一是提升治理效能，惠及人民需求，保障公共服务。建设统一地理信息平台、开发便民空间数字应用、结合人工智能提供个性化空间信息服务。在数据方面，通过地理信息公共服务平台、向社会提供各类在线地理信息公共服务、推动地理信息数据共享开放。在用户端，推动数字技术与地理信息数字化改造深度融合，布局生活服务扩容提质工程，搭建面向生活服务的数字化平台。进一步，通过人工智能算法，结合用户日常使用数据、个人喜好，推送更加精准的便民地理信息，丰富购物消费、居家生活、养老托育、家政服务等数字化应用场景。

二是赋权数字治理，尊重人民权益，保障数据要素安全。健全数据安全管理机制、通过数字化治理强化政民互动。制定空间数据管制制度，对有关部门在信息数据的生产更新、汇总收集、共享等方面制定详细的使用守则，对地理信息的安全管理工作进行职责分工，建设数据运营维护保障机制。进一步通过采购外部安全技术增强涉密信息数据安全管理，对特定数据的收集、处理进行加密、授权、限制访问。通过多方数据渠道设置反馈入口、针对城市居民反馈的城市问题，通过"一站式"平台进行申报、受理、预约、审批、审核、告知、公示监察办结，并将其融入政府绩效考评体系，推动政府在规划编制、项目审批、监督检察等各环节服务水平的不断优化，促使国土空间治理相关的各行政部门持续改进适应国土空间社会治理需求。

三是促进空间治理公正平等，加强城乡治理融合。统筹数据要素流通交易，活化闲置生产资源。首先，需要加强数字治理基础设施建设，针对城乡范围内网络基站、运算服务基地、人工智能计算硬件等基础设施建设覆盖，推动城乡网络资源库和数字资源共享。其次，将基层国土、规划、建设等与国土空间相关的服务工作与数字化治理相融合，优化在线服务平台，精简办事流程、保障工作规范，保障城乡居民、本地和外来人口、特殊人群都能够享受到规范、便捷、顺畅的国土空间服务。

关键术语

国土空间社会治理、国土空间治理公众参与、参与阶梯理论、国土空间规划信息公开、社区规划师制度、政务服务便民热线、以人民为中心的空间治理

思考题

1. 国土空间社会治理的参与维度包含哪些内容？请各举出1~2个实践案例。
2. 公众参与国土空间治理的方式有哪些？
3. 我国当前的国土空间社会治理制度包含哪些内容？
4. 请简要梳理北京市责任规划师制度的发展历程。
5. 简述以人民为中心的空间治理理念在国土空间治理中的应用。
6. 简述公众参与在国土空间治理中的改革路径。

第 11 章

国土空间综合整治

■ **教学要求**

1. 本章知识点

（1）国土空间综合整治的概念内涵

深入理解国土空间综合整治的内涵，理解新时代背景下对国土空间综合整治的本质和功能的再定义，掌握国土空间综合整治的总体目标和主要任务。

（2）国土空间综合整治的发展历程

了解国土空间综合整治的发展历程，包括理论发展和实践发展历程，能概括不同阶段的发展特征。

（3）国土空间综合整治的运行机制

掌握国土空间综合整治的几种运行机制，理解其内涵和差异，了解国土空间综合整治的基本类型和延拓类型。

（4）国土空间综合整治的改革路径

深入理解国土空间综合整治的总体定位和思路原则，掌握国土空间综合整治的改革路径。

2. 本章重点及难点

（1）国土空间综合整治的近似术语与辨析

辨析土地综合整治、国土整治和国土空间综合整治的内涵。

（2）国土空间综合整治的运行机制深入理解

掌握周期推进机制、空间延拓机制、部门合作机制和差异整治机制的内涵和差异，辨析国土空间综合整治的基本类型和延拓类型。

11.1 国土空间综合整治的概念内涵

新时代下,国土空间综合整治被赋予了全新的内涵,即"人与国土关系的再调适"。其核心目标在于提升国土资源的利用效率和效益,确保资源的永续利用,并通过综合运用整合、开发、恢复、治理及保护策略,对山水林田湖草沙生态体系实施全方位整治,旨在改善人类居住与生产环境,维护生态空间的完整与稳定,进而推动人与自然和谐共生的可持续发展目标的实现。

11.1.1 国土空间综合整治的近似术语与辨析

1. 土地综合整治与国土空间综合整治

1)土地综合整治的内涵

土地整治,作为提升土地利用效率的重要手段,自1999年《中华人民共和国土地管理法》首次提及"国家鼓励土地整理"以来,其概念经历了多次演变与拓展。鉴于先前不同概念在官方文件中的并存所导致的混淆,《全国土地整治规划(2011—2015年)》在编纂过程中,明确了"土地整治"这一统一术语,为后续的实践和研究提供了清晰的指导[213]。

随着时代的演进,现代土地整治已逐步深化为土地综合整治,其在多个维度上均展现出了显著的变化。这一转变不仅体现在整治的广度与深度上,更体现在目标设定与手段运用上。在实施土地综合整治时,必须遵循若干关键原则。首先,必须坚持耕地保护的首要地位,确保国家粮食安全的基石不动摇。其次,要充分考虑区域特性,实施科学规划与统筹整合,以实现全域范围内的规划、设计与整治,推动整体发展。再次,完善土地综合整治的市场化机制,规范操作,同时注重生态环境的优化治理。最后,要坚持以人民为中心的发展理念,尊重农民的意愿,保护他们的权益,进而促进"三农"问题的合理解决,推动城乡一体化发展进程。

2)国土空间综合整治与土地综合整治的异同点

国土空间综合整治与土地综合整治在资源优化与区域发展战略中扮演着重要角色,但它们在多个方面存在显著的异同点。

首先,从范畴上看,国土空间综合整治的范围更为广泛,它不仅仅局限于土地资源,而是涵盖了水体、林木、矿产、能源、生物等多元自然资源。相比之下,土地综合整治则主要聚焦于土地资源的整治。

其次，在定位上，国土空间综合整治的定位更为高远。它不仅仅关注土地资源的保护与利用，更强调通过国土资源的优化配置与保护，推动产业转型升级、经济转型发展和生态文明建设。这种定位的提升，使得国土空间综合整治在促进区域经济社会全面发展方面发挥着更为重要的作用。

在任务方面，土地综合整治主要关注土地资源的优化与利用，包括农用地整治、农村建设用地整治、城镇工矿建设用地整治等。而国土空间综合整治的任务更为多样和复杂，除了涵盖土地资源的整治外，还包括水体、林木、矿产等自然资源的整治，以及不同国土资源类型之间的质量、结构、布局调整。

在手段方面，二者都会利用土地利用总体规划、城乡建设用地增减挂钩等措施来指导整治工作的合理布局和资金筹集，但国土空间综合整治的手段更为丰富和精细，它需要统筹空间规划、整合多方资金、运用多种技术来提升各类国土资源的质量与承载力。

在主体方面，二者都需要政府、市场、社会的共同参与和合作。但国土空间综合整治的主体更为广泛和多元，涉及多个部门的深度参与。这种主体的广泛与多元，要求国土空间综合整治在实施过程中更加注重协调与配合。

最后，在区域属性和周期特征上，两者也存在一定的差异。国土空间综合整治更强调从国土资源功能特征和整治目标出发进行区域划分，整治周期相对较长，但效果发挥周期也更为长久。

2. 国土整治与国土空间综合整治

国土整治，狭义上指国土的整理与治理，旨在优化利用结构、恢复受损国土的利用水平，属于国土保护的重要组成。在中国，国土整治与产业调整、生产布局紧密结合，纳入国家发展计划。广义上，国土整治涉及国土的开发、利用、治理和保护，具有国家管理和宏观战略的意涵，与区域发展战略紧密相关。审视国土整治需综合考量其在中国区域经济发展中的独特作用。

1）国土整体功能

国土，即国家拥有的地理范围，其资源涵盖从天空到地下的所有自然与经济社会要素。其中，经济社会资源特指支持自然资源开发利用的设施，如工业设施、矿产资源、交通网络和水利设施，以及诸如金融、信息、人力与智力等软性资源。国土资源作为一个复杂的物质系统，其整体性源于其地域特性。根据地理学原理，一个区域的独特性源于其内部自然地理特征（如地质、地貌、气候、水文、生物和土壤）与社会经济文化特性的相似性与外部区域的差异性。这些要素共同塑造了区域的整体特征，并与其他区域相区分。理解国土资源的整体性对于分析资源在地域分布、结构配置和空间布局上的合理性至关重要。这有助于明确资源的整体优势与劣势，进而挖掘开发潜力和确定改善方向，有效推进国土整治工作（表 11-1）。

表 11-1　国土资源系统组成

所属子系统	子系统成分	各成分包含的具体内容
自然资源系统	土地资源	农业用地、城镇用地、工矿用地、交通用地、农民居用土地、旅游用地、军事用地
	水资源	地表水、地下水
	气候资源	光能、热量、降水、空气
	生物资源	森林、牧草、水生物、农作物、家畜家禽、野生植物、野生动物、微生物
经济资源系统	矿产资源	金属矿物原料、非金属矿物原料
	能源资源	常规能源、新能源
	自然风景资源	奇特地貌、奇特水体、奇特地层、珍稀植物、珍稀动物
	农业资源	种植业、林业、牧业、副业、渔业、农业基础设施
	工业资源	建筑业、重工业、轻工业、工业装备、工业固定资产
	交通资源	公路、铁路、水运、航空、管道、交通固定资产
	通信资源	电话、邮件、网络、传真等通信设施，通信固定资产
	商业资源	商业机构与网点、商业基础设施、商业固定资产
	旅游资源	旅游接待机构、旅馆、饭店、旅游商品、旅游交通设施、旅游文化、娱乐设施、旅游业固定资产
社会资源系统	信息资源	科技信息、商品信息、市场信息、管理信息、产业信息
	基础设施	城市道路、城市住宅、城市供电、城市供热、城市给排水
	人口资源	总人口、民族构成、农业人口、非农业人口、城镇人口
	教育设施	各类学校数量、各类学校建筑面积与学生容量
	文化设施	各类文化机构、文化娱乐与服务设施、电视广播设施
	科技设施	科研单位、推广单位、科研装备、科研实验场地
	卫生设施	卫生防疫、保健机构、医院病床、农村医疗点、饮水设施

资料来源：自绘

2）国土整治的内涵

中国现代"国土整治"概念始于 20 世纪 80 年代初，随着改革开放和对外考察，借鉴发达国家经验，该概念逐渐形成，虽各国表述有差异，但核心内涵共通。

早期，学术界和官方文件中对"国土整治"等词汇缺乏统一定义，专家学者如于光远、陈鹄等提出各自见解，强调对国土资源的合理利用、保护及治理，旨在实现经济与生态效益双赢[214]。

随着研究的深入，国土整治被视为应对资源、环境、空间与人口、经济、社会发展不匹配的重要手段，强调开发利用、治理保护和布局规划三大核心。经济地理学家吴传钧强调国土整治需深入调研与规划实施[215]，而杨树珍认为国土整治涵盖考察、开发、利用、治理和保护等相互关联的环节[216]。陆大道院士提出"国土整治"应译为"区域整治"，指出国土整治更侧重于区域综合整治，与土地整治有所区别[217]。

综合多方观点，国土整治可定义为：在当前生产力水平下，遵循自然经济和社会规律，对国土进行统筹开发、利用、治理和保护的行为，旨在提高资源利用效率、优化空间结构、治理修复生态环境，以适应不同地区需求，为经济社会发展提供支撑[218]。

3）国土空间综合整治与国土整治的异同点

国土空间综合整治相较于传统整治，凸显其综合性和系统性特点，主要表现在定位、任务、手段、主体协调、区域划分及周期等方面。

第一，其定位更为顶层化，旨在国家战略层面，以五大发展理念为导向，优化资源配置，推动经济、区域、生态的协同发展及政府治理机制创新。

第二，任务更加系统，不仅关注资源合理利用，还从国家战略需求出发，明确并解决国土资源开发利用中的障碍，为区域发展提供有力支撑。

第三，在整治手段上，国土空间综合整治更加综合，统筹区域发展战略，整合资源、资金、政策等手段，实现资源的优化配置和高效利用。

第四，主体协调尤为关键，需要发挥各主体优势，协调各方利益，形成合力，推动整治工作顺利进行。

第五，在区域划分上，国土空间综合整治更为复杂精细，需综合考虑国土资源功能、区域社会经济特征及区域间合作情况，制定更为精细化的整治方案。

第六，国土空间综合整治的周期相对较长，因需综合考虑多方面因素并协调各方资源，但其长期性和稳定性为区域战略目标的实现提供了坚实的基础和动力。

国土空间综合整治、土地综合整治与国土整治的概念辨析见表11-2。

表11-2 国土空间综合整治、土地综合整治与国土整治的概念辨析

	总述	本质	定位	任务	手段	主体	区域	周期
国土空间综合整治		调适国土资源禀赋以满足发展需求	服务于国家顶层战略,城乡协调发展的关键举措,新型城镇化与乡村振兴的基石平台,构成生态文明建设的重要路径,为增进民众福祉注入了强劲动力。同时是政府治理能力提升的关键切入点,以及确保社会经济持续健康发展的战略支撑和政策杠杆	以服务国家战略为导向,消除每种国土资源及其统筹利用中的障碍性因素	以国家战略实现与国土资源优化为目标的技术、经济、行政、法律等手段	政府、市场、社会各方力量,通力合作,上下结合	区域是有待改造的客体,从国土资源功能特征,国土综合整治目标等方面划分区域	整治工程周期长,效果发挥周期长
土地综合整治	与土地综合整治相比,国土空间综合整治跳出土地谈整治;与国土综合整治相比,国土综合整治围绕综合整治,国土综合整治与国土空间综合整治是国土空间综合整治的子集	调适土地资源禀赋以满足发展需求	服务于与土地息息相关的国家战略,是推动破除城乡二元结构,加快推进新农村建设和城乡统筹发展的重要途径	集中于优化土地资源,统筹推进土地整治、大力推进农用地整治、规范推进农村建设用地整治、有序开展城镇工矿建设用地整治、加快土地复垦	以优化国土资源实现与国家战略目标的技术、经济、行政、法律等手段	国土部门引导、其他部门协助、市场社会参与、上下结合	区域是土地环境的外在客体,任任以行政区域、土地功能特征,土地综合整治分整治区域	整治工程周期较长,效果发挥周期较长
国土整治		调适国土资源禀赋以满足发展需求	优化国土资源、促进资源合理利用的有力工具	以优化国土资源为导向,消除每种国土资源及其统筹利用中的障碍性因素	以优化国土资源为目标的技术、经济、行政、法律等手段	政府、市场、社会各方力量,通力合作,上下结合	区域是有待改造的客体,根据国土资源功能特征划分整治区域	整治工程周期较长,效果发挥周期较长

资料来源:自绘

11.1.2 国土空间综合整治本质和功能再认知

在新时代背景下，对国土空间综合整治的本质和功能需进行再定义。国土整治不仅仅是一项技术性工程，其实质在于"人与国土关系的再调适"。其核心旨在优化国土利用效率与产出，保障国土资源的可持续利用，并美化生态景观环境。国土整治策略应涵盖土地整合、开发、再垦与生态修复等综合措施，旨在提升人类生产生活品质，守护生态空间，进而促进人与自然和谐共存的良好局面。

国土整治的功能应满足"三需求"：即满足人们的生产发展需求，提升生活质量需求，以及保护生态环境的需求。国土整治的功能在不同发展阶段应有所侧重。以日本为例，1945—1964年，主要聚焦于生产发展，通过农地改革和相关法律如《农地法》和《农业基本法》推动农业和粮食生产。1965—1984年，日本通过《山村振兴法》《新都市计划法》等法律，转向提升国土整治的生活功能，着重改善生活环境以满足居民需求。1985年至今，日本则全面关注景观生态的永续发展，通过《集落地域整备法》和《景观法》等法律，致力于生态保护和人与自然和谐共生。相较之下，中国地域广阔，自然禀赋和经济社会状况各异，因此国土整治需根据各地实际情况和发展阶段，灵活选择"全空间"和"全生命周期"的整治目标，确保整治工作的针对性和有效性。

11.1.3 国土空间综合整治的总体目标和任务

国土空间综合整治的各个环节需各有侧重。实施国土综合整治时，需根据时代背景、地域特性以及发展阶段，有针对性地设定目标并明确任务。本小节首先概述中国国土综合整治的总体目标与核心任务，随后从"全生命周期管理"和"全空间布局优化"两个维度，深入剖析在实施过程及空间规划上应达成的具体目标与任务，以实现国土资源的科学利用与可持续发展。

1. 总体目标
1）国土资源的全面优化与提升
响应《生态文明体制改革总体方案》的指引，通过国土综合整治，对土地、森林、草原、河流、湖泊、湿地、海洋等国土资源进行全面整治。目标是解决水土流失、林草退化、湿地破坏、湖泊减少、水体污染、生物多样性下降等关键问题，修复受损资源，提高国土资源质量，并确立合理的利用方式，以实现国土资源的有效保护、合理利用与全面恢复。

2）区域"三生"格局的塑造

以生产、生活、生态"三生"互动机制为基础，结合国土资源系统的整体性和系统性，针对不同区域的发展战略、资源条件、经济水平等实际情况，实施多样化、模式化的国土综合整治。这将涉及自然生态各要素的整合、地上地下、陆地海洋以及流域上下游等多维度的国土资源整治，以实现从国家到省级、再到地方尺度的"三生"格局优化，推动发展与保护的和谐统一。

3）城乡国土资源的协调与高效利用

着手于"田水路林村城"等国土资源的综合整治，优化资源配置效率，强化农村国土资源经济价值潜力。此外，构建城乡国土资源利用的协同体系，旨在促进资源在城乡间的双向流动与互补效应：农村资源为城镇经济注入活力，而城镇资源则回馈农村，驱动产业升级，从而实现国土资源在城乡间的精准配置与城镇化格局的优化升级，推动新型城镇化的高质量发展。

4）经济转型升级与可持续发展

国土资源综合整治构建了一个全面、科学、严格的国土资源总量管理和集约节约制度。这将有助于形成空间资源治理与结构优化的顶层设计，解决国土资源使用中的浪费和低效问题。这一转变有助于推动经济发展从要素驱动、投资驱动向创新驱动转型，进一步释放资源利用潜力，增强国家经济发展的长期动力。

2. 主要任务

1）高标准农田建设与耕地保护

强化农田基础设施与水利设施的完善，改善农业生产的基本条件。推动耕地向规模化、连片化发展，避免非农建设对基本农田的侵蚀，确保适度规模经营。同时，合理开发宜农未利用地，整治污染土地，加强耕地质量建设与管理，优化农业结构，提升农用地整体利用效率。依据"规划化、网络化、标准化"原则，逐步推进中低产田改造，构建高产稳产的基本农田体系。

2）农村建设用地整治与条件改善

加强农村基础设施与公共服务设施的完善，保障农村产业与农民生活条件的提升。对低效、散乱的建设用地进行整治，提升土地利用效率。以"空心村"和乡镇企业用地整治为重点，科学规划农村居民点的布局优化，形成集约高效的土地利用格局。在尊重农民意愿的基础上，合理控制土地增减挂钩规模，确保土地增值收益惠及农村，支持农村公共事业发展，推动城乡融合发展。同时，加强特色村庄保护，传承农耕文化与民俗文化。

3）城镇与工矿建设用地整治与效率提升

以开发区为整治重点，调整土地结构，避免土地粗放浪费。提高城镇与工矿建设用地集约利用水平，利用闲置土地，优化工业用地布局。鼓励配套设施与节地建设，推进旧城镇与旧工业区改造，探索工业企业用地退出机制。有序推进"城中村"改造，改善人居环境。在确保生态环境保护的前提下，合理利用荒山、荒坡进行城镇与工业建设。

4）多资源整治与生态安全屏障构建

依据生命共同体理念，实施生态修复工程，增强生态产品供给能力。推进荒漠化、石漠化、水土流失的综合治理，扩大森林、湖泊、湿地面积，保持生态完整性。优化国土利用格局，恢复并提升城镇绿地系统、河流水系的生态功能，保护生物多样性。强化防灾减灾体系建设，提升灾害防御能力。加强水、大气、土壤等污染防治，推动绿色发展、循环发展、低碳发展，构建节约资源、保护环境的空间格局与产业结构，构筑生态安全屏障。

5）海洋资源开发与蓝色国土整治

作为海洋大国，应提升海洋开发、控制、管理能力，加强海洋生态文明建设。首先，加强海洋资源管理，修复污染区域，提升海洋资源质量。其次，强化海洋综合管理，维护国家海洋权益，统筹海洋开发与整治，发展海洋科技与教育，建立海洋综合管理制度，参与国际合作。最后，加强陆海统筹，构建联动机制，实现蓝色国土的全面优化。

6）跨区域资源调配与区域协调发展

针对区域资源不均问题，研究跨区域资源调配的合理性。完善南水北调、西气东输等重大工程的实施方式，制定生态移民搬迁、基本农田保护等调配模式与机制。形成政府、市场、社会协同参与的跨区域资源调配机制，推动区域资源有效互动与协调发展。

7）国土资源整治制度体系完善与治理转型

坚持"绿水青山就是金山银山"等理念，整合相关政策，完善国土资源整治的组织、模式、资金筹集、监管保障等机制。构建自然资源资产产权、国土空间开发保护等制度体系，推进生态文明领域国家治理体系和治理能力现代化。

11.2 国土空间综合整治的发展历程

11.2.1 中国国土空间综合整治的理论发展历程

随着时代的变迁和社会的发展，国土空间综合整治的内涵也经历了显著的演变，这既是学术领域不断探索和深化的结果，也深刻反映了我国经济社会发展的脉络。本部分旨在通过梳理国土空间综合整治内涵的发展演变，揭示其背后的历史逻辑和时代需求。

基于文献回顾，国土空间综合整治内涵的研究大致可分为四个阶段，每个阶段都有其独特的研究重点、定义和特征。20 世纪 80 年代初期，研究主要聚焦于国土规划、战略和布局；80 年代中期至 90 年代中期，经济、社会、环境的可持续协调发展逐渐成为研究的核心，生态整治也逐步进入研究视野；随后，自 90 年代后期至 21 世纪 00 年代，研究重心转向土地开发、整理、复垦等具体的土地整治工作，土地整治工程的实施成为研究焦点；而进入 2010 年以来，国土空间综合整治的研究更加全面和系统，覆盖了全区域、全要素和全周期[219]。

1. 1981—1985 年：初步探索与规划阶段

改革开放初期，面对国家经济建设的新挑战，国土综合整治作为战略性规划任务应运而生。这一阶段，其核心聚焦于国土资源的开发利用与治理保护，凸显规划性、战略性和地域性特点。学者们通过对京津唐、黄三角等特定区域的深入研究，为国土与区域规划领域奠定了坚实基础。然而，受限于当时的经济社会条件，国土综合整治与国土规划、区域规划等概念界限模糊，尚未形成独立的学科体系和研究范式。

在老一辈专家如陈传康、周立三、吴传钧等的倡导下，"国土整治"被确立为一项长期且重大的战略规划，旨在推进"四化"建设，促进经济社会全面进步。

这一时期，国土综合整治被界定为对国土资源的综合开发利用与保护，强调通过规划手段来指导国土资源管理，并特别重视区域特征明显的国土开发与整治工作。在这一阶段，研究重心普遍汇聚于构建协同的区域规划架构，此趋势促使国土综合整治的概念与国土规划及区域规划在内涵层面呈现出显著的重合与交织。陈传康学者强调，国土整治工作根植于详尽的调查评估与利益协调，开展国土的开发、利用、治理和保护工作，其核心聚焦于广域区域国民经济建设的统筹与管理，其中,区域规划构成了这一宏大工程的核心支柱[220];周立三学者进一步指出,国土整治承载着全局视野与战略高度的规划使命,它要求从全国的整体视角和长远利益出发,采取综合性策略进行全国国土整治工作,在统一规划蓝图的引领下,推行多层次、跨地域的精细化规划举措[221];吴传钧学者深入阐述,国土整治的历程发端于详尽的调查与考察,其成果则凝聚于专题报告的编纂或规划方案的落地实施,其核心精髓聚焦于国土开发与整治的区域规划布局[222],其核心是国土开发整治区域规划。尽管专家学者们积极呼吁并努力推动,但由于组织结构不统一、执行机制不健全、政策设计待完善等因素,国土整治工作在全国范围内尚未全面铺开。同时,受限于当时较低的科学文化水平和对经济自然规律认知的不足,国土开发利用中存在不少问题,国土综合整治常与国土规划、区域规划等领域交织,被视为国土大管理的统筹工作。

2. 1986—1996 年:协调发展的深化阶段

随着市场经济体制的稳固和"市场"理念的融入,资源过度消耗与生态环境恶化的挑战愈发严峻。在这一时期,国土综合整治的内涵从单纯的国土资源开发利用,转向追求经济、社会、环境的全面协调发展。学者们开始聚焦于人地关系的和谐,倡导摒弃单一扩大开发规模的传统观念,转而追求区域经济、社会、环境的可持续协调发展新模式。

市场经济体制下,农村土地尤其是耕地被大量转化为建设用地或其他农业生产用地。特别是在"六五"期间,耕地年均减少量达到 4.87×10^5 hm^2,1985 年高达 1×10^6 hm^2,人多地少的矛盾显著加剧。资源的过度消耗和局部生态环境的恶化,使经济稳定发展的前景受到质疑。随着国家土地管理局的成立、《中华人民共和国土地管理法》的实施和第一轮土地利用总体规划的编制,学者们开始重视人地关系的和谐处理,强调在发展中要协调好经济、社会、环境三者之间的关系。

在这一阶段,国土综合整治的内涵在原有基础上,进一步融入了环境和经济的协调发展理念。吴传钧强调,国土整治的战略目标在于协调地理环境与人类社会的关系,构建和谐的人地关系地域系统,并将环境治理纳入其中,以促进经济与自然的和谐共生;方磊指出,国土整治工作已从开发利用转向追求区域经济系统和人地系统的协调,强调经济发展与人口、资源、环境的和谐统一[223];卢天梁等学者倡导,国土整治策略应围绕优化生产、生活与生态的协同效应展开,着重改善城市环境并有效治理"城市病",以期达到人文与生态的和谐共生[224]。尽管国土综合整治研究在此阶段取得了显著进展,然而,受部门壁垒与利益矛盾所限,其往往局限于局部、单维目标，偏离了全面、可持续的发展轨道。此外，国土政策与法规研究的滞后，也使得国土规划理论与实践难以充分对接时代变迁，不同类型区域的综合开发探索仍处在初级阶段。

3. 1997—2009 年：工程化转型与深度发展阶段

1997 年，鉴于人均耕地锐减的紧迫态势，中共中央与国务院联合颁布了《关于进一步加强土地管理切实保护耕地的通知》，该通知明确指出须采取最为严格的土地监管与耕地保护策略。1998 年，新一轮修订的《中华人民共和国土地管理法》提出了占用耕地补偿制度和鼓励土地整理的政策。此阶段，政策导向促使国土综合整治深化至具体的土地开发、整理与复垦项目，并在全国范围内广泛强化实施。

进入 21 世纪，面对日益严峻的人均耕地减少挑战，中共中央和国务院明确提出了严格的土地管理和耕地保护政策。在这一大背景下，国土综合整治逐步聚焦于土地开发、整理和复垦的具体工程实施。学者们围绕耕地保护这一核心，深入研究和实践，制定了一系列政策措施和工程技术方案，旨在保护土地资源数量、提升质量，并强化生态环境修复与生态建设。同时，这些研究还致力于在协调人地关系的基础上，借助现代科技手段，更有系统、有计划地推进国土治理保护与建设优化。

尤为显著的是，随着国土整治聚焦于土地工程实践，土地整治研究成为研究前沿，其核心领域包括农田数量与质量的双重提升、生态环境的恢复治理以及新农村建设的推进等。这一时期，国土综合整治与土地整治的概念边界模糊，二者内容的深度融合为国土整治的后续发展构筑了稳固的基石。

4. 2010 年至今：统筹优化阶段

自 2010 年以来，随着我国经济社会的持续发展进入新时代，国土综合整治工作亦随之迈入统筹优化阶段。面对城乡发展不均衡、生态文明建设迫切等现实挑战，国土综合整治被赋予了新的历史使命，其内涵得到了进一步丰富和拓展。

党的十八大以来，优化国土空间开发格局、健全国土空间开发、资源节约、生态环境保护的体制机制等战略部署，为国土综合整治提供了新的指引。2017 年国务院印发的《全国国土规划纲要（2016—2030 年）》以及党的十九大报告中提出的"构建国土空间开发保护制度"，均强调国土综合整治需实现一体化统筹管理，涵盖城乡融合发展、区域协调发展以及人与自然和谐共生。在这一理念的指导下，通过"田水路林村城"和山水林田湖草沙的综合整治，旨在提升人类生活与生产条件，保护生态空间。

当前，国土综合整治已不仅仅是对国土资源进行开发、利用、整治、保护等活动的简单集合，而是作为推进现代化建设、实现城乡融合发展、乡村振兴和生态文明建设的核心平台与重要抓手。其内涵已超越传统的国土整治与土地整治范畴，更加关注与社会经济布局的深度融合，以及生态环境的积极效应。严金明等学者，在"多规合一"改革浪潮中，将国土综合整治与国土空间用途管制视为全域国土空间规划执行的核心要素[225]；郧文聚等学者则聚焦于生态整治的多元效益，诸如食物与能源供给、景观美化及生物多样性维护等方面[226]；李霞等则提出了"减压增效"的国土综合整治运行机制，旨在整合耕地保护、环境改善、收入提升和效率提高等多重目标[227]。

此外，学者们依据不同历史阶段的需求与区域特性，深入探索了国土综合整治的持久性机制构建、环境影响评估与持续监测体系、重大项目空间布局策略，以及因地制宜的差异化实施路径等关键领域，以期实现全区域、全要素、全周期的整治效果。总之，现阶段的国土综合整治更加注重系统性、战略性与综合性，以服务国家顶层战略为导向，为实现现代化建设、生态文明建设、乡村振兴和城乡融合提供有力支撑。

11.2.2 中国国土空间综合整治的实践发展历程

在中国古代，国土整治的实践主要聚焦于土地资源的开发利用、边疆的安定和农业生产的促进。通过有计划地实施移民屯田、修建都江堰等水利设施以及开凿运河等工程，有效促进了农业和工商业的发展，并具有重要的军事、政治和经济价值。

在近代，孙中山在《建国方略》中首次提出全国性的国土开发整治战略，提出了包括铁路、公路、水运和港口建设以及三峡大坝等在内的一系列宏伟计划。这些规划标志着中国国土整治开始从传统的农业和军事需求转向更为全面和综合的发展模式。

自中华人民共和国成立以来，中国国土整治工作经历了显著的演变。整体而言，可以划分为三个主要阶段。

1. 改革开放以前（1949—1977年）

中华人民共和国成立初期，国土整治的核心聚焦于经济建设，主要实施形式涵盖国土资源所有制改革、资源开发与利用以及水利基础设施的建设。

首先，国家大力推动荒地开垦运动，通过土地改革激发农民的生产热情，并在各地建立国营农场，积极开拓荒地资源。数据显示，从1950年至1952年，全国耕地面积显著增长，达到1 003.7万公顷（1.5亿亩），其中，国营农场贡献了37.6万公顷（564万亩）。随后，在1953年至1957年间，累计开垦荒地550.1万公顷（8 250万亩），平均每年增加110万公顷（1 650万亩）。其中，国营农场、移民和农民分别贡献了不同比例的份额，最终使全国耕地面积由1949年的9 800万公顷（14.7亿亩）增至1957年的11 199.7万公顷（16.8亿亩）。

其次，农田水利基础设施的建设成为重要一环。在"一五"计划期间，国家将7.1%的基本建设投资用于农业，其中63.8%的资金投向水利工程，如防洪灌溉等。这一举措使得淮河等河流得到了有效治理，并建成了官厅、梅山、佛子岭等七座大型水库。农田的有效灌溉面积得到显著提升，达到2 734万公顷（4.1亿亩），占耕地总面积的24.4%，同时，水灾成灾率也降低了3个百分点。

此外，国家还开展了其他一系列国土整治工作，包括对黄河中游黄土高原地区的水土流失和水土保持进行调查研究，以及黄河三门峡、长江葛洲坝、汉江丹江口等大型水利枢纽工程的勘察与建设，还有上海市地面沉降的研究与防治等，这些措施共同推动了国土整治的全面发展。

2. 改革开放初期到国土资源部成立之前（1978—1997年）

在改革开放的初期阶段，国土开发活动急剧增加，导致了一系列问题，包括建设管理无序、资源过度消耗、环境污染加剧以及生态平衡的破坏。针对这些问题，党和国家的领导层提出了国土整治与规划的必要性。1981年，中央书记处第九十七次会议明确指出，需由国家建委与国家农委协同合作，共同推进国土整治工作。这一工作不仅局限于基础设施的建设，还需全面考量土地利用、土地开发、综合开发、地区开发、环境整治以及大河流的开发利用。同时，要求完善相关法律法规，并强化规划工作的实施。同年10月，国务院决定在国家建委下设立国土局，并敦促各省有序开展国土规划工作。

在这一时期，国土开发整治工作被提升至国家战略高度，"六五"至"八五"三个国民经济与社会发展五年计划均对国土开发整治进行了详细规划（表11-3）。1982年年初，国家建委选定了京津唐等六地作为国土规划试验田。次月，国务院将国土工作的舵手角色赋予了国家计委。随后，1984年盛夏，国家计委发文深化省域及直辖市国土规划试点，该举措迅速辐射全国各省及关键区域，并逐渐下沉至地市与县级层面。次年春日，国务院正式批准了国家计委呈上的全国国土总体蓝图的编制纲要报告。最终，在1987年10月，国家计委完成了《全国国土总体规划纲要（试行稿）》，并在1990年2月形成了更为完善的《全国国土总体规划纲要（草案）》。

表11-3 "六五"至"八五"计划中有关国土开发整治的标题和主要内容

计划	篇名称	章名称	主要内容
"六五"计划	第三篇 地区经济发展计划	第二十四章国土开发和整治	1. 编制部分地区国土开发整治规划 2. 开展对重点地区的资源考察 3. 进一步搞好农业资源调查和农业区划工作 4. 加强国土的保护和治理 5. 开展海洋资源的调查和开发 6. 加强国土的立法工作 7. 做好测绘工作
"七五"计划	三、地区布局和地区经济发展政策	第二十二章国土开发和整治	1. 编制国土开发和整治规划 2. 开展国土资源的考察和研究 3. 有重点地对大江大河进行综合治理 4. 加强对北方水资源的综合考察和战略意见 5. 进一步搞好水土保持 6. 努力维护和提高土壤的肥力，积极进行土地沙漠化的防治 7. 加强土地管理，切实保护耕地 8. 加快开发和合理利用矿产资源 9. 加强山区的综合开发 10. 大力种树种草 11. 加强海洋资源的调查、开发和管理 12. 加强测绘事业
十年规划和"八五"计划纲要	四、"八五"期间地区经济发展布局和政策	（七）国土开发整治和环境保护	1. 编制国土开发整治规划 2. 有重点地对大江大河大湖进行综合治理，继续修订和完成黄河、淮河、珠江、辽河、松花江、海滦河流域整治规划 3. 加快土地利用总体规划的制定，严格控制非农业建设占用耕地 4. 加强对海岸带海岛海域的海洋资源调查、勘探和规划 5. 加强测绘事业 6. 加强环境监测系统的建设和管理，建成一批国家环境监测网和环境信息网

资料来源：自绘

此时期的国土规划聚焦于国家战略目标和区域特点，旨在平衡资源利用与生态保护，协调人口、资源、环境关系，推动区域经济综合发展。规划内容包括资源开发规模、人口产业布局、基础设施规划以及环境治理与生态保护策略。

3. 国土资源部成立之后（1998 年至今）

1998 年国务院机构重组后，国土资源部接管国土整治与规划的职责。在这一阶段，资源环境与社会经济发展之间的冲突日益凸显，粮食安全、区域经济差异、城乡发展不均等深层次问题愈发严重，国土整治任务加重。中共中央和国务院对此给予了高度重视，并在党的十七大报告中强调了"强化国土规划"的重要性。

自国土资源部成立以来，该部门积极开展了一系列国土资源调查与土地利用调查，包括土地整治和地质灾害防治等工作，推动了国土整治工作的深入进行。从"十五"到"十三五"的四个国土资源五年规划（计划）中，国土综合整治均被置于关键位置（表 11-4）。

表 11-4 "十五"至"十三五"国土资源规划（计划）中国土综合整治相关内容

规划（计划）	篇名称	主要内容
国土资源"十五"计划	四、国土综合整治	"十五"期间，启动国土规划与国土综合整治工作。加强地质灾害防治，推进土地整理和复垦，加大矿山环境管理和治理力度，搞好海洋环境整治，实现资源开发和环境保护的协调发展
国土资源"十一五"规划纲要	第九章 国土综合整治与地质灾害防治	三、开展国土综合整治示范 制定差别化的国土综合整治政策，以土地整理复垦、矿山环境恢复治理、地质灾害防治为重点，选择不同地区开展国土综合整治示范，积极推进重点城市、重要矿山、重要交通干线、重点流域、东北黑土资源区、西南岩溶石山区等国土综合整治。综合治理近海岸带海洋环境
国土资源"十二五"规划纲要	第六章 加强地质灾害防治与国土综合整治	按照保障和改善民生的根本要求，大力加强地质灾害防治，全面推进国土综合整治，促进宜居家园和安全国土建设
国土资源"十三五"规划纲要	第五章第二十三节 推进国土综合整治	形成"四区一带"国土综合整治格局。重点在城市化地区、农村地区、重点生态功能区、矿产资源开发集中区和海岸带及海岛开展国土综合整治，修复国土功能

资料来源：自绘

农业农村部、水利部、国家林业和草原局等相关部门也各自开展了国土整治工作，但从全国范围来看，国土综合整治仍处于不断探索和完善的过程中。

近年来，中共中央和国务院对国土综合整治工作高度重视，2014 年的《全国国土规划纲要》提出了"四区一带"国土综合整治工作，而2015年中央政府的《政府工作报告》则明确提出了"国土江河综合整治试点"。随后的《国土资源"十三五"规划纲要》进一步强调了形成"四区一带"国土综合整治格局，并在关键区域开展整治工作。这些举措进一步提升了国土空间综合整治的战略地位。

11.3 国土空间综合整治的运行机制

11.3.1 周期推进机制

1. 整治准备阶段

1）明确"高位统筹"的战略定位

在优化国土资源配置、调整"三生"空间布局的基础上，国土综合整治应被定位为城乡一体化发展的核心策略，成为新型城镇化与乡村振兴的关键载体。国土综合整治作为推动社会经济可持续发展的关键工具，有利于实现生态文明建设目标，增强民生福祉，以及提升政府治理能力。同时，其也是刺激内需的重要力量，是实现空间规划"多规合一"的具体实施单元，助力精准扶贫，确保全面建设小康社会的目标实现。

2）评估"综合能力"的潜在价值

综合考虑区域发展定位、政策走向、经济实力、市场环境和公众参与度，深入剖析国土综合整治的优势、劣势、机会和威胁。在充分考虑自然适宜性、生态安全、经济合理性和社会接受度等因素的基础上，构建国土综合整治潜力评估模型，科学评估其对区域长远发展的综合潜力。

3）确立"权责明确"的产权结构

响应生态文明建设需求，结合不动产登记制度，推动建立产权明晰、权责分明、监管有效的国土资源产权制度。通过建立国土资源变更数据库，确保产权明确，有效解决产权边界模糊问题，维护各方利益。

4）构建"发展导向"的预警体系

基于区域承载能力和资源瓶颈分析，建立与区域发展需求、国土综合整治潜力相匹配的预警数据库、评价体系和模型，形成对国土综合整治潜力进行动态监测的预警机制。

5）设定"可持续发展"的明确目标

以区域可持续发展为指引，根据国土综合整治的潜力和制约因素，设定具体的整治目标。这些目标包括：增加并提升耕地质量，促进耕地保护；全面整治山水林田湖草沙要素，优化土地生产条件，提升居住环境，构建国土生态保护体系；推动产业用地布局优化，形成高效绿色产业体系；保护地区特色景观和文化，引导土地利用的伦理和生态文明；实施土地利用规划，探索符合区域发展的机制创新和政策试点；整合政府资源，促进部门协作；形成政府、市场、社会多方合作的良性循环机制，为区域发展治理提供借鉴。

6）制订"全域整治"的统筹方案

在技术上，建立科学的国土综合整治规划技术体系，根据整治目标的不同，合理划分整治功能区域。结合国土综合整治潜力及其制约因素，整合土地利用总体规划、城乡规划、国民经济社会发展规划、环境保护规划等，科学划定整治单元，为各项规划的落实、政策的整合、瓶颈的突破和区域长远发展提供支撑。同时，合理安排重点项目，建立基于土地利用功能区的项目选址判别准则和优化决策技术。

2. 整治实施阶段

1）实施"生命系统导向"的综合整治

以"可持续发展"为核心理念，依托"生产、生活、生态"三维空间，全面整合"山川、水域、农田、道路、林地、村落、城市、海域"等资源要素。依据生态系统完整性及自然规律，综合考虑各生态元素及区域关系，集中国土资源、农业农村、林业、水利、环保等多部门之力，全面推进国土资源整体保护、系统性修复和综合治理，加强国土资源系统良性互动，提升资源质量，维护生态平衡。

2）守护"乡土文化特色"的国土资源

构建国土资源评估体系，明确资源在保护传统文化、传承民族文明中的价值。鼓励创新国土特色资源保护模式，避免同质化整治，重视并发挥国土资源在保护历史、民俗、古建、村规、家谱、技艺、古树等方面的作用，传承并弘扬乡土文明。建立特色资源保护监管机制，加强整治过程中的动态监测与保护，并设立特色资源提升激励机制。

3）形成"互动协调"的整治路径

改变以往政府主导、指标驱动的"自上而下"模式，建立"互动协调"的综合整治机制。加强公众参与，构建社会利益表达与反馈系统，完善纠纷调解机制。综合考虑市场需求、群众意愿与政府政策，融合政府推动、市场配置与群众意愿，有效化解整治过程中的社会风险。

4）鼓励"多主体共治"的资金筹措

探索多元主体参与的政府和社会资本合作（Public-Private-Partnership，PPP）模式，包括外包、股份、私营等结构。政府与企业、个人可根据项目特点、资金状况和发展预期设计融资方案，实现资金来源多元化，确保整治工作持续有效进行。

5）构建"公平合理"的利益分配机制

基于产权界定，制定科学的国土资源权益变动与收益分配规则。平衡政府、市场、社会在权属调整、安置方式、资金分配中的权益，提高国土资源级差地租收益返还农村集体和农民的比例，分享新型城镇化成果。同时，确保各参与主体在整治过程中的合法权益。探索"资源市场价格+资源增值税"的调节方式，为国土资源利益分配提供科学依据。

6）强化"政策集成"的保障机制

加强国土综合整治政策与其他政策领域的衔接，如土地综合整治、"三线"划定、脱贫攻坚、城市规划等。通过政策协同优化，促进国土综合整治与产业规划、城市规划、环境保护等领域的深度融合，提升国土综合整治的政策效应，实现区域发展战略目标。

3. 整治后的管理与优化

1）实施长期绩效导向的管控策略

为确保国土综合整治的长远成效，必须摒弃过去"重实施、轻维护"的短视行为。整治完成后，需立即构建动态监测、评估、预警与维护的闭环体系，确保整治成果得以长期维持并持续发挥效能。此外，国土综合整治应深度融入产业发展、供给侧结构性改革、环境保护、生态文明建设、农村"三块地"改革及"多规合一"等战略，从而推动区域发展的全面优化与升级。

2）总结并优化整治经验

整治工作完成后，应及时总结提炼整治过程中的经验教训，包括整治本身以及与其他领域的协同合作。通过这一过程，不断完善国土综合整治的理念、理论框架、优化整治体系、模式、路径、利益分配及绩效管控机制。这些经验总结与优化，将为国土综合整治及其环境的优化提供持续的动力和智力支持。基于"全生命周期"理念的国土综合整治目标及任务详见图11-1。

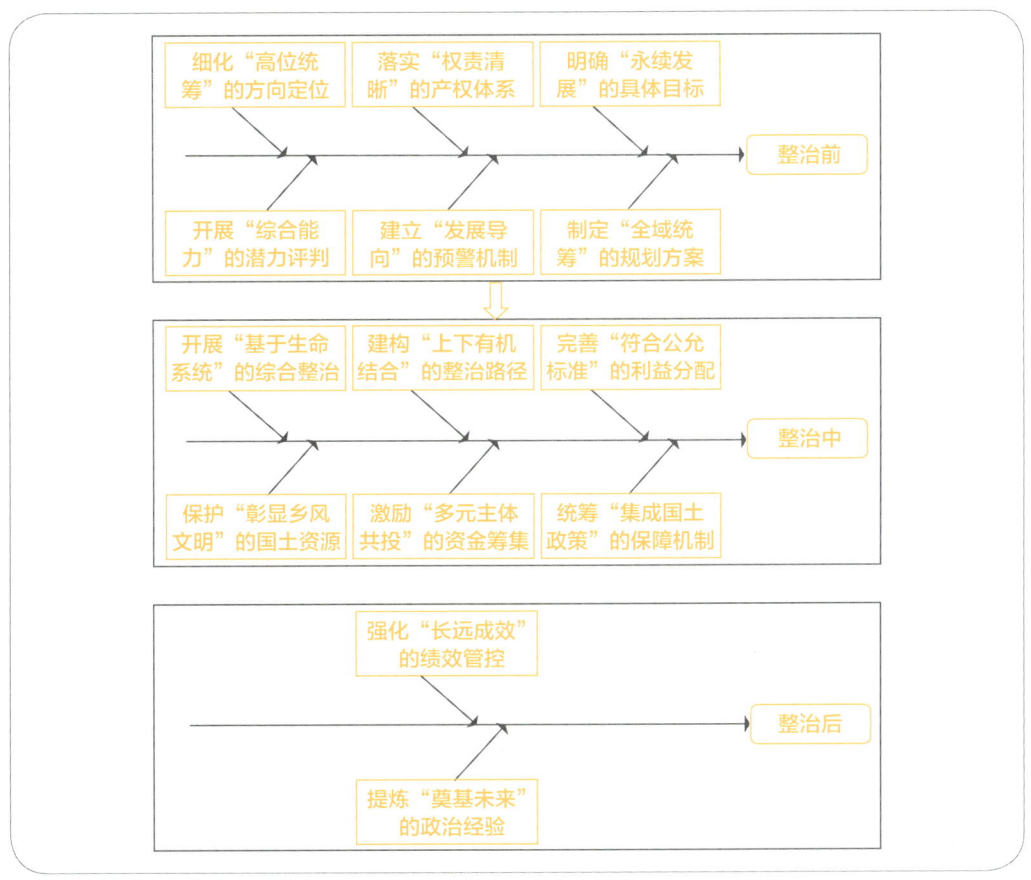

图 11-1 基于"全生命周期"的国土综合整治目标任务
资料来源：自绘

11.3.2 空间延拓机制

随着国土综合整治目标多样化，针对地域广阔、差异显著的特点，需精准定位整治重点，优化政策与投入，实现区域协调发展。接下来，本节将基于国土综合整治的"面""线""点"三个层面，阐述不同区域的主要整治目标及任务。

1. 国土综合整治"面"的目标任务

依据主体功能区划分，结合实际情况，将国土整治区域分为粮食主产区、城镇化快速区、生态保护区、矿产开发区和海岛特色区。

1）粮食主产区

粮食主产区主要集中在东北平原、黄淮海平原和长江中下游平原等地。

（1）核心目标

以农业水平提升、农村生产生活条件优化为指引，充分利用农地资源优势，调整农业生产结构，增强区域粮食生产量和质量，确保对全国粮食安全的贡献。同时，推动农业生产向集约化、标准化、设施化、精细化、智能化方向发展；改善农村居民点的散乱布局，加强基础设施建设，提升公共服务水平，打造宜居宜业的农村环境。

（2）关键任务

首先，加强农用地整治，显著提升高产稳产农田的比例，加大基本农田保护区、粮食主产区、农田整备区的整治力度，改造中低产田，恢复因灾害或生产建设受损的耕地，提高灌溉条件，完善农田基础设施，适度开发增加耕地面积，提升耕地质量，确保粮食安全。其次，建立农田保护激励机制，加强园地、林地、草地、湖泊等国土资源的综合整治，科学引导农业产业结构调整。最后，结合当地实际，尊重群众意愿，开展农村居民点的差异化整治，保留乡村文化特色。

2）快速城镇化地区

快速城镇化地区涵盖中部快速城镇化地区、东部经济发达区、大都市边缘区等。

（1）核心目标

以"生产、生活、生态"三者和谐为目标，优化空间布局，严控生产用地，推动国土资源的高效开发与集约利用，以资源优化投入引领经济结构的转型升级。同时，优化生活空间，保护和提升地区景观和文化传统，塑造繁荣和谐的生活氛围；增强生态空间，建立山水林田湖草沙为骨架的生态保护与提升体系，打造"山水相依"的宜居城镇。

（2）关键任务

首先，强化农村建设用地整治，实施村落整合，积极改造旧城区、城郊村落、城中村以及地质灾害风险区，完善农村宅基地退出机制，规范城乡建设用地增减挂钩，激活城乡存量土地，促进土地资源的集约高效利用。

其次，全面推进城镇及旧工矿区的改造，通过多样化手段如集中连片整合、局部精细化改造及沿街风貌重塑，激活低效城镇土地，提升住宅用地集约利用效能。同时，强化城镇改造规划的战略导向，倡导地上与地下空间的立体综合开发模式。此外，加速推进高污染、高能耗、低技术产业的转型升级进程，以优化工业用地配置，激活闲置与低效地块，有效缓解产业用地供需紧张态势；特别关注东部大城市和中西部大城市周边区域的"城中村"改造。

最后，需全面治理大气、水体及交通环境，以显著提升城镇居民生活质量。同时，扩展城市绿色生态版图，构建绿道网络，促进城乡绿色空间的紧密融合。推广立体绿化理念，加速公园绿地布局，完善居住区绿化体系，并加大对城镇自然要素如山体、水体、湿地的生态修复力度。在关键区域如山脉沿线、江河两岸、海岸线、交通要道及高速出入口，精心打造多彩、多层次、连贯的生态景观带。此外，强化水环境治理，因地制宜地恢复城市水系生态平衡，美化水岸景观。针对长江三角洲、华北平原、松嫩平原、汾渭盆地等重点区域，实施地质安全综合整治项目，有效治理地面沉降、塌陷及裂缝问题，全面改善城市地质环境状况。

3）重要生态功能区

在生态功能方面占据重要地位的区域，如北方农牧交错脆弱带、黄土高原窑洞聚集区、西北内陆干旱脆弱带、云贵高原多民族山地环境区、南方丘陵脆弱生态区等，同时它们也常常是扶贫工作的关键区域。

（1）核心目标

本区域旨在以生态保护为导向，重构并提升国土生态系统，从而筑牢国家和区域生态安全屏障。通过市场机制的引导，合理体现国土资源的生态价值，实现产业发展和生态保护的双重目标。同时，借助政府与社会力量，合理引导部分区域实施生态移民，旨在提升群众生活水平与生态环境质量的双赢。

（2）关键任务

首先，加强水源涵养区域的综合治理。重点针对华北、秦巴山地、六盘山地、新疆北部、祁连山等水源涵养区，进行生态恢复与建设，有效治理水土流失，恢复和重建森林、草原、湿地等生态系统，增强水源涵养能力。同时，开展水污染防治工程，控制水污染，减少污染负荷，并限制对水体污染有影响的产业发展，鼓励发展生态旅游、生态农业等绿色产业。

其次，强化水土保持区域的综合治理。在黄土高原、长江上游、西南岩溶石漠化地区、西藏"一江两河"地区，实施以小流域为单位的综合治理，统一规划山水林田路，优化工程、生物、农业等水土保持措施，控制水土流失。通过植被建设、水源工程建设、节水农业推广等措施，提高水土保持能力和水资源利用率。

再次，实施防风固沙区域的综合治理。在防风固沙区，重点开展生态林建设、草原恢复、田林网建设、防风固沙等国土综合整治。对于沙漠化脆弱区，实施退耕还林、还草和沙化土地治理；对于重度荒漠化地区，构建完整的防护体系进行综合整治；针对沙化严峻的区域，实施策略性生态移民，辅以全面封禁保育措施，旨在加速区域生态自我修复。

同时，不断深化京津风沙源等关键区域的国土综合整治项目。强化林草植被的保育力度，对退化及沙化草原采取禁牧或围栏封育策略，以提升植被覆盖比例。在条件适宜的地域，积极推广植树造林活动，加速沙化土地的生态治理进程。

最后，开展生态移民型国土综合整治。对于生态环境严重受损或条件恶劣、不适宜人类居住的区域，实施生态移民搬迁，并同步进行生态环境修复与提升，恢复并提高国土资源的生态价值。

4）矿产资源开发集中区

矿产资源开发集中区主要指矿产资源丰富，且是当前和未来集中开发的区域。

（1）核心目标

在绿色矿业与生态保护协同发展的指引下，针对地质环境问题严重且对区域经济社会影响显著的地域，部署国土综合整治重大项目。该项目旨在修复矿山地质环境，加快绿色矿山构建，培育科学布局、高效集约、生态和谐的绿色矿业示范区，推动矿业产业转型升级，促进资源利用与区域经济社会的协调发展[228]。

（2）关键任务

首先，加大历史遗留矿山的综合治理力度。加快对历史遗留矿山的地质环境治理和废弃工矿地的再利用。对于地质环境破坏严重、威胁人民生命财产安全的矿区，开展全面的环境问题和安全问题治理，改善矿区及其周边地区的生态环境[229]。同时，稳步推动废弃工矿地的再利用，优化建设用地布局。预计至2020年和2030年，历史遗留矿山的综合整治率将分别达到40%和60%以上。

其次，同步实施新建和生产矿山的恢复治理工作。遵循"谁破坏，谁治理"的原则，明确矿业权人的责任，并严格执行"三同时"制度，即在矿山开采和选矿过程中同步进行废污水处理、废石尾矿长期堆放的环境污染治理。同时，依法落实新建和在建矿山的土地复垦责任，完善相关机制，确保被破坏的矿区土地得到及时恢复治理。

最后，加快绿色矿山和矿山公园的建设步伐。在追求资源效益、生态效益、经济效益和社会效益的协调统一中，大力推动绿色矿山的建设，形成全国性的绿色矿山发展格局，促进资源的合理利用、节能减排以及生态环境的保护与社区和谐。同时，将矿山公园的建设与矿山地质环境的恢复治理相结合，充分挖掘矿业遗迹的观赏和科研价值，推动矿业旅游的发展。

5）海岛区

海岛区特指中国领海内的岛屿所涵盖的地域。

（1）核心目标

以捍卫国家主权、保护海岛生态环境、促进海岛产业合理发展为宗旨，强化偏远海岛管理，修复自然资源与生态环境，优化海岛基础设施，并在适宜的海岛发展符合其特性的产业。

（2）关键任务

首要任务是海岛整治与保护。实施海岛保护、开发利用前的整治修复、居民海岛整治、偏远海岛基础设施改善等工程，以改善海岛码头、淡水等基础设施，保护自然资源和生态环境，有效遏制海岛水土流失。

另一项关键任务是领海基点海岛保护。明确领海基点海岛的保护范围，设立并维护保护标志；在麻菜珩岛、外磕脚岛、中建岛等地进行长期的地形、地貌观测与监测，确保领海基点海岛及其周边地形的稳定；对受损的领海基点海岛进行生态修复，并将其监视监测系统纳入国家海岛监视监测体系建设的优先范畴。

2. 国土综合整治"线"的目标任务

1）海岸带

（1）核心目标

以生态空间保护为基石，促进陆海一体化发展，强化海岸带环境治理，确保自然系统平衡，构建陆海资源、交通、产业协同机制，推动陆海共生发展。

（2）关键任务

一是实施海岸带综合整治与修复工程。清淤扩水、恢复海湾与河口生态环境，建设防护设施以维护自然系统平衡，防治海洋灾害。对沉降明显的围填海区域进行整治，拆除不合理人工设施，恢复自然岸线及景观。修复受损的海岸沙坝、潟湖等海积地貌和海蚀地貌遗迹，优化用海布局，实现经济规模化与集约利用[230]。

二是优化海岸带产业体系，强化陆海联动。基于陆海统筹视角，整合海岸带国土资源，构建与陆海联动相匹配的产业体系，完善辐射海岛、海洋的交通网络。

2）重要水体流域

重要水体流域涵盖长江、黄河、松花江、珠江、海河等重要水系所在区域。

（1）核心目标

旨在维护水体生态系统的健康，推动区域间的联动发展。构建全方位的水土保持综合防治体系，有效控制水土流失，并强化流域间合作，实现水资源的合理利用与共同开发。

（2）关键任务

一是实施水体污染与水土流失的综合治理。完善流域水质监测与管理体系，强化污染源头控制，采用生物、化学等多种手段减轻水体污染，提升水质。同时，以小流域为单位，科学规划水土保持措施，探索多元化土地利用模式，有效控制水土流失。结合植物与工程措施，对侵蚀沟进行综合整治，保护并恢复耕地。引导农民调整耕作方式，减少水土流失[231]。

二是优化流域产业体系。基于流域现状与发展需求，结合国土资源与产业基础，调整产业结构与布局，引导高耗能、高污染企业远离水源地，降低污染风险。

3）重要线性工程

重要线性工程主要指国家或跨省级政府主导的重大国土资源配置项目，例如南水北调、西气东输等。

（1）核心目标

以推动工程进展为核心，力求实现工程所涉区域生态、生产、生活的和谐统一。通过工程带来的资金与项目效益，构建科学的产业体系，强化区域生态环境监测，并根据实际情况设计资源修复与提升项目，确保区域生态环境的持续改善。

（2）关键任务

以南水北调为例，应紧密结合水利项目建设，基于中、东线供水区域的水资源状况，对输水沿线农田进行整理，集中零散地块，优化灌溉与节水设施，增加有效耕地面积，提升耕地质量[232]。同时，解决因输水主干线和水利枢纽建设导致的耕地淹没、移民安置等土地利用问题。

3. 国土综合整治"点"的目标任务

国土综合整治旨在全面优化区域国土资源，其"点"作为关键节点，如快速城镇化地区的核心城市、海岛区的核心岛屿、重要线性工程的重要节点等，在"面"或"线"状整治区域中发挥中心辐射和带动作用。

1）核心目标

核心目标在于服务国土综合整治的整体功能，经由国土资源的精细化调配与整合，致力于构建集生态、生产、生活于一体的"三生"空间格局，以此驱动城乡一体化的深入发展与结构转型。在此进程中，特定"节点"区域将扮演核心引领与标杆展示的双重角色，为更大尺度的国土综合整治战略提供坚实的支撑力与示范效应。

2）关键任务

首先，需在本区域开展国土综合整治试点。基于宏观区域需求、本地国土资源禀赋、发展战略及实际发展水平，进行国土资源环境综合承载力评价，分析国土资源变化的空间格局和发展态势。制定并细化国土综合整治规划与方案，系统实施相关工程，明确重点方向和实施措施。

其次，提炼国土综合整治经验，促进区域联动。总结本区域国土综合整治的经验与启示，强化与其他区域的交流合作，共同构建区域联动整治的协调机制，实现各区域之间的相互带动与辐射。

11.3.3 部门合作机制

1. 自然资源部（原国土资源部）

首先，针对土地利用低效和土地退化问题，部门将建设旱涝保收的高标准基本农田作为核心任务，积极推进农用地和农村建设用地的整治、土地复垦以及城镇和工矿建设用地的优化工作。

其次，鉴于中国地质灾害隐患的严重性、广泛性和难以防范的特点，自然资源部编制了"十一五"和"十二五"期间的地质灾害防治规划，开展了地质灾害调查，建立了紧急响应机制，并对特定地区如汶川、玉树地震灾区，长江三峡水库区，以及甘肃舟曲县城区等进行了专项的地质灾害防治工作。

再次，针对矿山地质环境和矿区土地复垦的问题，部门实施了《全国矿山地质环境保护与治理规划（2010—2015年）》，建立了差别化管理政策，并部署了关键项目，有效促进了矿山地质环境的治理和恢复。

最后，为应对海洋问题，自然资源部制定了沿海海域、海岛及海岸带的整治修复保护计划，旨在提升这些区域的环境和生态价值，从而增强对海洋经济发展的支持作用。

2. 农业农村部

在全国范围内实施了高标准农田建设总体规划，以全面提高农田质量。通过整合农业综合开发资源，重点推进了中低产田改造、土地整理以及小型农田水利建设等工程，显著提升了农田生产力。特别是在北方干旱半干旱草原、青藏高原草原等地区，加大了草原保护与恢复力度，如实施退牧还草、风沙源治理等工程，同时加强了草原防灾减灾基础设施[233]。

3. 水利部

专注于水利资源和水域环境的保护与管理，指导大江大河大湖的治理与开发。其工作重点包括水利工程建设与运行管理、水土流失综合防治以及农村水利工作的指导。特别是在重要水利工程建设与运行管理上，水利部承担着跨流域、跨省份的关键性任务[234]。

4. 生态环境部

聚焦于生态保护与农村土壤污染防治，编制了《全国生态功能区划》等规划。基于生态系统服务功能理论，科学划分了生态功能区，明确了国家生态安全的重点区域，为生态保护、资源开发和产业布局提供了科学依据。

5. 国家林业和草原局

国家林业和草原局致力于通过植树造林等措施，构建了十大国土生态安全屏障，显著提升了国土生态安全水平。同时，加强了湿地保护与恢复，建立了湿地保护网络体系，有效保护了湿地生态系统。

6. 部门联合开展的国土整治

2015年3月，政府工作报告提出启动国土江河综合整治试点工作，5月，财政部、环境保护部、水利部联合发布指导意见，明确以流域为基本单元，实施全面的整治策略。

试点工作遵循新时期治水方针，坚持节水优先、空间均衡、系统治理和两手发力。通过构建国土江河综合整治平台，整合各方资源，强化部门间的协同合作，以实现流域资源的有效保护与环境的持续改善。

在具体实施中，试点工作突出问题导向，科学评估流域资源环境承载力和生态安全状况，针对关键症结制定整治目标和路径。同时，注重系统治理，将流域内的山水林田湖视为一个生命共同体，综合考虑各种自然生态要素，采取综合性的治理措施。

在治理机制上，明确多元共治原则，遵循涉水法律法规，构建区域、上下、部门间的联动协作体系，形成政府引导、企业参与、市场驱动、公众支持的协同治理模式，以提升治理效能。此外，注重机制创新，强化监测、调度、预警平台的建设和信息共享，推动流域生态补偿的实施，完善长效整治机制。

在组织协调方面，财政部、生态环境部与水利部共同承担试点工作的组织与指导，与试点省份建立省部际联席会议制度，实时跟进工作进展，解决试点中遇到的问题，并部署相关任务。省级政府则承担本省份试点工作的主体责任，成立领导小组，建立与财政、生态环境、水利等相关部门的协调机制，明确职责分工，确保责任落实[235]。

11.3.4　差异整治机制

1. 国土空间综合整治基本类型

1）农用地整治

农用地整治聚焦于以耕地为核心的农业用地，旨在通过一系列综合工程提升耕地面积和质量，提高农业生产与生态环境。整治工作涵盖土地平整、灌溉排水系统优化、田间道路建设及生态环境保护等多个方面[236]。农用地整治聚焦于耕地质量建设、后备耕地管理以及农业结构调整三大核心领域。

（1）耕地质量建设

基于农用地分等和地力评价，通过技术、工程、化学及生物手段，综合提升耕地农田基础设施、土壤肥力和养分含量，特别关注中低产田的改造与高标准基本农田的建设。后期管理亦不可缺少，包括新增耕地的监管、农业补贴政策的利用，以及基本农田监测体系的建立。

（2）后备耕地保护与利用

农用地整治强调后备耕地的科学开发与管理，平衡资源开发利用与环境保护之间的关系，以实现可持续发展。这需要相关部门的协调合作，遵循开发与保护并重的原则，追求社会、经济、生态效益的和谐统一。

（3）农业结构调整

在稳定并增加耕地面积的基础上，土地整治还需引导农业结构的调整，合理配置农用地资源，推动生态农业的发展，优化土地利用结构，进而促进地区农业产业结构的整体升级。

2）农村建设用地整治

农村建设用地整治旨在完善农村设施、改善生产生活条件，提高土地利用效率。通过整合散乱、废弃、闲置和低效用地，实施一系列整治措施。以河南"三项整治"、浙江嘉兴"两分两换"为例，整治策略涉及严格用地标准、提高建筑容积率、自然村合并至中心村等措施，同时完善基础设施以提升居民生活质量[237]。

以中心村改造为核心，形成了以下四种模式：

（1）城镇聚合模式：以中心城区为依托，扩大集聚规模，将村庄用地纳入城市体系，实现城乡融合。适用于城中村和经济发达的近郊村。

（2）中心村聚合模式：以经济实力较强的近郊村为中心，逐步将周边村庄纳入中心村体系，促进城乡一体化。适用于各类地区。

（3）内部改造模式：针对远郊中心村，完善基础设施，盘活闲置宅基地，改善村民生活。以村集体集资为主。

（4）整体搬迁模式：对于零散村落或不适宜原址建设的村庄，采取异地迁移，建设新社区或新村，对老宅基地进行复垦。以政府投资为主导。

针对不同地形条件的村庄，采取相应整治措施：

（1）经济发达平原地区：采用城镇聚合或中心村建设模式，制止宅基地多占、闲置，提高土地利用效率。

（2）经济欠发达平原地区：改善公共基础设施，限制外围建设，鼓励利用旧宅基地，逐步实施中心村聚合。

（3）丘陵平原地区：利用中心村型聚合模式，集中建设在山麓地带；远郊村采用内部改造模式，完善设施，限制扩张。

（4）丘陵山区：采取整体搬迁模式，保护脆弱生态环境，同时保护和开发具有历史、自然特色的村落。

此外，保护与开发具有特色的村落，也是农村建设用地整治的重要方面。

3）宜农未利用地开发整治

对宜农未利用地进行整治，旨在提升耕地面积、优化生态环境。基于开发潜力与生态敏感性分析，制定土地利用总体规划，明确开发目标和重点区域。整治措施包括宜农未利用地的开发以及对田、园、沟、滩等的综合治理，旨在改善农业生产条件、农业自然景观及生态环境。此举对提升土地利用效率、促进农村经济、增加农民收入、缩小城乡差距具有显著作用。新疆伊犁河谷、吉林西部、宁夏中北部等地的土地开发工程均为此类整治的典范。

4）土地复垦

土地复垦聚焦于因生产建设活动及自然灾害受损的土地，通过整治使其恢复利用价值。工作范围涵盖旧城镇、"城中村"、旧工矿的改造，配套设施完善，节地型项目加强，城镇发展空间拓展，土地价值提升，人居环境改善及节约集约用地水平提高。辽宁阜新、山东枣庄的工矿废弃地复垦[238]；四川、江西等受灾地区的灾后重建，嘉兴"两分两换"、河南"三项整治"中的农民旧房改造与农村基础设施建设[239]；广东"三旧"改造中的旧城镇、旧厂房、旧村居的整治，均体现了土地复垦在促进产业结构调整、城市转型、环境再造及节约集约用地方面的积极作用。

2. 国土空间综合整治的延拓类型

在生态功能区、矿产资源富集区、海岸带及海岛、精准扶贫区，实施土地、能源、资源的开发利用与保护，应纳入国土综合整治框架。从国家层面看，整治重点涵盖自然资源整合、水土保持与环境治理、海岸带与海岛管理、精准扶贫等方面。

1）自然资源整合

鉴于中国地域辽阔、资源分布不均的特点，特别是中西部矿产资源丰富而水资源分布不均，以及城镇人口集中于东南沿海的现象，中国实施了多项大型工程以优化资源配置。其中，南水北调工程和西气东输工程尤为突出，通过水利工程、西煤东运等方式，实现了自然资源的时空重组。

（1）南水北调工程——水资源的时空整合

南水北调工程旨在将长江流域的丰富水资源通过东、中、西三线输送至华北、淮海平原及西北水资源匮乏地区，惠及约5亿人口。该工程基于我国水利设施基础，如丹江口水库、三峡大坝等，不仅实现了水资源的空间再分配，还针对我国水资源时间分布不均的问题进行了优化，有效缓解了北方干旱地区的水资源短缺和南方洪涝灾害问题（表11-5）。

表11-5 南水北调各线基本情况一览表

工程	线路	开竣工时间	调水量	里程
东线	江苏扬州—京杭大运河—洪泽湖—骆马湖—南四湖—东平湖—黄河—山东、河北、天津—烟台、威海	2002—2013年	148亿立方米	1857公里
中线	湖北丹江口—长江—黄河—海河—北京、天津	2002—2014年	145亿立方米	1432公里
西线	通天河、雅砻江、大渡河—巴颜喀拉山隧洞—黄河	未开工	170亿立方米（设计）	一期260公里（设计）

资料来源：自绘

然而，自南水北调工程提出以来，便在社会上引发了激烈的讨论。这些讨论主要集中在工程资金的高额投入、移民安置的复杂性、调水量与经济和生态效益之间的权衡，以及工程对长江中下游地区生态和航运的潜在影响等方面。

（2）西气东输工程——天然气资源的跨区域调配

改革开放以来，中国能源结构转型需求凸显，煤炭比重过高导致环境问题加剧。西气东输工程应运而生，通过干线管道、重要支线和储气库，将我国新疆及中亚的天然气资源输送到长江三角洲和华南沿海等地（表11-6）[240]。该工程基于对中国西部塔里木盆地、柴达木盆地等地约26万亿立方米天然气资源的全面勘察，于1998年提出，并在2000年获国务院批准。

表11-6 西气东输各线基本情况一览表

工程	线路	规模	开竣工时间	主要气源
一线	途经新疆、甘肃、宁夏、陕西、山西、河南、安徽、江苏、上海以及浙江	年输气量达120亿立方米	2002—2004年	中国新疆地区
二线	西起新疆霍尔果斯，东达上海，南抵广州、香港	年输气量达300亿立方米	2009—2012年	中亚、中国新疆地区
三线	西起新疆霍尔果斯，途经新疆、甘肃、宁夏、陕西、河南、湖北、湖南、江西、福建和广东10个省、自治区	年输气量达300亿立方米	2015年竣工	中亚
四线	起于新疆伊宁，止于宁夏中卫，途经新疆、甘肃、宁夏3省、自治区	年输气量达150亿立方米	2015年开工	中国新疆地区、中亚
五线	起于新疆乌恰县，终点计划输往江苏、浙江一带	计划年输气量达450亿立方米	勘察设计中	中国新疆地区、中亚、俄罗斯

资料来源：自绘

西气东输工程不仅优化了能源结构，推动了产业结构升级，还显著提高了大气环境，提升了人民生活质量，实现了经济效益与社会效益的双赢。作为西部大开发的重要一环，该工程有效促进了西部地区及沿线经济的发展，增加了地方政府财政收入。

值得注意的是，作为地下管道工程，西气东输对生态和环境的影响相对较小。然而，施工过程中的野生动物和植被保护问题仍需关注，特别是野骆驼的保护。此外，挖土回填对西部地区脆弱植被的影响亦需审慎评估，以确保植被的再生能力。

2）水土保持与环境治理

随着中国经济的快速发展，尤其是改革开放后，环境问题日益凸显。由于粗放的发展方式和对环境效益的忽视，导致生态失衡、水土流失等环境问题加剧。为了应对这一挑战，中国启动了一系列环境治理措施，其中最具代表性的是"三北"防护林和各流域水污染治理。

(1)"三北"防护林

"三北"防护林体系覆盖范围约406.9万平方公里，占中国陆地面积的42.4%，旨在通过七期工程规划造林5.35亿亩，将森林覆盖率从1977年的5.05%提升至2050年的15.95%。该体系强调在保护现有植被的基础上，运用多样化技术营造防风固沙林、水土保持林等，形成多类型植物和林地结构的防护体系，以促进农、林、牧业的协调发展。

为实现到2050年森林覆盖率达到26%的目标，"三北"地区成为关键。这一工程对改善生态、提高农业生产力、增加农民收入及促进区域发展等具有重大战略意义。其积极影响主要体现在风沙治理、水土流失控制、农业生产条件优化、森林资源增长及农村经济提振等方面。

尽管"三北"防护林体系取得了一定成效，但争议仍存。其虽有助于土壤保护和环境改善，但在水资源匮乏地区，植被生长对水的消耗也较大，引发综合效益的争议。此外，由于土地承载力与降水量正相关，干旱与半干旱地区的承载力有限，植树造林未必能缓解土地退化、提升承载力。例如，科尔沁沙地虽在20世纪80年代进行了大规模植树，但土地退化面积远超造林面积，表明人工造林对土地承载力的提升效果有限。

(2)各流域水污染治理

自新中国成立以来，特别是改革开放的推进，随着工业化、城市化的迅猛发展，水污染治理已成为国家环境保护的核心议题之一。国务院发布的《重点流域水污染防治规划（2011—2015年）》旨在全面加强全国各大流域的水污染防控，涵盖长江、松花江、珠江、海河及黄河等关键水系。黄河，作为中华民族的母亲河，其流域内因环境脆弱、水资源匮乏，其水资源的保护与利用尤为关键。

针对黄河中上游地区，规划明确了青海、甘肃、宁夏、内蒙古、陕西、山西和河南7个省区的水污染防治工作。该工作以省级行政区为单位，细分为7个控制区，并进一步分解为47个控制单元，涵盖了COD与氨氮排放、工业污染、城镇污水、饮用水源、畜禽养殖污染及区域水环境综合整治等多个方面。通过明确责任、细化项目清单，实施监测与管控，并将结果纳入相关部门和政府的年度考核，确保水污染治理的有效实施。

在实施过程中，还强调了跨行政区划、跨部门的协作机制，鼓励科技手段的应用，推动信息公开与公众参与。经过终期考核，该规划显著提升了流域内水质，为水环境的持续改善奠定了坚实基础。重点流域水污染防治专项规划2015年度实施情况详见表11-7。

表11-7 重点流域水污染防治专项规划2015年度实施情况汇总

流域	考核断面达标比例	项目建设情况			
		完成（含调试）	在建	前期	未启动
松花江	82.9%	58.1%	20.2%	15.8%	5.9%
淮河	84.1%	88.2%	6.0%	3.7%	2.1%
海河	64.0%	83.3%	8.9%	3.5%	4.3%
辽河	96.0%	65.2%	13.2%	6.0%	15.6%
黄河中上游	72.5%	73.2%	12.3%	10.8%	3.7%
巢湖	50.0%	85.0%	11.4%	3.0%	0.6%
滇池	63.6%	66.3%	24.8%	8.9%	0.0%
三峡库区及其上游	75.5%	50.3%	19.9%	23.5%	6.3%
长江中下游	78.7%	79.2%	10.9%	3.6%	6.3%
合计	75.4%	72.8%	12.5%	8.8%	5.9%

资料来源：自绘

3）海岸带与海岛利用保护

国土综合整治相较于传统国土整治，其内涵、方式和对象均呈现更为丰富和广泛的特点。中国海岸线总长3.2万公里，其中大陆海岸线占1.8万公里，岛屿海岸线占1.4万公里。此外，中国还拥有超过7 300个面积大于500平方米的海岛，其中70%位于距大陆岸线10千米之内。这些海岸带与海岛资源的利用与保护，构成了国土综合整治不可或缺的一部分。

当前，海岛生态破坏严重，开发秩序混乱，缺乏统一规划与利用，导致经济社会发展滞后。为此，中国制定了《全国海岛保护规划（2011—2020年）》，旨在实现海岛资源的全面保护与合理利用。为实现规划目标，该规划提出了十项重点工程，包括海岛资源生态评估、生态系统与物种多样性保护、领海基点海岛保护、生态修复、淡水资源保护与利用、可再生能源建设、边远海岛开发利用、防灾减灾、名称标志设置以及监视监测系统建设。这些措施的实施，将有助于解决海岛开发、建设、保护中的重大问题，促进海岛经济的可持续发展。

4）精准扶贫与国土综合整治

改革开放以来，中国农村经济建设成就显著，但基础依然薄弱，需进一步加强。当前扶贫工作面临三大挑战：扶贫机构不完善、贫困主体对接能力不足、普惠政策瞄准机制存在偏差[241]。为应对这些挑战，《中国农村扶贫开发纲要（2011—

2020年)》强调土地整治作为扶贫的重要措施。精准扶贫下的国土综合整治侧重于解决贫困问题，确保农民收益。

（1）土地指标流转

通过国土综合整治提升土地质量，促进土地流转，增加农民收入。例如，福建省的"挂钩"政策，通过耕地占补平衡和城市反哺农村，推动旧村复垦和新农村建设。

（2）基础设施建设

加强农业基础设施建设，提升土地利用效率，增加农民收入，改善生态环境。如河北省和湖南省的精准扶贫项目，通过提升农业产业化和基础设施建设，实现增产增收。

（3）产业转型升级

推动农业与其他产业的联动，增强农村内生发展动力。河南省稻鳅共作模式实现生态共养，节约成本；贵州省利用电商平台推进扶贫开发。

（4）社会生活改善

结合新村建设，打造新型社区，提高公共服务水平。如山东省济宁邹城市孙厂村通过增减挂钩政策，建设新型社区，提升居民生活品质。甘肃省靖远县结合土地开发项目与扶贫，实现移民扶贫与科教扶贫结合。

中国地域辽阔，经济社会发展水平各异，国土综合整治需拓展至空间、资源等全方位内容，以适应不同地区的实际需求。在推进整治活动时，应全面评估社会和环境影响，维护公平正义，促进和谐发展，降低生态消耗，坚持可持续发展。

11.4 国土空间综合整治的改革路径

当前，国土空间综合整治面临着诸多挑战。一方面，随着经济的快速发展，土地资源供需矛盾日益突出，土地利用效率亟待提高。另一方面，生态环境问题日益严重，国土空间生态环境保护和修复任务艰巨。此外，城乡发展不平衡、区域发展不协调等问题也制约了国土空间综合整治的深入推进。

11.4.1 国土空间综合整治的总体定位

1. 全局视野下的政策统筹

国土空间综合整治在城乡融合中占据核心，作为新型城镇化和乡村振兴的支撑，它既是生态文明建设的实践，也是提升民生福祉、加强政府治理、确保可持续发展的关键。在"十三五"期间，它成为拉动内需、实现"多规合一"的重要引擎，对扶贫和全面小康建设影响深远。

2. 践行新发展理念

国土空间综合整治应融合新发展理念，构建数量、质量、生态、人文四位一体的整治策略。通过创新、协调、绿色、开放、共享的方式，推动城乡、区域协调发展，以环境污染治理和生态质量提升为核心，服务国家战略。

3. 以人为本，保障人民利益

国土整治应确保人民的经济、政治、文化权益，明晰土地产权，维护利益相关者利益，提升整治过程的公众满意度，确保整治的公平、公正、公开。

4. 促进永续发展

国土空间综合整治应以永续发展为导向，提升环境污染治理能力，加强生态修复，构建国土生态安全体系，改善人居环境，实现资源的永续利用、经济的持续发展、社会的全面进步[242]。

5. 优化"三生"空间

国土空间综合整治需以"三生"空间为基础，确保粮食、城市、生态安全。保护耕地，优化空间形态与用地结构，提升土地利用效率，通过绿色基础设施和生态化土地整治技术，重构生产、生活、生态空间。

6. 推动各要素综合整治

国土空间综合整治需从单要素转向多要素综合整治，打破行政壁垒，推进多类型用地整治，实现生产集约、生活提质、生态改善。

7. 统筹区域发展

国土空间综合整治需从单项目转向全域规划、设计、整治，基于区域差异和关联，统筹土地利用发展，防止重复建设和产业结构趋同，促进区域经济、产业、人口与土地利用的协调发展，优化空间布局，支持国家战略。

8. 保护乡土文明

国土空间综合整治需摒弃城乡景观与文化的单一化趋势，转向实施差异化策略以保护城乡的独特风貌与乡土文明遗产。强调对乡土文化的深度保护与尊重，并积极倡导土地整治模式的创新性探索，旨在打造蕴含地域鲜明特色的自然景观、建筑风格及传统文化体系，从而有效维系并传承土地所蕴含的深厚"乡愁"情感。

11.4.2 国土空间综合整治的思路原则

基于国家发展战略，国土空间综合整治旨在提升资源利用效率、优化空间布局、提高环境质量并保障国土安全。

1. 坚持综合整治理念

坚持整合整治的全方位视角，确保国土空间科学开发、资源合理配置与环境全面整治的同步推进。这一理念旨在实现国土的均衡发展与持续改善。

2. 坚持制度配套和制度创新相结合

在土地、经济和户籍管理等领域，强化制度供给，提升整治效率，并构建财政引导、多元投入的机制，特别关注问题区域和关键区域的支持。同时，积极探索社会资金的参与方式。

3. 坚持统一规划与分步实施

基于科学评价，实施顶层设计，制定整治目标与工程措施。在县级政府统筹下，以重点项目为依托，统一规划、分步实施，确保工作的有序进行。

4. 坚持因地制宜与试点先行

根据地区差异探索不同整治模式，并选择典型地区进行试点。通过评估试点效果，总结经验教训，推广有效经验，以指导国土空间综合整治的广泛实施。

5. 坚持政府主导、部门配合

在国土空间综合整治中，建立以政府为主导、各部门协同的工作机制。打破部门壁垒，统筹各项工作，确保整治工作的高效与优质。

11.4.3 国土空间综合整治的改革路径

未来，国土空间综合整治应坚持一体化综合整治理念，结合制度配套与创新，全面优化国土资源，构建合理的"三生"（生产、生活、生态）空间格局，推动城乡融合发展，为实现现代化目标提供有力支撑。基于以上分析，本节提出了以下四个方面的改革路径[243]。

1. 以规划的"龙头"引领作用为前提

国土空间规划是乡村振兴战略实施的基础，它指导着国土空间综合整治的方向。在规划引领下，国土空间综合整治旨在依据规划要求，对特定区域进行全方位的综合整治。然而，当前部分村庄规划仍受限于城市规划的思维，未能充分反映乡村的独特性和发展需求。因此，在乡村国土空间的综合整治进程中，需摒弃传统固化思维，转向一种全面体现乡村独特风貌的全域性规划与设计策略。

整治工作的实施应紧密依托区域国土空间规划蓝图，细化至乡镇（或乡村）层面，并遵循"总量调控、增量提质、存量激活、流量增效"的核心原则，确保整治工作既全面又综合。此外，必须增强规划的强制约束力，以保障整治方案的有效落地与实施，确保粮食安全、生态安全和国土安全。通过综合考虑土地利用、产业发展、居民点布局、人居环境改善等因素，实现规划先行、有序建设。在规划编制过程中，还应因地制宜，将各类乡村空间保护开发规划整合为一体，明确整治区域和布局，将整治任务具体落实到地块。

此外，规划还需注重弹性留白，以应对未来发展的不确定性。在规划编制中，不必对每一个空间都进行详细规划，而是要从"全域"视角出发，综合考虑地形、气候、文化等因素，合理确定整治范围和内容。同时，应鼓励村民参与规划编制，尊重其意见和诉求，以及少数民族文化与传统习俗，确保规划更符合乡村实际和未来发展需求。

2. 以"三生"空间的重点整治为任务

实施国土空间综合整治，旨在依据乡村振兴的五大目标——产业兴旺、生态宜居、乡风文明、治理有效、生活富裕，全面优化并协同整合农村的生产、居住与生态空间，着重于农用地、农村建设用地的高效集约配置，以及对助力美丽乡村构建与产业融合发展的土地资源的支持。与此同时，强化农村人居环境的管理与修复措施，旨在塑造新的国土空间布局模式，进而促进乡村振兴战略的深入实施与城乡一体化发展的加速推进。

国土空间综合整治应以国土空间规划中界定的"三生"空间为基础，维护粮食生产、产业繁荣与生态居住的均衡状态，是核心任务。在农业领域，耕地与永久基本农田的严格保护不可或缺，辅以综合整治策略以提升耕地品质。同时，推动高标准农田建设、耕地质量升级及后备土地资源开发，旨在优化资源配置、扩增面积、提升品质，进而加速农业规模化与集约化进程。

对于村庄空间，优化建设用地架构与布局，提升土地利用效率成为关键。通过科学规划建设用地整治，精心安排村庄建设、产业拓展、公共服务及基础设施用地，并实施宅基地有序整治与"空心村"复垦项目，旨在构建新型农村社区，并全面改善乡村人居环境，推动垃圾分类与资源化利用的深入实践。

在生态空间层面，生态修复与治理的强化至关重要，旨在解决污染与景观破碎化挑战。通过构建绿色基础设施网络与生态廊道，运用生态导向的土地整治技术，优化林地、水域等生态用地布局，强化水源涵养地保护，最终实现自然生态与人文景观的和谐共生，促进整个区域生态、生产和生活的协同发展。

3. 以"永续发展型"综合整治为目标

国土空间综合整治应秉持"永续发展"理念，强化山水林田湖生命共同体的整体修复，构建以"山骨水脉、林表田魂、湖心生态"为核心的国土生态安全体系，同时优化景观布局，扩大生态用地，如农田、林地、绿化等，以提升人居环境，确保资源的永续利用和经济的持续发展。

整治过程中，需尊重自然规律，构建人与自然和谐共生的环境。实施"生态型"整治，深入认识自然规律和生态特征，强化生态系统与经济、社会系统的协调，实施生态修复工程，提升生态系统的韧性，保障其面对各种扰动时的稳定性和弹性。在乡村生态保护与修复中，应坚持不破坏自然风貌，以自然恢复为主，结合人工修复。

同时，推进"乡愁型"整治，避免同质化，注重保护乡村景观特色和乡土文化，如历史沿革、民俗风情、古建遗存等，以打造具有地域特色的自然风貌、建筑民居和传统文化，留住乡愁。

此外，应实施"生物多样性保护型"整治，认识到生物多样性对人类生存发展的重要性。在整治过程中，应贯穿生物多样性保护理念，通过收集、整理、分析、评价整治区域的生物多样性资料，了解生物多样性状况及区域差异，为生物多样性保护提供科学依据。

4. 以"多元共投"模式的实现为保障

以往土地整治模式以政府主导、自上而下的方式为主，缺乏民众自发参与，导致公众参与度低。国土空间综合整治需向群众自愿、政府引导的"上下结合"模式转变，结合市场需求、群众意愿和政府政策，实现综合治理。资金筹措需从财政负担转向多元共投，深入探究政府、企业及个人等多元化主体的资金筹措机制，涵盖外包合作、股份制参与及私营投资等多种形式，旨在充分满足土地整治项目的资金需求，确保整治活动的持续高效推进。

国土空间综合整治，作为一种关键的空间治理手段，对于优化空间资源配置、增强效益产出及提升供给能力具有不可或缺的重要性。在新时代，其作用和定位将进一步提升，成为城乡发展、乡村振兴、生态文明、民生福祉、政府治理、社会经济可持续发展的重要工具和平台。在当前复杂严峻的经济环境下，国土空间综合整治还能显化土地要素价值，拉动内需，成为助推经济企稳回升的强大引擎。

关键术语

国土空间综合整治、土地综合整治、国土整治、周期推进机制、空间延拓机制、部门合作机制、差异整治机制

思考题

1. 辨析国土整治、土地综合整治和国土空间综合整治的概念内涵，简述三者之间的关系。
2. 概述国土空间综合整治的几种运行机制。
3. 根据国土空间综合整治的总体定位和思路原则，提出几条改革路径。

参考文献

[1] 严金明，黄宇金，夏方舟.面向中国式现代化的国土空间格局优化：基本遵循、理论逻辑和战略任务[J].中国土地科学，2023，37（11）：1-10.
[2] 曹宇，王嘉怡，李国煜.国土空间生态修复：概念思辨与理论认知[J].中国土地科学，2019，33（7）：1-10.
[3] 朱从谋，王珂，张晶，等.国土空间治理内涵及实现路径——基于"要素-结构-功能-价值"视角[J].中国土地科学，2022，36（2）：10-18.
[4] 冯广京，王睿，谢莹.国家治理视域下国土空间概念内涵[J].中国土地科学，2021，35（5）：8-16.
[5] 邹利林，章丽君，梁一凡，等.新时代国土空间功能的科学认知与研究框架[J].自然资源学报，2022，37（12）：3060-3072.
[6] 张林波，虞慧怡，李岱青，等.生态产品内涵与其价值实现途径[J].农业机械学报，2019，50（6）：173-183.
[7] 陈祥勤."执古始之道，以御今之有"——中国古代治理传统中的治道和治术[J].社会科学，2022（8）：86-97.
[8] 俞可平.治理和善治：一种新的政治分析框架[J].南京社会科学，2001（9）：40-44.
[9] 刘经南，刘耀林，刘殿锋，等.服务高质量发展的国土空间治理学科体系构建探讨[J].武汉大学学报（信息科学版），2023，48（10）：1566-1573.
[10] 张京祥，陈浩.空间治理：中国城乡规划转型的政治经济学[J].城市规划，2014，38（11）：9-15.
[11] 董祚继.新时代国土空间规划的十大关系[J].资源科学，2019，41（9）：1589-1599.
[12] 干靓，凌云.国土空间治理背景下的韧性城市规划：理念融入与实践路径[J].人文地理，2023，38（3）：92-99.
[13] 扈万泰，王力国，舒沐晖.城乡规划编制中的"三生空间"划定思考[J].城市规划，2016，40（5）：21-26+53.
[14] 岳文泽，吴桐，王田雨，等.面向国土空间规划的"双评价"：挑战与应对[J].自然资源学报，2020，35（10）：2299-2310.
[15] 郝庆，郑筱津，付世华.国土空间格局优化的总体思路与技术流程——以市县级国土空间规划为例[J].经济地理，2024，44（1）：166-173.
[16] 冯文利，张辉，陈美景，等.数字生态文明时代国土空间规划转型[J].中国土地科学，2024，38（3）：1-9.
[17] 刘卫东.经济地理学与空间治理[J].地理学报，2014，69（8）：1109-1116.
[18] 严金明，夏方舟.中国土地科学学科范式框架构建研究[J].中国土地科学，2015，29（2）：30-37.
[19] 周帮扬，徐韬韡.中国古代农村土地制度变迁及其当代启示[J].湖南社会科学，2013（3）：95-98.
[20] 吴次芳，吴宇哲，彭毅，等.空间治理[M].北京：地质出版社，2022.
[21] 叶裕民，王晨跃.改革开放40年国土空间规划治理的回顾与展望[J].公共管理与政策评论，2019，8（6）：25-39.
[22] 朱从谋，王珂，张晶，等.国土空间治理内涵及实现路径——基于"要素-结构-功能-价值"视角[J].中国土地科学，2022，36（2）：10-18.
[23] 孟鹏，左为.新中国成立以来空间规划及其主要理论方法演进分析——基于国家空间治理导向与规划体系演进的分析框架[J].规划师，2021，37（9）：54-60.
[24] 谷玮，吴次芳，游和远，等.中国共产党空间治理百年回顾：历史变迁与经验总结[J].中国土地科学，2021，35（8）：23-31.
[25] 严金明，冯思远，夏方舟.国土空间治理体系和治理能力现代化的思考[J].中国行政管理，2024（4）：129-140.
[26] 中共中央，国务院.关于建立国土空间规划体系并监督实施的若干意见[EB/OL].（2019-05-23）[2024-06-09].https://www.gov.cn/zhengce/2019-05/23/content_5394187.htm.
[27] 钟骁勇，潘弘韬，李彦华.我国自然资源资产产权制度改革的思考[J].中国矿业，2020，29（4）：11-15.
[28] 樊杰，周侃.以"三区三线"深化落实主体功能区战略的理论思考与路径探索[J].中国土地科学，2021，35（9）：1-9.
[29] 樊杰.地域功能-结构的空间组织途径——对国土空间规划实施主体功能区战略的讨论[J].地理研究，2019，38（10）：2373-2387.
[30] 岳文泽，王田雨，甄延临."三区三线"为核心的统一国土空间用途管制分区[J].中国土地科学，2020，34（5）：52-59.
[31] 国家林业和草原局，国家发展改革委，财政部，等.国家公园等自然保护地建设及野生动植物保护重大工程建设规划（2021—2035年）[EB/OL].（2022-03-17）[2024-06-09].https://www.forestry.gov.cn/html/main/main_5461/20220317105954150795620/file/20220317110037174111763.pdf.
[32] 岳文泽，侯丽，韦静娴.国土空间治理的数字化转型：基本内涵、模式演进与关键挑战[J].中国土地科学，2024，38（1）：36-44.
[33] 吴次芳，吴宇哲，彭毅，等.空间治理[M].北京：地质出版社，2022.
[34] 于昊辰，吕晓，杨俊，等.面向中国式现代化的国土空间治理：从理论逻辑到实现路径[J].中国土地科学，2024，38（1）：9-19.
[35] 陈磊，姜海.国土空间规划：发展历程、治理现状与管制策略[J].中国农业资源与区划，2021，42（2）：61-68.

［36］孟鹏，王庆日，郎海鸥，等.空间治理现代化下中国国土空间规划面临的挑战与改革导向——基于国土空间治理重点问题系列研讨的思考［J］.中国土地科学，2019，33（11）：8-14.

［37］黄锡生，王中政.我国《国土空间规划法》立法的功能定位与制度构建［J］.东北大学学报（社会科学版），2021，23（5）：81-87.

［38］陈磊，姜海.国土空间规划：发展历程、治理现状与管制策略［J］.中国农业资源与区划，2021，42（2）：61-68.

［39］田双清，陈磊，姜海.从土地用途管制到国土空间用途管制：演进历程、轨迹特征与政策启示［J］.经济体制改革，2020（4）：12-18.

［40］田双清，陈磊，姜海.从土地用途管制到国土空间用途管制：演进历程、轨迹特征与政策启示［J］.经济体制改革，2020（4）：12-18.

［41］钟骁勇，潘弘韬，李彦华.我国自然资源资产产权制度改革的思考［J］.中国矿业，2020，29（4）：11-15.

［42］郭贯成，崔久富，李学增.全民所有自然资源资产"三权分置"产权体系研究——基于委托代理理论的视角［J］.自然资源学报，2021，36（10）：2684-2693.

［43］钟骁勇，潘弘韬，李彦华.我国自然资源资产产权制度改革的思考［J］.中国矿业，2020，29（4）：11-15.

［44］谭荣.自然资源资产产权制度改革和体系建设思考［J］.中国土地科学，2021，35（1）：1-9.

［45］岳文泽，侯丽，韦静娴.国土空间治理的数字化转型：基本内涵、模式演进与关键挑战［J］.中国土地科学，2024，38（1）：36-44.

［46］博任纳.新国家空间：城市治理与国家形态的尺度重构［M］.王晓阳，译.南京：江苏凤凰教育出版社，2020.

［47］希利尔，希利.规划理论传统的国际化释读［M］.康康，刘昭，孙飞扬，等译.南京：东南大学出版社，2017.

［48］陆铭，陈钊.大国治理：发展与平衡的空间政治经济学［M］.上海：上海人民出版社，2021.

［49］陆铭.中国经济的症结是空间错配［J］.深圳大学学报（人文社会科学版），2019，36（1）：77-85.

［50］梁琦，陈强远，王如玉.户籍改革、劳动力流动与城市层级体系优化［J］.中国社会科学，2013（12）：36-59.

［51］朱伟珏.同济大学社区研究·上海社区研究与规划［M］.北京：社会科学文献出版社，2015.

［52］任平.空间的正义——当代中国可持续城市化的基本走向［J］.城市发展研究，2006（5）：1-4.

［53］雅各布斯.美国大城市的死与生［M］.金衡山，译.南京：译林出版社，2006.

［54］AUZINA-EMSINA A，OZOLINA V. Modelling impact of urban-rural income convergence in the EU［J］. Research for Rural Development. 2019（2）：210-216.

［55］易鑫，克里斯蒂安.德国的整合性乡村更新规划与地方文化认同构建［J］.现代城市研究，2013，28（6）：51-59.

［56］HANDY S. Smart growth and the transportation-land use connection：what does the research tell us［J］. International Regional Science Review，2005（28）：146-167.

［57］MILLER J S，HOEL L A. The "Smart Growth" debate：best practices for urban transportation planning［J］. Socio-Economic Planning Sciences，2002，36（1）：1-24.

［58］陆铭.空间的力量：地理，政治与城市发展［M］.上海：格致出版社，2013.

［59］洪银兴.论市场对资源配置起决定性作用后的政府作用［J］.经济研究，2014，49（1）：14-16.

［60］刘守英.土地制度变革与经济结构转型——对中国40年发展经验的一个经济解释［J］.中国土地科学，2018，32（1）：1-10.

［61］刘世锦.把市场在资源配置中的决定性作用落到实处［J］.经济研究，2014，49（1）：11-14.

［62］何艳玲.公共行政学史［M］.北京：中国人民大学出版社，2018.

［63］DINGWERTH K，PATTBERG P. Global governance as a perspective on world politics［J］. Global Governance，2006，12（2）：185-203.

［64］STOKER G. Governance as theory：five propositions［J］. International Social Science Journal，1998，50（155）：17-28.

［65］俞可平.治理与善治［M］.北京：社会科学文献出版社，2000.

［66］何艳玲.公共行政学史［M］.北京：中国人民大学出版社，2018.

［67］严金明，冯思远，夏方舟.国土空间治理体系和治理能力现代化的思考［J］.中国行政管理，2024（4）：129-140.

［68］吴志强.《百年西方城市规划理论史纲》导论［J］.城市规划汇刊，2000（2）：9-18+53-79.

［69］董祚继，程雅淇，孟海燕，等.国土空间规划的基础性理论问题［J］.中国土地科学，2024，38（1）：27-35.

［70］吴次芳.国土空间规划［M］.北京：地质出版社，2019.

［71］吴志强.《百年西方城市规划理论史纲》导论［J］.城市规划汇刊，2000（2）：9-18+53-79.

［72］吴次芳.国土空间规划［M］.北京：地质出版社，2019.

［73］董祚继，吴运娟.中国现代土地利用规划［M］.北京：中国大地出版社，2008.

［74］罗超，王国恩，孙靓雯.中外空间规划发展与改革研究综述［J］.国际城市规划，2018，33（5）：117-125.

［75］蔡玉梅，张建平，苏东袭.发达国家空间规划编制体系的类型与启示［J］.中国土地，2019（6）：44-47.

［76］董祚继，程雅淇，孟海燕，等.国土空间规划的基础性理论问题［J］.中国土地科学，2024，38（1）：27-35.

［77］杨荫凯.国家空间规划体系的背景和框架［J］.改革，2018：125-130.

［78］YI J，GUO J，OU M，et al. Territorial space use regulation：institutional change，goal orientation and system construction［J］. Journal of Natural Resources，2023，38（6）：1415.

［79］钱学森，许国志，王寿云.组织管理的技术——系统工程［J］.文汇报，1978，1（978）：9.

［80］华晨，王纪武，李咏华，等.国土空间整治［M］.杭州：浙江大学出版社，2023.

[81] 师海玲，范燕宁.社会生态系统理论阐释下的人类行为与社会环境——2004年查尔斯·扎斯特罗关于人类行为与社会环境的新探讨[J].首都师范大学学报（社会科学版），2005（4）：94-97.
[82] LIU J，DIETZ T，CARPENTER S R，et al. Coupled human and natural systems[J]. AMBIO: A Journal of the Human Environment，2007，36（8）：639-649.
[83] 黄馨，韩玲，赵永华，等.城市社会——生态系统研究的理论基础与分析框架[J].生态学报，2024（15）：1-14.
[84] 罗明，于恩逸，周妍，等.山水林田湖草生态保护修复试点工程布局及技术策略[J].生态学报，2019，39（23）：8692-8701.
[85] FOX K A，KUMAR T K. The functional economic area: delineation and implications for economic analysis and policy[J]. Papers in Regional Science，1965，15（1）：57-85.
[86] HECKSCHER E F，OHLIN B. Heckscher–ohlin trade theory[M]. Cambridge，Mass.: MIT Press，1991.
[87] SOLOW R M A. Contribution to the theory of economic growth[J]. The Quarterly Journal of Economics，1956，70（1）：65-94.
[88] SWAN T W. Economic growth and capital accumulation[J]. Economic Record，1956，32（2）：334-361.
[89] MYRDAL G. Economic theory and under-developed regions[M]. London: University Paperbacks，1957.
[90] WEBER A. Theory of the location of industries[M]. Chicago: University of Chicago Press，1929.
[91] PERROUX F. Economic space: theory and applications[J]. The Quarterly Journal of Economics，1950，64（1）：89-104.
[92] HOOVER E M. Location theory and the shoe and leather industries[M]. Cambridge，Mass.: Harvard University Press，1937.
[93] ISARD W. Location and space-economy: a general theory relating to industrial location，market areas，land use，trade，and urban structure[M]. Cambridge，Mass.: MIT Press，1956.
[94] CHRISTALLER W. Central place theory[J]. Journal of Economic Geography，1933，8（1）：12-20.
[95] LÖSCH A. The economics of location[M]. New Haven: Yale University Press，1954.
[96] PIORE M J，SABEL C F. The second industrial divide: possibilities for prosperity[M]. New York: Basic Books，1984.
[97] 交通运输部海事局.加快开创海事现代化发展新格局[J].旗帜，2024（1）：56-57.
[98] 高延利，朱留华，苗前军，等.中国国土资源利用[M].北京：中国地图出版社，2023.
[99] 岳文泽，王田雨，甄延临."三区三线"为核心的统一国土空间用途管制分区[J].中国土地科学，2020，34（5）：52-59+68.
[100] 孙雪东.国土空间规划体系中"三区三线"的基本考虑[J].城市规划，2023，47（6）：51-56+88.
[101] 叶斌，郑晓华，罗海明，等."三区三线"统筹划定：现象剖析、技术逻辑与南京经验[J].城市规划学刊，2024（1）：54-62.
[102] 王颖，刘学良，魏旭红，等.区域空间规划的方法和实践初探——从"三生空间"到"三区三线"[J].城市规划学刊，2018（4）：65-74.
[103] 董寅.基于资源效率的中国国土空间布局优化研究[D].武汉：中国地质大学，2024.
[104] 国务院.全国国土规划纲要（2016-2030年）[R/OL].（2017-01-03）[2024-06-09]. https://www.gov.cn/xinwen/2017-02/04/content_5165358.htm.
[105] 山东省政府办公厅.山东省国土空间规划（2021-2035年）[R/OL].（2024-01-08）[2024-06-09]. http://www.shandong.gov.cn/art/2024/1/8/art_307619_10346596.html.
[106] 济南市自然资源和规划局.济南市国土空间规划（2021-2035年）[R/OL].（2022-10-26）[2024-06-09]. https://mp.weixin.qq.com/s?__biz=MzI3NjA5NjU4Mw==&mid=2655830499&idx=2&sn=a517ccd8d1365480ecb9e50cfeda87d1&chksm=f0c2d2cbc7b55bdd6ccf943f9207d9dabd58bdb8984d55a43bf1fb576f03fea3db95e5476410&scene=27.
[107] 国务院.全国主体功能区规划[R/OL].（2011-06-08）[2024-06-09]. https://www.gov.cn/zwgk/2011-06/08/content_1879180.htm.
[108] 杨伟民，袁喜禄，张耕田，等.实施主体功能区战略，构建高效、协调、可持续的美好家园——主体功能区战略研究总报告[J].管理世界，2012（10）：1-17+30.
[109] 习近平.推动形成优势互补高质量发展的区域经济布局[J].共产党员，2020（2）：4-5.
[110] 习近平.高举中国特色社会主义伟大旗帜 为全面建设社会主义现代化国家而团结奋斗——在中国共产党第二十次全国代表大会上的报告[R/OL].（2022-10-16）[2024-06-09].https://www.gov.cn/xinwen/2022-10/25/content_5721685.htm.
[111] 田春华，祁帆，赵成双苹.新时期主体功能区战略优化探讨[J].城乡规划，2023（5）：1-8.
[112] 刘畅，高洁，董珂.论国土空间规划的资产效应[J].城市发展研究，2021，28（8）：41-49.
[113] 朱从谋，苑韶峰，杨丽霞.主体功能区视角下国土空间格局演变及生态环境效应——以浙江省为例[J].生态学报，2023，43（11）：4488-4501.
[114] 严金明，黄宇金，夏方舟.面向中国式现代化的国土空间格局优化：基本遵循、理论逻辑和战略任务[J].中国土地科学，2023，37（11）：1-10.
[115] THOMSON G M. Acclimatization in New Zealand[J]. Science，1886，8（197）：426-430.
[116] HADWEN S，PALMER L J. Reindeer in Alaska[M]. Washington: Government Printing Office，1922.
[117] DAILY G C，EHRLICH P R. Population，sustainability，and earth's carrying capacity[J]. BioScience，1992，42（10）：761-771.
[118] LEOPOLD A. Wildlife in American culture[J]. The Journal of Wildlife Management，1943，7（1）：1-6.

［119］VOGT W. Road to survival［M］. New York：William Sloan，1948.
［120］ALLEN W. Studies in African land usage in Northern Rhodesia［M］. Cape Town：Oxford University Press，1949.
［121］COASE R H. The problem of social cost［J］. Journal of Law and Economics，1960.
［122］BARRO R J，SALA-I-MARTIN X. Economic growth［M］. New York：McGraw-Hill，1995.
［123］DEMSETZ H. Toward a theory of property rights［J］. American Economic Review，1967，57（2）：347-359.
［124］OSTROM E. Governing the commons：the evolution of institutions for collective action［M］. Cambridge，Eng.：Cambridge University Press，1990.
［125］NORTH D C. Institutions，institutional change and economic performance［M］. Cambridge，Eng.：Cambridge University Press，1990.
［126］谭峻，林增杰.地籍管理［M］.5版.北京：中国人民大学出版社，2011.
［127］党的十八届三中全会决定辅导读本编写组.党的十八届三中全会重要决定辅导读本［M］.北京：人民出版社，2013.
［128］吴友仁，李德仁.地理信息系统导论［M］.北京：高等教育出版社，2010.
［129］李志刚，陈炜.现代地籍管理信息系统的设计与实现［J］.测绘科学，2011，36（3）：87-92.
［130］习近平.深化党和国家机构改革 推进国家治理体系和治理能力现代化［J］.求是，2023（14）.
［131］《求是》杂志编辑部.推进国家治理体系和治理能力现代化的集中部署［J］.求是，2023（14）.
［132］严金明，郭栋林，夏方舟.中国共产党百年土地制度变迁的"历史逻辑、理论逻辑和实践逻辑"［J］.管理世界，2021，37（7）：19-31+2.
［133］夏方舟，陈伊凝，黄怿，等.土地储备融资政策变化对地方政府土地出让行为的影响研究［J］.中国土地科学，2023，37（6）：30-40.
［134］OSTROM E. "Institutional rational choice：an assessment of the institutional analysis and development framework" in theories of the policy process［M］.Boulder：Westview Press，2007.
［135］OSTROM E，SCHROEDER L，WYNNE S. Institutional incentives and sustainable development：infrastructure policies in perspective［M］. Boulder：Westview Press，1993.
［136］ANSELL C，GASH A. Collaborative governance in theory and practice［J］. Journal of Public Administration Research and Theory，2008，18（4）：543-571.
［137］严金明，张东昇，亚库甫.国土空间规划的现代法治：良法与善治［J］.中国土地科学，2020，34（4）：1-9.
［138］朱一中，曹裕，严诗露.基于土地租税费的土地增值收益分配研究［J］.经济地理，2013，33（11）：142-148.
［139］严金明，刘杰.关于土地利用规划本质、功能和战略导向的思考［J］.中国土地科学，2012，26（2）：4-9.
［140］王万茂，王群.土地利用规划学［M］.北京：中国农业出版社，2021.
［141］刁琳琳，严金明.论中国土地政策参与宏观调控的传导机制——一个基于修正的IS-LM模型的理论诠证［J］.中国土地科学，2012，26（12）：48-56.
［142］张占录，张正峰.国土空间规划学［M］.北京：中国人民大学出版社，2023.
［143］中共中央，国务院.关于建立国土空间规划体系并监督实施的若干意见［EB/OL］.（2019-05-23）［2024-06-06］. https://www.gov.cn/zhengce/2019-05/23/content_5394187.htm.
［144］严金明，夏方舟.新征程中的国土空间格局优化［M］.北京：中国人民大学出版社，2022.
［145］严金明，张东昇，亚库甫.国土空间规划的现代法治：良法与善治［J］.中国土地科学，2020，34（4）：1-9.
［146］孟祥舟，林家彬.对完善我国土地用途管制制度的思考［J］.中国人口·资源与环境，2015，25（S1）：71-73.
［147］王雨濛.土地用途管制与耕地保护及补偿机制研究［D］.武汉：华中农业大学，2010.
［148］罗丽艳.自然资源市场为何失灵［J］.财经科学，2004（4）：24-28.
［149］黄征学，祁帆.从土地用途管制到空间用途管制：问题与对策［J］.中国土地，2018（6）：22-24.
［150］岳文泽，王田雨.中国国土空间用途管制的基础性问题思考［J］.中国土地科学，2019，33（8）：8-15.
［151］林坚，吴宇翔，吴佳雨，等.论空间规划体系的构建：兼析空间规划、国土空间用途管制与自然资源监管的关系［J］.城市规划，2018，42（5）：9-17.
［152］林坚，武婷，张叶笑，等.统一国土空间用途管制制度的思考［J］.自然资源报，2019，34（10）：2200-2208.
［153］张振华，赵明诚，冯严超.中央环保督察如何影响空气污染治理？——中国337个城市日度面板数据的新证据［J］.公共管理与政策评论，2024，13（3）：71-92.
［154］金志丰，张晓蕾，张芳怡.自然生态空间用途管制试点情况分析与思考［J］.国土资源情报，2019（2）：10-13.
［155］金志丰，张晓蕾，沈春竹，等.国土空间用途管制的基本思路与实施策略［J］.规划师，2024，40（1）：75-82.
［156］邵telo丽，王璇.横纵重构：国土空间规划管理框架逻辑思考［J］.北京行政学院学报，2019（5）：44-52.
［157］邓红蒂，袁弘，祁帆.基于自然生态空间用途管制实践的国土空间用途管制思考［J］.城市规划学刊，2020（1）：23-30.
［158］易家林，郭杰，欧名豪，等.国土空间用途管制：制度变迁、目标导向与体系构建［J］.自然资源学报，2023，38（6）：1415-1429.
［159］THALER R H，SUNSTEIN C R. Nudge：improving decisions about health，wealth and happiness［M］. New Haven：Yale University Press，2008.
［160］冯广京，王睿，谢莹.国家治理视域下国土空间概念内涵［J］.中国土地科学，2021，35（5）：8-16.
［161］王庆日，陈美景，仲济香.土地要素市场化改革：产权基础、流转路径与收益分配［J］.中国土地科学，2021，35（12）：109-118.

［162］谭荣．探析中国土地要素市场化的治理结构［J］．国际经济评论，2021（2）：36-53+5．
［163］严金明，王晓莉，夏方舟．重塑自然资源管理新格局：目标定位、价值导向与战略选择［J］．中国土地科学，2018，32（4）：1-7．
［164］严金明，李储，夏方舟．深化土地要素市场化改革的战略思考［J］．改革，2020（10）：19-32．
［165］陈锡文．构建新型农业经营体系刻不容缓［J］．求是，2013（22）：38-41．
［166］刘守英．土地制度变革与经济结构转型——对中国40年发展经验的一个经济解释［J］．中国土地科学，2018，32（1）：1-10．
［167］丰雷，郑文博，张明辉．中国农地制度变迁70年：中央-地方-个体的互动与共演［J］．管理世界，2019，35（9）：30-48．
［168］黄贤金．论构建城乡统一的建设用地市场体系——兼论"同地、同权、同价、同责"的理论圈层特征［J］．中国土地科学，2019（8）：1-7．
［169］严金明，迪力沙提，夏方舟．乡村振兴战略实施与宅基地"三权分置"改革的深化［J］．改革，2019（1）：5-18．
［170］严金明，陈昊，夏方舟．深化农村"三块地"改革：问题、要义和取向［J］．改革，2018（5）：48-55．
［171］夏方舟，严金明．土地储备、入市影响与集体建设用地未来路径［J］．改革，2015（3）：48-55．
［172］徐进才，徐艳红，庞欣超，等．基于"贡献-风险"的农地征收转用土地增值收益分配研究——以内蒙古和林格尔县为例［J］．中国土地科学，2017，31（3）：28-35．
［173］FURUBOTN E G，RICHTER R．Institutions and economic theory：the contribution of the new institutional economics［M］．Ann Arbor：University of Michigan Press，2010：43-45．
［174］CHEUNG S N S．The fable of the bees：an economic investigation［J］．The Journal of Law and Economics，1973，16（1）：11-33．
［175］严金明，张东昇，夏方舟．自然资源资产管理：理论逻辑与改革导向［J］．中国土地科学，2019，33（4）：1-8．
［176］卢现祥，李慧．自然资源资产产权制度改革：理论依据、基本特征与制度效应［J］．改革，2021（2）：14-28．
［177］林坚，张瑜．从空间规划体系到国土空间体系——兼析国土空间体系构建下的国土空间治理趋向［J］．中国土地科学，2024，38（1）：1-8．
［178］严金明，冯思远，夏方舟．国土空间治理体系和治理能力现代化的思考［J］．中国行政管理，2024（4）：129-140．
［179］林坚，赵晔．国家治理、国土空间规划与"央地"协同——兼论国土空间规划体系演变中的央地关系发展及趋向［J］．城市规划，2019，43（9）：20-23．
［180］胡云．论我国城市规划的公众参与［J］．城市问题，2005（4）：74-78．
［181］郝娟．英国土地规划法规体系中的民主监督制度［J］．国外城市规划，1996（1）：15-20．
［182］张京祥．西方城市规划思想史纲［M］．南京：东南大学出版社，2005．
［183］ARNSTEIN S R．A ladder of citizen participation［J］．Journal of the American Institute of Planners，1969，35（4）：216-224．
［184］田莉．美国公众参与城市规划对我国的启示［J］．上海城市管理职业技术学院学报，2003（2）：27-30．
［185］FUNG A．Varieties of participation in complex governance［J］．Public Administration Review，2006，66（s1）：66-75．
［186］左宜，薛敏，王腾．基于"民主方块"理论的公众参与机制的细化研究［C］．中国城市规划学会、东莞市人民政府，2017：578-585．
［187］BOBBIO L．Designing effective public participation［J］．Policy and Society，2019，38（1）：41-57．
［188］张京祥，陈浩，王宇彤．新中国70年城乡规划思潮的总体演进［J］．国际城市规划，2019，34（4）：8-15．
［189］赵璐．试析上海城市规划编制中的公众参与［D］．上海：同济大学，2008．
［190］黄斌全．城市更新中的公众参与式规划设计实践——以上海黄浦江东岸公共空间贯通规划设计为例［J］．上海城市规划，2018（5）：54-61．
［191］赵楠楠．"冲突-共识"：城市更新规划的公众利益实现路径——基于恩宁路二期和碧江社区实证［J］．城市规划，2024，4（48）：51-58．
［192］宋一诺．打造珠海西部城市中心！金湾国土空间分区规划草案公示［EB/OL］．［2024-11-16］．https://pubzhtb.hizh.cn/a/202305/26/AP6470443ee4b07fb8ab1ea2a2.html．
［193］李振宁，刘芷毓，孙一兵，等．城市更新背景下公众参与社区更新的策略研究——涿州古城改造实践［J］．施工技术（中英文），2023，52（1）：143-152．
［194］唐燕，张璐．从精英行动走向多元共治——北京责任规划师的制度建设与实践进展［J］．国际城市规划，2023，38（2）：133-142．
［195］陈有川．规划师角色分化及其影响［J］．城市规划，2001（8）：77-80．
［196］康艳红，张京祥．人本主义城市规划反思［J］．城市规划学刊，2006（1）：56-59．
［197］赵蔚．社区规划的制度基础及社区规划师角色探讨［J］．规划师，2013，29（9）：17-21．
［198］唐燕．北京责任规划师制度：基层规划治理变革中的权力重构［J］．规划师，2021，37（6）：38-44．
［199］唐燕，张璐．从精英行动走向多元共治——北京责任规划师的制度建设与实践进展［J］．国际城市规划，2023，38（2）：133-142．
［200］刘佳燕．社区规划师制度创新与实践探索［M］．北京：中国建筑工业出版社，2020．
［201］付斯曼，卢璟慧，毛芸芸．合供视角下北京老旧小区微空间更新路径探究——以海淀街道小南庄社区微更新为例［J］．园林，2022，39（11）：28-35．

[202] 刘悦来,尹科变,孙哲,等.共治的景观——上海社区花园公共空间更新与社会治理融合实验[J].建筑学报,2022（3）：12-19.
[203] 施立平.多维度需求下的上海城市微更新实现路径[J].规划师,2019,35（S1）：71-75.
[204] 莫霞,甘逸君,魏沅.上海社区规划师制度实践与行动模式研究[J].规划师,2022,38（12）：42-48.
[205] 朱弋宇,奚婷霞,匡晓明,等.上海社区规划师制度的实践探索及治理视角的优化建议[J].国际城市规划,2021,36（6）：48-57.
[206] 谢瑞武.处理"六大关系",营造"六个场景"——超大特大城市背景下现代乡村规划建设的成都实践[J].城市规划,2023,47（3）：22-27+37.
[207] 张佳.成都乡村规划师制度的实践与展望[J].上海城市规划,2020（2）：104-108.
[208] 佚名.接诉即办_政务名词_首都之窗_北京市人民政府门户网站[EB/OL].[2024-09-25].https://www.beijing.gov.cn/zhengce/zwmc/201906/t20190621_98960.html.
[209] 佚名.接诉即办：为民谋利的基层治理创新[EB/OL].[2024-06-10].https://baijiahao.baidu.com/s?id=1759762482753408489&wfr=spider&for=pc.
[210] 中国社会科学院政治学研究所课题组,张树华,郑建君,等.坚持人民至上 共创美好生活——北京党建引领接诉即办改革发展报告[J].管理世界,2023,39（1）：15-28.
[211] 李文钊.超大城市的互动治理及其机制建构——以北京市"接诉即办"改革为例[J].电子政务,2021（11）：12-21.
[212] 周勇.城市治理中公众参与的价值考量与法治进路[J].重庆社会科学,2022（5）：87-98.
[213] 国土资源部.全国土地整治规划（2011—2015年）[R].2012.
[214] 孟旭光,卜善祥,李新玉.国土整治的国际化特征与发展趋势[J].中国矿业,2003（9）：2-4.
[215] 张成文.辽宁省国土蓄洪容量的机能评价[J].辽宁农业科学,2005（3）：33-35.
[216] 杨树珍.国土规划与经济区划[J].经济地理,1982（4）：252-255.
[217] 陆大道.关于国土（整治）规划的类型及基本职能[J].经济地理,1984（1）：3-9.
[218] 李新玉,曹清华,杜舰.对国土规划的几点再认识[C]//资源·环境·产业：中国地质矿产经济学会2003年学术年会论文集,2003：8.
[219] 夏方舟,杨雨濛,严金明.中国国土综合整治近40年内涵研究综述：阶段演进与发展变化[J].中国土地科学,2018,32（5）：78-85.
[220] 陈传康.国土整治的理论和政策研究[J].自然资源,1985（1）：1-7.
[221] 周立三.我国国土整治方针与任务的探讨[J].经济地理,1982（4）：243-246.
[222] 吴传钧.国土整治和区域开发[J].地理学与国土研究,1994（3）：1-12.
[223] 方磊.协调好经济发展与人口、资源、环境的关系,是国土开发整治工作的一项根本任务[J].中国人口·资源与环境,1991（1）：13-16.
[224] 卢天梁,张军.大城市地域国土开发整治政策探讨[J].地理学与国土研究,1991（3）：16-19.
[225] 严金明,陈昊,夏方舟."多规合一"与空间规划：认知、导向与路径[J].中国土地科学,2017,31（1）：21-27+87.
[226] 郧文聚,宇振荣.中国农村土地整治生态景观建设策略[J].农业工程学报,2011,27（4）：1-6.
[227] 李霞,邵景安,谢德体."减压增效"理念下重庆国土整治实施战略研究[J].自然资源学报,2011,26（12）：2025-2038.
[228] 国务院关于印发全国国土规划纲要（2016－2030年）的通知[Z].2017-01-03.
[229] 国土资源部关于发布实施《全国矿产资源规划（2008－2015年）》的通知[Z].2009-01-15.
[230] 关道明.开展海域海岸带整治修复 打造万里黄金海岸[N].中国海洋报,2012-07-16（3）.
[231] 李存才.黑土地上演"水保大战"[N].中国财经报,2011-05-19.
[232] 国土资源部关于印发《全国土地开发整理规划》的通知[Z].2003-04-15.
[233] 中华人民共和国农业部.全国农业和农村经济发展第十二个五年规划[EB/OL].[2024-06-11].http://www.moa.gov.cn/ztzl/shierwu/.
[234] 国务院办公厅.国务院办公厅关于印发水利部主要职责内设机构和人员编制规定的通知（国办发〔2008〕75号）[EB/OL].[2024-06-11].http://www.gansu.gov.cn/art/2009/2/25/art_757_188054.html.
[235] 中华人民共和国水利部.关于开展国土江河综合整治试点工作的指导意见[EB/OL].[2024-06-11].http://www.mwr.gov.cn/zw/tzgg/tzgs/201702/t20170213_858556.html.
[236] 任佳.我国土地整治立法思考[J].中国土地,2013（3）：16-18.
[237] 张正峰,赵伟.农村居民点整理潜力内涵与评价指标体系[J].经济地理,2007,27（1）：137-140.
[238] 李承煦.实施土地综合整治,打造城镇化发展平台[J].中国科技投资,2013（Z4）：6+16.
[239] 郧文聚,杨红.农村土地整治新思考[J].中国土地,2010（Z1）：69-71.
[240] 陈晓倩.中国经济发展与区域差异[J].中国集体经济,2012（21）：24-25.
[241] 杨定玉.少数民族地区精准扶贫问题研究述评[J].民族论坛,2016（2）：99-103+109.
[242] 严金明.找准转型发展战略导向[N].中国国土资源报,2016-04-14（5）.
[243] 严金明,蔡大伟.关于全域土地综合整治的战略思考[J].中国土地,2022（7）：4-7.